KiWi 114

Über das Buch

Unser Faschismus nebenan, die Schilderung seiner Erfahrungen mit der Militärdiktatur in Griechenland 1974, ist für Wallraff eines der wichtigsten Bücher geblieben. Damals hatte er auf dem Athener Verfassungsplatz antidiktatorische Flugblätter verteilt, war von der Militärpolizei zusammengeschlagen, eingekerkert, gefoltert und vom Militärgericht zu 14 Monaten Haft verurteilt worden. Nur der anschließende Umsturz rettete ihn vor Schlimmerem. In Athen, bekennt Wallraff heute, habe er gelernt, in der Solidarität mit Unterdrückten den extremsten Einsatz zu wagen. Das habe seine Rolle als Türke Ali vorbereitet.

Ein anderes Mal deckte Wallraff die faschistische Gewalt in einem NATO-Land auf, als er 1975 nach dem Ende der Militärherrschaft in Portugal in der Rolle eines Waffenhändlers der Verschwörung des Ex-Generals Spínola auf die Spur kam. Er berichtete darüber in seinem Buch *Aufdeckung einer Verschwörung,* eine weitere entscheidende Station für Wallraffs Arbeit und sein Selbstverständniss.

Für den vorliegenden Band faßte Eckart Spoo beide Bücher zusammen. Aktualisiert wurden die ergänzenden Texte über die Blutspur des Faschismus, die sich durch die gesamte Freie Welt zieht, von Südkorea bis Chile. Spoo, Wallraff und die Mitautoren weisen nach, daß die Militärregime einflußreiche Freunde, Förderer und Nutznießer in den USA und der BRD haben. Sie legen wirtschaftliche, militärische und politische Strukturen in unserer Gesellschaft offen, die Brechts Warnung nach dem Ende der Hitler-Diktatur: »Der Schoß ist fruchtbar noch, aus dem das kroch« unvermindert aktuell erscheinen lassen.

Die Autoren

Eckart Spoo, geb. 1936, studierte Germanistik, Journalismus, Soziologie und Philosophie. Publizist und Gewerkschafter. Zahlreiche Buchveröffentlichungen.

Günter Wallraff, geb. 1942, zuerst Buchhändler, dann Journalist und Schriftsteller. Wurde durch seine spektakulären kritischen Reportagen bekannt, die er im Anschluß an seine geheimen Recherchen veröffentlichte.

Günter Wallraff
Eckart Spoo

Unser Faschismus nebenan

Erfahrungen bei NATO-Partnern

Unter Mitarbeit von
José Afonso, Peter Baumöller, Gerrit Bussink,
Prof. Rainer Eisfeld, Karl-Heinz Hansen,
Gerd Kröncke, Dr. Athanasios Lengas,
Prof. Marios Nikolinakos, Jürgen Ostrowsky,
Dorlies Pollmann, Dr. Hella Schlumberger,
Josef Weber

Kiepenheuer & Witsch

Dem Band liegen zugrunde:
Günter Wallraff / Eckart Spoo
Unser Faschismus nebenan
Griechenland gestern – ein Lehrstück von morgen
Verlag Kiepenheuer & Witsch, Köln, 1975
und
Günter Wallraff
Aufdeckung einer Verschwörung. Die Spínola-Aktion,
Verlag Kiepenheuer & Witsch, Köln, 1976.
Aufdeckung einer Verschwörung und das Kapitel
»Eine Zeit auf der Kooperative« entstanden in Zusammenarbeit
mit Hella Schlumberger.
Unser Faschismus nebenan. Erfahrungen bei NATO-Partnern
erschien in einer ersten Fassung 1982 bei Rowohlt
Taschenbuch Verlag GmbH, Reinbek bei Hamburg.
Die Fotos stammen von Bollinger (»Stern«),
Hella Schlumberger und Wolfgang Röhl.
Umschlag Hannes Jähn, Köln, unter Verwendung eines
Fotos von W. Röhl
Gesamtherstellung Clausen & Bosse, Leck
ISBN 3 462 01797 7

Inhalt

Die Freie Welt

Wir leben in der Freien Welt. Griechenland, Portugal und Spanien gehören auch dazu – heute ebenso wie damals, Anfang der siebziger Jahre, als in diesen drei europäischen Ländern der Faschismus herrschte. Desgleichen die Türkei – der Putsch der Generäle hat daran nichts geändert. Sehen wir uns einige weitere Länder der Freien Welt an:

Südkorea

Das südostasiatische Land will sich bei den Olympischen Spielen 1988 als »Gastgeber der Welt« präsentieren. Staatspräsident Chun Doo Hwan gelangte 1979 mit tatkräftiger Hilfe der USA an die Spitze des Militärregimes. Am 27. Mai 1980 ließ er in der Stadt Kwangju 2000 Demonstranten niederschießen. 811 Oppositionelle blieben fortan von jeder politischen Betätigung ausgeschlossen. Fast ein Drittel der Journalisten erhielt Berufsverbot. Chun nannte das eine »gelenkte Demokratie«. Das Regime versuchte mit solchen Methoden, alle Proteste gegen die Konzentration wirtschaftlicher und politischer Macht in immer weniger Händen zu verhindern. Zu den Investoren, die von der Unterdrückung gewerkschaftlicher Aktivitäten und den so garantierten Niedriglöhnen profitieren, gehören Konzerne aus den USA, Japan und der Bundesrepublik Deutschland. Anläßlich der Asien-Spiele im September 1986, der Generalprobe für Olympia, wurden »aus Sicherheitsgründen« vorsorglich 263 564 »mutmaßliche Krawallmacher, Räuber, Taschendiebe, Sexualverbrecher und Mörder in Vorbeugehaft genommen«, wie die »Frankfurter Allgemeine Zeitung« aus Seoul meldete. Die politisch unruhigen großen Universitäten der Hauptstadt wurden bis nach den Spielen geschlossen. Kurz darauf, Ende

Oktober, stürmten paramilitärische Einheiten ein Universitätsgelände in Seoul; dabei wurden mehr als 1200 Studenten festgenommen. Als sich die Proteste verstärkten, veranlaßten die US-amerikanischen Protektoren im Sommer 1987 einige Korrekturen am Regime. Der staatliche Terror-Apparat aber blieb bestehen.

Indonesien

1965 zählte das Inselreich nach der Regierungszeit Ahmed Sukarnos nur noch 25 Prozent Analphabeten. Unter der Militärdiktatur wurden daraus wieder mehr als 50 Prozent. Die Schreckensherrschaft des Generals Suharto begann mit einem Massaker an 500000 Kommunisten, Sozialisten und anderen Demokraten. KZ-ähnliche Lager wurden eingerichtet, in denen auch Anfang der achtziger Jahre noch 80000 politische Gefangene ohne Urteil saßen. Allein 1983 wurden 5000 Oppositionelle von Todesschwadronen ermordet. Bei Schüssen auf Demonstranten fanden im September 1984 bei Djakarta mehrere hundert Jugendliche den Tod. Im Oktober 1986 ließen die militärischen Machthaber neun frühere KP-Führungsmitglieder hinrichten – 15 Jahre, nachdem sie wegen eines Umsturzversuchs verurteilt worden waren. Wie nach innen ist das Suharto-Regime auch aggressiv nach außen. Seit der Annexion West-Irians wurden zwischen 100000 und 150000 Menschen abgeschlachtet. Im seit 1975/76 widerrechtlich besetzten Ost-Timor kostete der Versuch der Suharto-Truppen, die dortige Befreiungsbewegung zu vernichten, etwa 200000 Einwohnern das Leben. Die BRD fördert diese Kriege durch Lieferung von U-Booten, Hubschraubern und anderen Rüstungsgütern an Indonesien.

Thailand

In dem asiatischen Königreich ist seit 1951 die Kommunistische Partei verboten, ein »Gesetz gegen kommunistische Aktivitäten« aus dem Jahre 1979 erlaubt Festnahmen ohne Gerichtsverfahren. 1976 leitete eine Lynch-Orgie an linken Studenten die Zerschlagung großer Teile der demokratischen Bewegung ein; Parteien, Gewerkschaften und der Studentenverband wurden verboten. Seit 1981 operieren auch in Thailand Todesschwadronen mit Verbindungen zu Polizei, Geheimdiensten und Militär. Namhafte Oppositionelle wurden entführt. Aus Prospekten freilich kennen wir Thailand ganz anders: »Bumsbomber« befördern zahlungskräftige Bundesbürger ins »Sexparadies« der Touristik-Unternehmen. In Bangkok und Pattaya verkaufen sich minderjährige Mädchen aus Armut oder unter Zwang. Schon die US-Invasionsarmee in Indochina verwandelte Thailand in das größte Bordell Asiens und in eine gewaltige Militärbasis. Von hier aus operieren jetzt auch die aus Kampuchea verjagten Truppen des Pol-Pot-Regimes, um den demokratischen Aufbau in ihrem Land zu sabotieren.

Pakistan

1,74 Milliarden Dollar Militärhilfe aus Washington kassierte die Diktatur Zia-ul Haqs allein für den Zeitraum 1983 bis 1987. Krieg ist eben teuer. In pakistanischen Ausbildungslagern werden Terroristen zum Kampf gegen Afghanistan geschult und mit Waffen versorgt. Für eine friedliche Entwicklung des Landes gibt es keine Finanzspritzen. Ein Viertel der Bevölkerung vegetiert unterhalb der Hungergrenze, die Lebenserwartung ist halb so hoch wie in der BRD. Auf Protestkundgebungen reagiert Zia-ul Haqs Armee meist mit Schüssen. Auch nach Aufhebung des Kriegsrechts am 30. Dezember 1985 änderte sich daran nichts. Im August 1986 gingen Polizeibeamte erneut gegen Demonstranten vor; 33 Tote, Hunderte Verletzte, Tausende Festgenommene lautete die Schreckensbilanz. Unter Beteiligung westdeutscher Firmen entstand in Pakistan eine Urananreicherungsanlage, so daß sich die herrschenden Militärs nun auch mit Atombomben aus eigener Produktion versorgen können. Auf dem weltweiten Vertrag gegen die Weiterverbreitung von Atomwaffen fehlt Pakistans Unterschrift.

Saudi-Arabien

Die Monarchie besitzt keine förmliche Verfassung. Es gibt kein Parlament, keine politischen Parteien, keine Wahlen. Politischen Häftlingen droht Folter. Ordentliche Prozesse finden nicht statt. Als Strafbestimmungen gelten die der islamischen »Sharia« aus dem Mittelalter. Saudi-Arabien ist neben Israel Hauptverbündeter der USA im Nahen Osten. Seit 1950 stellte Washington rund 50 Milliarden Dollar für

Waffenkäufe und den Bau von Militäranlagen zur Verfügung; zugleich zogen US-Konzerne Milliardenprofite aus dem Geschäft mit saudi-arabischem Öl. Das Königreich selber leistet finanzielle Unterstützung für die Contras in Afghanistan und, gemeinsam mit den USA und Südafrika, für die »UNITA«-Terror-Banden des Jonas Savimbi in Angola.

Malawi

»Einheit, Loyalität, Gehorsam und Disziplin« fordert die Staatspartei. Ihr muß jeder erwachsene Malawer angehören. Für Ruhe im Land sorgt die Präsidentengarde »Junge Pioniere Malawis«, die das Volk mit SA-Methoden terrorisiert. Seine Gegner läßt Staatschef Hastings Kamuzu Banda, »Präsident auf Lebenszeit«, bis ins Exil verfolgen. Dr. Mpakati, Führer der linken Oppositionspartei LESOMA, wurde 1979 durch eine Briefbombe verstümmelt. Das genügte noch nicht – 1983 wurde er im Exil in Sambia ermordet. Über die Zahl der politischen Häftlinge gibt es nur Schätzungen, die von 2000 bis 20000 reichen. Die »Frankfurter Allgemeine Zeitung« spricht vom »Musterländle« mit »einer Prise Preußentum« oder auch von der »Schweiz Afrikas«; offenbar entsprechen die dortigen Zustände den Wunschvorstellungen der FAZ. Von Malawi aus kämpft die sogenannte Nationale Widerstandsbewegung Mosambiks (MNR) gegen das sozialistische Nachbarland. Geld und Waffen kommen aus Südafrika. Malawi ist der einzige Staat des afrikanischen Kontinents, der diplomatische Beziehungen zum Apartheid-Regime unterhält.

Südafrika

Die Transvaal Alloys, Tochtergesellschaft der Norddeutschen Affinerie in Hamburg, zahlte ihren Arbeitern nicht einmal ein Drittel des gesetzlichen Mindestlohns. Als sie dagegen in Streik traten, wurden sie entlassen und ins »Homeland« Lebowa verbannt, ein Getto in unfruchtbarem Steppengebiet. Einige von ihnen starben inzwischen den Hungertod. Die Norddeutsche Affinerie ist eine von Hunderten bundesdeutschen Firmen, die in Südafrika investiert haben, denn die weiße Herrenschicht garantiert märchenhafte Profite, weil die nahezu rechtlosen Schwarzen und Farbigen für minimale Löhne arbeiten müssen.

So konnte zum Beispiel VW jahrelang Dividenden von 45 Prozent scheffeln. Angesichts der Ermordung von zwölf streikenden schwarzen Bergarbeitern sagte der verantwortliche Polizeioffizier: »Manchmal bedeutet Eigentum mehr als Menschenleben.« Der Chef der Johannesburger Börse nannte Südafrika »ein fast ideales kapitalistisches Land«. Dagegen kennzeichnete die Vollversammlung der Vereinten Nationen (UN) das System der Apartheid als »Verbrechen gegen die Menschlichkeit«. Ein Beispiel für den blutigen Terror im Inneren war die polizeiliche Ermordung von über 600 meist jugendlichen Demonstranten in Soweto bei Johannesburg im Jahre 1976. Mit äußerster Brutalität versucht das Regime, den Freiheitskampf des Afrikanischen Nationalkongresses (ANC) in Südafrika zu unterdrücken. Ebenso verfolgt es die südwestafrikanische Volksorganisation (SWAPO) im völkerrechtswidrig besetzten Namibia. Das Nachbarland Angola ist Opfer häufiger Aggressionsakte südafrikanischer Truppen. Verständnisvolle Freunde sorgen für eine wohlwollende Presse: »Es ist ... unsinnig, von Ausbeutung und Unterdrückung, ja von rassischer Verfolgung der Schwarzen zu sprechen« (Franz Josef Strauß). Trotz aller Beschlüsse der UN und der Europäischen Gemeinschaft (EG), an die sich Bonn zu halten versprach, erhielt das Rassistenregime von Messerschmitt-Bölkow-Blohm Militärhubschrauber und von den bundeseigenen Howaldtswerken/Deutsche Werft sogar Pläne, nach denen es jetzt eine U-Boot-Flotte bauen kann; zuvor waren schon als »Jagd«- oder »Sportartikel« deklarierte Polizeiwaffen ungestört in Hamburg verladen und an ein Regime geliefert worden, das sogar Kinder einkerkern und foltern läßt.

Zaire

Auch die Diktatur des »Marschalls« Mobutu erfreut sich besonderer Wertschätzung bei Franz Josef Strauß. Potentiell eines der reichsten Länder der Welt, rangiert Zaire im Vergleich der Einkommen pro Kopf ganz unten – während internationale Konzerne und Mobutu persönlich gewaltige Vermögen zusammenraffen. Der »Marschall« gilt als reichster Mann Afrikas. Als Günstling der USA gelangte er im Mai 1965 durch einen Putsch an die Regierung und etablierte nach blutiger Zerschlagung jeglicher Opposition die Herrschaft seiner über allen Institutionen stehenden Partei MRP, in der alle Bürger des Landes automatisch Mitglieder sind. Die Massaker an der Opposition – sie begannen mit dem Mord am Nationalhelden Patrice Lumumba 1961 – sind für Strauß lediglich »Fehler, die gemacht worden sind«. Worauf es ankommt, erklärte die CSU-nahe Hanns-Seidel-Stiftung so: Zaire sei »ein hochinteressantes Gebiet voller natürlicher Reserven«.

Liberia

Das »Freiheitsland« erlebte 1980 einen Militärputsch. Das Regime des Hauptfeldwebels Samuel K. Doe führte sich mit öffentlichen Hinrichtungen ein. An Wahlen im Oktober 1985 – erst auf Druck der USA durchgeführt, die um das Ansehen ihres engen Verbündeten bangten – durften die progressiven Oppositionsparteien nicht teilnehmen, ihre Führer wurden festgesetzt. Einen Aufstandsversuch aus den Reihen der Armee ließ der zum General avancierte Doe Ende 1985 blutig ersticken. Dem Anführer, Ex-General Thomas Quiwokpa, ließ man die Gliedmaßen abhauen und stellte dann seinen mißhandelten Leichnam öffentlich zur Schau.

Marokko

Die Marokkaner bluten für König Hassans Traum von einem großen Reich. Sie bluten auf dem Schlachtfeld in einem nicht zu gewinnenden Krieg gegen die POLISARIO, die Befreiungsfront der 1975 widerrechtlich besetzten Westsahara. Sie bluten in den großen Städten Marokkos, wo der König ihren Protest gegen die sozialen Folgen des Annexionskrieges brutal unterdrückt. Ein Arzt auf 13000 Einwohner, 75 Prozent Analphabeten, eine Inflationsrate von 150 und mehr Prozent bei nachhinkenden Löhnen sind Ergebnisse der militärischen Kraftakte, die die Hälfte des Etats verschlingen. Als sich in den Jahren 1981 und 1984 das ausgepowerte Volk mit »Brotrevolten« dagegen auflehnte, reagierte Hassan mit Schüssen auf Demonstrierende und Streikende. 1981 fielen mehr als 1000, 1984 zwischen 150 und 400 Menschen diesem Terror zum Opfer.

El Salvador

Das Volk El Salvadors habe »leiden müssen, weil die Sozialistische Internationale eben nicht Demokraten, sondern Antidemokraten unterstützt«, behauptet CDU-Generalsekretär Heiner Geißler. In Wahrheit leidet das Volk unter dem Krieg, den Staatspräsident Napoleon Duarte mit politischer Unterstützung der CDU/CSU ähnlich wie seine Vorgänger gegen das eigene Volk führt. 60000 Opfer forderte der Unterdrückungskrieg seit 1979. Rund 670 Millionen Dollar gab die US-Regierung für die Aufrüstung der salvadorianischen Armee aus; sie lieferte nach Berichten der Nationalen Befreiungsfront Farabundo Marti (FMLN) auch Napalmbomben. Das geschieht aus Angst vor einem »neuen Nicaragua«. Präsident Reagans zeitweiliger Außenminister Alexander Haig sagte 1981 klipp und klar, worum es geht: El Salvador sei »ein Testfall für die Eindämmung des Kommunismus«. Während allein im Jahre 1985 rund 2000 Bürger El Salvadors verschleppt und ermordet wurden, rühmte sich Duarte: »Daß die Demokratie Fortschritte gemacht hat, sieht man daran, daß es heute weit mehr politische Gefangene gibt als früher. Sie werden nicht mehr einfach umgebracht.« Der Geheimdienst ist durch besonderen Erlaß ermächtigt, Gefangenen 15 Tage lang jeden Rechtsbeistand und jeden Kontakt nach außen zu verweigern. Diese Frist ist auf den mit wissenschaftlicher Präzision geplanten Ablauf der Folterprozeduren abgestimmt. Die Folterer arbeiten nach einem Handbuch, das der US-Geheimdienst CIA lieferte.

Paraguay

Alfredo Stroessner, weltweit dienstältester Despot, nennt sein Regime eine »vollgültige Demokratie«. 500000 bis 800000 Paraguayaner zogen die Flucht ins Exil vor. Willkürliche Festnahmen, Haft ohne Gerichtsverfahren, Folter und das Verschwindenlassen von Personen sind üblich. Die wirtschaftliche Macht liegt bei wenigen Großgrundbesitzerfamilien und ausländischen Konzernen. Indianerstämme werden ihres Landes beraubt; bundesdeutsche Interessenten erwerben es zu Spottpreisen. Folge dieser Agrarpolitik: Die Indianer sind vom Aussterben bedroht. Als 1980 Landarbeiter protestierten, ließ Stroessner 120 Demonstranten erschießen. Über den Foltertod des paraguayanischen

Kommunisten Miguel Angel Soler berichtete »amnesty international«, daß er »zuerst mehrere Stunden mit Peitschen und Eisenstangen geschlagen wurde und ihm seine Peiniger anschließend die Hände und Arme Stück für Stück abhackten«.

Chile

General Augusto Pinochet verkündete im September 1973, daß »die Demokratie hin und wieder in Blut gebadet werden muß, damit sie weiterhin eine Demokratie sein kann«. Damals ließ er bei seinem Putsch 23 000 Menschen umbringen – Repräsentanten und Anhänger der Volkseinheitsregierung Salavador Allendes. Die »Bild«-Zeitung erklärte einen Tag nach dem Putsch: »Jetzt hat die Armee nicht mehr länger stillgehalten. Drei Jahre Marxismus sind ihr genug.« Der Niederlassungsleiter des Chemie-Konzerns Hoechst schrieb aus Chile: »Die Regierung Allende hat das Ende gefunden, das sie verdiente. Chile wird in Zukunft ein für Hoechster Produkte zunehmend interessanter Markt sein.« Zwei Jahre später stellte die »Frankfurter Rundschau« fest: »Das Auslandskapital genießt seit dem Putsch in Chile wieder alle erdenklichen Privilegien. Die Junta offeriert langfristige Steuerfreiheit, Zollermäßigungen beim Import von Installationen, Vorzugsbehandlung bei der Verteilung des internen Kredits, äußerst billige und gefügige Arbeitskräfte sowie absolute Preisfreiheit. Außerdem verzichtet sie auf jegliche Devisenkontrolle und Beschränkung der Gewinnrücktransferierung.« Am vierten Jahrestag des Putsches inserierte die chilenische VW-Filiale im Faschistenblatt »El Mercurio«: »Die Familie Volkswagen möchte an diesem großen Tag der Regierung Chiles für die ihr gegebene Möglichkeit danken, daß sie in dieses Land kommen durfte, um sich in ihm aufzuhalten und mit seinem Volk Freiheit, Schwung und Lebensfreude zu teilen.« Der unter Allende garantierte tägliche halbe Liter Milch für alle Schulkinder war, ebenso wie andere Sozialleistungen, vom neuen Regime sofort gestrichen worden. Heute sind 40 Prozent der Schulkinder unterernährt, Massenarbeitslosigkeit und Massenelend wachsen. Die Zahl der ins Ausland Geflüchteten liegt über einer Million. Doch auch jenseits der Grenzen sind chilenische Demokraten nicht sicher. Pinochet läßt seine Gegner in der ganzen Welt jagen. So bestätigte im Januar 1987 das Geständnis eines ehemaligen chilenischen Geheimdienstlers, daß der Diktator 1976 in den USA Allendes Außenminister Orlando Letelier durch einen Bombenanschlag hatte ermorden lassen. Seit sich das Regime etabliert hat, sind nochmals 17000 Menschen dem Mordterror zum Opfer gefallen. Doch Franz Josef Strauß hat »keine Zweifel, daß Chile ein freies und demokratisches Land ist«. Zur Sicherung dieser Verhältnisse lieferten Heckler & Koch 4000 Gewehre und Messerschmitt-Bölkow-Blohm Panzerabwehrraketen und Kampfhubschrauber (natürlich über Umwege). Bonns Militärattaché in Santiago wurde im Juli 1986 für seine Verdienste um das »neue Chile« mit dem Orden »Honor al Mérito« und acht Wochen später mit der hohen Auszeichnung »Estrella Militar des las Fuerzas Armadas« geehrt.

*

Die Beispiele zeigen: Staatlicher Terror, Unterdrückung der Menschenrechte, Verfolgung von Demokraten, Folter, Mordjustiz sind Kennzeichen vieler Staaten der Freien Welt. Gewaltiger Druck von unten ist erforderlich, um einen Militärdiktator zu stürzen, wie es auf den Philippinen und in Haiti gelang. Erst wenn sich die Volksmassen erheben, sind schließlich auch die USA, die Führungsmacht der Freien Welt, zu einem taktischen Schwenk bereit. So ließ Washington Ferdinand Marcos und Baby Doc Duvalier fallen. Beide dürfen ihre Völker nun nicht mehr terrorisieren, sondern müssen ihre zusammengerafften Milliarden auf Hawaii oder in Südfrankreich aufzehren. Aber an den Eigentums- und Machtstrukturen hat sich auch in diesen beiden Ländern nichts Wesentliches geändert. Darum sind auch die Ursachen für faschistischen Terror nicht dauerhaft beseitigt.

In Argentinien, wo die unermüdlichen Proteste der Frauen und Mütter spurlos entführter Demokraten wesentlich zum Sturz des militärfaschistischen Regimes beitrugen, blieb die Forderung, die für die Entführungen, Folterungen und Morde verantwortlichen Offiziere gerichtlich zur Verantwortung zu ziehen, unerfüllt, obwohl der neue, zivile Staatspräsident Raul Alfonsin persönlich dafür garantiert hatte. Das Offizierskorps zwang Alfonsin mit neuen Putschdrohungen zum Bruch seines Versprechens; damit machte das Militär klar, wer wem zu gehorchen hat.

Ähnlich wie die USA hat die BRD alle genannten und andere ähnliche Diktaturen unterstützt, solange sie bestanden. Mehr noch: In den Vereinten Nationen tritt Bonn bis heute dafür ein, das 1979 gestürzte massenmörderische Regime des Diktators Pol Pot als einzig rechtmäßige Vertretung Kampucheas anzuerkennen, also die jetzige Regierung, die sich um den Wiederaufbau des verwüsteten Landes bemüht, international zu boykottieren. Die Bundesregierung verweigert auch Vietnam noch immer die 90 Millionen Mark, die fest zugesagt wurden, als die US-Streitkräfte besiegt aus dem Land abzogen, das sie zerbombt und mit Dioxin vergiftet hatten. Wenn sich ein Volk, wie jetzt auch das nicaraguanische – unter dem Diktator Somoza war Nicaragua ein typisches Land der Freien Welt – politisch und wirtschaftlich auf die eigenen Füße zu stellen versucht, beteiligt sich Bonn an Störversuchen. So frei sind die Völker der Freien Welt eben nicht, daß sie über sich selbst bestimmen dürften.

Die Griechenland-Aktion

Kurzer Reiseführer zum griechischen Faschismus

Im Nord-Atlantik-Vertrag, dem Gründungs-Dokument der North Atlantic Treaty Organisation (NATO), erklären die Mitglieder, sie seien »entschlossen, die Freiheit, das gemeinsame Erbe und die Zivilisation ihrer Völker, die auf den Grundsätzen der Demokratie, der Freiheit der Person und der Herrschaft des Rechts beruhen, zu gewährleisten«. Eins der 15 NATO-Mitglieder ist seit 1952 Griechenland. Doch dort waren die »Grundsätze der Demokratie, der Freiheit der Person und der Herrschaft des Rechts« in den Jahren von 1967 bis 1974 nicht gewährleistet, sondern außer Kraft gesetzt. Es war die Zeit der Militär-Diktatur, des blutigen Regimes der griechischen NATO-Offiziere.

Was geschah damals?

Am 21. April 1967, kurz vor dem Termin einer Parlamentswahl, bei der mit Sicherheit erstmals die Linke gesiegt hätte, rollten Panzereinheiten unter dem Kommando des Panzergenerals Pattakos an die wichtigsten Punkte der großen Städte: Parlament, Regierungsgebäude, Postämter, Rundfunkstationen, Zeitungshäuser wurden besetzt. Alle Telefonleitungen waren unterbrochen, die Grenzübergänge wurden geschlossen, der Flug-, Eisenbahn- und Straßenverkehr nach Athen wurde eingestellt. Die in den Putsch nicht eingeweihten Offiziere wurden zum Mitmachen veranlaßt, indem sie den Bescheid erhielten, man führe ein NATO-Manöver durch.

Um 6 Uhr morgens verbreitete der Rundfunk eine Proklamation, die dem griechischen Volk bekanntgab, daß die Armee die Macht im Land ergriffen habe, »um einer Machtübernahme der Kommunisten zuvorzukommen«.

Der Staatsstreich war lange geplant und wurde von nur drei Obristen geleitet, die nach dem NATO-Generalstabsplan »Prometheus« vorgingen. Neben den Führern der meisten politischen Parteien wurden bereits am ersten Tag Tausende von Mitgliedern und Funktionären demokratischer Organisationen verhaftet, deren Namen seit langem auf Schwarzen Listen verzeichnet waren. Teils wurden sie in Gefängnisse gesperrt, teils auf vegetationslose Inseln in der Ägäis deportiert, die als Konzentrationslager dienten.

Eines der ersten Todesopfer bei den Massenverhaftungen war der Athener Rechtsanwalt Mandilaras, der den Obristen besonders verhaßt war, weil er ein Komplott des Oberkommandos der griechischen Armee aufgedeckt hatte.

Die Junta, die vom Volk keinerlei Unterstützung erhielt, setzte die Verfassung außer Kraft und erließ anstelle bisheriger Rechte Verbote:

»Untersagt sind Versammlungen von mehr als fünf Personen unter freiem Himmel.

Untersagt sind Versammlungen in geschlossenen Räumen, außer öffentlichen Vergnügungsveranstaltungen.

Untersagt ist jede antinationale Propaganda sowie jedwede Bekanntgabe oder Veröffentlichung von Informationen, die geeignet sind, bei den Bürgern Besorgnis oder Furcht zu erregen und die öffentliche Ordnung zu stören.

Untersagt ist jede ärztliche Behandlung von Personen in einer Hausgemeinschaft, wo diese Personen nicht ständig leben – es sei denn, ein solcher Fall wird innerhalb von zwei Stunden der nächsten Polizeidienststelle gemeldet.

Untersagt ist der Besitz, die Installation und der Gebrauch von Amateur-Funkstationen und aller Empfangs- und Sendeanlagen. Wer diesen Anordnungen zuwiderhandelt, wird vor besondere Kriegsgerichte gestellt und nach Maßgabe der Bestimmungen über einen Belagerungszustand bestraft.«

Die Junta berief sich auf »Notstandsgesetze« und erklärte Gesetze aus der Zeit der Nazi-Okkupation wieder für gültig. Ein Ausgehverbot wurde verhängt: »Nach 18.30 Uhr wird ohne Anruf geschossen.«

Da nach den Worten des Putsch-Generals Pattakos »die Gesetze schlafen« und die »Demokratie in Gips gelegt« worden war, wie sich der zeitweilige Junta-Chef Papadopoulos ausdrückte, konnte seit dem Putsch die Polizei jeden an jedem Ort zu jeder Zeit verhaften, ohne Verpflichtung, Angehörige zu informieren und Anklage zu erheben.

Sondermilitärgerichte wurden eingesetzt. Alle Bürger wurden zur

Denunziation aufgefordert: Sie hätten ihre »patriotische Pflicht zu erfüllen und ihnen bekannte Rechtsbrecher der nächsten Polizeistation zu melden«.

Die Durchsuchung privater Häuser war bei Tag und Nacht ohne jede Einschränkung zulässig. Jeder Schriftverkehr, ganz gleich, welcher Art, unterlag der Zensur, ebenso die Presse. Mehrere Zeitungen wurden verboten. Wahlen fanden nicht mehr statt. Auch Streiks durfte es nicht mehr geben. Gewerkschaften waren unterdrückt. Offiziere besetzten die Schlüsselpositionen des gesamten Staatsapparates.

Die Junta entließ Hunderte fortschrittlicher Lehrer und setzte die Dauer der Schulpflicht auf sechs Jahre herab. Alle Studenten wurden verpflichtet, sonntags den Gottesdienst zu besuchen. Die bisher gebräuchlichen Geschichtsbücher mußten abgeliefert werden.

Theater wurden geschlossen, wenn sie Stücke verbotener Autoren, darunter die griechischen Klassiker Aischylos, Sophokles, Euripides und Aristophanes, spielen wollten. Jeder Schauspieler, der von einem genehmigten Rollentext irgendwie abwich, wurde schwer bestraft. Musik von Tschaikowsky und Prokofjew wurde verboten, da sie Russen waren.

In den ersten Tagen nach dem Putsch sendete der Rundfunk pausenlos Militärmusik, unterbrochen von markig-patriotischen Aufrufen. *Stabilität* war das Versprechen, mit dem die Junta das griechische Volk an den Faschismus zu gewöhnen suchte.

Aus einer dieser typischen Proklamationen:

»Griechische Männer und Frauen! Die Aktion der Armee, die die Regierung des Landes übernommen hat, war die unmittelbare Folge all dessen, was man bis jetzt unserem Land angetan hat. Viele Jahre lang ist Griechenland unterminiert worden. Schon seit beträchtlich langer Zeit lag das Land in Agonie. Und Griechenland fühlte zutiefst, daß es gerettet werden mußte – mit welchen Mitteln auch immer, selbst wenn sie noch so stark sein mußten. Nun hat Griechenland durch die nationale Armee gehandelt. Die ganze üble Vergangenheit werden wir hinter uns zurücklassen. Und eine Zeit neuen Wohlstands und Ruhms wird für uns beginnen. Stabilität ist der Wunsch aller Griechen! Das bedeutet: Schluß mit Parteienzwist und Parteienleidenschaft; Schluß mit dem Geist der Gosse!«

Aus einer Erklärung des von der Junta ernannten Ministerpräsidenten Kollias:

»Es gibt von Stund an in Griechenland nicht mehr die Rechte, die

Mitte oder die Linke. Es gibt nur noch Griechen, die an Griechenland glauben, an ein nobles, höchstes und vollkommenes Ideal der wahren Demokratie und nicht der ›Demokratie‹ der Straße, des Pöbels und der Anarchie!«

Kurz darauf sekundierte ihm der CSU-Vorsitzende Franz Josef Strauß: Griechenland sei zur »Stabilität« zurückgekehrt, und der von Strauß herausgegebene »Bayernkurier« gab eine Ehrenerklärung für Kollias ab: »Jurist durch und durch, eine beeindruckende Legierung von persönlicher Bescheidenheit, gedanklicher Präzision und repräsentativer Würde, verkörpert er die Zustimmung der guten alten Honoratiorenschicht zum Regime.«

Die »Stabilität« entwickelte sich unter dem Junta-Regime – durch Korruption und Vetternwirtschaft verstärkt – zuletzt auf eine jährliche Inflationsrate von nahezu 30 Prozent hin.

»Ruhe und Ordnung« herrschten im Land; die Ordnung der Kerker und Kasernenhöfe. Aufrechterhalten mit Hilfe von Tausenden bezahlter Spitzel und Hunderten von Folterknechten, die bis zum Zusammenbruch des Regimes insgesamt mehr als 150000 »Ordnungsstörer« festnahmen und verschleppten. Diese Schmutzarbeit verrichtete die Militärpolizei ESA unter dem Kommando von General Joannidis.

Die Europäische Kommission für Menschenrechte bezeichnete 1969 nach gründlichen Untersuchungen »Folterungen als eine in Griechenland übliche Verwaltungsmaßnahme«.

Wegen des starken Widerstandes im griechischen Volk und zunehmender internationaler Proteste sah sich das Regime der Obristen in der Folgezeit gezwungen, seine Fassade gelegentlich etwas ziviler und liberaler anzustreichen. Zu diesem Zweck ernannte Präsident Papadopoulos am 1. Oktober 1973 den unbedeutenden Politiker Spyros Markesinis zum Premierminister. Das griechische Volk ließ sich von dieser vorgeblichen Demokratisierung, die der amerikanische Geheimdienst CIA geplant hatte, nicht beeindrucken. Am Tage der Ernennung von Markesinis begannen im Zentrum von Athen größere Demonstrationen, die sich überwiegend gegen die Junta und die USA richteten. Gleichzeitig demonstrierten viele Arbeiter für höhere Löhne.

Zu dieser Zeit befand sich auch die griechische Wirtschaft in einer schlimmen Talsohle. Die Inflationsrate in Griechenland war die höchste der Welt. Die Lebensmittelpreise stiegen um 50 bis 100 Prozent, während die Löhne stagnierten. Und auch Studenten wiederholten ihre Forderungen, die sie schon bei früheren Demonstrationen gestellt hatten. Aber wie bei allen anderen Demonstrationen seit der Junta-Machtübernahme 1967 verprügelte, verfolgte, verhaftete und folterte die Polizei die Demonstranten.[1]

Der Widerstand eskalierte im Athener Polytechnikum. Viele Arbeiter zogen dorthin und zeigten, zusammen mit den Studenten, ihre Spruchbänder mit den Parolen: »Brot, Schulen, Freiheit und nationale Unabhängigkeit«, »NATO – raus«, »Nieder mit der Junta«, »Nieder mit dem Faschismus«, »Volk, du hungerst – hängt sie«, »Freiheit für alle politischen Gefangenen«, »Nieder mit Papadopoulos und dem Clown Markesinis«.

Die Studenten forderten: Aufhebung des Verbots der Studentenorganisation, Herabsetzung der Wehrpflicht von zwei Jahren auf ein Jahr, Erhöhung der Staatsausgaben für das Schulwesen um 20 Prozent (diese Haushaltsmittel waren seit 1967 in jedem Jahr reduziert worden), bessere Studienbedingungen, ein Studentenkongreß mit *gewählten* Delegierten.

Am 14. November 1973 beschlossen die Studenten des Polytechnikums einen Streik. Die Junta befahl den Professoren, das Polytechnikum zu schließen, und den Studenten, das Gebäude zu verlassen. Gleichzeitig umstellte die Polizei das Polytechnikum. Drinnen wurde ein Sender installiert, der politische Meldungen und Parolen ausstrahlte, die in ganz Athen empfangen wurden. Abends stießen noch mehr Arbeiter und Angestellte zu den vor dem Polytechnikum Versammelten, und Leute aus dem Volk spendeten den Demonstranten Essen, Zigaretten und Geld.

Am nächsten Tag streikten aus Solidarität schon 90 Prozent aller Mittelschulen. Und auch die Bauarbeiter, die zu Tausenden in das Polytechnikum eindrangen.

Zur gleichen Zeit demonstrierten Bauern in der Nähe von Athen gegen den Großindustriellen Andreadis, einen Freund und Förderer der Junta, mit Spruchbändern wie »Kapitalisten raus«. Andere Bauern, denen durch ein empörendes Gerichtsurteil Land zugunsten Andreadis weggenommen worden war, trafen ebenfalls vor dem Polytechnikum ein. An diesem Morgen breiteten sich die Demonstrationen in alle

1 Die folgende Darstellung des November-Massakers 1973 folgt einem Augenzeugenbericht, den Günter Wallraff im Athener Korydallos-Gefängnis von einem Mithäftling erhielt.

Richtungen aus. Aber jetzt schritt die Polizei ein und verhinderte eine Ausdehnung. Mit äußerster Brutalität schlugen die Beamten auf die Demonstranten ein. Mit Steinen setzte sich die Menge zur Wehr. Am späten Nachmittag waren es schon mehr als 100000 kämpfender Demonstranten, die sich mit der Polizei Straßenschlachten lieferten. Gegen 20 Uhr setzte die Junta leichte Panzerfahrzeuge mit Tränengas ein. Als die Aufständischen das Ministerium für öffentliche Ordnung besetzten, wurde die Polizei massiver, und es gab die ersten Toten. Im gesamten Zentrum von Athen wurden mit umgestürzten Fahrzeugen Barrikaden errichtet. Die Polizei schoß nun gezielt in den Kopf.

Aus verschiedenen Richtungen rollten Panzer an. Sie überrollten die mit demonstrierenden Männern, Frauen und zum Teil auch mit Kindern besetzten Barrikaden. Soldaten töteten kaltblütig mit Maschinengewehren. Einige allerdings flüchteten in das Polytechnikum oder zeigten ihre Sympathie für die Demonstranten. Die »Deserteure« wurden später bei ihrer Festnahme von den Offizieren erschossen, »Sympathisanten« in das Bogiati-Militärgefängnis gesteckt. Beim Angriff der Panzer auf das Polytechnikum zeigten viele Studenten und Arbeiter ihren Widersachern die entblößte Brust und riefen: »Schießt hierher« oder »Soldaten, ihr seid unsere Brüder, ihr könnt uns nicht töten« oder »Volk und Armee, vereinigt Euch!« Aber Tod und Terror beherrschten nun die Szene: Der erste Panzer zerquetschte beim Angriff auf das große Eisentor des Polytechnikums mehrere Demonstranten.

Insgesamt gab es mindestens 200 Todesopfer; mehr als 2000 wurden verhaftet und bei der Asphalia (Sicherheitspolizei) und ESA (Militärpolizei) gefoltert. Darunter auch die berühmten Schauspieler Kasakos, Karesi und Ypsilanti. Ein Journalist wurde bei den Schießereien am Polytechnikum getötet und ein ehemaliger Abgeordneter der Zentrums-Union erschossen.

Am Samstag, dem 17. November, stellte Papadopoulos, nachdem nicht nur in Athen, sondern auch in anderen Städten große Menschenmassen gegen den Terror demonstriert hatten, das ganze Land unter Kriegsrecht, was u. a. absolutes Ausgehverbot nach 16 Uhr, bei Zuwiderhandlung Schußwaffengebrauch bedeutete.

Am Sonntag nahmen die Militärgerichte ihre Arbeit auf. Weitere 5000 Personen wurden vorübergehend in Haft genommen. Am Montag blockierten bewaffnete Polizisten und Soldaten die Straßen und verhafteten nochmals mehr als 1000 Menschen. Weil die Gefängnisse überfüllt waren, diente das Karaiskaki-Stadion als provisorisches Konzentrationslager. Am Dienstag fanden keine Demonstrationen mehr statt. Die Universitäten blieben auf unbestimmte Zeit geschlossen. Viele Studenten gingen in den Untergrund. Sie mußten mit sofortiger Verhaftung und Folterung rechnen, wenn sie auftauchten.

Damit sind die Zustände in Griechenland skizziert, die den »Ausschuß Griechenland-Solidarität« in der BRD veranlaßten, Anfang Mai 1974 eine Delegation in das faschistische Land zu entsenden, der Irmgard Weber, Konrad Neumann und Günter Wallraff angehörten. Unter dem Eindruck der dortigen Erlebnisse entschloß sich Günter Wallraff zu einer Aktion. Bevor er sich am 10. Mai 1974 auf dem Athener Platz der Verfassung (Syntagma-Platz) demonstrativ an einen Lichtmast kettete, übergab er dem Delegationsmitglied Dr. Konrad Neumann (Rechtsanwalt) folgende Erklärung:

»Falls ich bei den Folgen der Aktion am Freitag ums Leben kommen sollte, hier kurz ein paar testamentarische Regelungen:

Vorweg: Das Risiko dieser Aktion ist nur schwer kalkulierbar. Einige der befragten Exil-Griechen sind der Auffassung, daß ich als nicht-griechischer Staatsangehöriger mit verhältnismäßig schneller Abschiebung (ca. nach 1–4 Wochen) rechnen könne und außer Zusammengeschlagenwerden nicht die bei Griechen übliche Folter zu befürchten hätte. Befragte Griechen in Athen, die Einblick in die neue interne Konstellation der jetzigen Junta haben, verweisen auf die Autonomie und Automatik der herrschenden Militärpolizei. Sie halten deren Reaktionen für unberechenbar und auch diplomatischem Druck gegenüber unbeirrbar, rechnen mit einer mindestens halbjährigen, wahrscheinlicher ein- bis zweijährigen Haftstrafe und halten auch Folter für nicht ausgeschlossen bis wahrscheinlich.

Trotz des verhältnismäßig großen Risikos halte ich die Aktion für notwendig. Die einwöchigen Gespräche mit Junta-Gegnern in Athen und Umgebung haben mich in meinem Vorhaben bestärkt. Einige der von uns aufgesuchten Griechen gaben zu verstehen, man warte geradezu auf so ein Zeichen, da aus dem Ausland aus wirtschaftlichen und militärstrategischen Gründen ein zunehmender Duldungs- und Gewöhnungseffekt dem Terror der Militärdiktatur gegenüber zu registrieren sei.

Die Aktion ist auch als Affront gegen Ignoranten, Kaltschnäuzige und Abgebrühte aller Schattierungen zu verstehen, gegen einige Superstrategen von links und gegen die ›unpolitischen‹ Dickhäuter mit ihrem ›gesunden Menschenverstand‹.

(Sollte irgendwann während meiner Inhaftierung von den Organen der Junta die Version verbreitet werden, ich hätte Selbstmord begangen oder sei auf der Flucht erschossen worden, so handelt es sich aller Voraussicht nach um Zweckmeldungen und Schutzbehauptungen. Weder habe ich vor, mich umzubringen, noch den Faschisten durch Flucht einen Vorwand zu geben, um sich meiner zu entledigen.)

Initiativen und Resolutionen, die während meiner Inhaftierung für meine Freilassung erfolgen sollten, auf jeden Fall nur in Zusammenhang mit namentlich genannten anderen griechischen politischen Häftlingen! Mir kommt es vor allem darauf an, das Schicksal der anonymen politischen Gefangenen unter den gleichen Bedingungen möglichst lange zu teilen, um darüber unüberhörbar Zeugnis ablegen zu können.«

Günter Wallraffs Griechenland-Bericht

> Selbst wenn es nichts weiter war als eine Scherbe für ein Museum der Hoffnung, war es nicht umsonst.

Es ist immer besser, etwas zu tun, als alles hinzunehmen und sich nur auf Lippenbekenntnisse zu beschränken. In diesem Sinne war die Aktion eigentlich eine Fortsetzung meiner bisherigen Arbeit, vielleicht mit etwas mehr Pathos, natürlich auch mit mehr Risiko verbunden, es war auch ein größerer Zeitabschnitt, in dem ich mich total dieser Situation aussetzen wollte. Ich habe nichts weiter gemacht, als mich als anonymer Grieche auszugeben. Als Grieche wollte ich den Faschismus in Griechenland erleben; den bei uns manchmal schon inflationär entwerteten Begriff »Faschismus« ins ganz Konkrete übersetzen. Denn wofür sich ein einzelner verbürgt, was er selber bezeugt, damit können sich viel mehr Menschen identifizieren, und der Wille zur Veränderung wird viel eher angestachelt, als wenn man nur mit einer abstrakten Faschismusanalyse aufwartet.

Meine Absicht war, auch einen Großteil der Presse und damit eine breite uninformierte Öffentlichkeit zu zwingen, sich der griechischen Situation wieder anzunehmen.

Ich habe Gewaltlosigkeit demonstriert. Ich habe auf Flugblättern Forderungen aufgestellt, die in allen Demokratien in der Verfassung stehen: Menschenrechte, wie sie in der UN-Charta niedergelegt sind. Ich habe mich eingesetzt für Pressefreiheit, Meinungsfreiheit und Freilassung der politischen Gefangenen. Forderungen, denen sich eigentlich alle hätten anschließen müssen, für die »Demokratie« nicht nur eine Formel ist, mit der sie das Unrecht im eigenen Land mit Verweisen auf angeblich Schlimmeres in sozialistischen Staaten legitimieren wollen. Eine solche Aktion in einem sozialistischen Land wäre im übrigen ziemlich risikolos gewesen. Denn da wäre ich sofort abgeschoben wor-

Initiativ - Ausschuss Griechenland - Solidarität
Bundesrepublik Deutschland

Prof. Dr. W. Abendroth · Prof. Dr. F. Benseler · Prof. Dr. H. Ridder · Günter Wallraff · Josef Weber

4 Düsseldorf 1
Stresemannstr. 22
Postanschrift: Postfach 2009

Abflug 3.5. 8,15 Uhr in Düsseldorf
12,45 an Rhodos

Rückflug 10.5. 13,45 ab
16,15 an Düsseldorf

Teilnehmer: Dr.Neumann, Günter Wallraff, Irmgard Weber

1. Aufgabe: Für die Freilassung bestimmter politischer Gefangener zu wirken:
Kaloudis -
Asmanis (siehe auch Briefwechsel des Ausschusses mit Aussenmin.)
Ambatielos
Mavros
Jannou
Psaroudakis ( ) Herausgeber einer christlichen Zeitschrift („Christianiki" erscheint nicht)
Einzelheiten siehe Dossiers
Es erscheint am zweckmässigsten, zunächst Frau Mavros oder Rechtsanwalt Mangakis (Bruder des Heidelberger M. -steht dem Zentrum nahe) aufzusuchen, die Besuche bei oppositionellen Persönlichkeiten vermitteln können, z.B. bei
Kanellopoulos (ERE -Nat.Rad.Partei) -letzter Ministerpräs.vor dem Putsch + Athanasiadis
Papaspyrou (Zentrum -letzter Parlamentspräsident)
Sigdis (Zentrum -mehrmals Minister), war in letzter Zeit mehrmals in den USA
Theodosikos, Bischof von Syros (hat Zustände auf Jaros angepranger

2. Vorsprache beim Justizministerium (AmDom) Zentrum
Besuch auf Jaros (Junta in Chile hat Besuch von KZ erlaubt!)
Wieviel Gefangene auf Jaros ? (Bekannt sind 42 Namen -IRK spricht von über 100) (viel mehr,)
Wieviel Tote im November 1973 ? Offiziell 13 namentlich bekannt, inoffiziell 47 namentlich bekannt (siehe Brief an IRK).

Spendenkonto: Josef Weber, 4 Düsseldorf 1, PSK Essen 2542 72-438 Sd Kto. G

In Korydallos sind über 70 Personen inhaftiert, deren Namen nicht bekannt sind.

Welche Personen wurden in geheimen Verfahren durch die Militärgerichte abgeurteilt (Namen und Urteil ?)

3. Besuch beim Büro des IRK

(!!) 4. Besuch beim Erzbischof von Athen (Kretin) STR.
AGIAS PHILOTHEIS 27 (neben Dom)

5. Besuch beim Präsidenten der Anwaltskammer in Athen

6. Besuch bei der deutschen Botschaft (Angelegenheit Asmanis)

7. Besuch von Angehörigen von Gefangenen

8. Besuch bei Rechtsanwälten:
Antonios Floros (ehem.Mitglied des Aeropag), Leoforou Alexandras 69 Telf.664006
Konstantinos Papaioannou (ehem.Mitglied des Aeropag, ehem.Minister), Leoforou Alexandras 215 Telf. 6423232
Agni Rousopoulou (Ausschuss für die Wiederherstellung der demokr. Legalität), Emanuil Benaki 28 Telef.620986 Kann deutsch!

Nach Rückkehr Pressekonferenz am 14-5-74 in Zeltgenfeld

Besuchsprogramm (Kontakte der Delegation vor der Aktion)

den. Sicher, so eine Aktion auf dem Alexander-, Wenzels- oder Roten Platz, und die gesamte Presse hätte mich gefeiert. Mehr als zwei Drittel der westdeutschen Presse, dies mein Eindruck, nimmt ja überhaupt nur das zur Kenntnis, was an Unrecht, Willkür, politischer Justiz in sozialistischen Ländern passiert. Ich bin nach Athen gefahren, weil die Stadt im Westen liegt. Griechenland ist NATO-Partner. Wie können wir Willkürmaßnahmen in sozialistischen Staaten kritisieren und dabei den Faschismus im eigenen Lager übersehen?

Die Aktion war für Griechenland bestimmt, dort wurde sie verstanden und nutzbar gemacht. Die Symbole, die gewählt waren, gingen von griechischen Verhältnissen aus: Lichtmast, Ketten, Platz der Verfassung. Bei Aktionen in der Bundesrepublik würde ich mehr mit Ironie, mit Unterkühlung arbeiten, aber dem offenen Faschismus gegenüber waren das adäquate Mittel, und sie wurden ja auch von den Erfüllungsgehilfen des Militärregimes richtig verstanden, wie Verhaftung, Folter, Prozeß und Inhaftierung zeigen sollten.

Viele Griechen, die von dieser Aktion erfuhren, haben daraus Mut geschöpft. Solidarität aus dem Ausland wurde als Hoffnungsschimmer angesehen.

Wie ich später erfuhr, sind kurz nach der Aktion im Stadtzentrum etwa ein Dutzend Panzer aufgefahren, wahrscheinlich in der Befürchtung, daß die Aktion – wie in den Flugblättern angekündigt – der Auftakt sein könnte für breiter angelegte Widerstandshandlungen. Die Aktion löste auch unmittelbare und schockartige Lernprozesse bei zufälligen Augenzeugen aus. Als ich mich auf dem Syntagmaplatz – dort, wo sich der Haupttourismus abspielt – gerade ankettete, sprach mich zum Beispiel ein deutscher Student an: »Sie sind doch der Günter Wallraff.« Ich sagte: »Bitte, das gleich wieder vergessen, ich bin hier ein anonymer Grieche, sonst ist die ganze Aktion gefährdet.« Dieser Mann, Mitglied der Jungen Union, war über das Verhalten der Geheimpolizisten so entsetzt, daß er nachher in Leserbriefen an Kölner Zeitungen zum Touristenboykott aufrief. Als ich nach Hause flog, sagte mir eine Lufthansa-Angestellte, sie sei auch zufällig an dem Tag dagewesen, habe das miterlebt. Sie habe einen Schock bekommen, sei heulend nach Hause gegangen und habe nicht mehr weiterarbeiten können. Seitdem erst habe sie begriffen, was in Griechenland los war. Sie wußte bis dahin nichts davon und fing an, sich darüber Gedanken zu machen und mit anderen darüber zu sprechen. Es gab viele, die sich jetzt für die Freilassung aller politischen Gefangenen in Griechenland einsetzten.

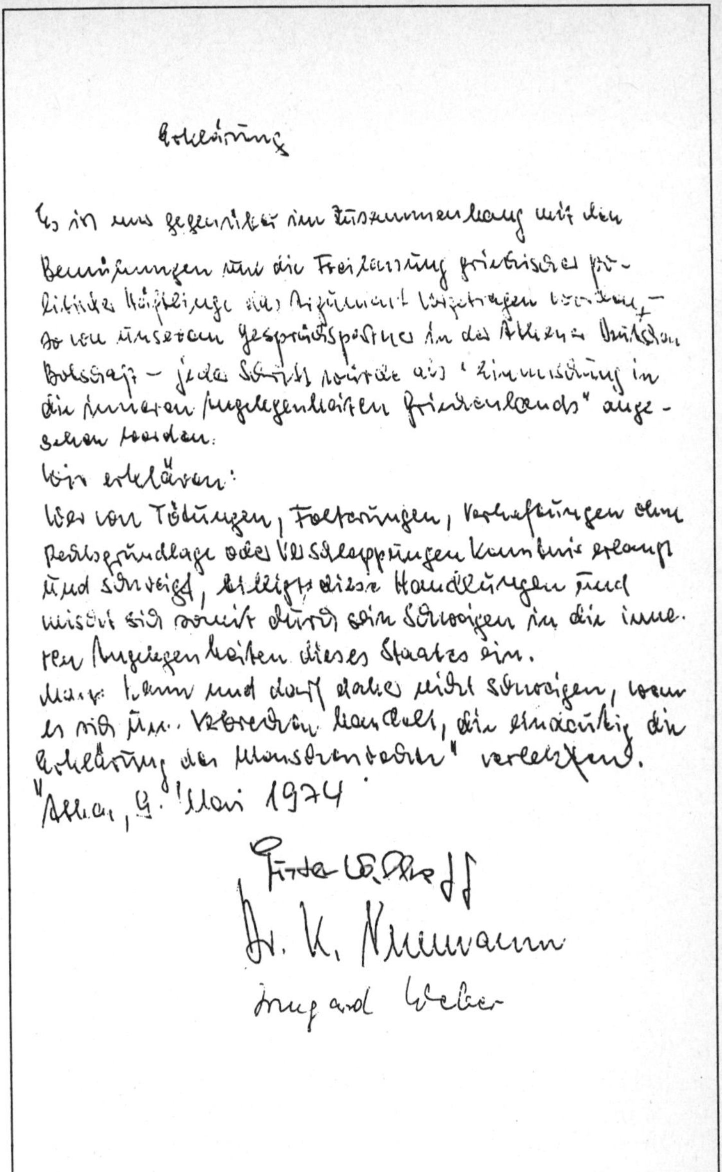

Erklärung

Es ist uns gegenüber im Zusammenhang mit den Bemühungen um die Freilassung griechischer politischer Häftlinge das Argument vorgetragen worden – so von unserem Gesprächspartner in der Athener Deutschen Botschaft – jede Schritt würde als „Einmischung in die inneren Angelegenheiten Griechenlands" angesehen werden.

Wir erklären:

Wer von Tötungen, Folterungen, Verhaftungen ohne Rechtsgrundlage oder Verschleppungen Kenntnis erlangt und schweigt, billigt diese Handlungen und mischt sich somit durch sein Schweigen in die inneren Angelegenheiten dieses Staates ein.

Man kann und darf daher nicht schweigen, wenn es sich um Verbrechen handelt, die eindeutig die „Erklärung der Menschenrechte" verletzen.

Athen, 9. Mai 1974

[illegible]

Dr. K. Neumann

Irmgard Weber

Erklärung der Delegationsmitglieder am Tag vor Wallraffs Aktion

Um die Solidarität mit den griechischen Demokraten herzustellen, war es notwendig, daß ich nicht als Ausländer identifiziert werden konnte, denn dann hätte die Gefahr bestanden, daß man mich sofort zum Flughafen gebracht und abgeschoben hätte, um sich Unannehmlichkeiten zu ersparen. Ich hatte mich – wie zuvor schon öfters in meiner Arbeit – anonymisiert, hatte alle Indizien, die mich als Ausländer zu erkennen gegeben hätten, entfernt. Zum Beispiel das Etikett »Made in Germany« in der Jacke hatte ich herausgerissen, hatte mir griechische Kleidung besorgt, hatte kein Wort geredet, so lange, bis ich unter der Folter dann doch meinen Namen herausrükken mußte.

Mit diesem Verhalten erreichte ich, daß der Machtapparat erst einmal ganz »normal« reagierte. Was mir passiert ist, war dennoch nur ein Bruchteil von dem, was ein Grieche, erst recht, wenn er Arbeiter ist und kein Prominenter, hätte durchmachen müssen. Was ich in 24 Stunden erlebte, mußte er bis zu fünf oder sechs Monate lang bei der Sicherheitspolizei oder im Foltergefängnis Bogiati bei der Militärpolizei erleben.

Ich wurde an Ort und Stelle von zwei Geheimpolizisten und zwei anderen Polizisten zusammengeschlagen, und zwar so brutal, daß ich noch glücklich sein kann, keine bleibenden Kopfverletzungen davongetragen zu haben. Sie schmetterten meinen Kopf immer wieder gegen eine Betonkante, schlugen mir gezielt in Nieren, Milz, Magen. Dann schleppten sie mich samt der Kette in die Asphalia, das Hauptquartier der Sicherheitspolizei. Noch im Treppenhaus schlugen sie mich zweimal zusammen, das machte ihnen Spaß. Aber dann kamen zwei Beamte der ESA, Folterspezialisten der Militärpolizei. Das waren Profis. Folter war für sie tagtäglicher Job, war ihre Arbeit, persönlich machte es ihnen – wie man merkte – keinen besonderen Spaß. Sie schlugen mir mit einer Eisenstange, der »Falenga«, auf die Füße. Da sieht man die Spuren nicht so, wenn sie einen vor Gericht stellen. Dazu immer gezielte Fausthiebe in den Magen und in die Geschlechtsteile. Es waren karategeübte Schläger, die machten das mit ganz kurzen Schlägen. Zwischendurch stellte mir ein Dolmetscher Fragen. Sie wollten herausbekommen, in welchem Auftrag ich handelte, da es nicht in ihr Bewußtsein hineinging, daß jemand ohne Bezahlung so etwas macht. Sie wollten Organisationen wissen, wollten wissen, mit welchen Griechen ich in Kontakt getreten war. Am Anfang war ich noch verhältnismäßig gelassen, da die vorsorglich eingenommenen starken, schmerzstillenden Medikamente noch wirkten.

Interessant war, daß beim Verhör ein griechischer Geheimpolizist plötzlich die Visitenkarte eines Beamten des Bundeskriminalamtes Wiesbaden mit dem Namensaufdruck »Hans Schneider« hervorholte und sagte: »Wenn du hier falsche Angaben machst, werden wir sehr schnell die Wahrheit herausbekommen, und dann wird es dir sehr dreckig ergehen, wenn du uns angelogen hast. Das ist ein guter Freund von mir, den ich bloß anzurufen brauche.« Ein anderer Beamter prahlte damit, daß ich doch im eigenen Land kaum Rückhalt erwarten könnte, schließlich liefen gute Beziehungen von Politikern der Bundesrepublik zur Junta. Man erwähnte den Strauß-Beauftragten, den CSU-Bundestagsabgeordneten Althammer, der solche Beziehungen unterhalte.

Als sie dann herausbekamen, wer ich war, mußten zumindest die Spuren der Schläge verheilen. Man nahm mir die Handschellen ab, da war schon alles etwas milder. Und es gab da einen höheren Vernehmungsbeamten, der mir sagte: »Ich würde Sie am liebsten jetzt gleich abschieben, das erspart uns Ärger. Aber wir müssen zuvor noch amerikanische Stellen konsultieren. Das ist jetzt ein brisanter politischer Fall

Der Polit-Graphiker Klaus Staeck verwandte eines der bei der Verhaftung von Günter Wallraff am 10. 5. 74 aufgenommenen Fotos, als er im Auftrag der Stadt Köln ein Plakat für die Ausstellung »Kunst der 70er Jahre« anfertigte (rechts).

FREIHEIT FÜR GRIECHENLAND

Wir fordern: Die Freilassung aller politischer Gefangenen
Pressefreiheit
Freie Wahlen

Solange die Menschenrechte durch Gewalt, Verfolgung und Folter unterdrückt werden, fordern wir alle Touristen demokratischer Staaten auf:

– fahrt nicht nach Griechenland, fahrt lieber nach Portugal –

auch dort scheint
die Sonne 300 Tage im Jahr.

Fahrt nicht nach Griechenland,

denn hier gibt es: 365 Foltertage
denn hier gibt es: mindestens 100 Todesopfer des Regimes
denn hier gibt es: mindestens 200 Inhaftierte

Solange die Konzentrationslager Jaros bestehen bleiben, fordern wir die Mitgliedsstaaten der NATO, die sich als ein Bündnis zur Verteidigung der Freiheit und der Menschenrechte versteht, auf, die Militärdiktatur in Griechenland nicht mehr zu unterstützen. Wir appelieren an alle Staaten, die sich als Demokratie begreifen, jede Wirtschafts- und Militärhilfe einzustellen, solange hier von der Militärjunta Menschen unterdrückt, inhaftiert, gefoltert und getötet werden.

Diese Aktion ist nur ein Anfang. Sie wird von anderen Personen und Organisationen an anderen Orten und mit anderen Mitteln fortgesetzt, bis diese Forderungen erfüllt werden.

Stellvertretend für alle, die das Gleiche denken, aber durch Terror gehindert werden es auszusprechen.

SOLIDARITÄT FÜR EIN FREIES GRIECHENLAND

Text des Flugblattes, in je 200 Exemplaren auf griechisch, englisch und deutsch bei der Aktion verteilt. Der Text wurde bewußt nicht unterzeichnet und sprachlich so abgefaßt, um den Eindruck entstehen zu lassen, daß das Flugblatt von griechischen Antifaschisten stamme.

Kölner Stadt-Anzeiger
21. Mai 1974

Augenzeuge

Wallraff an der Kette in Athen

Sie brachten in der Ausgabe vom 13. 5. eine Notiz über die Bemühungen des Auswärtigen Amtes um die Freilassung des in Athen festgenommenen Kölner Schriftstellers Günter Wallraff. Dazu möchte ich folgendes erläuternd sagen:

Ich befand mich bis zum Wochenende im Rahmen einer Studienreise durch Griechenland in Athen. Bei einem Stadtbummel am Freitag letzter Woche suchte ich auf dem mitten in der City gelegenen Syntagma-Platz ein Straßencafé auf, in dem ich vor mir sitzend den Kölner Schriftsteller Günter Wallraff zu erkennen glaubte.

Plötzlich sprang dieser auf und lief auf die Mitte des Platzes, wo er an einem Laternenmast ein Schild mit roter Aufschrift befestigte. Etwas unsicher geworden, ob es nun wirklich der mir bekannte Kölner Schriftsteller war, ging ich näher heran und sah, daß er eine um den Hals und an der anderen Seite am Laternenmast befestigte Kette trug und Flugblätter verteilte. Diese waren in verschiedenen Sprachen verfaßt und richteten sich gegen die Militärregierung. Einige Griechen zerrissen die Blätter und versuchten ihn am Austeilen zu hindern.

Ich fragte den mutmaßlichen Kölner Schriftsteller, um mich nun genauestens zu vergewissern, ob er deutsch spräche. Er bejahte es. Ich fragte weiter, ob er nicht Günter Wallraff sei. Darauf sagte er: „Ja, aber bitte behalten Sie es für sich, hier bin ich Grieche."

Plötzlich kamen drei Männer gelaufen, wahrscheinlich Regierungsspitzel, die Wallraff zu Boden rissen, auf ihn einschlugen und ihn traten. Durch die Hilferufe Wallraffs aufmerksam geworden, erschienen noch mehr Leute, unter anderem auch ein Verkehrspolizist, der sich das Ganze anschaute, ohne einzuschreiten.

Nach einiger Zeit fuhr eine Polizeistreife vor, die, soweit ich sehen konnte, auch nicht eingeschritten ist. Man konnte Wallrafs Wehrufe nur noch lauter vernehmen. Ein Polizist nahm zwei Schaulustigen, die fotografiert hatten, die Kamera bzw. den Film ab. Das ganze Spektakel dauerte höchstens fünfzehn Minuten und wurde durch die Festnahme des stark blutenden Wallraff beendet, was den Polizisten wahrscheinlich wegen der schweren Kette einige Mühe bereitet hat.

Man kann sich gar nicht vorstellen, wie bedrückend es ist, in einem Land zu sein, dessen faschistische Regierung die intellektuelle Freiheit eines jeden Menschen mit solchen grausamen Mitteln zu unterbinden sucht. Ich werde dieses Land jedenfalls nicht mehr betreten.

Ralf Rizzi, Köln 91,
Mitglied der Jungen Union

Verantwortlich für Leserbriefe: Günter Doebel

geworden, den ich nicht allein entscheiden kann, das ist schon über den Rundfunk in Ihrem Land gegangen.«

Während der Folter hatte ich durchblicken lassen, daß ich sehr viel mehr im Rücken hätte, als ich in Wirklichkeit hatte. Ich erweckte den Eindruck, hinter der Aktion stünden bundesdeutsche Regierungsstellen. Was noch verstärkt wurde durch eine kleine Sicherung, die ich vorher eingebaut hatte: Unmittelbar vor der Aktion hatte ich mein gesamtes Gepäck mit allen Ausweispapieren in der deutschen Botschaft deponiert, dem mißtrauischen Grenzschutzbeamten erklärt, der Botschafter wisse Bescheid. Am Gepäck hatte ich eine Visitenkarte hinterlassen mit der Nachricht »bitte bis zu meiner Rückkehr aufbewahren, kann u. U. einige Zeit dauern«.

Ich weiß nicht genau, wie das gewirkt hat. Mir ging es darum, in einer Zeit, wo die Bundesregierung den griechischen Faschismus partnerschaftlich tolerierte, offizielle Stellen irgendwie hineinzuziehen. Am nächsten Tag wurde mein Gepäck von der Botschaft zur Sicherheitspolizei gebracht.

Während der Folter wurde ich mehrmals gefragt, wo sich die beiden anderen Delegationsmitglieder, Irmgard Weber und Rechtsanwalt Konrad Neumann, zur Zeit befänden. Da sie zu der Zeit bereits auf dem Heimflug waren, rückte ich nach anfänglichem gespieltem Zögern nach und nach mit der »Wahrheit« heraus. Ich erklärte, sie seien auf dem Weg nach Jaros, um die KZ-Insel von einem illegal gecharterten Fischkutter aus zu inspizieren. Das Verhör wurde an dieser Stelle unterbrochen. Ein aufgeregtes Telefonieren begann, immer wieder fiel der Name »Jaros«. Später noch bei der Gerichtsverhandlung kam der Militärrichter auf diese Aussage zurück, um die »konspirative«, »antigriechische« Funktion der Delegation herauszustellen. Er ging auf Grund meiner Aussage davon aus, daß sich die Delegation »illegal« Zugang zur KZ-Insel verschafft hatte.

Bis zuletzt glaubten die ESA-Leute nicht an einen Alleingang. Botschaftsbeamten wurde oft gesagt: Ihr steckt doch mit dem unter einer Decke, das war doch ein Komplott. Zum Beispiel der Botschaftssekretär Dr. Kliesow, der mich häufiger im Gefängnis besuchte und sich unbürokratisch engagierte, wunderte sich, daß er neuerdings auf Schritt und Tritt von Geheimpolizisten beschattet werde, dabei tue er doch nichts Illegales.

Das Ungeziefer im Gefängnis Korydallos war unerträglich. Läuse und Wanzen fielen über einen her. Der Körper war mit Einstichen übersät, war von der Krätze befallen. Bei mir kamen die Folgen der Isolationshaft hinzu. Ich wurde in einer Einzelzelle gehalten. Man versuchte, auch in den Freistunden jeden Kontakt zu anderen Häftlingen zu unterbinden. Ich bekam keine Tageszeitung, ich hörte keinen Rundfunk. Man steckte mich zu den sogenannten Kriminellen, damit ich als Journalist keine Informationen über die Politischen dort sammeln konnte. Dennoch fand ich einen Weg, mich mit den politischen Häftlingen in anderen Gefängnisbauten für sonntags in der Kirche zu verabreden. So kam es, daß die Kirche jeden Sonntag eine Art Informationszentrum war. Das war der Höhepunkt der Woche: Während die pompöse Zeremonie ablief, flüsterte man sich die Geschichten zu, spielte man mir Kassiber zu, Berichte über Inhaftierungen und Folterungen. Schließlich waren mehr Nichtchristen, Atheisten, Kommunisten in dieser Kapelle als orthodoxe Katholiken. Ich sammelte all diese Berichte, denn ich wollte noch im Gefängnis ein Schwarzbuch über die Folter zusammenstellen, wollte die Namen der Folterer nennen. Ich hatte bereits einen Weg gefunden, das Manuskript hinauszuschleusen.

Aus einem aus dem Gefängnis geschleusten Brief:

27.6.74
»...ich habe das Bedürfnis, mich Dir mitzuteilen. (Das Echo der Unterhaltung mit den Zellenwänden wird immer schwächer, und die klaren Gedanken, die ich in wachen Nächten an Dich richte, sind am nächsten Morgen nicht mehr identifizierbar.)

...Du wirst von draußen besser beurteilen können, ob die Aktion richtig war. Ich glaube, bei allem, was man tut, muß man das Risiko eingehen, mißverstanden zu werden, ja sich der Lächerlichkeit auszusetzen, denn hielte man sich an die geltenden Spielregeln der öffentlichen Medien, der sogenannten seriösen Berichterstattung usw., landet man unweigerlich – ehe man's selbst merkt – in den Bahnen steriler Gleichgültigkeit und zynischer Ignoranz und ist – statt Sand – Öl im Getriebe der herrschenden Apparate...

Man müßte versuchen, in Bremen, Hamburg oder Kiel Schauerleute zu einem Boykott griechischer Schiffe zu mobilisieren. Das wäre eventuell eine Sprache, die die Junta versteht. Damit ließe sich eine Anzahl politischer Gefangener freibekommen. – Es gibt noch eine Möglichkeit – hier von innen –, an der ich zur Zeit bastele... Es ist nur mit einem ziemlichen Aufwand verbunden und nicht ohne Risiko, und je mehr an dem Ausbruch beteiligt sind, um so größer die Gefahr – es sind allein in diesem Gefängnistrakt an die 40 Politische, einige lebenslänglich!...«

Nachts in meiner Einzelzelle überraschte mich einmal eine außerplanmäßige Kontrolle. Normal war stündlich ein Kontrollblick des Wachhabenden durch den »Spion«. Um keinen Verdacht zu erwecken, stellte ich mich dann oft schlafend oder schlug ein Buch auf. Diesmal – zwischen den vollen Stunden – wurde das Auge Plakatparolen gewahr, die ich auf aneinandergeklebten Briefbögen mit bunten Filzstiften auf griechisch entworfen hatte: »Nieder mit der JUNTA!« – »Freiheit für die politischen Gefangenen« – »Demokratie für Griechenland« usw. Die Anbringung der Plakate im Gefängnis während einer Freistunde sollte der Auftakt für einen Fluchtversuch für mehrere Politische sein. Während ich sie angebracht hätte, hätten einige den dadurch entstehenden Tumult genutzt... Nun rückten nachts um 3 Uhr vier Wachhabende an und stellten meine Zelle auf den Kopf. Sie fanden zwar nicht das Wichtigste – Situationsberichte der über 40 Politischen hier –, aber immerhin einen Kassiber auf griechisch. Am nächsten Morgen wurde ich zur Rede gestellt, zu welchem Zweck die Plakate entworfen seien. Ich erklärte, es handelte sich um eine neuartige visuelle Methode, um Griechisch zu erlernen. Das nahm man mir natürlich nicht ab, konnte sich aber bis jetzt keinen Reim darauf machen. Kritischer war das entdeckte Dossier: Damit hatten sie den Beweis, daß ich trotz aller besonderen Sicherheitsmaßnahmen und Isolierung mit Politischen in Verbindung stand. Sie befürchteten undichte Stellen im Wachpersonal.

Einem Wachhabenden, einem deutschsprechenden Kleinbürger-Angst-Faschisten, der sich immer bei mir anzuschleimen versuchte, um meine »Ansichten«, »Verbindungen« und »Pläne« seinem Bruder bei der ESA weiterzumelden – der auch das Dossier bei mir sicherstellte –, schlug ich eine Wette um zwei Flaschen Ouso (Anis-Schnaps) vor, daß die Junta innerhalb eines Jahres gestürzt sei. Sein »Ehrenkodex« verbot ihm zwar, auf diese Wette einzugehen, aber mein (vorgespielter) Optimismus und meine Gewißheit verunsicherten ihn stark. Ich hakte nach: Auch er müsse sich, wie viele seiner Kollegen schon vor ihm, langsam entscheiden, auf welcher Seite er stehe, sonst würde ich eine zweite Wette eingehen, daß er sehr bald schon – statt Wachhabender – Insasse dieses Gefängnisses sei. Einmal ließ er mir ausrichten, Joannidis sei über die Veröffentlichung meiner Verteidigungsrede in deutschen und ausländischen Zeitungen informiert. Falls, wie der gefundene Kassiber vermuten lasse, weiteres von mir an die Öffentlichkeit dringe, gebe es einen Plan, mich zu beseitigen. Diesen Hinweis gebe er mir als jemand, der Deutschland liebe, er persönlich würde sehr traurig sein, wenn mir plötzlich etwas zustoßen würde. Wie weit das ernst zu nehmen oder bloße Einschüchterung oder nur Bluff war, wußte ich nicht, aber etwas anderes beunruhigte mich in dem Zusammenhang: Ein Gefangener, der mir schon mal einen Brief (der nicht ankam) zum Rausschleusen entlockte und der auch bei andern immer eindeutiger als Spitzel in Verdacht stand, erklärte mir, ein bestimmter Wachtposten mit Maschinengewehr auf einem bestimmten Wachturm des Hofes habe ihn beauftragt, mir auszurichten, falls es mir gelänge, seinen Mauerabschnitt auf der Flucht zu erreichen, würde er mir garantieren, daß sein Maschinengewehr dann gerade Ladehemmung hätte. Gleichzeitig schlug er mir präzise und realistische Details vor, wie ich unbemerkt bis zu diesem Mauerabschnitt vordringen könnte. Das Angebot schien mir faul; gerade dieser Gefangene (als einziger von den Politischen) versah Kalfaktorendienste und durfte sogar hin und wieder in Begleitung eines Polizisten auf Urlaub zu seiner Familie. Auf dem Dung der Angst gedeihen die Spitzel. Am Anfang fiel ich auf ihn herein, nachher habe ich nur Zweckinformationen gegeben und ihm das gesagt, was zum Weitergeben bestimmt war. So erweckte ich bei ihm auch immer den Eindruck,

Absprachen mit deutschen Regierungsstellen getroffen zu haben. Ich könne es mir leisten, hier die Zeit zu verbringen, mir liege sogar daran, sehr lange inhaftiert zu sein, später bekäme ich von der Bundesregierung eine hohe Haftentschädigung.

Aus einem aus dem Gefängnis geschleusten Brief:

13. Juli
»...Durch die Isolation bedingt, fehlen fast alle Außenreize. Alles ist stark verlangsamt und gedämpft, wie in Watte gepackt, man wird ganz auf sich zurückgeworfen. Kommt es mal zu einem Gespräch oder zu einem Besuch (Konsulat alle 2–3 Wochen 10 Minuten oder B. etwas länger), läuft mir der Schweiß wie Wasser runter, und ich muß mein Zittern mit aller Gewalt unterdrücken.

Die Situation hier läßt sich vergleichen mit einer Tauchstation in ziemlicher Tiefe. Was außerhalb der Glasglocke geschieht, interessiert dich zwar, aber berührt dich nur indirekt. Du kriegst es nicht zu fassen... Tagsüber laufen Wachträume wie Filme ab, frühkindliche Erinnerungen bis ins Detail und später Erlebtes, von dem man annahm, daß es längst im Schutt des Vergessens liegt...«

Aus einem aus dem Gefängnis geschleusten Brief:

21.7.74
»...Der Krieg (Zypern) ist da, und der Fernsehapparat wird aufgestellt wie zur Fußballweltmeisterschaft. Wenn man sich ausmalt, was womöglich hinter den Kulissen von Nixon/Kissinger/CIA initiiert ist, zumindest dran gedreht wird, kann einen schon das Gefühl der Ohnmacht überkommen. Eine Figur wie Nixon, im eigenen Land als miesester Gangster entlarvt, in die Enge getrieben und dann Entscheidungen fällend, die unter Umständen einen Weltkrieg herausfordern... Man hat den Eindruck, die Junta spielt mit diesem Überfall ihre letzte Karte aus, um vom eigenen totalen Bankrott abzulenken. Von der Psychostruktur der größenwahnsinnigen Juntaclique aus gesehen nur konsequent: Innen- und außenpolitisch abgewrackt, besinnt man sich auf das, wovon man glaubt, man habe es gelernt. Mit einem Blitzkrieg und Sieg glaubt man vor sich und vor skeptischer werdenden Großfinanziers im In- und Ausland die Rechtfertigung für die Terrorherrschaft zu erbringen.«

Als die Obristen dann den Putsch in Zypern angezettelt hatten, versuchten sie im griechischen Volk Hurrapatriotismus zu entfachen. Im Gefängnis wurden plötzlich Fernseher aufgestellt. Man sah fähnchenschwenkende Soldaten, die in Züge verfrachtet zu ihren Standorten gebracht wurden. Unter den Häftlingen war allerdings keine Begeisterung zu spüren. Viele der sogenannten Kriminellen waren froh, jetzt hier einigermaßen sicher zu sein und nicht in einen sinnlosen Krieg ziehen zu müssen. Wir spürten, es tut sich was, hofften, daß jetzt durch diesen Krieg der äußere Anstoß zum Zusammenbrechen der Junta gegeben wäre. Man war sich allgemein klar, daß irgendwelche größeren Erschütterungen eine Veränderung des Regimes mit sich bringen würden. Wir warteten. Wir stellten den Fernseher oft schon fünf Minuten vor Sendebeginn an. Wir sahen das Symbol der Junta: Phönix aus der Asche. Wir sprachen darüber, wann dieses Zeichen verschwinden werde. In den Meldungen selbst verriet das ständige Dementieren von Verlusten, daß stimmte, was geleugnet wurde. Zuletzt noch, als es hieß, der im Exil lebende Politiker Karamanlis kehre ins Land zurück, war dieses Zeichen immer noch da. Aber im Gefängnis stieg die Hoffnung.

In einer Situation, als Flugzeuge ziemlich tief über das Gefängnis hinwegflogen, da wußten die Wärter wohl nicht, ob das feindliche waren oder eigene. Da wurden plötzlich die Zellen den ganzen Tag lang nicht aufgesperrt. Wachhabende waren nicht zu sehen. Sie hatten sich wohl erst einmal in Sicherheit gebracht oder wollten sich beraten. Bei den Gefangenen brach eine erhebliche Unruhe aus. Wir dachten, die lassen uns hier im Stich, der Krieg geht los. Zeitweise wußte man nicht, was los war. Dann, bei der ersten Rede von Karamanlis im Fernsehen, spürte man, daß sich an der Macht bis zu diesem Zeitpunkt noch nichts geändert hatte. Die Rede war so nichtssagend, so kalt und ohne Hoffnung, daß man merkte, der Gizikis (letzter Präsident des Obristenregimes) hält ihm noch seinen Revolver in den Rücken, das Militär ist noch nicht gebremst und stellt immer noch die Hauptmacht dar.

Dennoch war in dem Gefängnis eine ziemliche Begeisterung. Man wußte, daß die Junta verspielt hatte. Einige waren allerdings skeptisch, rechneten mit einer Neuauflage der Junta. Aber man machte sich allgemein große Hoffnungen, daß diese Ereignisse vom Volk zum Anlaß genommen würden, den Umsturz in seinem Sinne zu beeinflussen und zu beschleunigen. Nachher merkte man, daß sich wirklich Grundsätzliches änderte, daß die Junta in sich zusammengebrochen war, oder wie einige Politische meinten: Die Amerikaner hätten eine neue Kulisse gebraucht, die außenpolitisch nicht so viel Schwierigkeiten macht. Daß die Amerikaner bis zuletzt Einfluß auf die Machtverhältnisse in Griechenland hatten, das war ganz klar und wurde auch zugegeben. In Kommentaren amerikanischer Stellen hieß es: Sie würden jetzt bei der neuen Regierungsbildung keinen Einfluß mehr ausüben.

Nachher, als ich frei war, sagte mir ein Zurückgekehrter, der Mitglied der neuen Regierung wurde: Ganz am Anfang habe Karamanlis von den Amerikanern die Auflage bekommen, daß keine Militärs zur Verantwortung gezogen und vor Gericht gestellt werden dürften.

Hier zeigt sich amerikanische Weitsicht: Wenn die Amerikaner aus strategischen oder wirtschaftlichen Gründen – demnächst vielleicht in Italien oder auch mal in der Bundesrepublik – wieder einen Putsch zu inszenieren gedenken, dann brauchen sie dafür bei ihren Erfüllungsgehilfen, den Offizierscliquen, auch weiterhin Vertrauen. Denen würden sie dann gern zur Beruhigung sagen: Seht eure Kameraden in Griechenland, wir haben sie bis zuletzt gehalten, da ist keiner zu Schaden gekommen, da wurde höchstens einer etwas vorzeitig pensioniert, aber die schützende Hand haben wir bis zuletzt drübergehalten. Darum lag es im Interesse der Amerikaner, daß nachher möglichst keiner büßen mußte. Außer Papadopoulos, Pattakos und Joannidis wurde später tatsächlich kaum einer verurteilt. So gibt es die makabere Situation, daß ein Student, der schrecklich gefoltert wurde, zufällig auf dem Syntagmaplatz den Militärpolizisten wiedererkennt, der ihn gefoltert hat, auf ihn zugeht und ihn sehr höflich fragt: »Sie waren es doch, der mich damals gefoltert hat?« Der sagt ihm: »Nein, auf keinen Fall, war ich nicht.« Es bringt nichts, wenn der Student zur nächsten Polizeistelle geht und sagt, ich hab' den wiedererkannt. Da passiert nichts.

Als wir im Gefängnis wußten, daß das Junta-Regime zusammengebrochen war, daß der Druck von allen Seiten so stark war, daß die Politiker der letzten legalen Regierung zurückgerufen werden mußten, erwarteten wir die Freilassung. Ich hatte schon meine Sachen gepackt. Aber es dauerte dann noch einige Tage. Obwohl man nachher in der Zeitung las, Karamanlis habe gesagt, bis das Programm abgewickelt sei, sollten sich die politischen Häftlinge als Gäste im Gefängnis fühlen: Wir wurden nicht als Gäste behandelt. Die Isolation ging weiter. Knast ist Knast. Und wenn sich nicht vor dem Gefängnis mehrere tausend Menschen – einfache Leute, zum Teil gar nicht politisch bewußte Leute – versammelt hätten, die zwei Tage lang in Sprechchören forderten: »Laßt die Gefangenen frei!«, dann hätte man die Entlassungen wahrscheinlich über Wochen hingezogen, um öffentliches Aufsehen und Freudenkundgebungen möglichst zu vermeiden. Plötzlich war aber der Druck so stark, daß große Nervosität bei der Gefängnisleitung entstand. Wir wurden zusammengetrieben und innerhalb weniger Stunden freigelassen. Was wir dann erlebten, war überwältigend. Men-

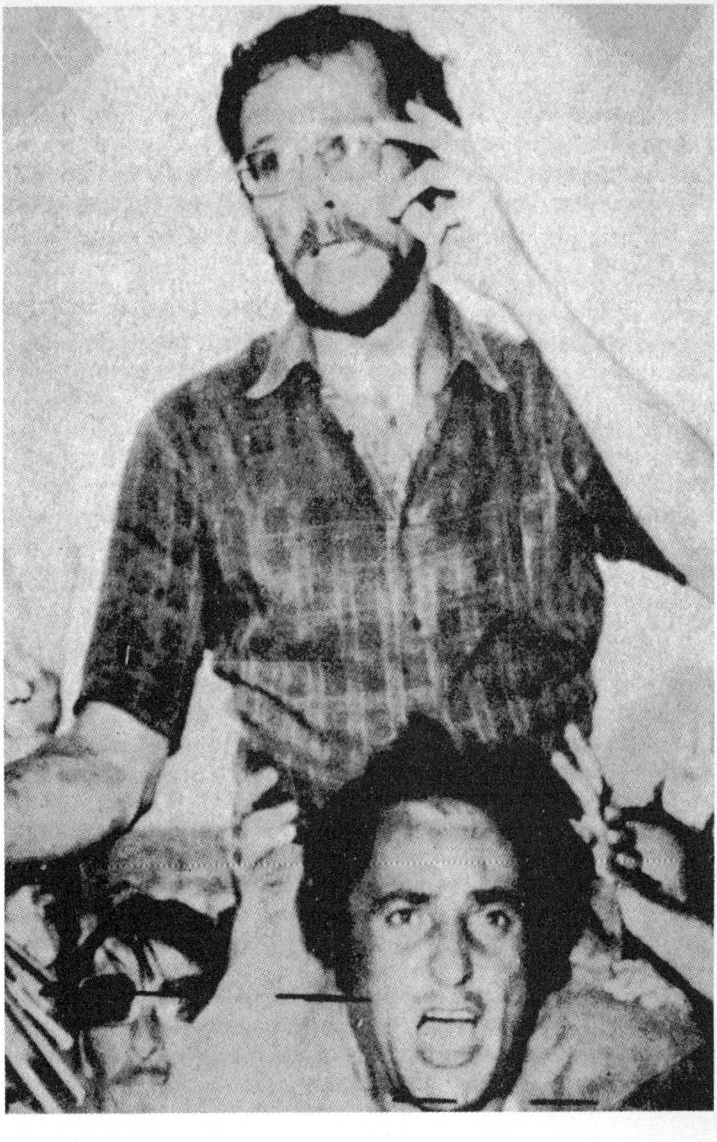

schen, die wir nicht kannten, umarmten uns. Wir wurden geküßt, wir wurden auf die Schultern gehoben. Ich hatte nicht damit gerechnet.

Nachher war ich noch kurz am Meer, um mich ein bißchen zu erholen. Als ich mir ein Eis kaufen wollte, erkannte mich der Verkäufer. Er hatte die Fotos, die durch die Presse gegangen waren, gesehen und sich die Gesichter eingeprägt. Er beglückwünschte mich und weigerte sich, Geld zu nehmen. Derartiges erlebte ich häufiger, und es war für mich wichtiger als die offiziellen Ehrungen und Einladungen von Regierungsstellen.

Aus dem Gefängnis-Tagebuch

Die folgenden Tagebuchnotizen betreffen Günter Wallraffs Erlebnisse zwischen Verhaftung und Einlieferung ins Korydallos-Gefängnis. Teilweise geschrieben in der Kellerzelle der Sicherheitspolizei in der Messaljioustraße. Im aufgetrennten Futter des Sakkos versteckt.

Es ist nicht allein der Schmerz bei der Folter, der einen fertigmacht. Ausgeliefert der Übermacht dieser entmenschlichten Gewalt, bleibt nichts mehr an Wertmaßstäben, die noch gelten könnten. Es ist, als wolltest du mit Neandertalern oder Marsmenschen eine Verständigung herbeiführen. Dir ist alles an Identifizierungs- und Legitimationsmerkmalen abhanden gekommen; du stehst völlig orientierungslos in einem unbekannten fremden Land. Nichts, was bleibt, kein Anhaltspunkt.

Während sie mir mit einer Zange einen Zehennagel langsam herausrissen, wurde ich halb ohnmächtig. Sie wollten wissen, wieviel Geld ich von welcher Organisation für die Aktion erhalten hätte. Meine Beteuerung, im Gegenteil, ich hätte noch Auslagen für Reise und Aktion aus eigener Tasche aufbringen müssen, nahmen sie mir nicht ab. Die Maßstäbe ihres eigenen Handelns übertragen sie konsequent auf ihre politischen Gegner.

Einer drohte mir: »Wir hören nicht wieder auf, bis du redest. Glaub uns, wir haben unsere Mittel. Eher kommst du auf den Friedhof, als daß wir dich ins Gefängnis lassen.« Tatsächlich, in dieser Situation scheint das Gefängnis etwas Erstrebenswertes und Wohltuendes. Das sagen auch andere, die gefoltert worden sind. Ein junger, kommunistischer Häftling, der »nur« eine Nacht von der Militärpolizei mit Elektroschocks »behandelt« worden ist, erzählt mir in der Gefängniskapelle: »Es liegt jetzt ein halbes Jahr zurück, aber es geht nicht mehr aus einem raus. Es ist, als hätte ich mein ganzes Leben bei dieser ESA verbracht.«

Während mich zwei Bewacher auf einen Stuhl drückten und festhielten, schlug mir der ESA-Mann immer wieder mit einer Eisenstange auf den Kopf. Er traktierte den Kopf so fanatisch, als ob er die Gedanken, die er darin vermutete, herausdreschen wollte.

Es ist eine Situation wie im Dschungel, im menschlichen Dschungel. Jede Verständigungsbasis fehlt. Hier sind alle positiven Werte der Zivilisation und des christlichen Abendlandes außer Kraft gesetzt. Während mir das Blut übers Gesicht lief und es mir vor den Augen flimmerte, zweifelte ich an allem. Am Sinn meiner jahrelangen Arbeit und insbesondere an dieser Aktion. Gegenüber den »schlagenden Argumenten« erschien mir mein passiver Widerstand wie die Wahnsinnstat eines hoffnungslos verlorenen Idealisten. Zwischendurch überkam mich eine ungeheure Wut, die zeitweilig sogar den Schmerz überdeckte. Es war fast mehr Wut über mich selbst als über meine Folterer, die ihr Handwerk verstanden. Ich wünschte mir einen Augenblick lang, sie würden mich totschlagen; ich hatte Angst, daß ich bleibende Schäden davontragen und nie mehr einen klaren Gedanken fassen könnte, daß sie mir *mein* Handwerkszeug auf Dauer beschädigen könnten. Spätabends während des Verhörs läutete das Telefon. Der Verhörspezialist legte die Eisenstange zur Seite und ging in den Nebenraum. Der Dolmetscher nahm die Gelegenheit wahr, sich mit mir zu unterhalten. Er sagte, er sei einige Jahre in Deutschland gewesen und liebe das Land sehr. Er habe dort für die deutsche Polizei gearbeitet (wahrscheinlich als Spitzel gegen juntafeindliche Griechen). Er gab mir den Rat, endlich mein Schweigen zu brechen und Hintermänner und griechische Kontaktleute zu nennen. Dann würde die Folter aufhören, und ich käme in ein ordentliches Gefängnis. »Ich weiß, daß sie junge Männer zu Krüppeln geschlagen haben; sie kriegen alles aus dir raus«, sagte er, »es ist nur eine Frage der Zeit.« Dann geschah etwas Überraschendes. Er flüsterte mir zu: »Ich persönlich finde es nicht richtig, was sie mit dir anstellen. Sie sollten dich abschieben. Du mußt mir glauben, ich hab' mir diesen Job nicht ausgesucht. Sie kommandierten mich dazu ab.« Es kann sein, daß meine Unbeirrbarkeit ihn dazu brachte, ihn an der Dauerhaftigkeit des Terrors zweifeln zu lassen, oder es war nur ein opportunistischer Rückversicherungsversuch im Sinne »man kann ja nie wissen, es kommen vielleicht auch noch mal andere Zeiten«, und dann könnte ich ihn als Zeuge belasten. Dann gab er mir den Rat: »Sag schnell irgend etwas, aber rede, sonst schlagen sie dich kaputt. Deine Birne ist bald so weich, daß du reden wirst, was sie von dir hören wollen.«

Ich bin überzeugt, die Folterspezialisten der ESA sind keine abnormen Persönlichkeiten, keine Sadisten. Das Schlimme ist, es sind ganz normale Leute, die nichts als ihre Pflicht tun und überall dort funktionieren würden, wo man sie hinstellt. Sie sind also ersetzbar und austauschbar, das ist das Fürchterliche. Sie können kein Handeln verstehen, das nicht von Eigennutz bestimmt ist. Sie fragen immer wieder: »Warum hast du das gemacht?« Und wenn ich dann antworte: »Aus politischer Überzeugung«, können sie es tatsächlich nicht begreifen. »Ach, laß den Quatsch!« ist die Antwort.

Nach dem Verhör werde ich im Keller der Sicherheitspolizei in eine Gemeinschaftszelle eingeschlossen. Ein düsteres, naßkaltes Loch, mit glitschigem, von Exkrementen bedecktem Zementfußboden. Im Halbdunkel erkenne ich noch zehn andere Gefangene. Aus einer gegenüberliegenden Zelle dringen in Abständen tierische Schreie. Wenn die Zellentür ins Schloß fällt, geht das Geheul in ein leises Wimmern über. Der Gefangene wird einer »Sonderbehandlung« unterzogen. Über zwei Tage dauert das an. Wir in unserer Gemeinschaftszelle werden dann unruhig, rütteln an den Gittern der Zellentür, einige schreien gegen das Geschrei an, andere halten sich die Ohren zu.

Es ist ein politischer Gefangener, der bisher keinen Namen von Genossen verraten haben soll, wie mir ein Mitgefangener – ebenfalls ein Politischer – in gebrochenem Englisch zu verstehen gibt.

Am zweiten Tag mischt sich in das Schreien das Aufheulen einer weiblichen Stimme ein. Es ist seine Frau, die man in der Nebenzelle foltert, um den Mann zum Reden zu bringen.

In meinem Kopf hämmert ein ständiger Schmerz, manchmal dreht sich alles, und wenn ich mich auf dem Zementfußboden langlege, dämmere ich einige Stunden. Wach werde ich von der nassen Kälte, es gibt nur eine verfilzte, klamme Decke, die ich über mich lege. Alle paar Stunden werden Neue in den Raum gestoßen, andere zu Verhören abgeholt. Es ist so eine Art Untersuchungsgefängnis, einige sind schon an die zehn Tage hier. Die Zelle – acht Schritte lang, fünf Schritte breit – wird von einigen in der Diagonale – auf und ab, auf und ab – immer wieder durchmessen. Zeitweilig schließe ich mich an, um das Blut in den eingeschlafenen Armen und Beinen wieder in Zirkulation zu bringen.

Noch zwei Politische sind in dieser Zementgruft. Ein Student, auf Verdacht hin und ohne Beweise von der Technischen Hochschule weg verhaftet. »Zur Einschüchterung«, wie er sagt. Nachdem man ihn durchgeprügelt hatte, mußte er – während man ihm eine Pistole an die Schläfe hielt – seiner Mutter über Telefon mitteilen, er habe sich kurzfristig zu einer mehrmonatigen Reise entschlossen, sie solle sich keine Sorgen machen.

Der zweite Politische – ein etwa Fünfzigjähriger – erzählt, daß er zusammen mit anderen tagelang gefoltert wurde, nach Anleitung eines amerikanischen NATO-Handbuchs für Spezialeinheiten. Das Buch, unter dem Vorwand herausgegeben, Ranger darüber aufzuklären, nach welchen Methoden sie vom Feind gefoltert werden könnten und wie sie sich dann zu verhalten hätten, diente somit in der Praxis als Folterlehrbuch.

Morgens gegen neun Uhr Vorführung zur Vernehmung. Ich bekomme Handschellen angelegt. Ein höherer Beamter, vermutlich der Leiter der Sicherheitspolizei. Er stellt sich mir nicht vor. Auf jeden Fall jemand, der durch Stimme und Gesamtverhalten zum Ausdruck bringt, daß er mehr Kommandos weitergibt, als er Befehle empfängt. Ein Mittfünfziger vom Typ »selbständiger Unternehmer, Selfmademan«, mit bulliger Hemdskrempeligkeit. Er hat sich hinter seinem Schreibtisch verschanzt. An der Wand ein süßlich verkitschtes Christusbild, limonadenfarbig, eine sezierte Brust mit einem symbolhaft herausstilisierten Herzen. Daneben ein Bild mit dem Juntasymbol; ein Soldat, der vor dem in Flammen schmorenden »Phönix aus der Asche« Wache hält. Links neben dem Beamten lässig an die Wand gelehnt einer der beiden Folterspezialisten. Er mustert wohlgefällig mein ramponiertes Gesicht und die blutverkrusteten Stellen am Kopf, aus der Perspektive des Handwerksmeisters oder Künstlers, der sein gelungenes Werk betrachtet. Auf einem Stuhl seitlich vorm Schreibtisch hat ein jüngerer, elegant gekleideter Dolmetscher Platz genommen.

Der höhere Beamte stößt einen brüllenden Befehl aus und greift nach meinem Gesicht. Der Dolmetscher übersetzt in gutem Deutsch mit sanfter Stimme: »Der Herr Kommandant sagt, Sie sollen ihm Ihre Brille geben.«

Ich setze die Brille, deren rechtes Glas zersplittert ist, ab und lege sie dem Kommandanten auf den Schreibtisch. Ich nehme ihn nur noch verschwommen wahr. Eventuell will er damit bezwecken, daß ich mir sein Gesicht nicht so genau einprägen kann, oder er will mich nur verunsichern oder demütigen.

Unaufgefordert setze ich mich auf einen Stuhl, der vor seinem Schreibtisch steht. Der Kommandant gibt dem Folterspezialisten einen

Wink. Der macht zwei Schritte auf mich zu, reißt mich mit Gewalt hoch und versetzt dem Stuhl einen Tritt, daß er in die andere Ecke des Raums fliegt. Der Kommandant richtet mit seiner polternden Stimme erneut das Wort an mich. Der Dolmetscher übersetzt: »Der Herr Kommandant sagt, daß die Auslandsgriechen und die antigriechischen Rundfunksender ihm nachsagen, daß er bei seinen Verhören besonders grausam sei. Er will von Ihnen wissen, wie Sie ihn einschätzen?« Mein Puls rast wie kurz vor der Aktion auf dem Syntagmaplatz, als ich trotz der Beruhigungsmedikamente 140 Schläge in der Minute zählte.

Ich zwinge mich, mir meine Angst nicht anmerken zu lassen, denn das wollen sie offensichtlich: einschüchtern, um die Voraussetzungen eines neuen Verhörs zu schaffen.

Mit Hilfe eines Bluffs versuche ich die Angst zu überspielen, ich will sie irritieren, ihnen unheimlich erscheinen. Es sind Behördenmenschen, die ihre Gegner nach ganz bestimmten Schemata und Normen einzuordnen gelernt haben. Ich will ihnen einen Strich durch die Rechnung machen, in keine ihrer Schablonen hineinpassen, sie sollen mich nicht zu fassen kriegen.

Mit ganz ruhiger und gefaßter Stimme erwidere ich dem Dolmetscher: »Sagen Sie dem Kommandanten, daß ich mich freue, endlich die Gelegenheit zu haben, ihn persönlich kennenzulernen, da ich schon viel von ihm gehört habe. Aber ich werde erst Aussagen machen, wenn ich ihn richtig sehen kann. Für eine Unterhaltung ist der Blickkontakt ganz wesentlich. Je verschwommener ich ihn wahrnehme, um so ungenauer werden meine Antworten sein.« Der Dolmetscher übersetzt, und mit einer unwirschen Handbewegung gibt der Kommandant zu verstehen, daß mir die Brille wieder auszuhändigen sei. Ich reibe das heilgebliebene Glas, so gut es mit den Handschellen geht, an meiner Jacke ab und setze die Brille wieder auf. Die Vernehmungstaktik des Folterverhörs wiederholt sich. Es scheint eine übliche, abgesprochene Rollenaufteilung zu sein. Wie sein Kollege bei der Folter gibt mir der Dolmetscher einen »gutgemeinten Rat«. Er bietet mir eine zu ihm passende Stuyvesant mit goldenem Mundstück an, um seine Hilfsbereitschaft noch zu unterstreichen. Er sagt: »Rein privat gebe ich Ihnen den guten Rat, reden Sie, und sagen Sie die Wahrheit. Wer Sie geschickt hat und wen Sie getroffen haben in der Woche, als Sie mit der Delegation zusammen waren. Der Herr Kommandant ist dafür bekannt, daß er alles herausbekommt. Alle, die hier durchgegangen sind, haben alles gesagt.« Ich werde plötzlich ganz ruhig und konzentriert, und mit gespielter Überlegenheit sage ich: »Richten Sie dem Herrn Kommandanten aus, daß ich schließlich nicht zum Spaß hier bin. Von Exilgriechen habe ich über seine bestialischen Foltermethoden gehört. Ich bin hier, um festzustellen und an mir selbst zu erfahren, ob das stimmt oder bloße Propaganda ist. Der Herr Kommandant soll also zeigen, was er kann, damit ich – falls ich hier noch mal rauskomme – darüber berichten kann.«

Der Dolmetscher schaut mich verblüfft und überrascht an. Er übersetzt. Es wirkt. Der Kommandant brüllt einen Befehl. Zwei Bewacher erscheinen und führen mich wieder in die Gemeinschaftszelle zurück.

Am nächsten Tag – am späten Nachmittag – erscheinen zwei in Zivil vor der Zelle, mein Name wird aufgerufen. Handschellen anlegen. Sie nehmen mich in die Mitte und schleppen mich an den Wachen vorbei zum Ausgang. Das Sonnenlicht blendet stark. Ich bin ziemlich schwach auf den Beinen und taumele; seit drei Tagen nichts gegessen, außer einem Stück Melone, das mir ein Mitgefangener zugesteckt hat.

In einem zivilen Pkw geht's in rasender Fahrt durch den Stadtverkehr. Der Fahrer scheint mit Sonderrechten ausgestattet zu sein, er hält sich an keine Verkehrsregeln, es scheint ihm ein Überlegenheitsgefühl zu geben, andere Wagen zu schneiden.

Meine Bewacher sind etwa in meinem Alter. Ihre ausgebeulten Jakken lassen darauf schließen, daß sie Pistolen tragen.

Ich habe keine Ahnung, was sie mit mir vorhaben. Auf meine diesbezügliche Frage in Deutsch und Englisch zucken sie die Schultern. Wir erreichen die Randbezirke der Stadt. Barackenartige Kasernen mit staubigen Exerzierplätzen, wir kommen an einer Müllkippe vorbei. Eine einsame Gegend. Eine Zeitlang denke ich an die zahlreichen verschollenen Studenten des Novemberaufstandes. Vielleicht hat man mit ihnen kurzen Prozeß gemacht. Was wäre, wenn sie mich hier irgendwo aus dem Wagen stießen und dann abknallten? »Auf der Flucht erschossen« oder »Verbleib unbekannt«...

Dann wird die Gegend wieder belebter. Wohnhäuser, Geschäfte, Menschen auf der Straße. Nach der dreitägigen Dunkelhaft sehe ich mich satt daran.

Einen Moment lang denke ich, vielleicht geht's zum Flughafen. Ein plötzlicher Entschluß, mich loszuwerden und nach Hause abzuschieben? Haben sie den Auftrag, eine bestimmte Maschine noch zu erreichen? Darum die Eile?

Der Bewacher an meiner Seite liest dem Fahrer aus einem mit Stempeln versehenen Papier vor. Es scheint mein Haftbefehl zu sein, denn mein Name wird genannt, »Syntagmaplatz« und eine griechische Parole aus meinem Flugblatt, die Aufforderung zum Touristen-, Wirtschafts- und Militärhilfeboykott. Ihren Reaktionen entnehme ich, daß sie mich jetzt erst mit der Aktion auf dem Syntagmaplatz in Verbindung bringen. Mein Bewacher lockert mir die Handschellen und nickt mir plötzlich freundlich zu. Kurz darauf liefern sie mich im Korydallos-Gefängnis ab.

Als die Beamten mit den Aufnahmeformularen beschäftigt sind, verabschiedet sich mein Bewacher in einem unbeobachteten Moment mit Handschlag von mir, so als wollte er sein Einverständnis zu verstehen geben.

Folter

Kassiber von Mithäftlingen

Die Folter ist eine der Grundsäulen eines Terrorregimes. Ich glaube, ihr eigentlicher Zweck ist die Einschüchterung. Es gab Fälle, wo die griechischen Militärpolizisten Gefolterte, bei denen die Spuren noch sichtbar waren, freiließen – anderen zur Warnung. Die folgenden Berichte über Folterungen wurden mir in der Gefängniskapelle von politischen Gefangenen zugesteckt. Sie sollten anläßlich der Revisionsverhandlung über meinen Anwalt Georg Mangakis und über meine Frau an die Öffentlichkeit gelangen. Kopien des Dossiers hatten einige vertrauenswürdige kriminelle Gefangene anläßlich ihrer Entlassung mit nach draußen geschleust und per Post in die Bundesrepublik geschickt.

Antonis Ambatielos, 60 Jahre, Gewerkschaftsführer der Hafenarbeiter. 1967 hatte er das Glück, beim Putsch nicht verhaftet zu werden; ab 1968 Untergrundarbeit. Am 20. Februar 1974 Verhaftung durch die Sicherheitspolizei, am 11. April Überführung ins »Bogiati« (Militärgefängnis der ESA), zusammen mit 18 anderen Genossen, sie wurden dort fürchterlich gefoltert. »Spanos« selbst (Stellvertreter von Joannidis) »besuchte« ihn und folterte ihn eigenhändig. Er wurde jede Nacht gefoltert, immer auf eine andere Art. Fußtritte am ganzen Körper mit Soldatenstiefeln. Das alles bis zur Bewußtlosigkeit. Man »weckte« ihn dann wieder auf, mit Tritten in die Herzgegend usw. ... Er bekam nur zweimal in der Woche Essen und Wasser. Ferner nahm man ihm bis auf die Unterhose sämtliche Kleidungsstücke ab. Am 20. April 1974, als er zu sterben drohte, brachte man ihn ins 401. Militärhospital, wo er 33 Tage blieb. Er wurde auch dort von den Folterspezialisten der ESA bewacht. Als seine Frau mit dem Flugzeug aus London kam, um ihn zu besuchen, wurde sie von der Junta mit der Erklärung zurückgeschickt:

Es gehe ihm gut und er sei auf eigenen Wunsch nur für 24 Stunden im Hospital. In England, Italien und Australien fanden für Ambatielos Solidaritätsstreiks von Hafenarbeitern statt, die sich weigerten, griechische Schiffe zu be- oder entladen. Eventuell haben diese Streiks dazu beigetragen, daß Ambatielos aus den Folterzellen der Militärpolizei zu uns nach Korydallos verlegt wurde.

Ich lernte Ambatielos in der Gefängniskapelle kennen. Zuvor hatte ich zusammen mit der Griechenland-Delegation ergebnislos nach seinem Aufenthaltsort geforscht.

Nikos Kaloudis, Funktionär der Kommunistischen Partei, 57 Jahre, Beruf Seemann. 1940 bis 1950 emigrierte er in die USA, wo er wegen seiner Gewerkschaftsaktivität mehrfach im Gefängnis war. 1950 wurde er deswegen des Landes verwiesen, und er emigrierte in sozialistische Staaten. Nach dem Putsch 1967 ging er nach Griechenland zurück und kämpfte im Untergrund. 1970 Verhaftung, Verurteilung durch ein Militärgericht zu lebenslanger Haft. 1972 wurde er schwer herzkrank. Auf Grund der Amnestie kam er im August 1973 mit 400 anderen politischen Gefangenen frei. November 73 erneute Verhaftung. Trotz seiner schweren Herzerkrankung im Bogiati-Gefängnis bestialisch gefoltert. »Spanos« selbst kam in seine Zelle und sagte ihm: »Du wirst hier gebrochen, oder du stirbst hier!« Kaloudis antwortete: »Sterben vielleicht, aber ihr brecht mich nicht.« Intensivfolter ab 11. April 1974, eine Woche lang. Dann Einlieferung ins Erste-Hilfe-Hospital mit nur noch 60 Blutdruck. Nach mehreren Wochen Aufenthalt dort Überweisung nach Korydallos.

Auch nach dem Schicksal von Kaloudis hatte unsere Delegation während des einwöchigen Aufenthalts zuvor geforscht, ergebnislos.

Joannis Palavos, 62 Jahre, Mitglied der Kommunistischen Partei. In seiner Jugend Polizeioffizier. Während der deutschen Besatzung brachten die Deutschen Gefangene zu ihm, die er anschließend freiließ. 1943 war in Athen ein Generalstreik wegen der Verschickung griechischer Zwangsarbeiter nach Deutschland. Die deutschen Besatzungstruppen gaben der griechischen Polizei den Befehl, auf die Streikenden zu schießen. Palavos und andere Polizisten verhalfen den Streikenden zur Flucht. Daraufhin mußten sie selbst zu den Partisanen ins Gebirge flüchten. 1948 während des Bürgerkriegs wurde er verhaftet und von einem Militärgericht zum Tode verurteilt. Auf Grund der Proteste der

UNO gegen die zahlreichen Exekutionen in Griechenland wurde das Urteil nicht vollstreckt. Abtransport ins Konzentrationslager Makronissos, wo Folterungen an der Tagesordnung waren. 1964 Entlassung. 1965 erneut verhaftet und zu drei Jahren Gefängnis verurteilt. Grund: Er sang Partisanenlieder. Nach seiner Verurteilung Deportierung zur KZ-Insel Jaros und anschließend nach Leros, von wo aus er 1971 entlassen wurde. 1972 erneut Verhaftung. Im Bogiati erfand man für ihn spezielle Folterungen, da man ihn dort wegen seiner Polizeivergangenheit besonders haßte. Sein Alter war dabei kein Milderungsgrund, auch nicht, daß er schon 22 Jahre Haft hinter sich hatte.

Nikos Koutroumbas, 52 Jahre, bereits Partisan in der Widerstandsbewegung, später im Bürgerkrieg, ab 1967 wieder Untergrundarbeit gegen die Junta. Über seine Inhaftierung im Bogiati und über das, was er dort von Mithäftlingen erfuhr, berichtet er: »Sie spezialisierten sich bei mir auf die Kopfpartien. Ich mußte ins Krankenhaus eingeliefert werden... Mit den alten Foltermethoden kam man bei den alten Kämpfern in der Regel nicht zum Erfolg. Joannidis und sein Helfer Spanos versuchten es nachher bei uns mit Psychoterror oder indem man Söhne, Töchter oder Ehepartner in den Nachbarzellen folterte. Die Asphalia (Sicherheitspolizei) ist mehr auf junge Widerstandskämpfer spezialisiert. Es kommt ihr in der Regel gar nicht so sehr auf Aussagen oder Geständnisse an, sie sieht ihre Aufgabe hauptsächlich darin, die Gefangenen so in Angst zu versetzen, daß sie in Zukunft jeden Widerstand gegen die Junta unterlassen. Am 11. April 1974 wurden 19 Widerstandskämpfer (vier alte und fünfzehn junge) auf streng geheimem Weg ins Bogiati gebracht. Sie wurden am 10. Mai 1974 von dort aus ganz überraschend ins Gefängnis gebracht, bis auf die, die ins Hospital gebracht werden mußten.

Am 29. April 1974 überführte man vier neue Gefangene von der Asphalia ins Bogiati. Kapos, Konstantin, 37 Jahre, Beamter, Tziantzis, Theod. Dim., 24 Jahre, Jurastudent, Maroukas und Stathakis (22 und 23 Jahre), Studenten am Polytechnikum. Bei der Asphalia blieben nur zwei weibliche Gefangene und zwei Männer, welche durch Folter so zugerichtet waren, daß sie nicht mehr transportfähig waren: die Arbeiter Gontikas, Dim., 26 Jahre – als Neunzehnjähriger bereits nach Jaros deportiert bis 1971 – und Stavros Tsikoudakis. Gontikas wurde durch die Falanga so zugerichtet, daß er für einen Monat ins Krankenhaus mußte und bis heute noch nicht wieder gehen kann...

Die Folterungen im Bogiati sind etwas, was man nicht so leicht beschreiben kann. Fünf bis zehn verschiedene Folterarten gibt es allein durch Treten. Man tritt die Opfer mit schweren Militärstiefeln in alle Körperbereiche. Auf den Kopf, in die Geschlechtsteile, auf die Brust (bis die Rippen brechen), in den Rücken, auf Hände oder Arme, eben überall hin. Während einer sie mit den Tritten traktiert, schlägt ein anderer mit Eisenstangen auf sie ein, meistens bis zur Bewußtlosigkeit. Wenn das Opfer wieder zu sich kommt, beginnt die Folter von neuem. Viele dieser Folterungen geschehen in dunklen Räumen, oder die Opfer bekommen eine Binde über die Augen, damit sie die Folterer nicht identifizieren können. Die Zellen im Keller sind ohne Bett, ohne Toilette, oft voller Unrat. Einige Zellen werden bis zu den Kniekehlen unter Wasser gesetzt. Außer diesen üblichen Foltermethoden wurden noch folgende »Spezialbehandlungen« vorgenommen: Man band den Gefangenen Kopf oder Hals mit den Geschlechtsteilen zusammen, auf eine Art, in der die geringste Bewegung furchtbare Schmerzen hervorrief. Andere wurden völlig unbeweglich gefesselt und in diesem Zustand zwei bis fünf Tage in der Zelle gelassen. Einige wurden mehrere Wochen nackt in feuchten und kalten Zellen gelassen.

Bei vielen Folterungen war ein faschistischer Arzt anwesend, der den Folterspezialisten noch mit Rat und Tat zur Seite stand oder seine ärztliche Kunst dazu verwandte, einen Ohnmächtigen möglichst schnell wieder zu Bewußtsein zu bringen, damit die Folter fortgesetzt werden konnte. Außer Spanos (Chef des Militärgefängnisses Bogiati) war bei den Folterungen meist noch der Unteroffizier Goros anwesend, außerdem noch ein Offizier der »Militärjustiz« namens Arigirou. Unter deren Aufsicht wurden die »Folterarbeiten« jeweils ausgeführt von Unteroffizier Kondylis, Oberleutnant Kontostavrou und Leutnant Mauratidis.«

Costas Kapos, 37 Jahre, Mitglied des kommunistischen Jugendverbandes, bereits nach dem Putsch 1968 gefoltert, wieder freigelassen, wurde mit auf den Rücken gebundenen Händen nackt auf ein mit Stacheldraht überzogenes Brett gelegt, so daß das Körpergewicht die Hände in den Stacheldraht preßte, und dann mit Holzprügeln und stacheldrahtbezogenen Eisenstangen geprügelt. Ganze Nächte lang band man ihm das Geschlechtsteil mit einer um den weit vornübergeneigten Hals geschlungenen Nylonschnur am Kopf fest. Der Gefangene mußte in der unmenschlich zusammengekrümmten Stellung verharren, weil jede

Bewegung schreckliche Schmerzen verursachte. Auf den von Wunden bedeckten Körper strichen ihm die ESA-Leute noch ungelöschten Kalk, der ihm die Haut verbrannte. War der Kalk durch den Körperkontakt gelöscht, wurde die Prozedur wiederholt – einmal 24 Stunden lang. Essen und Wasser bekam Kapos nur jeden dritten Tag, oft hatten die Wärter vor den Augen des halb Verdursteten hineingespuckt. Als schließlich kaum ein Zentimeter seines Körpers nicht offen und eiternd war, begann an manchen Stellen das Fleisch zu faulen. Im Militärhospital schnitt man ihm stückweise – ohne Narkose – Fleischstücke aus dem Körper. Costas hat keinen Namen verraten. Aber er wird nie mehr gesund werden.

Spezialfolter bei der Asphalia ist die Falanga. Ferner glühende Zigaretten am Körper ausdrücken, an den Geschlechtsteilen, einen Holzknüppel in den After stoßen, Elektroschocks. Am bestialischsten wurden dort gefoltert: Gontikas, Tsikoudakis, Tziantzis, Katsimardos und Angela Sotiris, eine 23jährige Medizinstudentin. Weiter: Maoukis, Goudelis, Pantos, Tokas, Tsopanaidis, Orfanos, Angelos Vlassis, Costas Siomos. Bei der Asphalia standen die Folterungen zeitweise unter dem Kommando des »Direktors des Informationsbüros«, Mallios. Die Namen der dortigen Folterspezialisten sind: Babalis, Loukopoulos, Pavlou, Tsikridis, Gogos, Kravaritis, Karapanagiotis, Smailis und Kalyvas.

Von den Mädchen wurde Angela Sotiris am schlimmsten gefoltert. Außer täglicher Falanga quälte Kravaritis sie noch auf folgende Weise: Sie wurde gezwungen, die ganze Nacht auf einem Bein zu stehen. Wenn sie dabei ermüdete und den Fuß auf den Boden setzen wollte, wurde sie von Kravaritis mit einem Holzknüppel bearbeitet. Sie verlor durch diese Folterungen sämtliche Haare. M. Valavani, 18 Jahre, Studentin, und Maria Makri, 21 Jahre, wurden dort auch schwer gefoltert.

Minna Giannou, 57, wurde fünf Monate in eine völlig dunkle Zelle eingesperrt. Sie ist jetzt fast blind.

Konstantin Nikolinakos, ca. 40, Architekt. Unter dem Vorwand des »illegalen Waffenbesitzes« verhaftet und zu drei Jahren Gefängnis verurteilt. Die »Waffe« bestand aus einem als »Totschläger« definierten großen Holzlineal und gehörte zu seinem Berufswerkzeug. Im Militärhauptquartier schwer mißhandelt worden.

Petros Rayadakos, 29 Jahre, ehemaliges Mitglied der Lambrakis-Jugend. Zu dreieinhalb Jahren Gefängnis verurteilt wegen »illegalen Waffenbesitzes« (Fahrtenmesser!). Die Verhörspezialisten der ESA trainierten an ihm Karate. Leidet seitdem an ständigen Kopfschmerzen und Gleichgewichtsstörungen. Die Gefahr besteht, daß er taub wird.

Basil Karaplis: »Mir schlug der Polizist Etomailis immer wieder in den Magen und trat mir in die Geschlechtsteile. Unteroffizier Kravaritis riß mir Teile von meinem Bart aus, und der Offizier Kalyvas rasierte mich mit Gewalt ohne Wasser und Seife. Etomailis und der Offizier Katia haben auf meine Braut eingeschlagen, um sie zur Aussage zu bringen, und ihr nachher auf dem Polizeihauptquartier die Haare mit einer Rasierklinge abgeschnitten. Ferner habe ich noch zu berichten, daß der Polizeioffizier Konstantin Tsikridis an mir psychologische Gewalt praktizierte, indem er mir drohte, daß ich noch im Polizeihauptquartier ohne Gerichtsverhandlung exekutiert werde, falls ich mich weigerte, Namen zu nennen und auszusagen.

PS: Das Schreiben sofort anschließend vernichten!«

Vor dem Militärgericht

Am 23. Mai Verhandlung vor dem Militärgericht. Bei mir als Ausländer bemühen sie sich um einen Anschein von Legalität, darum die schnelle Anberaumung des Prozeßtermins. Bis nachts um drei noch Vorbereitung meiner Verteidigungsrede. An den Tagen zuvor habe ich mit meinem Anwalt Georg Mangakis die Strategie der Verteidigung besprochen. Die Alternative besteht in einer politisch geführten offensiven Verteidigung oder einer auf ein möglichst geringes Urteil hinauslaufenden unpolitischen Defensivtaktik.

Mangakis hat seit 1967 zahlreiche Regimegegner verteidigt. Im April 1973 wurde er selbst der Verschwörung mit ausländischen Juristen und Journalisten beschuldigt. Ich bin mir mit ihm darüber einig, den Prozeß politisch zu führen.

Kanellopoulos, der letzte legal gewählte Ministerpräsident vor der Junta, und Koutsocheras, Präsident des griechischen PEN-Clubs, haben sich beide angeboten, vor Gericht als sogenannte Leumundszeugen für mich auszusagen. Ich will sie nicht mit hineinziehen – zumal ich Kanellopoulos noch drei Tage vor der Aktion besucht hatte – und verzichte darauf. Später allerdings soll ich es bereuen, als die bundesdeutsche Presse mit allen Mitteln versucht, die Aktion isoliert vom griechischen Widerstand hinzustellen.

Die Verhandlung ist auf 10 Uhr 30 angesetzt. In einem Gefängniswagen, eskortiert von Militärjeeps und Motorradmeldern, geht's ohne Halt zum Militärgericht. Kasernengelände. Schwerbewaffnete Wachen kontrollieren die Eingänge. Jeder, der diesen der Optik wegen ausnahmsweise für öffentlich deklarierten Prozeß besuchen will, muß dort seinen Ausweis hinterlegen. Er gehört fortan zum Kreis der politisch Verdächtigen und muß mit Überprüfung und Observierung rechnen.

Mit Handschellen werde ich in den Verhandlungssaal geführt. Die Sitzreihen sind voll besetzt, an die hundert Zuschauer. Einige geben mir durch ein Lächeln, Zunicken oder eine schnell geballte Faust ihre Solidarität zu verstehen. Die Deutsche Welle hat über Ort und Zeitpunkt des Prozesses informiert. Ein gutes Dutzend Journalisten auf den Pressebänken. Die deutschen Kollegen sitzen da wie artige Schüler. Keiner wagt zu mir herüberzusehen oder mich gar zu begrüßen. Eine schwedische Fernseh-Korrespondentin ist unbefangener. Sie kommt zur Anklagebank, spricht mir Mut zu, erkundigt sich, wie es mir geht, bis ein ESA-Polizist sich dazwischenschiebt und sie zum Platznehmen auf der Pressebank veranlaßt. Zwei ESA-Leute patrouillieren mit ihren Maschinenpistolen furchteinflößend im Saal, Uniform und Gehabe sind täuschend ähnlich den Kollegen von der amerikanischen »Military Police« nachempfunden.

Ich muß durch den Mittelgang von meinem Anwalt getrennt sitzen. Vor Prozeßbeginn verschwinden noch einige mir bekannte Gesichter im Verhandlungsraum hinterm Gerichtssaal. Höhere Beamte, die bei den Verhören dabei waren, unter anderem auch der Herr Kommandant der Sicherheitspolizei. Sie treten offiziell nicht in Erscheinung, wahrscheinlich wirken sie bei der Urteilsfindung hinter den Kulissen mit.

Das Gericht thront, hinter einer holzvertäfelten Empore verschanzt, zwei Meter hoch über allem. Staatsanwalt und drei Beisitzer sind Militärs, der Richter selbst ist in Zivil. Er versucht, das Verfahren möglichst schnell abzuwickeln. Mein Bestreben ist, möglichst viel aus meinem vorbereiteten Redetext in die Verhandlung einzubeziehen. Aber er unterbricht mich ständig und schneidet mir das Wort ab.

Ich fädele immer wieder das Argument ein, er könne meinen Motiven nur gerecht werden, und es diene auch der Wahrheitsfindung, wenn er meine politischen Beweggründe im einzelnen zur Kenntnis nähme. Auf mein Argument: »Sie laufen Gefahr, am Ende ein zu mildes Urteil zu fällen, wenn Sie mich nicht ausreden lassen«, reagiert er sichtlich verwirrt. Er läßt mich auf Geheiß des Militärstaatsanwaltes den zuvor von ihm unterbrochenen Gedanken wiederaufnehmen. Zwischendurch versucht er, mir eine goldene Brücke zu bauen. »Sagen Sie uns hier, daß Sie Ihre Tat inzwischen bereuen und daß Sie aus unpolitischen, rein idealistischen Motiven heraus gehandelt haben!« Er erschrickt wieder, als ich antworte: »Nein, im Gegenteil, es war eine politische Aktion, die Sie eingereiht sehen müssen in andere Widerstandshandlungen der antifaschistischen Griechen, für sich allein betrachtet ist diese Aktion banal, aber warten Sie mal ab, was sie als Initialzündung sonst noch auslöst.«

Der abkommandierte Dolmetscher, ein junger wehrpflichtiger Offizier der Militärpolizei, bringt mir während der Übersetzung seine Sympathie zum Ausdruck. »Das hast du richtig gemacht«, sagte er, »diese Schweine! Wenn mehr aus dem Ausland kommen würden, uns zu helfen, würde der Widerstand bei uns wieder Mut bekommen, und wir könnten diese Gespenster schneller vertreiben.«

Er verdeutlicht meine Ausführungen vor Gericht teilweise noch. Als ich zum Beispiel dem Gericht entgegenhalte, die Argumente des Staatsanwalts seien »absurd«, übersetzt er dafür »schwachsinnig«, so daß sich der Kontrolldolmetscher der bundesdeutschen Botschaft veranlaßt sieht, Einspruch zu erheben.

In einer Verhandlungspause erkundige ich mich bei meinem Dolmetscher – der mir erklärt, sein Widerstandspotential gegen den Faschismus als Student der Freien Universität in Berlin »infiltriert« bekommen zu haben –, ob es in der griechischen Armee wenigstens ansatzweise Sympathien mit der sozialistischen Bewegung der Streitkräfte Portugals gebe und ob hier eine Entwicklung wie in Portugal einmal denkbar sei. Er erwidert, bei einzelnen jüngeren Offizieren gebe es solche versteckten Sympathien, aber zu einer Bewegung könne es in absehbarer Zeit aus verschiedenen Gründen nicht kommen, da die Armee eine der korruptesten, volksverachtendsten Institutionen in Griechenland sei und sich nach und nach aller demokratischen Kräfte entledigt habe.

Einer der beiden Sicherheitsbeamten, der mich bei der Aktion mit einem Totschläger blutig und zeitweilig ohnmächtig schlug, wird vom Gericht als Belastungszeuge gegen mich vernommen. Er steht im blauen Sonntagsanzug mit der Selbstsicherheit eines Biedermannes vor dem Richterpodium, wird vereidigt, und ein Vorgang läuft ab, wie man ihn auch aus deutschen Gerichtssälen kennt.

Ich versuche die Vereidigung zu unterbrechen, indem ich mich an den Richter wende: »Nehmen Sie den Mann da fest. Er hat mich fast totgeschlagen. Er war es, der auf dem Syntagmaplatz als ausführendes Organ der Junta Unruhe und Panik bei den umstehenden Zuschauern verbreitete, indem er mich, obwohl ich angekettet und wehrlos war, zu Boden schlug und noch weiter auf mich eindrosch, als ich schon bewegungslos dalag. Es scheint sich bei ihm um einen gefährlichen – amtlich legitimierten – Gewohnheitsverbrecher zu handeln, und es besteht Wiederholungsgefahr!« Der Richter unterbricht mich ungehalten und läßt sich aus dem berufenen Mund des Zeugen den Vorgang schildern. Der trägt zweimal hintereinander – wie einstudiert, in protokollreifem

Amtsgriechisch – die »wahren Ereignisse« vor: »Der Angeklagte hat sich durch heftigen Widerstand seiner Festnahme zu entziehen versucht, so daß wir uns veranlaßt sahen, von unserem Notwehrrecht Gebrauch zu machen. Dabei ist der Angeklagte sehr ungeschickt zu Boden gestürzt, wobei er sich, durch eigenes Verschulden bedingt, seine Kopfverletzungen zugezogen hat.«

Der Richter kommt während der Verhandlung – wie aus CDU/CSU-Mund entliehen – mit dem Argument, warum ich die Aktion nicht in Ost-Berlin vor der Mauer gemacht hätte.

Dann treibt der Militärstaatsanwalt den Zynismus auf die Spitze, indem er den Sicherheitsbeamten wie einen Gutachter befragt, ob er es für denkbar halte, daß meine Tat auch in einem kommunistischen Land durchführbar sei. Der Zeuge nimmt – wie auf ein Zeichen der Regie bei der Probe eines Schauspiels – wieder seine Pose und Rolle an und antwortet mit dem Brustton der Überzeugung: »Nein, Herr Staatsanwalt, das ist undenkbar und ausgeschlossen.« Der Militärstaatsanwalt, mit pathetischer Geste ans Publikum und an die Presse gewandt: »Wie Sie sehen, das ist der beste Beweis dafür, daß Griechenland ein freies Land ist!«

In seinem Plädoyer kommt der Staatsanwalt zu der Erkenntnis, daß es sich bei mir um einen gefährlichen Kommunisten handele, der die Aktion in Absprache mit anderen Feinden Griechenlands vorbereitet haben müsse. Zur Abschreckung fordere er zwei Jahre Gefängnis.

Es ist seltsam, die Höhe des geforderten Urteils erschreckt mich nicht. Es wäre mir eher peinlich gewesen, wenn die Prognose der deutschen Botschaft »ein, zwei Monate, dann Abschiebung« eingetroffen wäre. Der Eindruck wäre entstanden, es ist dort halb so schlimm, und die Tatsache, daß man jeden anonymen Griechen aus ähnlichem Anlaß zu einer zehnfachen Strafe verurteilt hätte, wäre nicht ins öffentliche Bewußtsein gedrungen. Die Taktik der Botschaft war immer, Solidarität aus dem Ausland abzuwiegeln. Journalisten, Politiker und engagierte bundesdeutsche Bürger erhielten jeweils die Auskunft: »Nichts unternehmen, keinen öffentlichen Druck und Protest ausüben, er wird ohnehin demnächst abgeschoben.«

Das Gericht zieht sich zur Beratung zurück, nach zehnminütiger Verhandlungspause wird das Urteil feierlich verkündet. Alle haben sich zu erheben. »14 Monate Gefängnis.«

Verteidigungsrede

Militärtribunal und Sondergericht!

Damit Sie meiner Tat gerecht werden können, bitte ich Sie um etwas Geduld, mir zuzuhören und meine Motive im einzelnen zur Kenntnis zu nehmen. Ich verspreche Ihnen dafür auch, ein Geständnis abzulegen und vorbehaltlos mit der Sprache herauszurücken. Wenn Sie also die Güte haben, mir jetzt für eine Zeitlang Ihr Ohr zu leihen, werde *ich* mir anschließend auch die Zeit nehmen, das Strafmaß Ihres Urteils abzusitzen.

Ich danke Ihnen vorweg noch, daß Sie mir als Ausländer, als Gast sozusagen, dieses Ihr Militärtribunal als eindringlich-realistische Plattform und Kulisse zur Verfügung stellen. Ich hatte anfangs – nach ersten Stellungnahmen meiner Botschaft – schon befürchtet, daß Sie mir keine Gerechtigkeit widerfahren lassen, sondern »kurzen Prozeß« mit mir machen und mich abschieben würden.

Genug der Förmlichkeit, zur Sache:

In der Anklageschrift werfen Sie mir vor, daß ich gegen den § 1 Ihrer neuen Militärverfassung vom 4. und 17. November 1973 verstoßen hätte. Darüber bin ich sehr erschrocken. In der Verfassung meines Landes – der Bundesrepublik Deutschland – lautet der § 1 nämlich: »*Die Würde des Menschen ist unantastbar.* Sie zu achten und zu schützen ist Verpflichtung aller staatlichen Gewalt.« – Gegen diesen Artikel zu verstoßen, würde ich als großes Verbrechen ansehen.

Bei Ihnen lautet der § 1 dagegen: »Es ist nicht erlaubt, Propaganda gegen die griechische Nation zu machen, Informationen zu veröffentlichen, die geeignet sind, die griechische Bevölkerung in Unruhe zu versetzen.« Indem ich die Flugblätter verteilt habe – »mit staatsfeindlichem Inhalt«, unterstellen Sie mir –, hätte ich »Angst und Unruhe bei den griechischen Bürgern verbreitet mit der gleichzeitigen Absicht, staatsfeindliche Propaganda gegen die griechische Nation zu betreiben«.

Irgendwo liegt hier eine Begriffsverirrung, ein Mißverständnis vor. Hatte ich doch vor, auf meine Art einen kleinen Beitrag zur deutsch-griechischen Freundschaft zu leisten. Wenn daraus ein Anschauungsunterricht in Sachen Faschismus geworden ist, so ist das nicht meine Schuld. Es ist mein Handwerkszeug und Ausdrucksmittel als Schriftsteller und Publizist, nicht aus zweiter Hand, vom Hörensagen her zu berichten, sondern vorrangig das in meinen Veröffentlichungen wiederzugeben, was ich zuvor selbst erlebt habe, was ich bezeugen und wofür ich mich verbürgen kann. Und schließlich bringt einen das, was man selbst erlebt, am eigenen Leib erfährt, zu viel schnelleren und einschneidenderen Konsequenzen als das, was man sich nur angehört oder angelesen hat.

Wenn ich nach dieser kurzen Zeit in Griechenland an politischer Erfahrung und Handlungsbereitschaft ein wesentliches Stück weiter bin, so verdanke ich das den Reaktionen der ausführenden Organe der Militärjunta auf meine scheinbar so banale Aktion.

Als ich mich auf dem Syntagmaplatz mit den Ketten an den Lichtmast band, kam ich mir im ersten Moment etwas verloren und deplaziert vor. Denn die ersten, die mich zur Kenntnis nahmen, waren amerikanische Touristen mit ihren Fotoapparaten und Schmalfilmkameras auf den Spuren des klassischen Altertums. Sie lachten, wohl in der Annahme, daß ihnen die griechische Fremdenverkehrszentrale da eine besondere Attraktion bieten würde. Die griechischen Passanten, an die ich dann die Flugblätter verteilte, lachten nicht mehr. Sie verstanden unmittelbar die Symbolik dieser Aktion, nahmen die Flugblätter entgegen, gingen einige Schritte zur Seite, wo sie sich sicher glaubten, überflogen den Inhalt, kamen zum Teil zurück, um sich weitere zum Weiterverteilen zu holen. Aus ihren Reaktionen entnahm ich Zustimmung und gleichzeitig Angst, jedoch nicht Angst vor mir, denn ich war ja angekettet, vielmehr Angst vor den Spitzeln der Geheimpolizei, die sich erstaunlich schnell mit gezückten Ausweisen dazwischenschoben und Unruhe und Terror verbreiteten, indem sie mich zu Boden rissen, meine Brille zertraten, meinen Kopf immer wieder gegen die Betonkante des Lichtmastes schlugen, und als ich zu schreien anfing, wieder Ruhe und Ordnung dadurch herzustellen versuchten, indem sie mir Fußtritte in Magen und Milz verpaßten, wodurch mir die Luft wegblieb, und mir gleichzeitig den Mund zuhielten.

Entschuldigen Sie, wenn ich in allzu profane Einzelheiten abgeglitten bin – aber ich sprach zuvor von Lernprozessen. Ich komme gleich wieder auf die wesentlichen Motive meines Handelns zurück.

Während meiner Arbeit in deutschen Fabriken lernte ich auch griechische Arbeiter – sogenannte Gastarbeiter – kennen. Ich lernte sie schätzen in ihrem Temperament, ihrer großzügigen Gastlichkeit, ihren Ausdrucksformen in Tanz und Musikalität, ihrer Begeisterung für Theodorakis, dessen Musik hier ja von der Junta nicht umsonst verboten ist. Ich lernte Griechenland lieben, ohne vorher in Griechenland gewesen sein zu müssen. Ich lernte gleichzeitig die Angst der griechischen Arbeiter – selbst in Deutschland – kennen, Angst vor Spitzeln der Militärdiktatur, die sie denunzieren könnten, wenn sie sich bei uns gewerkschaftlich organisierten, wenn sie sich regimekritisch äußerten. Sie hatten Angst vor Verhaftung, wenn sie zurückkehren würden; Angst, daß ihre Angehörigen von der Militärpolizei verhört, unter Druck gesetzt, gefoltert würden. (Bei uns im Dritten Reich nannte man das »Sippenhaft«.) Gleichzeitig beobachtete ich die Unwissenheit, zum Teil auch Ignoranz bundesdeutscher Touristen, die sich nach Griechenland verchartern lassen und, in Ehrfurcht vor dem restaurierten, abbröckelnden Alten erstarrt, die Fratze des gegenwärtigen Faschismus nicht mehr wahrnehmen. Zum großen Teil ist es auch nur fehlende, vorenthaltene Information. Unsere Massenpresse informiert zum Teil gar nicht oder nur in Form kleiner Meldungen über Terror und Folter in Griechenland, und so kommt es, daß sich ein Großteil der Bevölkerung an das Ungeheuerliche gewöhnt hat wie Blinde an die Dunkelheit.

Ich wollte mit meiner Aktion – wie man im Pressejargon sagt – den »Aufhänger« schaffen, damit wieder mehr geredet, geschrieben und daraus resultierend auch gehandelt wird gegen die Diktatur in Griechenland.

Zum Teil ist mir das gelungen, und je länger Sie mich einsperren – legen Sie sich bitte keine Zurückhaltung auf angesichts der hier versammelten Auslandspresse, nehmen Sie das Höchststrafmaß wie bei einem anonymen Griechen –, um so eher wird es zu Touristenboykottaktionen und zu anderen Widerstandsmaßnahmen kommen.

Die Zeit arbeitet gegen Sie! Ihre Militärjunta hat außer Panzern und Gewehren nichts im Rücken, allenfalls die amerikanische »CIA« als Zuhälter – das griechische Volk geschlossen gegen sich, weil Sie außer pompösen Militäraufmärschen nichts an Ideen zu bieten haben.

Sie sind die Dinosaurier in unserer gegenwärtigen politischen Landschaft: viel Panzer, kaum Hirn, darum zum Aussterben verurteilt!

Da Sie das selber dumpf spüren, es sich natürlich nicht offen eingestehen können (denn sonst müßten Sie desertieren, jedoch wohin schon?), kommt es in Ihren Apparaten zu diesen permanenten Angstreflexen, die ihren Ausdruck in Verhetzung, Einschüchterung, Folterung aller politisch Andersdenkenden findet. Und die Skala Ihrer Gegner und vermeintlichen Gegner umfaßt beinah alle politischen Fraktionen, von Sozialisten und Kommunisten bis hin zu Liberalen und Konservativen. Meiner bis jetzt zweiwöchigen Inhaftierung und damit Ihnen habe ich es zu verdanken, daß ich mir ein wesentlich genaueres Bild über die Anzahl und Situation der politischen Gefangenen machen kann als noch bei Beginn meiner Aktion. Auf meinem Flugblatt nannte ich die vorsichtige Schätzzahl von 200 politischen Gefangenen. Inzwischen weiß ich durch Augenzeugenberichte, daß allein in Athen und Piräus mehr als 200 inhaftiert sind, auf der KZ-Insel Jaros allein – vor fünf Tagen noch – 68 Deportierte. Insgesamt dürfte die Dunkelzahl an die 1000 heranreichen, ganz zu schweigen von den etwa 1500 Studenten, die sich seit der Niedermetzelung des Studentenaufstandes im November (ca. 150 Tote, die Sie zum Teil auf der Flucht mit Panzern niederschossen) versteckt halten müssen.

Ich habe mit politischen Gefangenen sprechen können, die der bei Ihnen obligatorischen Folter unterworfen wurden, Elektroschock-Folter, tagelanger Schlafentzug, halbtot geprügelt, um Geständnisse aus ihnen herauszupressen über von Ihnen erhoffte »Hintermänner«, »Drahtzieher«, »weitverzweigte Organisationen«. Ihre eigene pervertierte Moral projizieren Sie in Ihre Opfer hinein. Sie können sich überhaupt nicht mehr vorstellen, daß jemand aus eigenem Antrieb, nicht ferngesteuert, ohne materiellen Anreiz ein Risiko auf sich nimmt, das unter Umständen mit Lebensgefahr verbunden ist. Die Militärs sind unfähig, bei ihrer Umgebung etwas anderes als ihre eigenen Motive und Gefühle zu erwarten.

Hier im Gefängnis sitzen Gefangene langjährige Haftstrafen ab für »Vergehen«, die sie nie begangen haben, weil sie der Folter nicht mehr gewachsen waren und das eingestanden, was man von ihnen hören wollte.

Eine Chilenin – Sara Araya – ist hier im Frauentrakt inhaftiert; am ganzen Körper weist sie die Spuren Ihrer Folterspezialisten auf: Glühende Zigaretten wurden auf ihr ausgedrückt, bis sie aussagebereit war.

Nicht nur die Spezialisten Ihrer Militärpolizei ESA – nicht umsonst hier »E«-»SS«-»SA« genannt – verstehen sich auf Foltertechniken. Ich fordere die hier versammelten Journalisten auf, verschaffen Sie sich Zugang zur Tiefgarage der Hauptwache 4 in der Meganonstraße in der Nähe der amerikanischen Botschaft. Besichtigen Sie die blutverschmierte Holzbank in der äußersten linken Ecke dieser Garage, beachten Sie die blutbespritzte Wand. Auf dieser Lattenbank werden Gefangene mit Riemen festgeschnallt und von sechs bis zehn Zivilbeamten gleichzeitig oder abwechselnd mit Knüppeln oder Lederpeitschen traktiert, bis die erwünschten Aussagen zustande kommen. Verschaffen Sie sich Zugang zu den neuerrichteten Zellen in Piräus! Dort werden Politische tagtäglich der Elektroschock-Folter unterworfen.

Wie hier Urteile zustande kommen, dafür kurz folgendes Beispiel. Ein Zwanzigjähriger wird in einem fünfminütigen Schnellverfahren zu zwei Jahren Gefängnis verurteilt. Er wagt nach der Urteilsverkündung zu fragen: Ja, aber wofür denn? Richter: Vier Jahre! – Der Verurteilte: Ja, wieso denn? – Richter: Sechs Jahre! – Der auf diese Weise Verurteilte heißt Nico, er sitzt hier im gleichen Gefängnis. Ebenfalls hier im Gefängnis befinden sich zwanzigjährige Soldaten, die zu 12 bis 15 Jahren verurteilt sind wegen angeblicher »konspirativer Umtriebe« und sogenannter »subversiver Tätigkeit«. Ihr Verbrechen bestand darin, daß sie sich im privaten Kreis kritisch über die derzeitige politische Situation unterhielten.

Ich habe während meiner viertägigen »Untersuchungshaft« in der Messaljioustraße in einem dunklen Loch auf Zementfußboden Studenten kennengelernt, die ohne Haftbefehl, ohne Angabe eines Verdachtsgrundes von der Straße oder von zu Hause einkassiert wurden, ohne Benachrichtigung eines Anwalts oder Angehöriger auf ihre Verschleppung in Militärstraflager warten. Hunderte von Studenten sollen bisher auf diese Art verschleppt worden sein.

Man hat den Eindruck, daß selbst der letzte Schimmer von »Legalität« inzwischen fallengelassen wird, um durch derartige Terroraktionen Einschüchterung und Angst zu verbreiten, um jeden möglichen Widerstand schon im Keim zu ersticken.

So düster das alles aussieht, eins wird deutlich: Die Junta hat keine Basis, auf die sie sich stützen und verlassen kann. Sie hat nicht den geringsten Rückhalt in der Bevölkerung, statt dessen ihre Geheimdienste und Spitzel. Einen, der überwacht, und einen, der den überwacht, der überwacht. Auf die eigenen bestbesoldeten Leute ist kein sicherer

Verlaß mehr. Ich habe es bei meinen fünf Verhören auf den verschiedenen Stellen mehrfach selbst erlebt. Da gab mir ein Vernehmungsbeamter, als er mit mir allein war, zu verstehen, daß er selber auf das Ende dieses Regimes warte, ich solle ihm verzeihen, er tue nur seine Pflicht, die derzeitigen Militärverordnungen seien nun mal so. Ich war aufgrund meiner Verfassung – fünfzehnstündige pausenlose Verhöre ohne Schlaf und Nahrung, anfangs Folter – durch diese unerwartete menschliche Regung dem Heulen nahe, fing mich aber wieder und antwortete ihm: Das hätten bei uns nach dem Krieg die Schreibtischmörder vor Gericht auch immer zu ihrer Entlastung vorgebracht, aber schließlich hätten sie – ob gern oder ungern – die ganze Vernichtungsmaschinerie am Laufen gehalten.

Ein anderer Beamter, als er sich die Anklagepunkte auf meinem Haftbefehl durchgelesen hatte, drückte mir stumm die Hand.

Die Reihe der Beispiele ließe sich fortsetzen, aber sie sind unverbindlich, solange sie nicht in aktive Widerstandshandlungen umschlagen.

Die Militärjunta wirft ihren Gegnern vor, »ferngesteuert« zu sein. Dabei ist sie selber Marionette der amerikanischen Großmachtpolitik, von dort als Henker der Demokratie eingesetzt und ohne Auftrag und Finanzierung von dort zu keinem Terrorschachzug in der Lage. Ein höherer Vernehmungsbeamter erklärte mir offen, er persönlich würde mich lieber heute als morgen abschieben, nur sei das bei mir zu einem grundsätzlichen politischen Fall geworden, und deshalb müßten amerikanische Stellen konsultiert werden. Der Assistent eines Vernehmungsbeamten brachte seine Bewunderung für Hitler zum Ausdruck, ein Kommissar der Geheimpolizei fragte mich, wie ich zu Franz Josef Strauß stünde, und als ich antwortete, der würde hier in der Militärdiktatur bestimmt seinen Mann stehen, sagte der Beamte, solche Männer brauche Europa. Nicht von ungefähr bekennt sich die Junta öffentlich als »*Polizei Europas*«, und Papadopoulos – von den Amerikanern eingesetzt, um die Diktatur aus der Taufe zu heben – umschrieb die Aufgabe der Junta: Das griechische Volk sei krank und müsse in Gips gelegt werden. Es ist kein Zufall, daß die faschistische Presse hier über meinen Fall den »Bayernkurier« des Franz Josef Strauß ausführlich zitierte und ein Vernehmungsbeamter sich der guten Beziehungen der Junta zum CSU-Bundestagsabgeordneten Althammer rühmte.

Diese Beispiele zeigen, es ist kein innergriechisches Problem, in das ich mich mit meiner Aktion einmischte. Die gleichen Strukturen sind auch und gerade in der Bundesrepublik latent vorhanden. Der Faschismus des Dritten Reiches (»Der Schoß ist fruchtbar noch, aus dem das kroch«) besteht in einflußreichen Offizierscliquen der Bundeswehr als Schwelbrand weiter.

Griechische Junta-Obristen und hohe deutsche Offiziere betreiben auf Kameradschaftsabenden auf Kreta eine makabre griechisch-deutsche Verständigung, unter dem Banner der NATO.

An der Haltung der einzelnen Staaten zur griechischen Diktatur manifestiert sich das Gewissen Europas. Nicht von ungefähr kamen die stärksten Proteste bis hin zu Boykottmaßnahmen bisher von Staaten wie Schweden und den Niederlanden, deren demokratische Traditionen und Strukturen bekanntlich etwas ausgeprägter und weiterentwickelt sind als in der BRD.

Ich glaube, gerade als Deutschen stünde es uns gut an, an die Adresse unseres nur zwei Flugstunden entfernten Bündnisstaates Griechenland in Sachen Faschismus Proteste und Boykotts zu adressieren. Wir haben zu Recht unsere Eltern daran gemessen, wie sie sich im Dritten Reich verhalten haben, wir werden uns später von unseren Kindern gefallen lassen müssen, u. a. danach beurteilt zu werden, wie wir zum Faschismus in Griechenland standen.

Ob wir unser schlechtes Gewissen an den Touristenstränden von der Sonne haben wegbräunen lassen, während in den Verhörstuben und Zellen der Junta Menschen zu Krüppeln gefoltert wurden.

Ich weiß, die meisten wissen nicht, wie die ungeheuerlichsten Verbrechen hier zur alltäglichen Gewohnheit geworden sind. Die »Bild«-Zeitung klammert das aus gutem Grund aus ihrer Berichterstattung aus, sieht sie doch ihre publizistische Aufgabe darin, gleiche Verhältnisse auch bei uns vorbereiten zu helfen. Auch nach dem Zusammenbruch des Dritten Reiches beriefen sich die meisten darauf, von allem nichts gewußt zu haben. Um dieser Uninformiertheit ein wenig abzuhelfen und entgegenzuwirken, bin ich hier. Ich bin nicht kopflos und unvorbereitet in diese Aktion hineingegangen. Ich wußte genau, was ich tat, und weiß es jetzt um so mehr.

Ich wußte, was mich erwartete, und habe vorsorglich und zu Recht – wie sich in den ersten Verhören herausstellen sollte – vor der Aktion noch schmerzstillende Präparate zu mir genommen.

Zu welcher Strafe Sie mich auch verurteilen und was Sie sonst noch mit mir anstellen mögen, Sie kommen nicht daran vorbei, daß *Sie* heute hier – in Ihre Uniformen eingezwängt – als Symbole des Faschismus vor der Weltöffentlichkeit auf der Anklagebank sitzen!

Und so »abschreckend« Ihr Urteil auch ausfallen mag, Sie werden nicht verhindern können, daß es auf »Nachfolgetäter« auslösend und bestätigend wirkt, mit anderen Mitteln zur schnelleren Abschaffung Ihres Terrorregimes beizutragen. Denn indem sich die Taten der einzelnen addieren, gehen hiervon Signalwirkungen und Initialzündungen aus, die eine Verkürzung der Leidenswege des unterdrückten Volkes zur Folge haben! (Zwischen den ersten Selbstverbrennungen der buddhistischen Mönche in Vietnam und den mächtiger werdenden weltweiten Demonstrationen gegen die Intervention der Amerikaner besteht ein Kausalzusammenhang, der schließlich die Weltöffentlichkeit zur Verurteilung der verbrecherischen Vietnampolitik der Amerikaner mobilisierte, den Kampfwillen des Vietcong stärkte und schließlich den Rückzug der US-Armee beschleunigen half.)

Zu Ihrem Vorwurf, ich hätte mich als Ausländer »in die inneren Angelegenheiten des griechischen Staates« eingemischt, nur kurz soviel: Bei Verletzung der Menschenrechte schreibt die Charta der internationalen Menschenrechte – Griechenland gehört ihr seit 1947 an und ist bisher nicht ausgetreten, soviel ich weiß – ausdrücklich die »Einmischung« anderer vor. Die Verwirklichung der Menschenrechte kann durch nationale Grenzen nicht außer Kraft gesetzt werden, weder durch Erlaß noch durch Terror, noch durch Entwöhnung! Die Grenzen werden immer durchlässiger, nicht nur in wirtschaftlicher Hinsicht!

Auch die beste ideologische Absicht gibt keinem Staat der Welt das Recht, sich über elementare Menschenrechte hinwegzusetzen. Auch wenn es die Sowjetunion ist – wie soeben wieder vorgekommen –, die einzelne unliebsame Kritiker in Irrenhäuser einweisen läßt, so ist das – unabhängig von der eigenen ideologischen Einstellung – ebenfalls entschieden zu verurteilen und bedarf der »Einmischung«.

Aber kurz noch etwas zum Thema »Einmischung«; denn »vom Faschismus soll schweigen, wer sich weigert, über den Kapitalismus zu reden!« Das deutsche Großkapital mischt seit dem Putsch verstärkt in Griechenland mit, garantiert die Militärdiktatur doch streiklose Zeiten und erhöhte Renditen. BASF, Siemens, AEG und Boehringer, um nur einige deutsche Gütezeichen stellvertretend herauszugreifen, stärken der Militärjunta liebend gern den Rücken. Der Generalvertreter der AEG z. B., Herr von Reibnitz, ein älterer Herr, fühlt sich hier zu Hause wie seinerzeit im Dritten Reich. Er sieht sich hier als halber Emigrant und äußert, solange die Jusos im Heimatland an Einfluß gewännen, gedenke er nicht mehr zurückzukehren.

Zum Schluß noch einmal zu meinen Beweggründen: Die Aktion und die daraus resultierende Inhaftierung ist kein Selbstzweck. Sie soll Öffentlichkeit herstellen und Aufmerksamkeit auf das Schicksal der politischen Gefangenen lenken. Falls vom Ausland aus Initiativen für meine Freilassung erfolgen sollten, dann nur verbunden mit der Forderung, die politisch inhaftierten Griechen freizulassen. Hier stellvertretend für Hunderte von Anonymen einige Namen:

Der Arbeiter *Asmanis*; jahrelang in Deutschland gearbeitet, Frühinvalide, deshalb abgeschoben, hier sofort von der Militärpolizei verhaftet, gefoltert, seit über einem Jahr in einem griechischen Gefängnis oder Militärlager verschollen

Psaroudakis, Rechtsanwalt und Theologe

Tsiridis, Rechtsanwalt

Charalambopoulos, Zentrumsabgeordneter

Pandelis, Regisseur

Eri *Tsaneti*, Studentin, 2 Monate Isolationshaft, von der ESA gefoltert, verschollen

Arietta *Pandelakis*, 17 Jahre, Tochter des Arztes, der zusammen mit *Minis* verhaftet wurde (Sippenhaft!), verschleppt, Aufenthaltsort unbekannt

Ambatielos, Marinearbeiter

Nikos *Kalloudis*, Marinearbeiter.

Zur Freilassung dieser und der anderen Inhaftierten, deren Gesundheit und Leben bedroht sind, reichen Protestschreiben und Resolutionen nicht aus.

Ein organisierter Touristenboykott – wenn auch nur punktuell durchgeführt – ist die Sprache, auf die die Militärjunta allenfalls reagiert. Oder noch wirkungsvoller: Wenn die Schauerleute von Göteborg, Amsterdam oder Hamburg sich weigern, griechische Schiffe zu entladen, würden sich durch einen derartigen Streik unweigerlich die Gefängnisse für die politisch Inhaftierten öffnen lassen. Und bei Ausdehnung und Fortdauer eines derartigen Boykotts ließe sich das herrschende Militärregime sogar beseitigen. Eine geheime Demarche an die Junta von den Großreedern Onassis, Niarchos u. a. liegt vor, worin die große Befürchtung vor derartigen Aktionen zum Ausdruck gebracht wird.

Falls ich in dieser Richtung Anregungen und Anstöße vermittelt habe, sitze ich nicht umsonst hier ein!

Zu allerletzt noch – wie es sich für einen geständigen Täter gehört – möchte ich doch noch, auf Grund der gemachten Erfahrungen hier, so etwas wie Reue über meine »Tat« zum Ausdruck bringen. Diese Aktion war halt meine Art zu protestieren. Ich bin von der Überzeugungskraft des gewaltlosen Widerstandes ausgegangen. Ich stelle mir inzwischen die Frage, ob die Wahl meiner Mittel angebracht, adäquat, richtig war. Denn es gibt eine Stufe der Brutalität, der Barbarei, wo einem ein derartiges Handlungsprinzip als Dummheit und Schwäche ausgelegt werden kann. Es kann sein, daß ich mich in der Wahl meiner Mittel vergriffen habe, nicht die Sprache gefunden habe, die von den Juntavertretern und ihren Helfershelfern verstanden wird.

Als ich z. B. beim ersten Verhör mit Handschellen gefesselt, dazu noch die Kette an meinem Hals, von dem Vernehmungsspezialisten mit karategeübter Faust eine in die Fresse geschlagen bekam und ich ihm daraufhin versöhnend lächelnd zu verstehen gab, auch die andere Gesichtshälfte nicht zu vergessen, damit ich im Gleichgewicht bliebe, nahm er das zum Anlaß, mir mit voller Wucht in die Geschlechtsteile zu treten.

Um sich gegenseitig zu verstehen, muß man die gleiche Sprache sprechen. Das einzige Mittel, sich jemandem verständlich zu machen, der ausschließlich mit dem Panzer und dem Gewehr redet, ist *letztlich*, befürchte ich, die Gegengewalt!

PS:
Abschließend, ich würde es mir und Ihnen lieber ersparen, darauf eingehen zu müssen, aber da es tagtägliche Vernehmungspraxis bei Ihnen ist, möchte ich es doch noch erwähnen:

Ich bin gefoltert worden. Man wollte aus mir herausbekommen, mit welchen Griechen ich Kontakt gehabt hätte. Zwei Spezialisten in Zivil – eventuell Vertreter der ESA, sie stellten sich mir nicht vor – schlugen meinen Kopf an einer Tischkante und auf dem Fußboden blutig. Außerdem Schläge mit der Kette, die an meinem Hals noch fest war. Schläge in Magen und Milz. Schläge mit einer Eisenstange und mit Absätzen von Stiefeln auf die Zehen meines linken Fußes. Die Spuren am Kopf und Zehen sind heute noch sichtbar. Ich habe seitdem auch ständig Kopfschmerzen.

Nach diesem Verhör mußte ich den Rest der Nacht auf einem Stuhl bei Beleuchtung sitzen und wurde am Schlafen gehindert. Ab 9 Uhr morgens Fortsetzung des Verhörs.

Ich bin mir darüber im klaren, daß ich als Ausländer und nach Initiative meiner Botschaft noch bevorzugt behandelt wurde. Als Grieche wäre ich der ESA ausgeliefert worden und womöglich halb oder gleich ganz totgeprügelt, hätte ich nicht mehr die Möglichkeit gehabt, hier vor Ihnen auszusagen.

Günter Wallraff hat seinen Leib hingehalten: den Stiefeltritten und Eisenstangen der Polizisten – mit Aussicht auf noch Schlimmeres. Er, der Fremde, der Unbeteiligte, wollte den Griechen ein Grieche sein, ihr Leiden auf sich nehmen, um es einer gleichgültigen Welt sichtbar zu machen. So weit in der Solidarität ist keiner von uns gegangen. Unter vielen Namen, deren Träger jetzt Grund zur Scham haben, ist sein Name ein Ehrenname des deutschen Journalismus geworden, den wir nur dann für uns buchen können, wenn wir lernen und tun, was aus der Unterdrückung und Befreiung des griechischen – und mit ihm im gleichen Jahre des portugiesischen – Volkes zu lernen und daraufhin zu tun ist.

Helmut Gollwitzer

Gerd Kröncke:

Wallraffs Aktion und die Reaktion der bundesdeutschen Presse

»Die Verhaftung und Verurteilung des deutschen Schriftstellers Günter Wallraff in Athen ist von der hiesigen Öffentlichkeit mit großem Gleichmut aufgenommen worden.«
(»Die Welt«, 25. Mai 1974)

Man konnte es schon am 11. Mai 1974 in der Zeitung lesen, zweispaltig, 82 Zeilen lang. Daß sich ein junger Deutscher, dessen Namen die Behörden zunächst mit Hans Wallraff angaben, Fabrikarbeiter aus Köln, auf dem Athener Platz der Verfassung an einen Laternenmast gefesselt hatte, daß er zusammengeprügelt worden war von Geheimpolizisten, nachdem er Hunderte von Flugblättern verteilt hatte. In der Tat jedoch habe es sich um den bekannten Schriftsteller Günter Wallraff gehandelt. Man erfuhr, daß der holländische Radioreporter Albert Coerant ebenfalls festgenommen worden war, weil er den Vorgang fotografiert hatte, daß ihm Film und Tonband abgenommen wurden, obwohl er sich hinreichend als Journalist hatte legitimieren können. Man konnte den gesamten Flugblatt-Text nachlesen, und der Korrespondent hatte schließlich, um den Vorfall in einen größeren Zusammenhang zu stellen, auch noch mitgeteilt, daß ein Militärtribunal am selben Tage 21 Griechen verurteilt hatte, weil sie gegen das Kriegsrecht verstoßen hätten. Zwei von ihnen beispielsweise hatten »anarchistische« Parolen an Wände gepinselt – einer bekam dafür zwölf, der andere 18 Monate Gefängnis. Das alles stand am 11. Mai ausführlich in der Zeitung – in »The Times«, London. Überschrift: »Chained man hands out anti-Greece leaflets«.

Was westdeutschen Zeitungskonsumenten an jenem Wochenende über Wallraffs Protest in Athen mitgeteilt wurde, war nur ein Bruchteil dessen, was die britischen »Times«-Leser erfuhren. Mehrere Zeitungen ließen es mit zwei Sätzen genug sein: »Der Kölner Schriftsteller und

Journalist Günter Wallraff hat sich gestern aus Protest gegen das griechische Militärregime in Athen an eine Säule gekettet. Er wurde mit Hilfe eines Schlossers von seinen Ketten befreit und von der Polizei festgenommen.« Die beiden Sätze stammten aus einer Meldung der Nachrichtenagentur »Deutscher Depeschen-Dienst«. Sie klangen so, als hätte sich ein weltfremder Spinner einen Unfug einfallen lassen. Daß einer von seinen Ketten »befreit« worden war, ließ den Leser manches assoziieren, aber sicher nicht Gewaltanwendung. So wurde der Sachverhalt sprachlich in sein Gegenteil verkehrt.

Den Zeitungen, die sich teils auf diese Agentur, teils auf »Reuter«, in der Mehrzahl jedoch auf die »Deutsche Presse-Agentur« (dpa) und »Associated Press« (AP) stützten, erschien jener Schlosser, der Wallraff von seinen Ketten »loseisen« (»Kölner Express«) mußte, offenbar besonders wichtig. Er wurde immerhin in fast jeder dritten Meldung erwähnt. Vom Text des Flugblatts nahm man dagegen kaum Notiz. Für Springers Berliner »BZ« zum Beispiel reduzierte sich der ganze Vorgang im wesentlichen darauf, daß Wallraff »gegen die Zustände in Griechenland protestieren« wollte und daß er erst »abgeführt« werden konnte, »nachdem ein Schlosser die Ketten geöffnet hatte«. Kein Wort von den Schlägen, kein Zitat aus dem Flugblatt, kein Wort auch darüber, gegen welche Zustände Wallraff denn protestieren wollte (und es kann sicher nicht die Rede davon sein, daß die Situation in Griechenland gerade den »BZ«-Lesern sehr geläufig gewesen wäre). Dabei hatten dpa und AP, teilweise in indirekter Rede, wenigstens ein paar Sätze aus dem Flugblatt zitiert. Aber nur in sechs der von uns untersuchten 34 Zeitungen fand sich die Forderung Wallraffs an die NATO wieder, jegliche militärische und wirtschaftliche Hilfe an das Militärregime einzustellen.

Die Berichterstattung über Wallraffs Aktion in Athen machte wieder einmal deutlich, daß es sich beim vielbeschworenen Meinungspluralismus um eine Fiktion handelt. Denn fast alle Zeitungen, und die kleineren ohne Ausnahme, leisten sich keine eigenen Korrespondenten in Athen, sondern stützen sich in ihrer überregionalen und Auslandsberichterstattung ausschließlich auf das, was von dpa oder AP über den Fernschreiber tickert und was in den deutschen Agenturzentralen noch einmal aufbereitet worden ist. So manifestiert sich »Vielfalt« nur in der unterschiedlichen Behandlung von Agentur-Meldungen; denn die eine Redaktion streicht mehr heraus als die andere, wobei es immer darauf ankommt, was sie streicht, ob sie eine Nachricht überhaupt in Druck gibt oder gleich im Papierkorb landen läßt und wie ein Redakteur den dpa-Text in seinem Sinne bzw. im Sinne des jeweiligen Verlegers verändert. Dabei weiß dpa durchaus, was Verleger wünschen, denn sie sind Gesellschafter und Kunden zugleich.

Paul Sethe, einer der angesehensten Journalisten der fünfziger Jahre, konnte einst noch beklagen, daß Pressefreiheit die Freiheit von 200 Verlegern sei. Mit zunehmender Konzentration hat sich dieses bittere Wort längst überholt. Ganze Landstriche werden von einzelnen Verlegern beherrscht, und den Lesern bleibt nur die Wahl, deren Zeitungen zu kaufen oder völlig auf lokale Informationen zu verzichten.

Ein typisches regionales Monopolblatt ist die »Cellesche Zeitung«. Sie machte aus dem »Fall des deutschen Schriftstellers Günter Wallraff«, wie dpa es nannte, einen Fall des »linksradikalen« Wallraff. Sie brauchte gar nicht erst zu kommentieren, um ihre Haltung klarzumachen. Es genügte ihr, Nachrichten zu redigieren. Über die Gerichtsverhandlung erfuhren die Leser dieses Blattes neben einem Satz über das Strafmaß nur noch diesen zweiten: »Das Gericht sprach Wallraff im Sinne der Anklage schuldig wegen Ungehorsams gegen einen militärischen Befehl, weil er mit seiner spektakulären Aktion in Athen am 10. Mai antinationale Propaganda betrieben und beunruhigende und die öffentliche Ordnung gefährdende Informationen verbreitet habe.«

Mehr nicht. Nichts über den Prozeßverlauf, nichts über die Argumentation der Verteidigung, die von dpa wenigstens angedeutet worden war. Gegen solche Berichterstattung hätte selbst die griechische Zensur nichts einzuwenden gehabt. Eine Nachricht, die gut und gern einen Zweispalter abgibt, auf zwei Sätze zusammenzukürzen, die Scheinbegründung des Gerichts nicht einmal – wie es andere Zeitungen taten – durch Anführungsstriche als Zitat zu kennzeichnen, kommt einer freiwilligen Zensur im Sinne der Junta gleich.

Während Wallraff inhaftiert war, vor und nach seiner Verurteilung, las man in bundesdeutschen Zeitungen nichts oder fast nichts über das Echo seiner Aktion bei griechischen Demokraten.

Zu einem Zeitpunkt, als der ehemalige Premierminister Panayotis Kannellopoulos dem Kölner Schriftsteller längst seine Hochachtung bekundet hatte (»ein international geachteter Verteidiger der Menschlichkeit«), wußte der Korrespondent der »Rhein-Neckar-Zeitung«, daß Wallraff »keinen Widerhall« gefunden habe, daß sein Protest vielmehr »als reichlich akademisches Vorgehen eines politischen Idealisten« verstanden worden sei.

»Die Polizei hat ihn erst einmal ordentlich verprügelt und dann eingesperrt«, berichtete der »Münchner Anzeiger«, der in der bayerischen Landeshauptstadt dank reicher Anzeigenerlöse kostenlos in einer Auflage von mehr als 300000 Exemplaren verbreitet wird.

Ähnlich erfaßte Franz Josef Strauß' »Bayernkurier«, der allzeit treu zum NATO-Partner Griechenland stand, das Geschehen in Athen: »Hauptsächlich wütete Wallraff gegen den NATO-Staat ... dafür bezog er von der Polizei eine Tracht Prügel und kam in Haft.«

Viele Kommentatoren taten so, als hätten ihre Blätter permanent über die Zustände im Athen der Obristen berichtet, als wäre es denkbar überflüssig, unsinnig geradezu, mit einer Aktion darauf aufmerksam zu machen. Wallraff habe beweisen wollen, was »überhaupt nicht bewiesen zu werden brauchte«, mokierte sich der Kölner »Express« noch nach dem Urteil. Und »von den Gefangenen, den wirklichen Opfern des Regimes, redet niemand mehr«, schrieb der sozialdemokratische »Vorwärts«, ohne daß sie ihm nun ausführlich der Rede wert gewesen wären. Nach Meinung der Parteizeitung muß Wallraff wohl besoffen gewesen sein: die Idee einer Einzelaktion sei »eine Schnapsidee gewesen«, die ein »Geschäft mit Wallraff« einfädeln sollte. Man wisse doch, »daß Diktaturpolizisten rohe Gesellen sind« – und diese Wendung erinnert fatal an die »Tracht Prügel« des »Bayernkurier«.

Immerhin, später entschuldigte sich der »Vorwärts«-Autor mit einem gleich langen Kommentar und bekundete »Respekt vor Günter Wallraff« – freilich erst zu einem Zeitpunkt, als Wallraff längst wieder zu Hause war. Der respektlose Kommentar dagegen war am Tage der Gerichtsverhandlung erschienen.

Die »Frankfurter Rundschau« gehört, wie beispielsweise auch der »Spiegel«, zu den wenigen bundesdeutschen Publikationen, die konsequent während der gesamten Dauer der faschistischen Herrschaft in Griechenland gegen die Junta Position bezogen haben. Der »Spiegel« nahm dann Wallraff in Athen gar nicht zur Kenntnis. Die FR-Reaktion auf das Urteil gegen Wallraff lautete: »Sicher, daß nicht ein gereizter ›Bulle‹ draufschlägt, kann man wohl nirgendwo sein. Leider. Aber in den meisten Staaten dieser Erde würden Polizei und Gerichte ähnlich handeln wie in Athen. Auch in Moskau. Leider.« Aus diesem Meinungsartikel konnte dann wiederum die »Welt« zitieren.

Andererseits, und daraus wurde weniger zitiert, druckte die »Frankfurter Rundschau« den Text von Wallraffs Rede vor Gericht in vollem Wortlaut. Und nach zwei Monaten forderte ein FR-Kommentar Solidarität für den eingekerkerten Schriftsteller, »intellektuellen und moralischen Widerstand« gegen die Hinhaltetaktik der bundesdeutschen Politiker, denn: »Wallraff sitzt, und die öffentliche Meinung in der Bundesrepublik schweigt.«

Da hatte die »Welt« ausnahmsweise einmal recht, wenn sie »von großem Gleichmut« sprach, mit dem das Urteil aufgenommen wurde, denn zur Parteinahme für Wallraff entschlossen sich nur wenige Redaktionen. Etwa die »Zeit«, die »Nürnberger Nachrichten« oder die »Süddeutsche Zeitung«, die darauf hinwies, »daß sich die Deutsche Botschaft in Athen nicht stärker darum bemüht, Besuchsgenehmigungen... zu erwirken«, weil »die guten Beziehungen zum Regime« nicht gefährdet werden sollten.

Die Handvoll Zeitungen, in denen sich letztlich ein demokratischer Standpunkt durchsetzt – was richten sie aus? Sie beeinflussen kaum das politische Weltbild der Bürger, sie sind nicht typisch für den bundesdeutschen politischen Journalismus. Ihre Auflagen sind zwar durchaus respektabel, aber sie fallen, aufs Ganze gesehen, nicht ins Gewicht. Sie erreichen nur eine Minderheit von Zeitungslesern und können allenfalls als Alibi für die Presse der BRD vorgezeigt werden. Ganz zu schweigen von den wenigen sozialistisch oder kommunistisch geprägten Blättern – »Die Tat«, »Unsere Zeit«, »Deutsche Volkszeitung« oder auch der Berliner »Extra-Dienst« – die durchweg mit antifaschistischer Tendenz über Wallraff berichteten.[1]

Typisch ist eher die Berichterstattung der Organe des mächtigen Springer-Imperiums, voran »Bild« als größte Zeitung der Bundesrepublik mit einer Auflage über vier Millionen. Im Fall Wallraff begnügte sich die »Bild«-Zeitung mit wenigen unscheinbaren Notizen, die eher geeignet waren, den Fall zu verharmlosen, als Aufmerksamkeit zu wecken. Nach dem Urteil meldete »Bild«, Wallraff habe eigentlich »gehofft, ausgewiesen zu werden« – und stellte damit den Sachverhalt auf den Kopf.

Solche Einschätzung in die Welt zu setzen, gehörte zur Strategie der meisten bundesdeutschen Zeitungen. Da die Zustände in Athen und das, was Wallraff tatsächlich zu erwarten hatte, heruntergespielt wur-

1 Von den vier genannten Blättern erscheinen 1987 nur noch zwei. Der »Extra-Dienst« ist eingestellt, »Tat« und »Deutsche Volkszeitung« sind zusammengelegt worden.

den, mußte der Leser schließen, daß ihm schon nichts passieren würde. Diese Berichterstattung hatte letztlich die Abwiegelung von Solidarität zum Ziel.

Meisterhaft verstand sich darauf Bundesdeutschlands vornehmste Zeitung, die »Frankfurter Allgemeine«. Diese »Zeitung für Deutschland«, die sogar einen eigenen Korrespondenten in Athen hat, wußte, scheinbar wertfrei, in jedem Stadium der Ereignisse Wohlwollendes über die Junta zu berichten. Gleich nach der Protestaktion meldete »eine der zehn besten Zeitungen der Welt« (Eigenwerbung) exklusiv: »Der zuständige Polizeichef hat sich, wie es heißt, angesichts der Übergriffe gegen Wallraff bei dessen Festnahme entschuldigt und die Versicherung abgegeben, daß dessen Wohlbehandlung in der Haft sichergestellt werde.« Selbst ein brutaler Vorgang las sich in der FAZ noch trocken: Augenzeugen hätten bestätigt, daß Wallraff »Mißhandlungen seitens der Sicherheitsbeamten ausgesetzt war«. Anderntags konzedierte das Blatt, ebenfalls im Nachrichtenteil, als handele es sich um einen Rechtsstaat, daß die »Athener Behörden« offensichtlich »um einen zügigen Ablauf der gesamten Rechtsprozedur bemüht« seien: »Wallraff wird auch nur angeklagt, Flugschriften staatsfeindlichen Charakters verteilt zu haben. Eine Strafverfolgung auf Grund ernsterer Delikte, etwa wegen Aufhetzung zum Regierungsumsturz... ist nicht vorgesehen«. Möglicherweise – »auch mit der Umwandlung in eine Geldstrafe kann gerechnet werden« – habe er auch »nur eine Verurteilung zu zwei bis drei Monaten« zu erwarten. Wallraff befinde sich bereits »in aller Form« im Gefängnis von Korydallos.

In einem Kommentar wurde dem FAZ-Leser beigebracht, was er davon zu halten hatte. Der Kommentator fragte, was das »Happening von Athen eigentlich Neues ans Licht« gebracht habe. Etwa, »daß der Freiraum in Griechenland nicht so groß ist wie in der Bundesrepublik...? Daß ein Demonstrationsrecht dort nicht zugestanden wird?« Alles alte Kamellen für die FAZ: »Die Sachverhalte sind bekannt.« Auch sei in Athen – im Gegensatz zum »Ostblock« – »das Risiko eines Protestes noch immer kalkulierbarer«. Die FAZ kam zu dem beschwichtigenden Fazit: »Nach einem formalen Urteil wird man ihn abschieben. Während doch die Verurteilung und Inhaftierung seinem Protest erst politisch recht gäbe.« Was aber interessiert die FAZ schon ihr Kommentar von gestern? Nach der Verurteilung und Inhaftierung hätte sie eingestehen müssen, daß er politisch recht behalten hat – ein Eingeständnis, das man in dem Blatt vergebens suchte.

So wie die FAZ neigte die Mehrzahl der Zeitungen dazu, ihren Lesern weiszumachen, daß es für Wallraff so schlimm schon nicht werden würde (wie sie überhaupt bemüht waren, die griechischen Zustände zu verharmlosen). Auch die Leser der »Rhein-Neckar-Zeitung« erfuhren vom Korrespondenten des Blattes, daß Wallraff mit 14 Monaten noch ziemlich glimpflich davongekommen sei, »wenn man berücksichtigt, daß selbst harmlose Nacktspringer in diesem Lande schon 7 Monate Gefängnis kassiert haben«. Im übrigen, so mußte der Leser schließen, sei die Verurteilung eher symbolisch gemeint, da »die baldige Abschiebung Wallraffs als sicher gilt«. So zog sich das in austauschbaren Sprüchen durch die Berichterstattung. »Für ein paar erinnernde Schlagzeilen hat er gesorgt – und die vierzehn Monate wird er auch nicht absitzen müssen«, wußte der Kölner »Express« nach dem Urteil, wobei von Schlagzeilen dann doch nicht die Rede sein konnte; in aller Regel wurden Wallraff-Meldungen unter der kleinstmöglichen Überschrift gebracht. Und daß er schließlich die volle Haftzeit in der Tat nicht abzusitzen brauchte, dazu haben bundesdeutsche Zeitungen noch am wenigsten beigetragen.

Vielmehr artikulierten sie viel Verständnis und selten Kritik für die Faschisten, die eben »nach den harten Gesetzen des Landes« (»Mittelbayrische Zeitung«) urteilten. Manche Leitartikler verstehen es besonders gut, sich in die Psyche von Uniformträgern hineinzudenken: Militärrichter seien eben »meistens keine zartbesaiteten Leute. Sie denken selten über die Legitimität von Ideen nach, sondern urteilen nach der normativen Kraft des Faktischen, wie das Gesetz es befiehlt« (»Kölnische Rundschau«).

Wenn es, nach dieser Lesart, »das Gesetz« schon befiehlt, dann mußte das Vorgehen der Obristen und ihrer Büttel wohl auch als rechtmäßig verstanden werden. Denn verschwiegen wurde in den meisten Berichten, daß es sich bei dem Gesetz, nach dem Wallraff verurteilt wurde, um die berüchtigte »Proklamation Nummer 1« der Militärjunta handelte, ein Gummiparagraph, mit dem jede demokratische Aktion kriminalisiert wurde. Und da dies dem Leser keiner mitteilte, war es ein leichtes, den Protest eines Demokraten gegen eine Diktatur als sinnlos abzutun. Daß jemand rechtsstaatliche Maßstäbe anlegte, sich der Rechtsbeugung eines faschistischen Regimes nicht unterwarf, schien manchen Kommentatoren geradezu absurd.

»Er versucht«, schrieb der Berliner »Tagesspiegel« im Prozeßbericht, »für seine Verteidigung Artikel 1 des Grundgesetzes der Bundesrepublik Deutschland ... zu zitieren, obwohl er hier vor einem griechischen Gericht steht, in welchem griechisches Recht gilt«; verschwiegen wird, daß jener Artikel 1 des Grundgesetzes: »Die Würde des Menschen ist unantastbar ...« immerhin Hauptartikel der internationalen Menschenrechte ist. Weil es aber doch nicht ganz leicht war, die Verhältnisse beim griechischen NATO-Partner als demokratisch hinzustellen, griffen die Kommentatoren gern in die antikommunistische Kiste. Denn mit antikommunistischen Scheinargumenten lassen sich die Zustände in der kapitalistischen Welt noch am besten verschleiern.

»Kopfschüttelnd« fragte sich Springers »Welt«, weshalb ein Deutscher »ausgerechnet wie weiland Lord Byron nach Athen fahren muß, wenn es ihn gelüstet, für freie Wahlen, Pressefreiheit und die Freilassung politischer Häftlinge zu demonstrieren.« Das ist so schön mokant im Ton; zu Byrons Zeiten mag es ja angegangen sein, 1974 ist Treue für den Bündnispartner geboten, der im NATO-Pakt westliche Freiheit mit verteidigen soll – 1974 fragte die »Welt«: »Hätte da der Ostberliner Alexanderplatz nicht viel näher gelegen?« Vom Alexanderplatz hätte auch die »Welt« ausführlicher berichtet und sicher auch sehr wohlwollend (etwa so wie über die Junge Union, die anläßlich der Weltjugendfestspiele 1973 ihre Flugblätter auf dem Alexanderplatz verteilte, allerdings ohne eingesperrt zu werden).

Viele nach landläufiger Meinung seriöse Zeitungen begnügten sich nicht damit, Wallraffs Athener Aktion zu diffamieren (»FAZ«: »Kein politischer Akt. Etwas Spektakel, etwas literarische Reklame«), sondern rechneten auch gleich noch mit seinem Wirken in der BRD ab, das ihnen schon immer auf die Nerven gegangen war. Sie versuchten ihn verächtlich zu machen und damit auch unglaubwürdig erscheinen zu lassen:

»Wallraff war kein echter Portier, kein echter Beichtstuhlbesucher. Er ist auch kein echter Widerstandskämpfer.« (»Kölner Stadt-Anzeiger«)

»Wer aber Wallraffs deutsche Aktivitäten kennt, der zweifelt an der Leidenschaft, Seriosität und Wirksamkeit seiner griechischen Passion.« (»Kölnische Rundschau«)

»Die bisherigen Ergebnisse seiner selbstgewählten Abenteuer stießen dabei nicht unerheblich in die Intimsphäre prominenter Persönlichkeiten vor.« (»Mittelbayrische Zeitung«)

(Sein Reportage-)»Stil ist ohne jeden Glanz, als Moral wird am Ende immer wieder die alte kommunistische Schose aufgetischt.« (»Die Welt«)

Offenbar schauten die Autoren auch einander über die Schulter, wenn es galt, Wallraffs Motive zu diffamieren. Der »Rheinische Merkur« sah einen »Akt des publizistischen Exhibitionismus«, der »Kölner Stadt-Anzeiger« bescheinigte süffisant »Mut zum Exhibitionismus«. Da zeigte sich die Vielfalt der deutschen Presse in ihrer ganzen Einseitigkeit.

Das Fernsehmagazin »Panorama« sendete einen informativen Bericht, der prompt dazu führte, daß bei einer ARD-Tagung in Baden-Baden eine längere Diskussion im Kreise der Intendanten der Rundfunkanstalten stattfand. Ein Bericht im »Badischen Tagblatt« liest sich, als hätten sich die Intendanten bei der Athener Militär-Clique entschuldigen wollen: »Bei dem Beitrag über Wallraff habe sich ergeben, daß man hier keine Komplicenschaft des NDR mit dem Schriftsteller unterstellen könne; denn der Film sei von einem schwedischen Kamerateam gedreht worden. Im übrigen sei über diesen Beitrag keine Einigung unter den Intendanten, Fernsehdirektoren und Chefredakteuren erzielt worden.«

Der unkritische Journalismus in der bundesdeutschen Presse hat im Fall Wallraff zu einem großen Teil den griechischen Faschisten das Wort geredet. Das ging so weit, daß die Junta-ergebene »Akropolis«, die Wallraff einen »sehr wahrscheinlich verrückten oder zumindest gänzlich unvernünftigen Ausländer« nannte, Kommentare aus der BRD nachdruckte und so, um Rechtfertigung bemüht, das Vorgehen des Regimes und seiner Mittelsmänner entschuldigte.

Und in den westdeutschen Zeitungen ließ sich nachlesen, wie die Berichterstattung auf die Leser gewirkt hat. »Wenn er gegen Diktatur und Unterdrückung protestieren wollte, warum hat er sich nicht den Roten Platz in Moskau ausgesucht?« fragt ein Pfarrer aus Oelde in einem Brief an die Lokalzeitung. Der fromme Westfale hätte ihn dann »in der Liturgie als Märtyrer« erwähnt. Griechenland sei ohne Risiko, und Wallraff habe gewußt, »daß in einem solchen Land auch nach einer Verhaftung die diplomatischen Beziehungen unserer Regierung ihn schon herausholen würden!«

Manchmal tritt in Leser-Äußerungen neben Ignoranz auch der blanke Haß zutage. »Wer sich eine Suppe einbrockt«, so ein Bielefelder an die »Neue Westfälische«, »der soll sie auch auslöffeln. Dem Herrn Wallraff wünsche ich dazu einen kräftigen ›Nachschlag‹ – also nicht 14, sondern 28 Monate Freiheitsentzug; nach Geschmack auch etwas mehr.« Die »Zeit« druckte, neben solidarischen Äußerungen, auch die Meinung eines Wuppertaler Unternehmers: »Es wundert mich, daß Sie die ›Verteidigungsrede‹ eines Schmarotzers à la Wallraff abdrucken... statt Leute wie ihn zu ignorieren, wie es andere seriöse Zeitungen machen, antichambrieren Sie vor ihm... Ich bedauere, daß die Athener Machthaber mit Wallraff so milde umgegangen sind.«

Fazit:
Die vorherrschende Publizistik in der Bundesrepublik verfügt über mancherlei Methoden, um mit einer Aktion wie der Günter Wallraffs fertig zu werden:

1. Man informiert unzureichend, so daß sich der Leser kein eigenes Urteil bilden kann. Vorurteile werden sofort mitgeliefert.

2. Das Anliegen dessen, der sich antifaschistisch engagiert, wird möglichst verschwiegen. Das dient der Absicht, den Fall zu entpolitisieren.

3. Man versucht, den unbequemen Mahner unglaubwürdig und verächtlich zu machen, also durch Diffamierung der Person von der Sache abzulenken.

4. Man vermeidet den Begriff Faschismus.

5. Man stellt die Aktion als sinnlos hin: Über die Zustände in jenem Lande wisse doch jeder Bescheid. Als ob man den Leser kontinuierlich darüber informiert hätte.

6. Wann immer der Faschismus ins Blickfeld des Lesers gerät und antifaschistische Denkprozesse in Gang kommen könnten, ist der Appell an antikommunistische Ressentiments die probateste Ablenkungsmethode.

7. Während man den Antifaschisten zur abnormen Persönlichkeit stempelt, versucht man – hauptsächlich in der Wortwahl – dem Faschismus, seinen Institutionen und deren Praktiken den Anschein der Normalität zu geben, ihn zu verharmlosen oder direkt zu rechtfertigen.

8. Man versucht, jeder Regung aktiver Solidarität mit einem eingekerkerten Antifaschisten mit der Behauptung zuvorzukommen, er habe nichts Ernstes zu befürchten und werde sicher bald wieder frei sein.

9. Kommentare, die man nicht selber zu schreiben wagt, publiziert man in Form von Leserzuschriften.

10. Bei alldem geriert man sich unabhängig und objektiv – und distan-

ziert sich von einem »Aktionsjournalismus«, wie ihn Günter Wallraff betreibe. Politisches Handeln wird für anstößig erklärt. Beamte sollen sich politisch neutral verhalten, Pfarrer sollen sich aus den Händeln der Welt heraushalten, Journalisten sollen über den Dingen stehen – kurz: Politisches Handeln soll den Berufspolitikern (und im Hintergrund den Finanziers vom Schlage Axel Springers) überlassen sein und bleiben.

Solche Methoden eines undemokratischen Journalismus werden in den meisten Fällen nicht bewußt angewandt, sondern man richtet sich nach gesellschaftlich vorproduzierten Verhaltensnormen, reproduziert immer dieselben Klischees.

Als die griechischen Obristen aus der Staatsführung verdrängt waren, derer sie sich 1967 bemächtigt hatten, schalteten die bewußten und unbewußten Förderer des Faschismus in den bundesdeutschen Massenmedien von einem auf den anderen Tag um. Sie folgten der Regel: Ein toter Kommunist ist ein guter Kommunist, ein zum Teufel gejagter Faschist ist ein schlechter Faschist. Nun berichtete plötzlich selbst ein so rechtsorientiertes Fernsehmagazin wie »Report München« eindringlich darüber, wie grausam griechische Demokraten von den Faschisten gefoltert worden waren. Jahrelang hatte man keinerlei Notiz von der 350 Seiten umfassenden Text- und Bild-Dokumentation genommen, die das Zentralkomitee der Griechischen Patriotischen Antidiktatorischen Front in deutscher Sprache herausgegeben hatte. Man hatte auch die seit 1970 vorliegende vierbändige Anklageschrift der Regierungen von Dänemark, Norwegen, Schweden und Holland gegen das griechische Militärregime kaum beachtet. An Informationen hatte es nie gemangelt, doch einem breiteren Publikum wurden sie erst zugänglich, als der Kampf beendet war, in dem eine aufgeklärte westdeutsche Öffentlichkeit den griechischen Demokraten hätte beistehen können.

Kaum war das Militärregime zusammengebrochen, da entdeckte Springers »Welt«: »Sieben Jahre Militärregime haben in Griechenland die Ordnung eines Kasernenhofs hinterlassen.« Das Regime habe, so konnte man am 25. Juli 1974 plötzlich lesen, »jede demokratische Lebensform liquidiert«. In den Tagen zuvor aber, als die griechischen Faschisten den Putsch auf Zypern inszenierten – das Abenteuer, mit dem sie sich selbst ihr Ende bereiteten –, waren die »Welt« und viele andere

Blätter noch voll von Propaganda für die Athener Junta gewesen. Als die Putschisten den vom zypriotischen Volk mit weit über 90 Prozent der Stimmen gewählten Präsidenten Makarios zu ermorden versuchten und seine Anhänger niedermetzelten, befand der »Münchner Merkur«, Makarios habe »überreizt«. Die FAZ charakterisierte ihn als »Opfer der Bedenkenlosigkeit, die das Kennzeichen seiner Politik gewesen ist«. Weil er dem Mordversuch entkam, sprach die »Rheinische Post« von einem »Mißerfolg«, und die »Zeit« tadelte den »Dilettantismus« der Putschisten, die eigentlich hätten wissen müssen, daß sie es mit »einem machtgewohnten Mönch, einem Gegner zu tun hatten, der sich in den schmutzigsten Ecken der Politik ebensogut auskennt wie in den Gebetbüchern seiner Kirche«. Einen kurzen Moment hatte man gehofft, die griechischen Faschisten und ihr griechisch-zypriotischer Vertrauensmann Nikos Sampson, Zeitungsverleger von Beruf, würden das neutrale Zypern für die NATO erobern. Aber weil die Sache hier anders lief als einige Monate zuvor in Chile, wurde Sampson im Handumdrehen auch für die FAZ zum »Totschläger«.

Peter Baumöller:

Solidaritätsaktionen in der Bundesrepublik

»Ich stelle mit Genugtuung fest, daß Ihr Interesse für die Wiedergeburt der Freiheit in meinem Lande, das in dem so mutigen Protest Ihres Mitglieds Herrn G. Wallraff gipfelte, weiter lebendig ist... Ich kann Ihnen kategorisch versichern, daß wir entschlossen sind, eine stabile und wahre Ordnung zu schaffen, jede Diktatur zu beseitigen und dem Volke die Gelegenheit zu geben, sich mit voller Freiheit auszudrücken.«

(Georg Mavros, stellvertretender Ministerpräsident und Außenminister in der ersten griechischen Regierung nach dem Sturz des Faschismus am 2. September 1974 in einem Brief an den Ausschuß Griechenland-Solidarität in der BRD.)

Die Nachrichten vom Putsch der griechischen Obristen erregten 1967 in der internationalen Öffentlichkeit, auch in der BRD, Bestürzung und Empörung. Die Bereitschaft zu solidarischer Hilfe für die Verfolgten war groß. Eine Regierung in Bonn, die den faschistischen Umsturz beim NATO-Partner Griechenland verurteilt hätte und für die verfolgten Demokraten eingetreten wäre, hätte ein starkes Echo in der Bevölkerung gefunden. Aber die damals regierende große Koalition unter dem Kanzler Kurt Georg Kiesinger, einst führender Funktionär der Auslandspropaganda des Nazi-Regimes, war weit entfernt davon, zur Solidarität mit den griechischen Demokraten zu ermuntern. Tonangebende Politiker und Publizisten bemühten vielmehr den Antikommunismus, um den faschistischen Angriff auf die Freiheit eines ganzen Volkes zu rechtfertigen. Solche Reaktionen an den Schaltstellen der öffentlichen Meinung wirkten sich zwangsläufig lähmend auf die spontane Empörung aus. Hinzu kam, daß die Massenmedien alsbald ein Bild friedlicher faschistischer »Normalisierung« der Verhältnisse in Griechenland vermittelten. Über die Brutalität des Systems erfuhren die Leser der meisten Zeitungen nichts. Eine Mauer des Schweigens wurde errichtet, die nur schwer zu durchbrechen war.

Dennoch regte sich vom ersten bis zum letzten Tag der Faschistenherrschaft vielfältige Hilfe für die griechischen Demokraten, die aus jeder noch so geringen solidarischen Regung Kraft für ihren Kampf schöpften.

Es fanden sich manche Mittel und Wege, den politischen Emigranten, den Gefangenen in Griechenland und ihren Familien beizustehen. Tatkräftige Unterstützung erhielten die demokratischen Organisationen der in der Bundesrepublik lebenden und arbeitenden Griechen in ihrem Bemühen, Aufklärungsarbeit zu leisten, um einer gefährlichen Gewöhnung an den griechischen Faschismus entgegenzuwirken. Aktive Solidarität half ihnen, die Bespitzelung und Verfolgung durch Junta-Agenten aufzudecken und anzuprangern. Öffentlicher Protest bewahrte Hunderte griechischer Demokraten davor, aus der BRD abgeschoben zu werden.

Erschwerend wirkten allerdings Versuche, die verschiedenen Organisationen und weltanschaulichen Tendenzen in der griechischen Widerstands- und der deutschen Solidaritätsbewegung gegeneinander auszuspielen.

Am 17. Februar 1971 trafen sich in Düsseldorf drei Männer, die entschlossen waren, die Griechenland-Solidarität auf die Grundlage eines für alle antidiktatorischen Kräfte akzeptablen Programms und organisatorischen Zusammenschlusses zu stellen. Josef Weber, Konrad Neumann und Günter Wallraff gründeten den »Initiativ-Ausschuß Griechenland-Solidarität Bundesrepublik Deutschland (Ausschuß Griechenland-Solidarität BRD«). Im Protokoll über diese Zusammenkunft heißt es: »Die Aufgabe des Ausschusses ist, den politisch verfolgten Demokraten in Griechenland politische, moralische und materielle Hilfe zu leisten. Auch wird der Ausschuß sich um Rechte und Pflichten der griechischen Arbeitnehmer in der BRD bemühen. Die Mitglieder des Ausschusses sind gleichberechtigt und üben die Leitung der Geschäfte gemeinsam aus. Die Erweiterung des Ausschusses ist zu betreiben.« Die Professoren Abendroth, Benseler und Ridder sicherten unmittelbar nach der Gründung ihre Unterstützung zu. Das Programm des Initiativ-Ausschusses enthielt folgende Forderungen: Sofortige Freilassung aller politischen Gefangenen; Auflösung der Konzentrations- und Deportationslager; politische Amnestie für alle verfolgten Griechen im In- und Ausland; Abschaffung aller antidemokratischen Notstandsgesetze; Wiederherstellung demokratischer Legalität in Griechenland; volle Freiheit für alle politischen Parteien, Gewerkschaften, kulturelle und andere Organisationen; Pressefreiheit; Schaffung eines demokratischen Ausländergesetzes in der BRD, das den hier lebenden Ausländern ihre politischen Rechte garantiert und sie vor der politischen Verfolgung durch ausländische Botschaften, Konsulate sowie Geheimdienste und andere Organisationen schützt; keinerlei Unterstützung des griechischen Regimes durch die BRD, insbesondere keine Waffenlieferungen.

In den folgenden Jahren unterschrieben 14000 Bundesbürger dieses Programm.

Weil Solidarität Information voraussetzt, brachte der Ausschuß einen Informationsdienst heraus, worin über aktuelle Vorgänge in Griechenland, über exemplarische Fälle der Verfolgung griechischer Demokraten und über Fortschritte der Solidaritätsbewegung berichtet wurde. Ein typisches Beispiel aus der Nummer 8/74 des Informationsdienstes:

»Der Ausschuß Griechenland-Solidarität hatte sich mit der Bitte an den Bundeskanzler gewandt, sich für die unverzügliche Freilassung des Gewerkschafters Antonis Asmanis aus dem KZ Jaros einzusetzen. Asmanis war nach sechsjährigem Aufenthalt in der Bundesrepublik im Oktober 1973 nach Griechenland zurückgekehrt. Ohne Angabe von Gründen und ohne Haftbefehl war er sofort von der Geheimpolizei verhaftet worden. Nach zwei Monate langen Verhören und Folterungen und unter schwersten Entbehrungen wurde er in das KZ-Lager Jaros verschleppt. Sein Gesundheitszustand ist so schlecht, daß sein Leben in Gefahr ist. Auf die Intervention des Ausschusses Griechenland-Solidarität hat das Auswärtige Amt unter dem Aktenzeichen 203-SE-W wie folgt geantwortet: Ihr an den Herrn Bundeskanzler gerichtetes Schreiben vom 14.2. wurde dem Auswärtigen Amt zur weiteren Bearbeitung zugeleitet. Der Fall des griechischen Gewerkschafters Antonis Asmanis war hier nicht bekannt. Die Deutsche Botschaft in Athen ist gebeten worden, Nachforschungen anzustellen...«

In der gleichen Ausgabe des Informationsdienstes wurde darüber berichtet, daß der Ausschuß Griechenland-Solidarität in den Besitz einer Liste von 48 Namen griechischer Verfolgter gekommen sei, über deren Schicksal seit dem 17. November 1973 nichts mehr verlautet war.

Diese Namensliste war der unmittelbare Anlaß, eine Delegation des Ausschusses nach Griechenland zu entsenden, deren Aufgabe es war, den Verbleib der Verschollenen aufzuklären und an Ort und Stelle für die Freilassung der politischen Gefangenen einzutreten. Die Delegation, bestehend aus Irmgard Weber, Konrad Neumann und Günter Wallraff, besuchte ehemalige Häftlinge und Verwandte von Inhaftierten, nahm Kontakt mit Richtern und mit dem Justizministerium auf (wo sie nicht vorgelassen wurde, aber ein Protestschreiben abgab), sprach mit Schriftstellern und Journalisten. Bei einer Vorsprache in der Botschaft der BRD erkundigte sie sich nach deren Bemühungen um die Gefangenen, darunter auch im Fall Asmanis. Der zuständige Botschaftsbeamte erklärte wörtlich: »Die Situation ist so, daß unsere Möglichkeiten, da Einfluß zu nehmen, ganz, ganz gering sind. Als einfacher Arbeiter hat Asmanis keine Chance. Ich kann Ihnen aber vertraulich so viel sagen, daß wir ganz positive Informationen haben, ganz präzise und zuverlässige Informationen, daß die Leute in Jaros anständig behandelt werden: daß die Leute acht Stunden am Tag sich frei bewegen dürfen, daß die Verpflegung in Ordnung ist, nicht besonders beglükkend, aber es geht...«

Als Wallraff anläßlich dieses Aufenthaltes in Athen seine aufsehenerregende Aktion auf dem Verfassungsplatz wagte, erwartungsgemäß verhaftet und unter den Augen der Öffentlichkeit brutal mißhandelt wurde, organisierte der Initiativ-Ausschuß unmittelbar die Solidarität für den Schriftsteller, wobei die Solidarität stets auch und vornehmlich den griechischen Demokraten galt.

Unbeirrt von dem Gemäkel bundesdeutscher Kommentatoren, die die Aktion Wallraffs nach Kräften herunterzumachen versuchten, startete der Initiativ-Ausschuß eine neue Unterschriftenkampagne, an der sich jetzt in allerkürzester Frist 25000 Menschen in der BRD beteiligten.

Und das Echo kam aus vielen Richtungen: Entschließungen aus Betrieben, von der Bundesjugendkonferenz der IG Metall, vom Werkkreis Literatur der Arbeitswelt, vom Dekanatsausschuß Heidelberg des Bundes der Deutschen Katholischen Jugend, von der DKP-Stadtteilgruppe Köln-Ehrenfeld (»Unser Ehrenfelder Nachbar Günter Wallraff...«). Der Kölner Verlag »Betrieb« gab Prospekte heraus, die, vor Reisebüros verteilt, Griechenland als Touristenziel fragwürdig machten. Der Wuppertaler Buchhändler Volker Hingkeldey wandte sich brieflich und telefonisch an zahlreiche Politiker und Persönlichkeiten mit der Bitte, sich für Wallraff einzusetzen, ließ 1000 Fotos des in Athen zusammengeschlagenen Schriftstellers als Dokumente faschistischer Gewalt drucken und stellte Plakate her. Michael Schwarz aus

Rheinhausen druckte Wallraffs Verteidigungsrede nach und verbreitete sie zum Selbstkostenpreis.

Auf verschiedenste Weise engagierten sich die namhaftesten Schriftsteller der BRD, führende Gewerkschafter, Studentenorganisationen, die Sozialistische Jugend Deutschlands – Die Falken, die Naturfreundejugend Deutschlands, die Deutschen Jungdemokraten, die Arbeitsgemeinschaft der Jungsozialisten in der SPD, die Deutsche Friedens-Union, die Humanistische Union, die Vereinigungen der Verfolgten des Nazi-Regimes, amnesty international, das Antiimperalistische Solidaritäts-Komitee. Unzählige Menschen, die in Versammlungen oder im Freundeskreis das Gespräch auf das Thema Griechenland brachten, Anträge stellten, Texte vervielfältigten, Leserbriefe schrieben, trugen dazu bei, über das Schicksal der politischen Gefangenen aufzuklären und antifaschistisches Engagement wachzurütteln.

Je weiter sich die Solidaritätsbewegung ausbreitete, desto mehr Spontaneität und Ideenreichtum brachte sie hervor. Der Ausschuß Griechenland-Solidarität erfuhr oft nur noch durch Zufall davon. Festzuhalten aber ist, daß nur die organisierte Initiative, die sich über Parteischranken hinwegsetzt, solche Wirkungen erzeugen kann.

Die Vielfalt der Solidaritätsbewegung spiegelt sich auch in den mehr als 1000 Briefen, die, während Günter Wallraff in Haft saß, in seiner Kölner Wohnung eintrafen. Sie machen deutlich, daß vor allem junge Menschen zum Nachdenken und zu persönlichen Konsequenzen angeregt wurden. Einige Beispiele:

»Wir sind sechs Leute, mehr oder weniger politisch informiert, die über den Faschismus im allgemeinen und über den Faschismus in Griechenland insbesondere abstrakt Bescheid wissen und in diesem Sommer trotzdem nach Griechenland fahren wollten. Wir wollten uns an irgendeinem Strand in die Sonne legen und faulenzen. Bis heute. Wir haben heute zum erstenmal überlegt, warum wir überhaupt nach Griechenland reisen wollten. Dazu haben wir Deine vor Gericht nur zum Teil gehaltene, aber bei uns in der liberalen Presse erschienene Rede gelesen. Was Du gesagt und gefordert hast, war so beeindruckend und anschaulich, daß wir uns spontan entschlossen, in ein nicht faschistisches Land zu fahren und dort unseren Urlaub zu verbringen. Wir bewundern Deinen Mut und wollen Dir durch diesen Brief Kraft geben.«

Michael Schneider, Westberlin, Nicolaistr. 40

Freiheit für Günter Wallraff — Freiheit für die politischen Gefangenen in Griechenland!

Am 23. Mai soll der Schriftsteller Günter Wallraff in Athen vor ein Militärgericht gestellt werden. Zur Zeit wird er in dem berüchtigten Gefängnis Korydallos festgehalten.
Wallraff ist Mitglied des Initiativ-Ausschusses Griechenland-Solidarität. Er reiste mit einer Delegation dieses Ausschusses am 3. Mai nach Griechenland, um den Verbleib vermißter griechischer Demokraten aufzuklären und für die Freilassung der politischen Gefangenen zu wirken.

Empört über den faschistischen Terror in Griechenland demonstrierte er am 10. Mai auf dem Platz der Verfassung in Athen. Geheimpolizisten schlugen ihn an Ort und Stelle bewußtlos und schleppten ihn ins Gefängnis. Dort wurde er gefoltert.

Günter Wallraff hat mutig und in Übereinstimmung mit den Menschenrechten gehandelt. Wir dürfen ihn nicht allein lassen. Er braucht jetzt unsere Solidarität.

»Wie ich G. Wallraffs Rede vor dem Athener Militärgericht las, habe ich sofort meine Freunde aus unserem Lehrlingszentrum zusammengerufen. Wir waren ebenso angesprochen. Wir haben das beiliegende Flugblatt angefertigt und in 3500 Exemplaren an Schüler und junge Arbeitnehmer verteilt. Wir haben uns entschlossen, im Herbst dieses Jahres eine einwöchige Veranstaltung über Faschismus durchzuführen, mit Ausstellung und Vorträgen und Diskussionen.«

Dipl. Ing. Horst Grothus, Dorsten, Wettring 4

»Beiliegend überreichen wir Ihnen ein Schreiben an den Bundespräsidenten, welches 500 Personen (hauptsächlich Schüler) aus dem Düren-Jülicher Raum unterschrieben haben.«

Willibald Schmitz, Düren, Zülpicher Str. 104

Ein solidarischer Gruß im nachhinein kam am 14. August 1974, wenige Tage nach Wallraffs Freilassung, noch aus dem Bundeshaus in Bonn. Der sozialdemokratische Abgeordnete Norbert Gansel bekannte sich ausdrücklich zu Wallraffs Aktion: »Jedenfalls ist es auch jetzt nicht zu spät, Ihnen zu sagen, daß ich Ihre Griechenland-Aktion nach wie vor mutig und durchaus politisch finde. Als ich vor vier Jahren als Beobachter der SPD zum Prozeß gegen die Gruppe ›Demokratischer Widerstand‹ nach Athen fuhr, diskutierte ich mit griechischen Freunden ähnliche Aktionen, aber meine politische Funktion versieht mich geradezu routinemäßig mit Ausreden und Entschuldigungen...«

Den Schriftsteller erreichten indes nicht nur Zustimmungen und freundliche Grüße. Unter seiner Post befinden sich auch manche Schreiben, in denen er angepöbelt wurde. Aus Sonthofen (Allgäu) schrieb Dr. med. Wolfgang Garmann, Wallraff möge sich lieber den »unterdrückten Mitteldeutschen« in der »Sowjetischen Besatzungszone« zuwenden. Ein A. Bunjes aus Oldenburg fand es »schade, daß man dieses Kommunistenschwein G. W. nicht gleich an Ort und Stelle erschlagen hat«. Und Dr. med. Wulf Rothenbächer, Diez, Rosenstraße 7, schrieb: »Nach Kenntnis einiger Ihrer Interviews und Pressenotizen habe ich den Eindruck, es geht Ihnen in erster Linie um den Kampf gegen alles, was nicht links ist.« Der Arzt schickte ein Exemplar der Zeitschrift »Die Freiheitsglocke« mit, in der er auch öffentlich gegen Wallraffs Aktion Stellung nahm. Typisch ist diese Passage: »... steht es uns an zu entscheiden, ob nicht die heutige Militärregierung die einzig machbare Alternative zu einem kommunistischen Umsturz in Griechenland wie in Chile war? Allem Anschein nach haben die Militärs Schlimmeres verhütet...« Bei der »Freiheitsglocke« handelt es sich um ein Organ der »Vereinigung der Opfer des Stalinismus e. V., Bonn«.

Eine Aktion wie die Günter Wallraffs läßt faschistisches Potential in der BRD erkennbar und faßbar werden, und dieses Potential ist nicht auf kleine, sektiererische Gruppen rechts von der CDU/CSU beschränkt, sondern gedeiht im Klima unablässiger antikommunistischer Verhetzung mitten auf »christlich«-»demokratischem« Boden. Ein durchschnittlicher CDU-Politiker irgendwo im Lande wie der damalige Parteivorsitzende in der westfälischen Stadt Kamen, Gerhard Hülsmann, der sich als Versammlungsredner über »einseitige Tendenzen linksideologischer Art« im Programm der Volkshochschule empört, hat selbstverständlich Gemeinwohl, Recht und Ordnung im Sinne, wenn er die Absage eines literarischen Vortrags des in Athen inhaftierten Günter Wallraff mit den Worten kommentiert: »Persönlich finde ich es bedauerlich, daß Wallraff unter dem Militär-Regime in Griechenland leiden muß, aber für Kamen löst es ein Problem.«

Faschismus und Kapital I

Auf dem Höhepunkt der griechischen Militärdiktatur wurde in der Bundesrepublik ein Brief veröffentlicht, der die Zentralachse im Verhältnis beider Länder kenntlich zu machen schien. Angeblicher Absender: General Stylianos Pattakos, stellvertretender Ministerpräsident der Athener Militärjunta. Angeblicher Adressat: der CSU-Vorsitzende Franz Josef Strauß. Datum: 15. Oktober 1971. Anlaß: ein bevorstehender Strauß-Besuch am 29. und 30. Oktober 1971 in Athen. In dem Brief hieß es: »Es ist für uns eine große Freude, daß Sie gerade in der gegenwärtigen politischen Situation der Wiederaufnahme und Stärkung unserer Verbindungen große Bedeutung beimessen. Unsererseits haben wir öfters betont, daß die Zusammenarbeit für die Erhaltung der inneren Sicherheit unserer Staaten sowie des Schutzes der Interessen der Freien Welt sehr dienlich sein würde. Unsere Probleme sind ähnlich gelagert, die Feinde sind dieselben, die Aufgaben tragen gemeinsame Züge. In Griechenland haben wir mit dem politischen Chaos aufgeräumt...«

Nach der Veröffentlichung kamen Dementis aus München und Athen. Die Hamburger Zeitschrift »konkret« und der SPD-offiziöse Informationsdienst »PPP« seien einer Fälschung aufgesessen, hieß es. Aber stimmte es nun etwa nicht, daß Strauß und die griechischen Obristen durch gemeinsame Interessen und durch dieselbe Feindschaft gegen alle Linken und Liberalen miteinander verbunden waren? Und war für Ende Oktober 1971 etwa kein Strauß-Besuch in Athen vereinbart?

Am 4. November 1971 meldete die »Süddeutsche Zeitung« – und diese Meldung blieb undementiert –: »Der CSU-Vorsitzende Strauß ist am vergangenen Freitag in Athen mit dem griechischen Ministerpräsidenten Papadopoulos, dessen Stellvertretern Pattakos und Makaresos und Wirtschaftsminiter Pesopoulos zu Gesprächen zusammengetroffen... Strauß war mit dem Privatflugzeug eines bayerischen Unternehmers nach Athen geflogen. Aus Kreisen bayerischer Politiker und Unternehmer war in der Vergangenheit mehrfach Kritik an der distanzierten Haltung der Bundesregierung gegenüber der griechischen Junta geübt worden, da dadurch die deutsche Wirtschaft in Mitleidenschaft gezogen werde.« Eine trockene Meldung – aber genau besehen viel aufschlußreicher als der angebliche Brief. Denn hier kommt zum Vorschein, worum es wirklich ging: um »die« deutsche Wirtschaft.

Wenn von »der« deutschen Wirtschaft die Rede ist, dann sind niemals die Millionen Arbeiter der Bundesrepublik gemeint, aber auch kaum die Hunderttausende Einzelhändler und selbständigen Handwerker, die dem Konzentrationsprozeß bisher noch haben widerstehen können, ebensowenig die am Rande des Konkurses stehenden kleinen und mittleren Unternehmer und schon gar nicht die überschuldeten Bauern. Nur der Teil der westdeutschen Wirtschaft, der übrigbleibt, nämlich eine kleine Zahl großer Konzerne, ist »die« deutsche Wirtschaft. Für sie reiste Strauß nach Athen – ein Politiker, dem der langjährige Präsident der Bundesvereinigung der Deutschen Arbeitgeberverbände und geschäftsführende Gesellschafter des Flick-Konzerns, Otto A. Friedrich, einmal bescheinigte: »Ihre Rede und Persönlichkeit, Herr Strauß, geben den Unternehmern eine Hoffnung.« Auf den CSU-Vorsitzenden konnten sich Konzerne wie Flick immer verlassen. Ihm hatten sie keine »distanzierte Haltung« zu faschistischen Regimen vorzuwerfen wie der damaligen Bundesregierung Brandt. Mit der Botschaft der Bundesrepublik in Athen nahm er anläßlich seines Griechenland-Aufenthalts keinen Kontakt auf. Wozu auch? Leben wir nicht in der »Freien Welt«? Sein Besuch war eine rein privatwirtschaftliche Angelegenheit.

Franz Josef Strauß war nicht der einzige willkommene Gast aus München, der sich bei den griechischen Militärdiktatoren einstellte. Engen Kontakt als Vorsitzender der »Bayerisch-Hellenischen Gesellschaft« pflegte namentlich sein Parteifreund Erwin Lauerbach, Vorsitzender des Wehrpolitischen Arbeitskreises der CSU, bis 1974 Staatssekretär im bayerischen Kultusministerium und – neben vielen anderen Engagements – auch Beiratsmitglied der Abschreibungsgesellschaft »Stella Maris«. Diese Gesellschaft, bald darauf ebenso wie das griechische Militärregime in Konkurs gegangen, betrieb Investitionsgeschäfte in Griechenland, und Lauerbach half ihr dabei, indem er sich für sie »bei griechischen Stellen verwandte« – übrigens, wie er versichert, nur am Rande eines anderen Projekts, um das es ihm in Griechenland hauptsächlich ging. Rein privatwirtschaftliche Angelegenheiten also. Nichts, was die Öffentlichkeit anginge. Und so hörte er erst auf, seine Tätigkeit für die Pleite-Firma zu leugnen, als die Wahrheit längst publik geworden war.

Ein anderer CSU-Politiker, der genannt zu werden verdient, ist Friedrich Zimmermann, der langjährige Vorsitzende des Bundestagsausschusses für Verteidigung, später Bundesminister des Innern. Besonders bekannt wurde er durch sein Engagement für private Spielbanken in Bayern und durch die Meineide, die er in dieser Angelegenheit geschworen hat. Als er vor Gericht nach einem Spielbanken-Projekt in Griechenland befragt wurde, sah er Anlaß, auf weit größere Projekte hinzuweisen, für die er sich in Griechenland engagierte: Fabriken, Fernsehen...

»Wer vom Kapitalismus nicht reden will, sollte auch vom Faschismus schweigen« (Max Horkheimer). Der Faschismus, der sieben Jahre lang das griechische Volk terrorisierte, bliebe ohne Erklärung, wenn wir uns scheuten, davon zu reden, wessen Geschäfte er besorgte und bei wem er von Anfang an Rückhalt hatte.

Sagen wir es mit den Worten der »Welt«, eines Blattes, das der griechischen Junta so nahe gestanden hat wie kaum ein anderes: »Die deutsche Wirtschaft hat sich engagiert.« Unter dieser Überschrift gab das Leitblatt des Springer-Konzerns im Herbst 1974 einen Rückblick auf die Entwicklung der wirtschaftlichen Beziehungen BRD – Griechenland. Die »Welt« stellte fest: »Allein 1973 nahm der Warenaustausch zwischen den beiden Ländern um 44 Prozent zu und stieg auf 2,54 Milliarden Mark. 1972 belief sich der Handelsaustausch auf 1,76 Milliarden Mark.« Die Bundesrepublik habe »sowohl unter den Lieferanten als auch den Abnehmern der griechischen Wirtschaft den ersten Rang« eingenommen.

Die Erwartungen, mit denen »die« deutsche Wirtschaft 1967 die Machtergreifung der Faschisten begleitet hatte, wurden demnach nicht enttäuscht. Damals, unmittelbar nach dem Putsch, schrieb das »Handelsblatt«, man erwarte eine »Verbesserung der technischen Abwicklung der Geschäfte«, weil die Verzögerungen infolge »dauernder Streiks« durch »energisches Eingreifen der Regierung in aller Kürze beseitigt sein werden«. Auch in den folgenden Jahren fand das »Handelsblatt« immer wieder Argumente für den Kapitalexport nach Griechenland, das nicht nur »ein wichtiger Stützpfeiler der NATO«, sondern auch ein »lohnender Markt« sei. Auslandsinvestitionen genössen

»die Sicherheit des Kapital- und Zinsentransfers«. Und die Löhne seien – so 1969 in einer achtseitigen Griechenland-Beilage anläßlich des zweiten Putsch-Jahrestages – »weiterhin niedrig«.

Der »Arbeitgeber«, das Organ des Bundesverbandes Deutscher Arbeitgeberverbände, gab 1967 in seiner Nummer 21 eine Sympathie-Erklärung für das griechische Obristenregime ab. In Nr. 22 folgte ein Originalartikel des griechischen Botschafters Kyrou. In Nr. 23/24 wurden alle Deutschen, die gegen die Diktatur in Griechenland aktiv Stellung nahmen, als dem Kommunismus »nützliche Idioten« beschimpft.

In diesem Chor konnte der von Franz Josef Strauß herausgegebene »Bayernkurier«, das Organ der CSU, nicht fehlen. Er rühmte die von den Obristen geschaffene Verfassung, die »das Chaos des alten Parteiensystems eindämmt« und die politische Stabilität Griechenlands verbürge. Befriedigt vermerkte der »Bayernkurier«, die Putschisten hätten »das Abgleiten in den Kommunismus« verhindert. Verächtlich schob er all das beiseite, »was immer die linke Emigration über Griechenland erzählt«, und nahm statt dessen den Öltanker-Milliardär Onassis zum Zeugen, der »nicht umsonst einen Großteil seines Kapitals in sein Vaterland zurückgeholt« habe. Denn – und dies vor allem: »Die Streiks haben aufgehört.«

Es lohnte sich für »die« deutsche Wirtschaft, daß sie sich so engagierte. Wenige Monate bevor der Diktator Papadopoulos abtreten mußte, stellte die »Wirtschaftswoche« fest: »Wenn Diktatoren herrschen, bekommen Anleger gern feuchte Augen. In Griechenland hat sich der Aktienindex seit dem Obristen-Putsch vom April 1967 verfünffacht.«

Wer nicht vom deutschen Kapitalismus reden will, sollte auch vom griechischen Faschismus schweigen. Denn »die« deutsche Wirtschaft versprach sich etwas vom griechischen Faschismus, und sie profitierte dann auch von ihm.

Faschismus und Kapital II

Horkheimers Satz, daß man vom Faschismus schweigen soll, wenn man nicht vom Kapitalismus reden will, kann allerdings auch zu verhängnisvoll falschen Schlüssen führen. Das zeigte sich Ende der sechziger, Anfang der siebziger Jahre, als anarchistisch-pseudokommunistische Gruppen durch die BRD zogen und verkündeten, Kapitalismus und Faschismus seien ein und dasselbe. Sie richteten politischen Schaden an. Indem sie von faschistischen Zuständen in der Bundesrepublik sprachen, lenkten sie von den Zuständen in wirklich faschistischen Staaten ab und verharmlosten die deutsche faschistische Vergangenheit; sie behinderten die Solidarität mit den antifaschistischen Widerstandskämpfern und allen Verfolgten des Faschismus; sie verwirrten die Begriffe und schufen falsche Fronten.

Ein Blick in die Geschichte zeigt, daß man die Beziehung zwischen Kapitalismus und Faschismus nicht mit simplen Gleichheitszeichen darstellen kann. Sonst müßte man die bürgerliche Revolution aus der Geschichte streichen. Ohne die revolutionäre Bourgeoisie, die gemeinsam mit dem damals noch am Anfang seiner Entwicklung stehenden Proletariat den Absolutismus bekämpfte und besiegte, gäbe es keine bürgerlichen Verfassungen mit freien, gleichen Wahlen, Versammlungsfreiheit, Pressefreiheit und so weiter. Ohne das ausdrückliche Bekenntnis zu den Menschenrechten, zur Herrschaft des Volkes, zur Demokratie hätte sich der Kapitalismus schwerlich etablieren, seine historische Überlegenheit über den Absolutismus kaum geltend machen können. Er muß sein Demokratie-Versprechen stets erneuern, muß seine demokratische Fassade instand halten, wenn er sich nicht der Gefahr aussetzen will, daß das Volk ihm das Vertrauen entzieht.

Die demokratische Fassade einzureißen, ist erfahrungsgemäß die erste Betätigung der Faschisten, wenn sie sich die Staatsführung aneignen. Sie setzen Wahlen ab, schließen das Parlament, verbieten Parteien, verhaften gewählte Abgeordnete, suspendieren die formale Demokratie und die Menschenrechte. Der Faschismus greift also hinter die bürgerliche Revolution zurück zu absolutistischer Willkür. Er fordert alle heraus, die es mit der bürgerlichen Verfassung ernst meinen.

Einzuräumen ist, daß der bürgerliche Widerstand gegen den deutschen Faschismus 1933 bis 1945 nur eine geringe Stärke entwickelte, daß sich vielmehr die verschiedenen Gruppen des Mittelstandes schon sehr früh und nahezu geschlossen für den Faschismus entschieden, woraufhin US-amerikanische Gesellschaftswissenschaftler auf die Idee kommen konnten, der Faschismus sei eine Bewegung des Mittelstands. Aber anderswo hat der Faschismus den Mittelstand nie mehr in solchem Maße zu gewinnen vermocht. In Griechenland zum Beispiel verhielt sich nicht nur die Arbeiterschaft, sondern auch der größte Teil der nationalen Bourgeoisie passiv resistent, wenn nicht sogar aktiv oppositionell. In Chile hätte der Faschismus zwar nicht das Regiment ergreifen können, wenn ihm nicht einzelne mittelständische Gruppen, namentlich Transportunternehmer und Einzelhändler sowie hochbezahlte Angestellte im Kupferbergbau, dazu verholfen hätten; nach dem Putsch wurden diese Gruppen jedoch schnell enttäuscht und mußten feststellen, daß der Faschismus nicht daran denkt, ihren Interessen zu dienen.

Wo immer der Faschismus ein Land eroberte, handelte er im Auftrag und zum alleinigen Vorteil einer hauchdünnen Schicht von Monopolisten, auch wenn die üblichen Schul-Geschichtsbücher das nicht wahrhaben wollen. Dringt man zu den Geschichtsquellen vor, dann findet man zum Beispiel in den 1970 erschienenen Memoiren des einstigen Reichskanzlers Heinrich Brüning bestätigt, daß im Jahre 1932 »die gesamte Schwerindustrie kein anderes Mittel für ihre Rettung sah, als immer weiter die Löhne zu senken bzw. einen gewaltsamen Umsturz mit nachfolgender Inflation durch starke finanzielle Unterstützung der NSDAP herbeizuführen«. Noch deutlicher kann es ein konservativer, selbst durchaus kapitalfreundlicher Mann wie Brüning schwerlich ausdrücken, wer sich von den Nazis etwas versprochen und sie deswegen gefördert hat. Nicht von ungefähr war nach 1945 der Wunsch nach einer antimonopolistischen Politik in Deutschland weit verbreitet, so weit, daß damals auch die CDU in ihrem Ahlener Programm vor »Unternehmungen monopolartigen Charakters« warnte, weil sie »eine wirtschaftliche und damit eine politische Macht verleihen, die die Freiheit im Staate gefährden kann«.

Faschismus ist eine Staatsform des Spät- oder Monopolkapitalismus, und zwar die Staatsform brutalster Diktatur der größten Monopole. Niemals hat ein faschistisches Regime dem gemeinsamen Interesse und dem gemeinsamen Willen sämtlicher Fraktionen des Kapitals entsprochen, sondern in jedem Fall nur dem Streben der mächtigsten Monopolisten nach ähnlich unumschränkter Herrschaft, wie sie einst im Spätfeudalismus die absoluten Monarchen ausgeübt haben.

Allerdings versuchen die großen Konzerne stets, auch die mittleren und kleinen Kapitalisten – soweit es sie noch gibt, d. h. soweit sie noch nicht von den Konzernen enteignet und proletarisiert worden sind – für den Faschismus zu gewinnen und möglichst sogar voranzuschicken. Um den Mittelstand in ihrem Sinn zu radikalisieren, behaupten sie eine unmittelbar drohende Sozialisierung allen Privatbesitzes. Sie entfachen antisozialistische Hysterie, damit der Faschismus als Retter willkommen geheißen werde.

Für eine solche Hysterisierung des Mittelstands gab es auch in der BRD zuweilen bedenkliche Anzeichen, beispielsweise Anfang der siebziger Jahre in den Debatten um die Mitbestimmung und um die Berufsausbildung. In Wahrheit will keine einzige ernstzunehmende politische Linkskraft in der BRD – weder die kleine DKP noch der ähnlich kleine sozialistische Flügel der SPD noch irgendeine gewerkschaftliche Gruppe – den Bäcker an der Ecke oder den legendären schwäbischen Einfamilienhäuslesparer enteignen. Es sind die großen Konzerne, die, je mehr Beute sie machen, desto lauter schreien: »Haltet den Dieb!« und auf die Sozialisten deuten. Seit Bestehen der BRD ist die Zahl der Angehörigen des selbständigen Mittelstandes um mehr als die Hälfte geschrumpft, und die Zentralisation wirtschaftlicher Macht bei ganz wenigen Konzernen – vor allem bei multinationalen Konzernen – geht unaufhörlich weiter. Der Monopolkapitalismus läßt den Bauern, Handwerkern, Einzelhändlern, kleinen und mittleren Unternehmern keine Perspektive. Und es gehört zu den wichtigsten Aufgaben der Sozialisten, ihnen das klarzumachen, um sie für ein antimonopolistisches, antifaschistisches, demokratisches Bündnis zu gewinnen.

Wer Faschismus und Kapitalismus gleichsetzt, wer als antifaschistische Kampfaufgabe die Zerschlagung des Kapitalismus verkündet, treibt die kleinen und mittleren Kapitalisten politisch an die Seite der Monopolisten. Damit aber erleichtert man es dem Faschismus, in einem Land Fuß zu fassen, wo die Arbeiterbewegung allein nicht stark oder, wie in der BRD, nicht selbstbewußt genug ist, ihn abzuwehren.

Private Monopole sind ihrem Wesen nach undemokratisch. Deswegen fordern die Gewerkschaften in der BRD Mitbestimmungsrechte nicht etwa generell in allen Unternehmen, sondern speziell in den Großunternehmen. Mittelständler, die Angst vor der Mitbestimmung haben, sind desinformiert und verhetzt.

Wo entgegen bürgerlicher Konkurrenz-Ideologie ein Monopol entstanden ist, gibt es keine systemimmanente Kontrolle mehr, keinen »freien Markt«, sondern totale Abhängigkeit. Ein Monopol errungen zu haben, muß sich lohnen: Ein Monopolist kann also schwerlich darauf verzichten, seine Monopolmacht zu mißbrauchen. Er wird kaum der Versuchung widerstehen, sich mit Preiswucher, mit verschärfter Ausbeutung, mit erpresserischem Druck auf den Staat und mit anderen Mitteln einen höheren Profit zu sichern. Sein Hauptantrieb wird sein, daß er sich mit dem Erreichten nicht zufriedengeben kann, sondern nach Eroberung anderer Märkte – anderer Branchen, anderer Länder – drängt.

Je höherer Profit winkt, desto tiefer sinkt der Wert des Menschen. Hans Albrecht Bischoff, Direktor eines der größten bundesdeutschen Konzerne, der BASF, drückte sich einmal so aus: »Der Mensch steht keinesfalls etwa – wie Neoromantiker der Sozialpolitik es so gern sähen – im Mittelpunkt des Betriebes. Dort steht etwas ganz anderes. Dort steht die Produktion, der sachliche, der wirtschaftliche Erfolg. Denn um ihretwillen ist der Betrieb da... Zu den Mitteln, die er hat und derer er sich bedient und bedienen muß, damit das Ziel erreicht wird, gehören auch Menschen. Da alle Mittel funktionieren müssen, müssen auch die Menschen funktionieren. Was funktioniert, ist Funktion. Der Betrieb braucht die Menschen nicht als Menschen, die Gott bei ihrem Namen gerufen hat, sondern als Funktionen... Das klingt unmenschlich und ist auch unmenschlich. Aber es ist nicht im moralischen Sinne unmenschlich, sondern in einem ganz nüchtern-sachlichen. Der Mensch ist vom Betrieb nicht als Mensch, sondern als Funktion gefragt. Der Mensch als solcher ist für den Betrieb nichts, die Funktion, die er ausüben kann, alles... Funktionen und Funktionäre müssen also wesensmäßig ersetzbar sein. Da sie innerer Teil eines Ganzen – des Betriebes – sind, sind sie ersetzbares Teil und – von der Kehrseite gesehen – Ersatzteile. Ersatzteile müssen griffbereit, daher eingeordnet, gekennzeichnet, katalogisiert sein, eine Nummer tragen. Das Wesentliche und Wichtige an ihnen ist die Nummer, die angibt, wie sie als Ersatzteile verwendet werden können. Ein Mensch aber, dessen wichtigstes, dessen Wesensmerkmal für den Betrieb die Nummer ist, die er trägt, ist selber Nummer.«

Hinderlich können dem Monopolisten nur selbstbewußte Menschen werden, die sich solcher Entwürdigung gemeinsam solidarisch verweigern, ihre in den antifaschistisch-demokratischen Verfassungen des Bundes und der Länder niedergelegten Rechte kennen und gebrauchen, also offen ihre Meinung sagen, sich in starken, kämpferischen Gewerkschaften vereinigen, für ihre Interessen notfalls auf die Straße gehen und mit ihren politischen Aktivitäten darauf hinwirken, daß staatliche Institutionen nicht dem Betrug und der Unterdrückung, sondern der Aufklärung und dem demokratischen Fortschritt dienen – beispielsweise eine mit den erforderlichen Kompetenzen ausgestattete, nicht korrumpierte Kartellbehörde, die dem Grundsatz Geltung verschaffen würde, daß bei gesellschaftsschädlichem Mißbrauch von Eigentum das Recht auf Eigentum verwirkt ist (s. Artikel 14 und 15 des Grundgesetzes der BRD). Der Faschismus ist das dem Monopolisten gemäße Mittel, sich solcher Hindernisse zu entledigen.

In den Konzentrationslagern der SS waren die Häftlinge wohlnumerierte Arbeitssklaven der IG-Farben und der anderen im Freundeskreis des SS-Führers Himmler vereinten Großkonzerne. Als sich dort christliche Demokraten, Liberale, Sozialdemokraten und Kommunisten einig wurden, daß das Nazi-Regime gemeinsamen Widerstand erfordere, war es allzu spät. Wäre dieses Bündnis rechtzeitig geschlossen worden, dann hätte es kein Auschwitz und kein Stalingrad und im Jahre 1945 nicht die Schreckensbilanz von 55 Millionen Toten gegeben.

Faschismus und Kapital III

Ebenso wie die Machtergreifung der Nazis in Deutschland am 30. Januar 1933 kam auch der Militärputsch in Griechenland am 21. April 1967 nicht urplötzlich. Faschistische Stoßtrupps, bestehend aus ehemaligen Kollaborateuren der Nazis im Zweiten Weltkrieg, militanten Antikommunisten und vorbestraften Verbrechern, hatte es schon Jahre vorher gegeben. Seit dem Bürgerkrieg 1946 bis 1948 war der Antikommunismus Staatsideologie, die Kommunistische Partei verboten. Unter Konstantin Karamanlis, dem Führer der ERE-Partei, wurde ein Polizeistaat errichtet. Sozialpolitisch geschah fast nichts. Die Löhne wurden niedrig gehalten, die Gewerkschaften größtenteils vom Staat kontrolliert. Private Geldinstitute, namentlich die Andreadis-Bank, erlangten eine beherrschende Stellung im Wirtschaftsleben. Das Großkapital, zumeist in ausländischen Händen, wurde mit weitreichenden Privilegien ausgestattet, doch es investierte wenig, die Industrialisierung machte nur langsame Fortschritte. Arbeitslosigkeit wurde zur Dauerplage des Volkes – trotz Massenauswanderung, insbesondere in die BRD. Die Assoziierung an die EWG im Jahre 1962 brachte dem Land keinerlei Vorteile. Sie diente lediglich dem Zweck, die Integration Griechenlands in die NATO auch auf wirtschaftlichem Gebiet zu vollziehen. Georg Papandreou, der Führer der Zentrumsunion, leitete 1963 bis 1965 im Sozial- und Bildungswesen und auf anderen Gebieten zahlreiche Reformen ein; er versuchte, den Polizeistaat abzubauen und das Militär unter wirksame politische Kontrolle zu stellen. In den Massen weckte er Fortschrittserwartungen, die sich nach seiner Entlassung durch den König immer radikaler artikulierten. Demonstrationen und Streiks beunruhigten das ausländische Kapital und das griechische Bürgertum, das »Ruhe und Ordnung« verlangte. Wenige Wochen vor der Wahl, die mit Sicherheit zuungunsten der Reaktion ausgegangen wäre, putschten die Obristen.

Aber das heißt nicht, daß das gesamte in- und ausländische Kapital gemeinschaftlich die Errichtung eines faschistischen Regimes gewünscht und wissentlich betrieben hätte. Im Gegenteil: Konflikte zwischen den verschiedenen Kapitalfraktionen hatten seit Jahren geschwelt; sie hatten sich namentlich an der EWG-Frage entzündet. In den staats- und gesellschaftspolitischen Auseinandersetzungen Anfang und Mitte der sechziger Jahre hatten sich die Gegensätze verschärft. Gerade diese Konflikte veranlaßten die reaktionärsten Kräfte, das Kommando zu übernehmen. Gegenüber den reformorientierten Teilen des Bürgertums rechtfertigten sich die Obristen als Retter Griechenlands vor dem Kommunismus. Sie erhielten Unterstützung von dem Großbankier Andreadis und dem Großindustriellen Pappas (Esso). Die Großreeder Onassis und Niarchos, die ihre Zentralen nach Griechenland verlegten, und US-Konzerne wie Litton und McDonald kamen in den Genuß steuerlicher und zahlreicher anderer Vergünstigungen. Ihnen wurden nicht nur staatliche Kredite, sondern in einzelnen Verträgen auch Honorare, Provisionen und Spesen gewährt, Grundstücke geschenkt, beträchtliche Profite garantiert, Monopole zugesichert. Sie kassierten viel, brauchten es aber mit ihren Verpflichtungen nicht allzu genau zu nehmen. Onassis zum Beispiel besorgte sich über seinen Freund Papadopoulos 160 Millionen Dollar in bar aus dem Staatshaushalt. Als Gegenleistung sollte er 600 Millionen Dollar in Aluminiumhütten, Ölraffinerien, Kraftwerken und Werften investieren, aber die Gegenleistung wurde nie erbracht. In dem Vertrag war für eventuelle Streitfälle die Gerichtsbarkeit von vornherein ausgeschaltet. Dem zeitweiligen Wirtschaftsminister der Junta, Rodinos-Orlandos, war bei solchen Konditionen unbehaglich. Onassis denunzierte ihn bei Papadopoulos als einen »gefährlichen Demokraten«. Prompt wurde Rodinos-Orlandos aus seinem Amt entfernt. Kurz: Der griechische Faschismus war die offene Diktatur des ganz großen Geldes, der Haudegen Papadopoulos sein gehorsamer Lakai. Seine Hauptleistung bestand darin, die Gewerkschaften zu entmachten und keine Streiks zu dulden. Als Anerkennungszeichen gewährte ihm Onassis unter anderem das lebenslange Wohnrecht in einer seiner Strandvillen.

Die Auspowerung des Landes spiegelte sich bald in steigenden Preisen, zunehmender Auswanderung (solange die BRD noch Arbeitsplätze bot), wachsenden Defiziten der Handels- und Zahlungsbilanzen, immer neuen Anleihen bei ausländischen Geldinstituten, darunter Deutsche Bank und Dresdner Bank. Während die Obristen vom nationalen Aufstieg sprachen, sank Griechenland immer tiefer in Korruption, Schulden und Abhängigkeit vom Auslandskapital.

Als die EWG nach dem Militärputsch vom 21. April 1967 das Assoziierungsabkommen einfror, hatte das keineswegs zur Folge, daß die ökonomischen Beziehungen der einzelnen EWG-Länder, namentlich der BRD, mit Griechenland abrissen. Im Gegenteil: Die bilateralen Beziehungen wurden verstärkt.

Wenn sich ein Land so billig anbietet wie Griechenland in den sieben Jahren des Obristenregimes, muß das deutsche Kapital hinlangen. Marios Nikolinakos, Professor für Volkswirtschaftslehre an der Freien Universität Berlin (West), trug einige Beispiele zusammen, welches Interesse westdeutsche Industrie- und Finanzkreise an Griechenland zeigten und wie ihnen offizielle Repräsentanten der Bundesrepublik in Athen den Boden bereiteten:

Im Juli 1968 veranstalteten die Firmen Siemens, AEG-Telefunken und Brown-Boveri in Athen ein Symposium über Fragen der Stromerzeugung auf Kernenergie-Basis.

An der Messe von Thessaloniki im September 1968 nahmen ca. 500 deutsche Unternehmen teil. Der Handelsrat der westdeutschen Botschaft in Athen, Wallenberg-Paschaly, betonte während eines Presseempfangs die Wichtigkeit der Wirtschaftsbeziehungen zwischen beiden Ländern. Er gab die Höhe der westdeutschen Investitionen in Griechenland im Zeitraum 1954 bis 1967 mit über 28 Millionen Dollar an.

Im Oktober 1968 fand in Athen ein von der Deutsch-Griechischen Handelskammer veranstaltetes Treffen zwischen einer Delegation deutscher Importeure und griechischer Exporteure statt, bei dem die Intensivierung der Wirtschaftsbeziehungen beraten wurde.

Auf einer Pressekonferenz anläßlich des »Deutschen Tages« im Rahmen der Internationalen Messe von Thessaloniki im September 1969 unterstrich Bonns Botschafter in Athen, Limbourg, die Aufwärtsentwicklung des deutsch-griechischen Handels. Limbourg betonte, daß die Bundesrepublik sowohl auf staatlicher Ebene wie auch auf der Ebene der privaten Wirtschaft alles tat, um den Kauf griechischer Produkte zu fördern.

Im März 1970 wies Limbourg in einer Rede in Thessaloniki auf die Bedeutung Nord-Griechenlands für die deutsche Wirtschaft hin und schilderte die Beteiligung der deutschen Industrie an der Ausrüstung der neuen Industriebetriebe, die in dieser Region entstanden.

Ende April 1971 besuchte eine bayerische Handelskammer-Delegation Athen, um die Möglichkeiten für die Erweiterung der Handelsbeziehungen zwischen Bayern und Griechenland zu prüfen.

Anläßlich des »Deutschen Tages« während der Messe von Thessaloniki im September desselben Jahres unterstrich der neue Leiter des Wirtschaftsdienstes der BRD-Botschaft, Scholtyssek, das Interesse der Bundesrepublik und deutscher Privatinvestoren am weiteren Ausbau der Wirtschaftsbeziehungen.

Der Leiter der Außenhandelsabteilung des Bundesverbandes der Deutschen Industrie (BDI), Gocks, reiste im März 1972 nach Athen und empfahl nach seiner Rückkehr per Rundschreiben an die BDI-Mitglieder Griechenland als einen günstigen Raum für verstärkte Investitionstätigkeit.

Ende September 1972 besuchte der Staatssekretär im Auswärtigen Amt, Frank, offiziell Griechenland und führte Gespräche mit griechischen Regierungsvertretern.

Im April 1973 veranstaltete die Deutsch-Griechische Handelskammer eine Tagung in Athen. Zu den vertretenen Firmen gehörten: Bellinda (Schongau), Clouth Gummiwerke AG (Köln), Brown Boveri & Cie (Mannheim), Bayer AG (Leverkusen), Robert Bosch GmbH (Stuttgart), Günther Wagner Pelikan-Werke (Hannover), Schering AG (Berlin). Die Firmen prüften alle Möglichkeiten, in Griechenland zu investieren.

Anläßlich der Messe von Thessaloniki im September 1973 betonte der neue Botschafter in Athen, Oncken, »das verstärkte Interesse der deutschen Wirtschaft für Investitionen in Griechenland«.

Ganz in diesem Sinne wurde im Dezember 1973, kurz nach der brutal niedergeschlagenen Erhebung der Athener Studenten gegen die Diktatur, das 50jährige Jubiläum der Deutsch-Griechischen Handelskammer festlich begangen.

Auf solche Weise gehegt und gepflegt konnten die Wirtschaftsbeziehungen stetig gedeihen. Welchen Umfang sie annahmen, sei nun mit Zahlen belegt.

Etwa 20 Prozent des griechischen Außenhandels wurden mit der Bundesrepublik abgewickelt. Im Jahre 1971 hatte der deutsche Export nach Griechenland 371 Millionen Dollar betragen. 1973 war er bereits auf 703 Millionen Dollar angewachsen, hatte sich also innerhalb von zwei Jahren fast verdoppelt. Eine ähnliche Zuwachsrate zeigte der griechische Export in die Bundesrepublik. Er stieg von 121 Millionen Dollar im Jahre 1971 auf 247 Millionen Dollar im Jahre 1973, also um mehr als 100 Prozent. Diese großen Zuwachsraten waren allerdings durch die Preissteigerungen der deutschen Exporte sowie durch die Änderung der Umrechnungsparität von DM und Drachme bedingt. Das griechische Defizit im Handel mit der Bundesrepublik erhöhte sich von 250 auf 456 Millionen Dollar, in der Relation blieb es gleich: Der griechische Export in die Bundesrepublik deckte nur etwa 35 Prozent der deutschen Lieferungen.

Hinsichtlich der deutschen Investitionen in Griechenland – Hauptstraße des wirtschaftlichen Verkehrs zwischen beiden Ländern – teilte die Bank von Griechenland mit, daß allein im Jahr 1973 privates Kapital in Gesamthöhe von 106,5 Millionen Dollar aus der Bundesrepublik importiert wurde. Im Vergleich zum Vorjahr ergab sich eine Zunahme um 46,8 Prozent. Unter den Investoren waren: Krupp, Siemens, Hoechst, Degussa, Kraftwerk-Union, Transformatoren-Union, Buckau-Wolff und Telefonbau & Normalzeit.

Eine große Rolle spielte das deutsche Kapital auch im Fremdenverkehr. 1973 reisten allein aus der Bundesrepublik 321 000 Touristen nach Griechenland, 70 000 mehr als im Vorjahr. Der Tourismus entwickelte sich also zu einem großen Geschäft.

Besonders hervorzuheben ist das Interesse des deutschen Finanzkapitals: 1968 übernahm der griechische Staat die Bürgschaft für einen Kredit in Höhe von 40 Millionen DM, den die Deutsche Bank der Griechischen Nationalbank gewährte, sowie für einen Kredit der Commerzbank AG an die Arbeitsgemeinschaft der Baufirmen EDOKETER in Höhe von 12 Millionen DM. 1969 räumte die Württembergische Landeskommunalbank Girozentrale den griechischen Elektrizitätswerken (DEH) ein Darlehen in Höhe von 66 Millionen DM ein. 1970 vergab die Hessische Landesbank Girozentrale auf Grund einer griechischen Staatsbürgschaft zwei Kredite in Höhe von 60 Millionen DM an die griechische Firma Elliniki Techniki AG, welche damit das Bewässerungsprojekt Arda-Orestias bei Evros in Nordgriechenland finanzieren wollte. Die Deutsche Bank soll sich (lt. »Griechischer Wirtschaftsdienst« v. 22.10.1971) an der Gründung des ersten griechischen Investmentfonds seitens der National Investment Bank (ETBA) beteiligt haben. Sie war auch an einem Bankenkonsortium beteiligt, das Ende 1973 den griechischen Elektrizitätswerken einen Kredit in Höhe von 150 Millionen Dollar gewährte. Die Westdeutsche Landesbank Girozentrale beteiligte sich an einem anderen Bankenkonsortium, von dem die Bank von Griechenland im März 1974 ein Darlehen in Höhe von 250 Millionen Dollar erhielt.

Einträglich sind diese Geldgeschäfte auf jeden Fall für die Banken selbst, die sich hohe Zinserträge sicherten. Die Hauptsicherheit für die Industrieunternehmen, die in Griechenland investierten, bestand in dem niedrigen Lohnniveau, mit dem ihnen das Regime hohe Gewinne garantierte. Die griechische Kapitalausfuhr in Form von Zinsen, Gewinnen und Tilgungen vervielfachte sich in den Jahren der Militär-Diktatur. Bis die Obristen abtreten mußten, hatte sich die Lage der Staatsfinanzen laufend verschlechtert. An dieser Hinterlassenschaft hat das griechische Volk noch immer zu tragen.

Athanasios Lengas:

Zwischen KZ-Inseln und Ausländergesetz

Viele griechische Demokraten suchten, während in ihrem Land der Faschismus herrschte, Zuflucht in der Bundesrepublik. Aber sie mußten erfahren, daß der lange Arm der Junta bis in unser Land reichte: Sie standen unter ständiger Kontrolle durch die griechischen Arbeitskommissionen und deren Vertreter in den bundesdeutschen Arbeitsämtern, und in bundesdeutschen Schulen wurden ihre Kinder von faschistischen griechischen Lehrern unterrichtet. Sie lebten in Angst vor faschistischen Schlägertrupps und Spitzeln, vor Hausdurchsuchungen, Abschiebungshaft und Ausweisung.

»Fünf Personen mit Anführer K... sollten nicht auf den Gedanken kommen, nach Griechenland zurückzukehren, denn da werden sie entsprechend behandelt – von der Zentrale des Sicherheitsdienstes in Athen, sie werden ohne Mitleid zusammengeschlagen, sie sollten von jetzt ab ihre Gräber vorbereiten.« Solche Drohungen, die nach der Errichtung der faschistischen Diktatur in Griechenland griechischen Demokraten in der BRD zugingen, hatten unübersehbaren Erfolg: Die Einschüchterung der Betroffenen ging »so weit, daß sie weder bereit sind, in die Gewerkschaften einzutreten, noch bereit sind, als Zeugen auszusagen« (wie die IG Metall 1971 feststellte).

Den Anweisungen ihrer Dienstherren in Athen folgend, organisierten die Generalkonsulate in der Bundesrepublik unter der Leitung des griechischen Geheimdienstes Rollkommandos und importierten auf diese Weise Faschismus aus Griechenland in die Bundesrepublik. Ein Beispiel (einer damaligen Dokumentation der IG Metall entnommen): »Gegen 20.40 Uhr des 12. April 1970« wurde Herr Poniridis »im Ratskeller überwältigt, aus dem Lokal gezerrt und mißhandelt... Lolos war derjenige, der Poniridis eine spitze Eisenstange ins Ohr gestoßen hat... Sein Freund Vourdoglou begab sich blutüberströmt... ins Kreiskrankenhaus«.

Dieser Terror wurde durch Einschüchterung und Bespitzelung in den Betrieben und bei den Verwandten in der Heimat ergänzt. Denn die griechischen Arbeitskommissionen mit der Unterstützung des erfahrenen »Sozialrates« der Griechischen Botschaft in Bonn, Flokos, und der von ihm angeforderten Reserveoffiziere sorgten dafür, daß Griechen bei Urlaubsreisen in die Heimat auf Grund der Berichte der Arbeitskommissionen festgenommen wurden, daß Griechen in der Bundesrepublik Vorladungen aus der Heimat von der griechischen Sicherheitspolizei bekamen mit der Androhung, sie könnten »mit Gewalt vorgeführt werden«, und daß das im Grundgesetz der BRD garantierte Koalitionsrecht für die griechischen Arbeiter faktisch außer Kraft gesetzt wurde.

Der weitsichtige Flokos hatte schon 1963 verlangt, daß »Offizieren dabei geholfen werden sollte, die deutsche Sprache so schnell wie möglich zu erlernen«, um »eine Stelle als Dolmetscher zu erhalten«. Sie sollten nun »die Personen, die sich antinational geäußert haben, unabhängig von ihrer politischen Gesinnung beschatten und diejenigen, die nach Griechenland zurückkehren wollen, rechtzeitig« an die Zentrale melden (Geheimsache BI 607348 vom 14. März 1969 vom griechischen Geheimdienst an die Botschaften in Bonn und anderen westeuropäischen Ländern).

Weil sogar im Rahmen des Rates der Evangelischen Kirche in Hessen-Nassau »kommunistische Propaganda ausgeübt« werde, so der Generalkonsul von Frankfurt, wurden praktisch alle Griechen beschattet, soweit sie etwa vom Diakonischen Werk der Evangelischen Kirche betreut wurden. Diesen »Terroristen und Anarchokommunisten«, deren »umstürzlerische Tätigkeit nachgewiesen« wurde, »wurden die Pässe annulliert« (lt. einer Dokumentation des Evangelischen Pressedienstes).

Angesichts der hier nur kurz skizzierten Einschüchterung seitens der griechischen Junta-Organe und der Duldung seitens westdeutscher Stellen und Behörden wagte eine sehr große Zahl von griechischen Arbeitern und Studenten in der BRD weder offen gegen die Militärdiktatur aufzutreten noch sich gegen faschistische Indoktrinierung ihrer Kinder erfolgreich zur Wehr zu setzen. Die Griechen empfanden es zum Beispiel als Bedrohung, daß das Amt für Verfassungsschutz fast alle antidiktatorischen Organisationen und Parteien als extremistisch abstempelte. Sie mußten auch erleben, daß der Staatssekretär des Auswärtigen Amtes, Frank (SPD), am 26. und 27. September 1972 nach

Athen reiste, um u. a. über die »in Zukunft zu verbietenden Aktivitäten der Organisationen, die gegen die Regierung in Athen sich richten, die Griechen-Sendungen des WDR in Köln, die Wiederaufnahme der Militärhilfe und der Schulerziehung und Ausbildung der Familienmitglieder der griechischen Arbeiter« zu verhandeln (lt. Bericht der Athener Zeitung »To Vima« vom 15. September 1972).

Im März 1970 gab der damalige parlamentarische Staatssekretär für Bildung und Wissenschaft, Klaus von Dohnanyi, zwar die Zusicherung, daß »eine Untersuchung seitens der Bundesregierung in Zusammenarbeit mit den Kultusministern der Länder« über den Lehrinhalt der in griechischen Klassen deutscher Schulen verwendeten Bücher stattfinden solle. Doch in der Praxis änderte sich nichts. Es folgte lediglich nach einiger Zeit die erstaunliche Feststellung, »aufgrund des vorliegenden Materials« bestehe »kein Anlaß zu einem staatlichen Vorgehen« (»Entwicklungspolitische Korrespondenz« 4/71). Nach wie vor wurden griechische Kinder an Schulen der Bundesrepublik nach Lehrbüchern unterrichtet, in denen zum Beispiel der faschistische Putsch vom 21. April 1967 auf folgende Weise verherrlicht wurde:

»Eine kleine Gruppe tapferer Offiziere vollstreckte die Entscheidung des Militärs, unser Vaterland aus der kommunistischen Gefahr sowie aus der politischen Unsicherheit und dem Chaos zu retten... Es war eine unblutige und friedliche Revolution des griechischen Volkes durch das nationale Militär. Seitdem bildet der 21. April 1967 ein neues leuchtendes Zeichen im Schicksal unserer Rasse. Absolute Ruhe und Sicherheit herrschen in unserem Lande. Das griechische Volk erringt Gesundheit, Arbeit, Wohnung, Nahrung, Bildung. Alle Griechen werden produktive Glieder einer glücklichen Rasse. Die vermögendsten Bürger übernehmen Aufgaben im Dienst der Nation. Sie hissen unsere blau-weiße Flagge auf ihren Schiffen, sie bauen Fabriken, sie opfern ihren Reichtum und ihre Mühe für das allgemeine Wohl der Nation.« (Aus »Griechische Geschichte der jüngeren Zeit«, Geschichtsbuch für die 6. Klasse, Athen 1972).

Unbehelligt konnte die Junta auch in der Bundesrepublik faschistische Propaganda treiben. Das verstieß eindeutig gegen das Grundgesetz und insbesondere gegen § 86 des Strafgesetzbuches und § 6 des Ausländergesetzes, wonach Propaganda für faschistische Regierungen und gegen die Prinzipien des Grundgesetzes unter Strafe gestellt ist. Vereinzelt versuchten Schulbehörden dagegen vorzugehen. Aber »andere Lehrer und ich wurden oft aufgefordert, die Anweisungen der deutschen Schulbehörden zu mißachten«, berichtete eine griechische Lehrerin in der Fernsehsendung »Monitor«. Die Bespitzelung und Denunziation demokratischer Lehrer ging weiter.

Die Bundesregierung aber hatte »keine Erkenntnisse darüber... keine konkreten Hinweise... keine Anhaltspunkte«, daß die für die »Auslandsgriechen zuständigen Stellen« infiltriert waren (Bundestagsprotokoll S. 463/73). Sie konnte trotz »intensiver Ermittlungen keine Bestätigung erbringen«, daß »juntatreue Organe griechische Bürger in der Bundesrepublik« terrorisierten, wie der Bundesminister des Innern mir brieflich beteuerte.

Tatsache ist, daß die Junta, wie es ihr Koordinationsminister Makaresos einmal ausdrückte, über »einen Staatsapparat in der BRD verfügte«, der sich vom griechischen Ressortleiter der Arbeitskommissionen, Paxinos, und dem »Bund der Reserveoffiziere«, dem harten Kern des »Bundes der Griechen«, bis zu den »der Nationalen Regierung ergebenen Lehrern« und dem Überwachungsbeauftragten Roufogalis erstreckte. Letzterer lebte als Arzt und Beauftragter des Griechischen Roten Kreuzes in Bad Nauheim; sein Onkel war während der sieben Jahre des Faschismus der Chef des Griechischen Geheimdienstes.

Viele griechische Demokraten, die in der BRD lebten, gerieten in arge Bedrängnis, wenn ihnen das griechische Konsulat den Heimatpaß entzog oder annullierte. Sie bekamen dann die Paragraphen und die tückischen Kann-Bestimmungen des bundesdeutschen Ausländergesetzes zu spüren. Bei Ausländerbehörden, die den NATO-Partner Griechenland nicht verärgern wollten, konnten sie kaum Verständnis erwarten. Wer keine Ausweispapiere hatte, mußte jederzeit mit einer Ausweisungsverfügung und dem Verlust des Arbeitsplatzes rechnen. In vielen Fällen waren Griechen in der BRD diskriminierenden Hausdurchsuchungen und Verhaftungen ausgesetzt.

Unter diesen Umständen schöpften die Griechen aus jedem Akt der Solidarität Freude und Hoffnung, vor allem in Griechenland selbst, wo die Unterdrückung am brutalsten war. Viele Solidaritätsaktionen Bekannter und Unbekannter waren »Leuchtzeichen am finsteren Horizont«, wie der einstige griechische Ministerpräsident Kanellopoulos am 13. Mai 1974 Günter Wallraffs Aktion in Athen nannte. »Selbst diejenigen, die nicht in allen Punkten mit Herrn Wallraff einverstanden sind, müssen die absolute Uneigennützigkeit, die seine Tat motiviert hat, erkennen«, sagte Kanellopoulos. Wallraffs Aktion war ein

Beitrag zum gemeinsamen Kampf der Völker gegen den offenen (wie in Chile) oder untergründig schwelenden Faschismus und diente damit nicht zuletzt der eigenen Zukunft der Bundesrepublik in Demokratie und Frieden.

»... eine Vielzahl gemeinsamer Interessen«

Regierungsbeziehungen Bonn–Athen

Welcher Politiker möchte sich vorwerfen lassen, er sei ein Freund oder Förderer des Faschismus? Keiner. Und als 1974 der Faschismus in Griechenland abserviert wurde, war denn auch jeder schon immer, all die sieben Jahre lang, ein entschiedener Gegner des Faschismus in Griechenland gewesen. Schade nur, daß es sich mancher bis dahin gar nicht hatte anmerken lassen.

Am 6. Mai 1967, wenige Tage nach dem Obristenputsch, berichtete die »Frankfurter Allgemeine Zeitung« aus Athen: »Mit unmißverständlicher Schärfe hat Generaloberst Papadopoulos in seiner Eigenschaft als Minister beim Ministerpräsidium jeden Einmischungsversuch auch des befreundeten Auslands in die inneren griechischen Verhältnisse als unannehmbar zurückgewiesen. – Am Freitagvormittag machte der Botschafter der Bundesrepublik Deutschland in Athen einen protokollarischen Besuch bei Außenminister Gouras. – Großen Eindruck schien es in Athen gemacht zu haben, daß ein Vertreter des westdeutschen Thyssen-Konzerns der neuen griechischen Regierung das Angebot unterbreitete, zur weiteren Entwicklung des Fremdenverkehrs auf der Insel Rhodos die Summe von 375 Millionen Drachmen (50 Millionen Mark) zur Verfügung zu stellen. Die Athener Presse vergleicht dieses Vertrauen des ausländischen Großkapitals in die griechische Regierung mit den Beschimpfungen durch die Kommunisten und ihre Gefolgsleute in aller Welt.«

Einer der ersten prominenten Besucher aus der BRD war der CDU-Politiker Erik Blumenfeld, der in Athen mit den Diktatoren Pattakos und Papadopoulos plauderte und anschließend in einem Interview der Wochenzeitung »Die Zeit« Worte des Verstehens und der Sympathie fand.

Blumenfeld: »Ich war überrascht. Nehmen wir den am meisten Kritisierten, den Innenminister Pattakos. Ich würde ihn als einen Chruschtschow-ähnlichen Typ bezeichnen. Er sieht ihm auch ein bißchen ähnlich.«

ZEIT: »Weiß er das?«

Blumenfeld: »Ich nehme an, daß er darüber schon nachgedacht hat, aber das beeinflußt nicht seine politische Einstellung. Er ist ein Mann mit listigen, aber zugleich humorvollen Augen, die dann, wenn es sein soll, auch sehr hart sein können. Sein Humor ist etwas hintergründig.«

ZEIT: »Ist Oberst Papadopoulos, den viele als den starken Mann des Regimes betrachten, ebenso leutselig?«

Blumenfeld: »Nein, der Oberst Papadopoulos, der als Kopf des Militärputsches und des Revolutionskomitees bezeichnet wird, ist ein Mann von starker Entschlossenheit und hoher Intelligenz... Er hat politisches Format und würde als Politiker bestehen.« Auch über den Putsch äußerte sich Blumenfeld respektvoll: »...hat er ihn mit großer Präzision und generalstabsmäßig dirigiert.«

Ein Politiker wie Blumenfeld sieht eben immer das Wesentliche, die gemeinsame Aufgabe, nämlich »die Aufgabe, den Kommunismus aus dem Lande fernzuhalten«. Und in dieser Hinsicht waren die griechischen Obristen verläßliche Partner. Hatte doch Pattakos kurz nach dem Putsch deutlich gesagt: »Kommunisten sind Bestien. Wir machen keinen Unterschied zwischen Menschen und Menschen, nur zwischen Menschen und Bestien.«

Reisender Blumenfeld wußte lauter Beruhigendes zu berichten: »Keine Häftlinge, auch nicht die Insassen von Jaros, sind jemals mißhandelt worden – so wurde mir versichert... Die Gefangenen machen samt und sonders, bis auf die Kranken, einen gutgenährten Eindruck. Sie haben Bewegungsfreiheit...« Aus dem kargen Einschub »bis auf die Kranken« konnten die »Zeit«-Leser schwerlich herauslesen, daß im mörderischen Klima der KZ-Insel mit Tradition – schon römische Kaiser hatten lästige Zeitgenossen auf den nur von Disteln bewachsenen und von Ratten bewohnten Felsen verbannt – im Durchschnitt ein Viertel der Deportierten krank war.

Über den sozialistischen Politiker Andreas Papandreou berichtete Blumenfeld, daß er »umsorgt und umpflegt« werde. (Nach seiner Freilassung informierte Papandreou vom Ausland aus die Weltöffentlichkeit über Schläge und Folter, die er und seine Mithäftlinge zu erleiden hatten.)

Blumenfeld (entweder arglistig täuschend oder selbst sträflich arglos getäuscht) unterstellte den Diktatoren letztlich nur lautere demokratische Absichten: »Mir ist die Zusage gemacht worden, daß der neue Verfassungsentwurf bis zur zweiten November-Hälfte vorgelegt werden soll... Man will eine moderne Verfassung... Man will ferner ein Parteiengesetz einführen und es ein wenig nach dem neuen deutschen Parteiengesetz modellieren.«

Kaum hatte der CDU-Politiker Blumenfeld seine griechischen Märchen über Presse und Fernsehen in der Bundesrepublik weiterverbreitet, als bekannt wurde, daß die Athener Zensurbehörde allen griechischen Zeitungen strikt untersagte, auch nur ein Sterbenswörtchen über diese Verfassungspläne verlauten zu lassen. Offenbar fürchteten die Obristen, das griechische Volk sei nicht ganz so leicht hinters Licht zu führen wie der deutsche Christdemokrat.

Aber nicht nur einzelne CDU/CSU-Politiker sorgten für gute Beziehungen zur Militär-Junta. Als einige Monate nach dem Putsch die britische Regierung vor dem Unterhaus die »Diktatur in Griechenland und die Bestialitäten, die dort verübt worden sind«, verurteilte und als daraufhin der griechische Minister für wirtschaftliche Zusammenarbeit, Nikolaos Makaresos, mit der Aufkündigung aller Aufträge an die britische Wirtschaft reagierte, meldete der »Spiegel«: »Nutzen aus dem griechisch-britischen Konflikt hofft jetzt die deutsche Industrie zu ziehen. Denn im Gegensatz zu den Regierungen von England, Holland und den skandinavischen Ländern hat das Kabinett Kiesinger das Athener Regime nicht öffentlich angegriffen.« Der Botschafter Bonns in Athen versicherte laut »Spiegel« der Junta: »Die deutsche Industrie ist in der Lage und bereit, allen Wünschen Athens zu entsprechen.«

Offizielle Stellen der Bundesrepublik lieferten Papadopoulos, Pattakos und Makaresos keinen Anlaß, sich über »Einmischungsversuche« zu beklagen. Aus Bonn wurden den Obristen nicht Proteste, Verurteilungen, Angriffe zuteil, sondern ständig neue Beweise der Sympathie und Wertschätzung – auch aus allerhöchstem Munde: Bundespräsident Heinrich Lübke bekräftigte gegenüber dem Botschafter der Obristen in Bonn die »traditionelle Freundschaft« zwischen beiden Ländern, die sich auf »das hohe Ideal der Freiheit« gründe – wobei er sich gewiß ebensowenig Böses dachte wie einst im Nazi-Reich, als er reinen Herzens an der Planung von KZ-Bauten mitwirkte.

Während die emigrierte Schauspielerin Melina Mercouri zu einem

Touristenboykott aufrief, solange ihr Land von Diktatoren beherrscht werde und es dort Konzentrationslager gebe, wurde Griechenland zum bevorzugten Reiseziel namhafter Bonner Politiker. Der außenpolitische Experte der CDU/CSU-Bundestagsfraktion, Werner Marx, brachte von einer Griechenland-Reise Anfang 1968 die Erkenntnis mit, daß die Junta »den Versuch machen will, das Land Schritt um Schritt wieder zur Demokratie zurückzuführen«. Ähnlich Beruhigendes wie Marx, der der Junta bescheinigte, sie nehme es mit der »Redemokratisierung in Griechenland« ernst, wußten auch Josef Ertl (FDP) und viele andere prominente Bonner Griechenland-Touristen zu berichten. Ertl über seine von den Obristen finanzierte Reise: »Ich nehme jede Einladung an, wo ich die Gewähr habe, daß ich unbefangen, frei und ohne Auflage mich über die Lage eines Landes informieren kann.« Über die Lage auf den KZ-Inseln Jaros und Leros informierte sich Ertl nicht – warum auch? Wie sein Reisegefährte Siegfried Zoglmann MdB erläuterte, hatten längst andere Besucher von »zufriedenstellenden Verhältnissen der Häftlinge« berichtet...

Verstimmung bei den Faschisten in Griechenland wurde durch eine antifaschistische Griechenland-Resolution des SPD-Parteitages ausgelöst, aber Bonner Polit-Touristen überbrachten den Athener Freunden alsbald die Versicherung, daß derartige Resolutionen keinerlei Einfluß auf die Bonner Politik haben würden. In der großen Koalition gab es keine Differenzen wegen des Verhältnisses zu Griechenland. Der SPD-Vorsitzende und damalige Außenminister Willy Brandt hielt aufgebrachten Parteimitgliedern entgegen: Wer den Abbruch der diplomatischen Beziehungen fordere, »vertritt nicht die Interessen dieses Staates«. Der damalige stellvertretende Vorsitzende der SPD-Fraktion im Bundestag, Hans Apel, ließ im Fernsehen wissen: »Es wäre völlig unsinnig, Griechenland aus den internationalen Gremien herauszudrängen; denn was hätten wir eigentlich davon, wenn die jetzige Diktatur abgelöst würde z. B. durch eine prokommunistische! Dann wäre jede Entwicklung auf eine Redemokratisierung endgültig vorbei.« Bei dieser offiziellen Haltung blieb es auch, als die große Koalition von der SPD/FDP-Koalition abgelöst, Willy Brandt Kanzler und der FDP-Vorsitzende Walter Scheel Außenminister geworden war.

Einzelne Mitglieder der Regierungsparteien engagierten sich tatkräftig in der Solidaritätsbewegung für die griechischen Demokraten; aber die Regierungen folgten stets der Devise: »Griechenland ist ein wichtiger Bündnispartner, mit dem uns eine Vielzahl gemeinsamer Interessen verbindet« – so formuliert in einer Erklärung des Auswärtigen Amtes noch Ende Oktober 1973. Bundesverteidigungsminister Georg Leber stellte es sogar schlicht als unzulässig hin, Bündnispartner auch nur zu kritisieren. Kurz: Vom ersten bis zum letzten Tag der griechischen Militärdiktatur hat die Bonner Regierungspolitik so geredet und gehandelt, wie es der vom CSU-Vorsitzenden Franz Josef Strauß herausgegebene »Bayernkurier« einmal empfohlen hat: »Das Gesamtinteresse des Westens muß hier vor der Ideologie rangieren.«

Karl-Heinz Hansen:

Junta und NATO

Am 23. Juli 1974 gab der griechische Präsident Gizikis den Beschluß der Junta bekannt, die Regierungsgewalt wieder zivilen Politikern zu übertragen. Der Versuch, durch den Sturz von Präsident Makarios in Zypern eine für Vereinigung mit Griechenland eintretende Regierung unter dem notorischen Gangster Nikos Sampson zu etablieren, war gescheitert. Vom 21. April 1967 bis zu diesem Zeitpunkt wurde Griechenland von Militärs regiert, die sich nur durch Terror im Innern und Duldung von außen an der Macht halten konnten. Am 17. November 1974, dem ersten Jahrestag der blutigen Unterdrückung des Studentenaufstandes an der Technischen Hochschule in Athen, holte das griechische Volk die Wahl nach, die am 28. Mai 1967 nicht hatte stattfinden dürfen. Die von Ministerpräsident Karamanlis geleitete Partei »Neue Demokratie« erhielt rund 54 Prozent, die Zentrumsunion von Außenminister Mavros rund 20 Prozent, die Panhellenische Sozialistische Bewegung unter Papandreou rund 13 Prozent, die Kommunistische Vereinigte Linke rund 9 Prozent und die neofaschistische Nationale Demokratische Union des Petros Garouflias nur 1 Prozent der abgegebenen Stimmen. Schon diese Zahlen beweisen, daß die Junta keinerlei Stütze im griechischen Volk gehabt hatte, und widerlegen die ständigen Behauptungen der Junta und ihrer Freunde, im Jahre 1967 habe ein kommunistischer Umsturz kurz bevorgestanden.

Mußte es mehr als sieben Jahre dauern, bis die Vorbedingungen für eine demokratische Entwicklung in Griechenland hergestellt waren? Wer hat in wessen Interesse eigentlich den Putsch mitbesorgt und dazu beigetragen, daß Demokraten in aller Welt so lange auf den erwünschten Tag der Freiheit in Athen warten mußten? Nach einer Antwort auf diese Frage suchend, stößt man auf ein Gebilde, ein Phänomen, das sich »Bündnis« nennt oder genauer NATO heißt, von Konrad Adenauer stets ohne bestimmten Artikel benannt. Und man trifft dann auch auf eine andere Erscheinung namens CIA. Beide tauchen am Anfang wie am Ende der siebenjährigen Junta-Ära auf.

Die Nordatlantische Verteidigungsgemeinschaft wurde am 4. April 1949 in Washington geboren. Sie machte ihren Mitgliedern hohe Ziele zur strengen Pflicht: »Sie sind entschlossen, die Freiheit, das gemeinsame Erbe und die Zivilisation ihrer Völker, die auf den Grundsätzen der Demokratie, der Freiheit der Person und der Herrschaft des Rechts beruhen, zu gewährleisten. Sie sind bestrebt, die innere Festigkeit und das Wohlergehen im nordatlantischen Gebiet zu fördern.« (Präambel des Nord-Atlantik-Vertrages).

Die Glaubwürdigkeit dieser Zielsetzung war schon damals nicht zweifelsfrei, weil eines der Mitglieder im eigenen Land weder Demokratie noch Freiheit, sondern statt dessen eine jahrzehntelange Diktatur praktizierte, nämlich Portugal. Die führende Macht USA, die eben noch einen Krieg gegen Hitler mitentschieden (»to make the world save for democracy«) und über Kriegsverbrechen zu Gericht gesessen hatte, war um der antikommunistischen Einheitsfront gegen Osten willen bereit, über solche Geburtsmakel hinwegzusehen. Antikommunismus blieb über viele Jahre die prägende Kraft im Bündnis. Er diente vortrefflich als Vehikel zur sicheren Beförderung vorrangig wirtschaftlicher Interessen der USA und der ihnen verbundenen Länder. Er sicherte die Hegemonie der Vereinigten Staaten in der westlichen Hemisphäre (»to make the world save for american profits«).

Was in diesem Rahmen für die USA vor der Haustür das Karibische Meer, ist in Europa das Mittelmeer. Und hier tritt Griechenland ins Blickfeld, das – zusammen mit der Türkei – am 18. Februar 1952 Mitglied der Verteidigungsgemeinschaft wurde. In Griechenland war es nach dem Bürgerkrieg und trotz Zypern-Konflikt den Ministerpräsidenten Papagos und Karamanlis gelungen, das Land im Innern zu stabilisieren und wirtschaftlich zu entwickeln. Nach 1965 nahmen innenpolitische Spannungen zu. Für die am 28. Mai 1967 vorgesehenen Wahlen schien sich ein Linksruck abzuzeichnen. Ein solcher Gang der Ereignisse lief den erklärten Interessen der USA zuwider, in der Nahost-Krise die Oberhand durch Unterstützung Israels mit den Mitteln der Präsenz ihrer Streitkräfte im östlichen Mittelmeer zu behalten. Die amerikanische Hoheit im Nahen Osten stand auf dem Spiel. Mit dem Instrumentarium der klassischen Diplomatie wäre eine erneuerte Regierung in Griechenland kaum zu disziplinieren gewesen. Hier war die Fortsetzung der Diplomatie mit anderen Mitteln geboten, nämlich der

Einsatz der CIA, wie ihn US-Präsident Ford selber in zynischer Offenheit oder dümmlichem Freimut beim Sturz der Regierung Allende in Chile rechtfertigte: Die CIA diene dazu, »die Außenpolitik zu ergänzen«, um den USA »nationale Sicherheit zu bewahren«, und es sei eine bekannte Tatsache, daß solche Aktionen sowohl in der Vergangenheit wie heute »im besten Interesse der betroffenen Länder geschehen«. Außenminister Kissinger reihte in einem Interview mit der »New York Times« am 13. Oktober 1974 die Aktivitäten der CIA in eine »Grauzone zwischen diplomatischer Aktivität und dem Gebrauch von Gewalt« ein. Oberst Georgios Papadopoulos, General Pattakos und ihre Berufskollegen unternahmen deshalb rechtzeitig den Militärputsch vom 21. April 1967 (Pattakos am 9. Mai 1967: »Wir haben die Revolution gemacht, um Wahlen zu vermeiden«). Unterlagen für die generalstabsmäßige Durchführung des Unternehmens waren der Plan »Prometheus«, zusammen mit der NATO für den Fall eines kommunistischen Angriffs aus dem Norden entworfen, sowie die schwarzen Listen der Generaldirektion für Sicherheit, auf denen alle verdächtigen »Roten« verzeichnet waren. Wenige Panzer und der Einsatz griechischer »Special Forces« genügten zur Durchführung. Dazu der ehemalige Mitarbeiter der CIA, Viktor L. Marchetti: »Georgios Papadopoulos, der Oberst, der den Staatsstreich befehligt hatte, (wurde) seit 1952 in den Besoldungslisten der CIA geführt, und General Joannidis, der die Macht 1973 an sich riß, stand in häufigen Geheimkontakten mit der CIA« (»Spiegel« 42/1974).

Zweifelhafte amerikanische Freunde

In dem Buch »CIA« von Viktor L. Marchetti und John D. Marks werden die Aktivitäten des amerikanischen Geheimdienstes so beschrieben: »Ziel und Zweck des Geheimkultes ist es, die Außenpolitik der US-Regierung durch verborgene und gewöhnlich illegale Mittel zu fördern, während er gleichzeitig die Ausbreitung des offen bekannten Feindes, des Kommunismus, eindämmen will... (Die CIA) betätigt sich in Spionage und Gegenspionage, in Propaganda und Desinformation (der absichtlichen Verbreitung falscher Informationen), in der psychologischen Kriegführung und in paramilitärischen Tätigkeiten, sie dringt in private Institutionen ein und manipuliert sie... Sie rekrutiert Agenten und Söldner durch Bestechung und erpreßt ausländische Beamte, ihre höchst unerfreulichen Aufgaben durchzuführen. Sie tut, was nötig ist, um ihre Ziele zu erreichen, ohne an die Moral zu denken, die dabei auf dem Spiel steht, und ohne Rücksicht auf die moralischen Folgen ihrer Aktionen. Als der geheime Aktionsarm der amerikanischen Außenpolitik sind die mächtigsten Waffen der CIA ihre verborgenen Interventionen in die inneren Angelegenheiten von Ländern, die die Regierung der USA kontrollieren oder beeinflussen will.«

Die Urheberschaft der CIA und damit der Vereinigten Staaten am Rechtsputsch in Griechenland steht ebenso außer Zweifel wie im Fall Chile. Nach Angaben von Marchetti bestand in Athen eine sehr große CIA-Basis, die später teilweise nach Iran verlegt wurde (»Observer«, 25.8.1974).

Der ehemalige stellvertretende Direktor des griechischen Nachrichtendienstes, Papaterpos: »CIA versuchte, uns psychologisch zu beeinflussen. Ein Beispiel: Während der Zypern-Krise im März und April 1965 hat CIA, die mit unserem KYP zusammenarbeitete, von uns Informationen über die Ausrüstung Zyperns verlangt. Da ich ablehnte, besuchte mich nach einigen Tagen der Vize-Direktor der CIA-Zweigstelle in Griechenland in meinem Büro und setzte mir auseinander, daß die Militär-Junta in Santo Domingo den mit großer Mehrheit vom Volk gewählten legalen Präsidenten gestürzt hat. Er sprach so emphatisch, daß mir klar wurde: ›Passen Sie auf – Sie kommen dran!‹« (»Akropolis«, 30.8.1974).

Ein ehemaliger Generalstabsoffizier der griechischen Armee über die Vorbereitung zum Putsch: »Eines Tages haben wir uns mit einem aus griechischer Familie stammenden Offizier des amerikanischen Geheimdienstes in der Wohnung des Abgeordneten Kitzidis getroffen. Es wurde über die eventuelle Reaktion der USA im Falle einer Diktatur gesprochen. Der Amerikaner unterstützte die Absicht von Pattakos und sagte, daß die Vereinigten Staaten uns helfen würden unter der Voraussetzung, daß wir im NATO-Bündnis bleiben und keine Probleme zwischen uns und der Türkei schaffen« (»Akropolis«, 18.8.1974).

Die Zeitschrift »Vradiny« veröffentlichte am 31. August 1974 Einzelheiten: Der frühere Direktor der CIA-Vertretung in Athen, J. Morry, sei nach sechsjähriger Tätigkeit in Griechenland in herausfordernder Weise ersetzt worden, weil er sich bei dem Gegenputschversuch von König Konstantin im Dezember 1967 auf die Seite Konstantins gestellt habe und damit in Konflikt mit dem damaligen Botschafter in Athen, Talbot, geraten sei. »Talbot hatte sich mit seiner Ansicht über die Unterstützung von Papadopoulos und der Junta in der Sitzung von Centerteam durchgesetzt. Mitglieder dieses Teams sind der Botschafter in der jeweiligen Stadt, der CIA-Direktor, der Militär-Attaché, der Kommandant der gemischten Militärkommission mit beratender Funktion (für Länder, mit denen Bündnisse bestehen), der Direktor des Nachrichtendienstes sowie zwei bis drei Berater. Dieses Centerteam schlägt der amerikanischen Regierung die Politik vor, die in dem jeweiligen Land verfolgt werden muß. Als Herr Morry aus Griechenland abberufen wurde, wurde James Spotts als sein Nachfolger berufen, der bereits in der Zeit von 1960 bis 1964 in Athen in einer niedrigeren Position gearbeitet hatte. Spotts kannte Papadopoulos aus dieser Zeit und hatte, wie es hieß, eng mit ihm zusammengearbeitet. Als der neue Chef der Athener CIA-Zweigstelle nach Griechenland kam, stellte er sich natürlich auf die Seite der Junta... Ohne Zweifel gehen die Erfolge der CIA in Griechenland zwischen 1968 und 1972 auf sein Konto. Sein Nachfolger wurde Staincy Rule, der offensichtlich mit einigen Greko-Amerikanern enge Zusammenarbeit pflegte, wie auch sein Vorgänger es getan hatte. Einer dieser Greko-Amerikaner war Peter Koromilas, der nach einem Bericht in einer amerikanischen Zeitung nach Griechenland kam, um mit Joannidis über die Durchführung des Putsches in Zypern zu sprechen.«

Der erste Außenminister der griechischen Übergangsregierung nach dem 23. Juli 1974, Mavros, konstatierte: »CIA hat den Putsch vom 21. April 1967 organisiert. CIA war der Kopf des Putsches gegen Makarios und der türkischen Invasion« (»Ta Nea«, 3.9.1974). Man erinnert sich: Auf der Mittelmeerinsel Zypern hatte seit 1960 Präsident Makarios regiert, der vom griechischen Bevölkerungsteil gewählt war. Der Vizepräsident repräsentierte die türkische Minderheit. Die Inselrepublik war unabhängig und blockfrei. Am 15. Juni 1974 putschte die Nationalgarde, angeführt von dem Mörder Nikos Sampson, mit dem Ziel, das Land an Griechenland, also ein NATO-Mitgliedsland, anzuschließen. Nach dem Scheitern des Putsches schickte die Türkei, ebenfalls Mitglied der NATO, Truppen auf die Insel und okkupierte rund 40 Prozent des Territoriums.

Nach Angaben der griechisch-zyprischen Tageszeitung »Ta Nea« soll die CIA in Zusamenarbeit mit der Untergrundbewegung »Eoka B« die terroristischen Aktivitäten gegen Präsident Makarios vorbereitet und geleitet haben, weil Makarios der von amerikanischen Interessen geforderten Zypern-Lösung im Wege gestanden habe. Ein Besuch des Obersten Papadopoulos in Zypern bald nach dem Putsch schien den Gerüchten recht zu geben, die USA hätten schon 1967 die gleichzeitige »Lösung« des Zypern-Problems durch Übertragung des Junta-Modells auf die Insel angestrebt – getreu den Worten Henry Kissingers: »Ich kann nicht einsehen, warum wir ruhig dastehen und zusehen sollen, wenn ein Land durch die Unverantwortlichkeit der eigenen Bevölkerung kommunistisch wird« (»Spiegel« 42/1974).

Zweifelhafte militärische Stärke

Mit dem Hinweis auf die unmittelbare »kommunistische Gefahr«, die durch den Putsch vorerst beseitigt worden sei, schielte die Obristen-Clique auf die latent antikommunistische Waffenbrüderschaft in der NATO. Putsch-General Stylianos Pattakos erklärte am 5. Juni 1967 wörtlich: »Eines müssen wir aber mit aller Schärfe betonen: In der neuen demokratischen Staatsform wird eine kommunistische Tätigkeit in keiner Form mehr Platz haben... Für Griechenland ist der Kampf gegen den Kommunismus eine Frage um Leben und Tod. Der Kommunismus bedroht unsere Existenz als Staat und als Nation.«

In einem »Memorandum« des Königlich Griechischen Botschafters in der Bundesrepublik, Alexis Kyrou, vom 25. Mai 1967 hieß es: »Das Eingreifen der Armee in der Nacht vom 21. April 1967 ist einem Bürgerkrieg, einer eventuellen Einverleibung Griechenlands in den Ostblock und einer Schwächung der strategischen Südostflanke der NATO zuvorgekommen.«

Wie gut diese Botschaft von der Notwendigkeit der Rettung des griechischen Vaterlandes vor innerer und äußerer Bedrohung durch den Kommunismus bei den angepeilten Empfängern ankam, belegt ein Zitat aus der Zeitschrift »Wehrkunde«, der aus dem Bundesetat Jahr für Jahr stattliche Mittel zufließen (1981 z. B. 287000 DM). In einem Artikel über »Die wehrgeographische Bedeutung Griechenlands und der Türkei« bekundete der Verfasser sein Einverständnis: »Der Militärputsch vom April 1967 führte zur Konsolidierung Griechenlands in militärpolitischem Sinne, d. h. eine drohende Gefährdung eines Teils der Südostflanke der NATO konnte abgewendet werden. Der Ruf der westeuropäischen Linken, vor allem der westdeutschen Jungsozialisten nach moralischer Isolierung und Boykottierung der Militär-Junta wurde von einsichtigen und weitblickenden Regierungsvertretern und Wirtschaftsmanagern im Westen nicht in die Tat umgesetzt. Das ökonomisch prosperierende Griechenland [1] wird von Jahr zu Jahr für Investitionen ausländischen Kapitals stets anziehender.«

Mit selbstsicherer Offenheit wurden hier wahre Interessen gewisser Verteidiger westlicher Freiheit aufgedeckt: Investitionen und Profit. Die beschworene Stärkung der Verteidigungsgemeinschaft gegen Bedrohung aus dem Osten erwies sich als vorgeschobener Grund. Offensichtlich brauchen die »weitblickenden Regierungsvertreter und Wirtschaftsmanager« das beharrlich ausgemalte kommunistische Schreckbild, um den betroffenen Völkern die ihnen auferlegten Lasten des Bündnisses plausibel zu machen. Wie sollte man ihnen auch sonst erklären, daß Putschhilfen »im besten Interesse der betroffenen Länder« (Präsident Ford) geleistet werden?

Im Juli 1973 beantragten die amerikanischen Senatoren Pell und Jackson die Streichung aller Gelder für Griechenland, u. a. weil das Athener Regime die Streitkräfte des Landes so weit geschwächt habe, daß »die militärische Stärke Griechenlands nur eine hohle Fassade ist. Das Regime treibt in diabolischer Art und Weise die besten Bürger aus dem Land, während sein Beitrag zur NATO gleich Null ist« (»Vorwärts«, 19.7.1971).

Die militärische Wertlosigkeit der griechischen Armee in den sieben Jahren seit 1967 (noch im April 1974 vom Oberkommandierenden der NATO-Streitkräfte in Europa, US-General Andrew J. Goodpaster, vor dem außenpolitischen Ausschuß des Repräsentantenhauses bestritten) wurde nach der Junta-Ära offen eingestanden. Das US-Verteidigungsministerium erklärte am 4. September 1974 lakonisch: »Griechenland war seit Jahren nicht mehr zur Generalmobilmachung fähig« (»Frankfurter Rundschau«, 5.9.1974).

Um diese Schwäche auszugleichen, veranstaltete die NATO bevorzugt Manöver in Nord-Griechenland, an denen auch Einheiten der Bundeswehr teilnahmen. Anläßlich einer Rede des Vizekönigs Zoitakis zum Abschluß des NATO-Manövers »Hellenic Express 71« waren die Buchstaben NATO mit dem Putschisten-Emblem auf ein und demselben Spruchband zu sehen.

1 Griechische Inflationsrate von Januar bis September 1974: 28,4 Prozent!

In den Jahren der Junta-Diktatur waren Generale, Befehlshaber und der Generalsekretär[1] des Bündnisses voll des Lobes über den »wertvollen« Verteidigungsbeitrag Griechenlands und versicherten die Obristen stets ihrer vollen Unterstützung. So z. B. General Lemnitzer, Oberbefehlshaber der NATO, am 20. Mai 1969 laut »Eleftheros Kosmos« anläßlich eines von Vizekönig Zoitakis gegebenen Essens: »Wir können uns auf niemand so verlassen wie auf die griechischen Streitkräfte – unabhängig von der materiellen Hilfe, die sie brauchen.« Obwohl das erstere erwiesenermaßen nicht der Wirklichkeit entsprach, wurde der griechischen Armee stets materielle Hilfe zuteil, vorwiegend in der Form von Waffenlieferungen. Die Tatsache, daß in Griechenland Menschen eingekerkert, gefoltert und gemordet wurden, trat hinter dem Willen zur Aufrüstung zurück.

Wenige Monate nach dem Putsch besuchte der CDU-Bundestagsabgeordnete Erik Blumenfeld[2] als Vorsitzender der politischen Kommission der Westeuropäischen Union und des politischen Ausschusses des NATO-Parlaments Griechenland, unterhielt sich mit dem damaligen Ministerpräsidenten Kollias und besichtigte die Gefangenen-Insel Jaros. Nach seiner Rückkehr warnte er laut FAZ davor, »die Machthaber als Faschisten zu bezeichnen, da die Gefahr bestehe, daß eine Annäherung an die Sowjetunion erfolgen werde, wenn der Westen mit seiner Pauschalverdammung fortfahre«. Über Jaros berichtete Blumenfeld, daß die Lebensbedingungen zwar »sehr hart« seien, die Gefangenen aber einen gut ernährten Eindruck machten. Außerdem seien alle wohl »hartgesottene Kommunisten« (»Frankfurter Allgemeine«, 16.10.1967). Wen erinnerte dies nicht an die Kommentare bundesrepublikanischer christlicher Abgeordneter über die Gefangenen in Chile? Ihre Lage im Konzentrationslager des Stadions von Santiago de Chile fand der CDU-Abgeordnete Bruno Heck bei Sonnenschein durchaus erträglich. Der gleiche verständnisvolle Bruno Heck hatte auch in bezug auf griechische Verhältnisse eine eigenständige Meinung. So am 24. Dezember 1970 in der Deutschen Welle: »Ich glaube nicht, daß es von außen allzu viele Möglichkeiten gibt, auf eine demokratische Entwicklung in Griechenland einzuwirken. Es kommt hinzu, daß Griechenland immer ein besonders wichtiger NATO-Verbündeter für uns gewesen ist, und das gilt insbesondere jetzt angesichts der aktiven Mittelmeerpolitik der Sowjetunion.«

1 s. Seite 143 f.
2 s. Seite 113 ff.

Das Rüstungsgeschäft vermarktete den Antikommunismus. Die USA leisteten Griechenland schon seit dem Bürgerkrieg Waffenhilfe. Die griechischen Land- und Luftstreitkräfte wurden amerikanisch ausgerüstet und zum Teil von amerikanischen Instruktoren geschult. 1967 verhängten die USA ein Waffenembargo, das 1970 wiederaufgehoben wurde, was das State Department am 22. September 1970 wider besseres Wissen mit der Notwendigkeit begründete, die »griechischen Streitkräfte instand zu setzen, ihren Aufgaben im NATO-Verteidigungsbereich nachzukommen«. Wie wirkungsvoll das Waffenembargo in den drei Jahren und fünf Monaten seines Bestehens war, ist in einem Bericht des Auswärtigen Senatsausschusses vom 4. Mai 1971 nachzulesen. Dort wird berichtet, daß die Ausgaben für Waffenlieferungen an Griechenland während des Embargos gegenüber der unmittelbar davor liegenden Zeit noch gestiegen waren, und zwar von 95,2 auf 106,9 Millionen Dollar. Obwohl die Vereinigten Staaten Hauptlieferanten blieben, wurden auch die europäischen Waffenbrüder nicht aus dem Geschäft gedrängt. Frankreich lieferte Kampfpanzer und Panzerabwehrraketen, Schnellboote und Schiffsraketen; über die Lieferung von 50 Kampfflugzeugen vom Typ Mirage F/1 wurde verhandelt.

Auch die Bundesrepublik hatte ihren Anteil an den Waffenlieferungen ins diktatorisch regierte Griechenland. Von 1967 bis 1971 betrug der Wert schätzungsweise 100 Millionen DM. Dabei tat sich die CDU/CSU als Förderer handfester wirtschaftlicher Interessen hervor. Am 25. September 1970 forderte Dr. Egon Klepsch, Bundestagsabgeordneter und CDU-Sprecher im Verteidigungsausschuß, vom Parlament weitere Militärhilfe für Griechenland, u. a. weil die »Kampfmoral der griechischen Verbände ganz ausgezeichnet« sei.

Die Kaffeefahrten westdeutscher konservativer Politiker und Wirtschaftsvertreter zu den Diktatoren in Athen haben sich auch sonst bezahlt gemacht. AEG-Telefunken, Hoechst und weitere Konzerne etablierten sich in Griechenland. Noch im Mai 1974 erhielten die Firmen Krupp und Siemens vom Industrieministerium der Junta den Zuschlag für die Lieferung von Ausrüstungen zum Abbau von Braunkohlevorkommen bei Ptolemais gegen den Mitbewerber DDR. Auf diese Weise sind die Begünstiger von der Junta entsprechend begünstigt worden.

Zweifelhafte Verteidigung der Freiheit

Am Anfang wie am Ende der sieben Jahre Junta-Regierung mit Terror und Unterdrückung stehen NATO und CIA. Seit 1974 wird die Aufnahme eines demokratischen Griechenlands in die Europäische Gemeinschaft mit dem deutlichen Wink auf eine erwünschte weitere Mitarbeit im NATO-Bündnis verbunden. Das neue, sich demokratisierende Griechenland hatte der NATO zunächst den Rücken gekehrt. Aber nicht für sehr lange. Der Druck des um seine Südostflanke besorgten Bündnisses bewirkte eine Rückkehr in Stufen. Seit 1976 nahmen griechische Diplomaten und Offiziere wieder ihre Plätze in den NATO-Organen und in den integrierten Kommandostäben für Land- und Luftverteidigung ein. Im Oktober 1980 erklärte die griechische Regierung mit Zustimmung des Parlaments die vollständige Rückkehr in die NATO. Die von Andreas Papandreou geführte Panhellenische Sozialistische Bewegung (PASOK), damals noch in der Opposition, nahm an der Abstimmung nicht teil, weil ihrer Meinung nach das Parlament des Jahres 1980 nicht den Willen des griechischen Volkes repräsentierte. Im Wahlkampf 1981 galt Papandreou als entschiedener Gegner der NATO, nachdem er wiederholt den Austritt Griechenlands gefordert hatte. Gerade deswegen errang die PASOK einen großen Sieg: die absolute Mehrheit. Millionen Griechen schwenkten von den Konservativen, durch deren Wiederannäherung an die US-Politik sie sich enttäuscht sahen, zu Papandreou über, von dem sie hofften, er werde den Amerikanern selbstbewußter gegenübertreten. Sie teilten nämlich nicht die Besorgnis der Brüsseler Militärs über die Schwächung der NATO-Südostflanke, falls Griechenland aus der gemeinsamen technischen Luftverteidigungsführung (NADGE) ausscheiden und eine konsequente Politik bewaffneter Neutralität verfolgen sollte. Warum, so fragen sich viele Griechen bis heute, hatte man in der NATO nicht schon nach dem 21. April 1967 solche Befürchtungen, als die durch korrupte Offiziere herbeigeführte militärische Wertlosigkeit der griechischen Armee ein »Verteidigungsvakuum« im Südosten entstehen ließ? Warum sollte Griechenland einem Bündnis verpflichtet sein, dessen Führungsmacht sich mit ihren geheimen Diensten als Drahtzieher auf unmenschliche Weise in seine inneren Angelegenheiten einmischte (ohne daß die Verantwortlichen dafür bisher zur Rechenschaft gezogen worden wären)?

Es wird sich zeigen, ob Papandreou seinen Worten Taten folgen läßt und den Willen seiner Wähler, die ihm geglaubt haben, erfüllt. Durch die Hochrüstungspolitik der USA erhält die Frage nach dem Verhältnis Griechenlands zur NATO zusätzliche Aktualität. General a.D. Georgios Koumanakos, zuletzt Erster Stellvertreter des Generalstabschefs der Streitkräfte Griechenlands, gehört heute zu den entschiedensten Gegnern der Anhäufung immer neuer, immer gefährlicherer US-Raketen in Europa. In den USA sieht er die Hauptverantwortlichen für die Gefährdung des Friedens und für periodische Krisen in Europa. Er drückt das sehr deutlich aus: »Die militärische Präsenz der USA, vertreten durch die 6. Flotte und Stützpunkte in Griechenland und der Türkei, stellt in diesem empfindlichen Gebiet von vitaler Bedeutung eine ständige Bedrohung des Weltfriedens dar und ist die Ursache permanenter innenpolitischer Spannungen in beiden Ländern. Es liegt auf der Hand, daß die Regierung der USA und ihre Geheimdienste hinter der Verschlechterung der griechisch-türkischen Beziehungen stehen. Sie sind auch die Hauptverantwortlichen für die Ereignisse in Zypern und die äußerst gefährliche Situation, die durch die Besetzung eines Teiles der Insel durch die Türkei entstanden ist. Mit Sorge blickt das griechische Volk auf weitere Aktivitäten der USA. Die im Herbst 1980 durch den Militärputsch in der Türkei und durch die Rückkehr Griechenlands in die militärische Integration der NATO veränderte politische Lage im östlichen Mittelmeer dürfte die US-Regierung zu weiteren gefährlichen Schritten in diesem Raum ermuntern... Die militärische Präsenz Amerikas im Mittelmeer verfolgt zwei Ziele: erstens einen Beitrag zu leisten zur Durchsetzung der NATO-Strategie und der weltweiten Strategie des Pentagons und zweitens die militärische Kontrolle des Mittelmeeres und des größeren Teils des Nahen Ostens zu sichern. Die militärische Kontrolle beinhaltet politische Kontrolle in unterschiedlicher Form und als Folge davon ökonomische Durchdringung und Ausbeutung, die ihrerseits eine unmittelbare wirtschaftliche Abhängigkeit von bestimmten Personen und Gruppen schafft und so die Kontrolle der Regierung und die Unterwerfung der Völker beschleunigt... So ungefähr funktioniert das Netz des Imperialismus und der Monopole, ein Netz, das ständig den neuesten Erfordernissen angepaßt wird und... von seiten einheimischer Agenten noch verstärkt wird.« (»Generale für den Frieden«, Köln 1981)

Wird Verteidigung der Freiheit nicht absurd, wenn sie zur Zerstörung individueller Freiheiten und sozialer Gerechtigkeit führt? Ist dann das Ganze überhaupt noch verteidigungswert?

Merke: »Die Mitglieder des Nordatlantischen Bündnisses erklären, daß der vor 25 Jahren zur Wahrung ihrer Freiheit und Unabhängigkeit unterzeichnete Vertrag ihre Schicksalsgemeinschaft bestätigt hat. Unter dem Schutz des Vertrages haben die Verbündeten ihre Sicherheit behauptet; so konnten sie die Werte erhalten, die das Erbe ihrer Zivilisation sind...« (Erklärung über die Atlantischen Beziehungen, veröffentlicht auf der NATO-Ministertagung in Ottawa am 21. Juni 1974).

Josef Weber:

Deutsche Militär-Beihilfe für den Faschismus

Prinzipielle NATO-Treue bestimmte stets die Haltung der Bundesregierung gegenüber der faschistischen Militärdiktatur in Griechenland, seit die Obristen im April 1967 geputscht hatten, um den sicheren Sieg des Zentrums und der Linken bei den damals bevorstehenden Wahlen und ein eventuell drohendes Ausscheiden Griechenlands aus der NATO zu verhindern. Zwar wollte sich die Bonner Regierung nicht durch zu enge offizielle Beziehungen belasten und war bemüht, den Anschein zu wahren, Verfechterin von Demokratie und Freiheit zu sein. Aber sie wollte auch vermeiden, daß die Junta international zu sehr isoliert wurde. Griechenland als NATO-Staat funktionsfähig zu erhalten, den eigenen Handlungsspielraum im östlichen Mittelmeer zu erweitern und die Verbindung Griechenlands mit der Europäischen (Wirtschafts-)Gemeinschaft nicht völlig zu unterbinden – dies wurden immer deutlicher die Motive für das Bonner Verhalten. Deshalb stimmte die Bundesregierung im Europarat lediglich einer Suspendierung der Mitgliedschaft Griechenlands zu und nicht seinem beantragten Ausschluß. Die Wirtschaftsbeziehungen wurden auch nach dem Militärputsch uneingeschränkt weitergeführt. Darüber hinaus fand eine enge militärische Zusammenarbeit statt. Die Einzelheiten sind zwar bis heute nicht vollständig bekannt, sicher ist aber, daß die Bundesrepublik – nach den USA – dem griechischen Militärregime die größte NATO-Verteidigungshilfe zukommen ließ.

Ende 1967 sah sich die Bundesregierung durch die wachsende Kritik zu der Erklärung veranlaßt, sie werde die geplante Lieferung von Rüstungsgütern aussetzen. Ob dies tatsächlich geschah, muß in Zweifel gezogen werden. Sicher ist, daß 1970 mindestens 40 Noratlas-Transportflugzeuge geliefert wurden.

Die U-Boot-Affäre

Seit 1971 tauchten immer wieder Gerüchte auf, die sich vor allem auf die Lieferung von größeren Unterseebooten bezogen. Die Athener Regierungszeitung »Nea Politia« verkündete, neben U-Booten werde Griechenland aus der Bundesrepublik vor allem Panzer und Feuerwaffen sowie Nachrichtengerät und Fahrzeuge beziehen. Der Initiativ-Ausschuß Griechenland-Solidarität machte Ende 1971 durch eine Unterschriftensammlung auf den Waffenhandel aufmerksam. In einem offenen Brief an die Bundesregierung hieß es: »Nach jüngsten Informationen will die Kieler Howaldt-Werft drei weitere U-Boote von je 1000 Tonnen Größe liefern. Das erste Unterwasserschiff dieser Art ist bereits in Griechenland eingetroffen.« Innerhalb kurzer Zeit stimmten dem Appell mehr als 7000 Personen und zahlreiche Organisationen zu. Die militärische Unterstützung des griechischen Regimes wurde zugleich als dessen moralische Aufwertung verurteilt und als schwerer Schlag gegen die für ein demokratisches und freies Griechenland kämpfenden Patrioten bezeichnet. »Wir wollen nicht«, hieß es in dem Appell, »daß Griechenlands demokratisch gesonnene Bürger einmal sagen müssen, die Bundesrepublik habe nichts anderes für sie getan, als mit Achselzucken auf Bündnisverpflichtungen hinzuweisen, deren amoralischer Charakter in diesem Fall unübersehbar ist.« Nach Monaten der Geheimhaltung wurde der Skandal offenkundig: Vier auf der bundeseigenen Howaldt-Werft in Kiel gebaute U-Boote waren mit Zustimmung der Bundesregierung an das faschistische Regime in Griechenland geliefert worden.

Noch am 11. Januar 1971 hatte Regierungssprecher Conrad Ahlers versichert, daß die von der Bundesrepublik geleistete NATO-Militärhilfe für Griechenland 1968 ausgelaufen sei. Mit der gleichen Schutzbehauptung hatte der damalige Bundesminister Helmut Schmidt im Mai 1970 auf dem Saarbrückener SPD-Parteitag kritische Stimmen beschwichtigt. Um diese Version aufrechterhalten zu können, wurde dann in Bonn erklärt, die Lieferung der U-Boote sei ein »rein kommerzielles, privatwirtschaftliches Geschäft«. Die Tatsachen widerlegen die Behauptung. Der Lieferung lag eine politische Entscheidung der Bundesregierung zugrunde. Ohne ihre Genehmigung wäre die Lieferung nach dem Kriegswaffenkontrollgesetz unmöglich gewesen. Oder, wie es die IG Metall formulierte: »Diejenigen, die es verhindern konnten, haben es nicht getan.«

Die Londoner WEU-Verträge untersagten der Bundesrepublik, U-Boote über 450 Tonnen herzustellen.[1] Dieses Verbot sollte zunächst durch Montage der Einzelteile in Griechenland umgangen werden. Technisch ließ sich das nicht verwirklichen. Deswegen holte die Bundesregierung bei der Westeuropäischen Union eine Ausnahmegenehmigung für diese Unterseeboote ein. Vom NATO-Führungsstab in Europa (SACEUR) hatte der WEU-Rat die Mitteilung erhalten, die U-Boot-Lieferung sei »zur Sicherung der westlichen Allianz notwendig«. In Bonn wurde erklärt, die amerikanische Regierung habe bei der Bundesregierung auf schnelle Lieferung gedrungen.

Nachdem das Bundesverteidigungsministerium inzwischen auch schon zugegeben hatte, unberührt von dem 1967 angekündigten Lieferungsstop für Rüstungsgüter würden »Überschußmaterial« und »industrielles Neumaterial« nach Griechenland geschickt, wurden im April 1972 weitere Verhandlungen über Waffenlieferungen bekannt. Die Bundesregierung ließ von ihrer Botschaft in Athen und von den Bundestagsabgeordneten Raffert (SPD) und Martin (CDU) Einzelheiten über die Wiederaufnahme der Militärhilfe aushandeln. Auch die Reise von Staatssekretär Frank im Herbst 1972 nach Athen diente dazu, diesbezügliche Absprachen zu treffen. Im Zusammenhang damit war zu erfahren, daß mit Genehmigung des Bundessicherheitsrates auch Torpedos für U-Boote und für Schnellboote, Panzerabwehrraketen und Cobra-Lenkwaffen geliefert wurden.

Gemeinsame Ausbildung, gemeinsame Manöver

Außer den Waffenlieferungen müssen die unmittelbaren Kontakte zwischen den Streitkräften erwähnt werden. Die Bundeswehr und das griechische Militär arbeiteten im »Ständigen Komitee für nukleare Verteidigung« zusammen. Laut Weißbuch 1971/72 des Bundesverteidigungsministeriums übten Verbände des Heeres und der Luftwaffe auf Plätzen in Griechenland. Griechische Offiziere nahmen in der Füh-

1 Mit Ratsbeschluß vom 27. Juni 1984 hob die WEU die letzten Rüstungsbeschränkungen für die BRD auf. Seitdem gilt lediglich ein – jederzeit widerrufbarer – Selbstverzicht der BRD auf ABC-Waffen.

rungsakademie der Bundeswehr an der Generalstabsausbildung teil. Griechische Soldaten aller Dienstgrade wurden an Schulen der Bundeswehr ausgebildet. Gemeinsame Manöver sollten dem Erfahrungsaustausch dienen und zur Stärkung der Kampfkraft der griechischen Truppen beitragen. Der Bundeswehr wurde seit 1971 ein Raketenschießplatz bei Iraklion auf Kreta zur Verfügung gestellt; auf griechischen Militärflugplätzen erhielt sie Landerecht.

Gefolterte Griechen sagten 1968 vor dem Europarat aus, daß mindestens ein NATO-Lager, Hagia Paraskeue, als Zentrum für die Ausbildung zur Folter diente. Diese Meldung wurde nie dementiert.

Das alles heißt im Klartext: Die Bundesregierung unterstützte im Rahmen ihrer NATO-Politik den Faschismus in Griechenland auch militärisch. Der Kontrollpassus im Statut der Westeuropäischen Union, der einst verhindern sollte, daß die Bundesrepublik jemals wieder zur Rüstungsmacht in Europa wird, versank in Mißachtung.

Entscheidend für das Bonner Verhalten war der zunehmende Druck Washingtons. Daß das faschistisch geführte NATO-Mitglied Griechenland stärker zu unterstützen sei, wurde mit der Notwendigkeit begründet, die Südostflanke der NATO gegenüber der sowjetischen Flotte im Mittelmeer zu sichern. Zu diesem Konzept gehörte auch der Plan, die strategisch wichtige Insel Zypern durch ultimativen Druck zur Bildung einer Rechtsregierung und zur Aufgabe ihrer Neutralität zu zwingen. Als »unversenkbarer Flugzeugträger« sollte sie voll in die NATO einbezogen werden.

Seit Anfang 1972 war völlig klar, daß Bonn wieder für viele Millionen Mark Rüstungsmaterial an die Obristen lieferte. Zuständig war nicht mehr das Verteidigungsministerium, sondern das Auswärtige Amt und das Wirtschaftsministerium. Der Waffenlieferungsstop wurde, sofern er überhaupt jemals umfassend bestanden hatte, vom Kabinett aufgehoben, obwohl die Bundesregierung von der Existenz der Konzentrationslager wußte, obwohl sie die Zahl der politisch Verfolgten kannte (Tausende waren ihr namentlich genannt worden, unter anderem von der IG Metall und vom Initiativ-Ausschuß Griechenland-Solidarität), obwohl die tagtäglichen Folterungen kein Geheimnis waren und obwohl sich der SPD-Parteitag von 1971 ausdrücklich gegen Waffenlieferungen nach Griechenland ausgesprochen hatte. Dabei störte sich die Bundesregierung auch nicht daran, daß ihre Ostpolitik von den Obristen als verräterisch diffamiert wurde.

Gerade die Vorgänge um die Lieferung der vier schweren U-Boote zeigen die doppelbödige Moral, mit der man zu Werke ging. Unter Mißachtung des Parlaments – von den Verpflichtungen des Grundgesetzes ganz zu schweigen – wurden vollendete Tatsachen geschaffen. Nach der Devise »Schweigen und handeln« wurden alle kritischen Stimmen ignoriert, obgleich jedermann wußte, daß jegliche Waffenlieferung eine Stärkung der Macht und des Ansehens der Militärdiktatur bedeutete und sich damit direkt gegen den demokratischen Widerstand in Griechenland richtete.

Die Haltung der Bundesregierung blieb auch dann unverändert, als sich abzeichnete, daß das griechische Regime einer schweren Krise zusteuerte. Wachsender Widerstand des griechischen Volkes und wirtschaftliches Chaos waren ihre Hauptmerkmale. Die Junta reagierte mit zunehmendem Terror gegen das Volk. Trotz alledem wurde das griechische Unrechtsystem, insbesondere seitens der USA und der Bundesrepublik, weiterhin voll unterstützt. Ein rechtzeitiger internationaler Boykott im Sinne demokratischer Verpflichtungen hätte den Sturz der Junta wesentlich beschleunigt.

Zwei Monate vor den antifaschistischen Massendemonstrationen der griechischen Studenten und Arbeiter im November 1973, die von Militär und Polizei blutig niedergeschlagen wurden, lieferte die Bundesrepublik noch über 100000 Handfeuerwaffen, 3000 Maschinenpistolen und Munition nach Athen. Die Exportgenehmigung war nicht, wie zuletzt üblich, vom Bundeswirtschaftsministerium, sondern vom Bundessicherheitsrat unter Vorsitz des Bundeskanzlers erteilt worden, und zwar den Firmen Rheinmetall in Düsseldorf sowie Heckler & Co. GmbH in Oberndorf.

Nach dem November-Massaker, bei dem mindestens 200 Menschen getötet, weit über 2000 verwundet und über 3000 Demokraten verhaftet wurden, verstärkten sich auch in der Bundesrepublik die Stimmen der Kritik. Doch auch jetzt noch fand ein als liberal geltendes Blatt Worte der Rechtfertigung. Die »Stuttgarter Zeitung« schrieb: »Europa muß auch an der Ägäis verteidigt werden. Immerhin ist die griechische Diktatur ein verläßlicherer Partner gewesen als beispielsweise die dänische Demokratie.«

Auch heute, etliche Jahre nach dem Sturz der Diktatur, ist es das Ziel der Griechenland-Politik der USA und ihrer Verbündeten, dieses Land als NATO-Basis zu erhalten. Damals, 1974, als die Obristen die Regierungsgewalt verloren, als sich das Volk den amerikanischen Machtansprüchen zu entziehen versuchte, als die Besetzung Nord-Zyperns durch türkische Truppen die Empörung über die NATO verstärkte, löste sich Griechenland aus der militärischen Zusammenarbeit mit den anderen NATO-Staaten. Doch Anfang 1981 vollzog die konservative Regierung Rallis die Wiedereingliederung in die NATO und die EG.

»Ein amerikanisches Protektorat...«

Schon seit 1953 verfügen die USA über vier große und zwölf kleinere Militärbasen in Griechenland. Dazu gehören zum Beispiel die Treibstofflager und Munitionsdepots für die amerikanische 6. Flotte in Souda auf Kreta. Dort können Kriegsschiffe vor Anker gehen, von dort aus starten US-Marineflugzeuge zur Aufklärung im östlichen Mittelmeer. Der Stützpunkt Gournos bei Iraklion, ebenfalls auf Kreta, dient der elektronischen Luftaufklärung.

Zum Flughafen von Athen gehört der Stützpunkt Hellenikon, ein Zwischenlandeplatz der US-amerikanischen Air Force, und in der Nähe von Marathon bei Nea Makri befinden sich Anlagen für die elektronische Aufklärung im Balkanraum. Es gilt als sicher, daß in einigen Stützpunkten nukleare Munition gelagert ist.

Die ausländischen Stützpunkte sind Gegenstand zunehmender Kritik in der Öffentlichkeit. Andreas Papandreou, Vorsitzender der sozialistischen Partei (PASOK), seit November 1981 Regierungschef, gab dieser Stimmung am klarsten Ausdruck, als er noch in seiner Eigenschaft als Oppositionsführer erklärte: »Die USA betrachten Griechenland als ihr Protektorat. Die griechische Regierung hat den Amerikanern nie beigebracht, unser Land zu achten.«

Ein Zwischenfall, der großes Aufsehen erregte, unterstreicht diese Feststellung. Ende Februar 1981 zog in der nordgriechischen Stadt Drama eine US-Einheit in Schutzkleidung durch den Ort, um einen Angriff mit chemischen Kampfstoffen zu proben. Das war ein offener Vertragsbruch; denn die griechische Regierung war von dieser Übung nicht vorher in Kenntnis gesetzt worden, wie es vertraglich vorgeschrieben ist.

Die Regierung Rallis, die prinzipiell nichts gegen die amerikanischen Stützpunkte im Land einzuwenden hatte, sah sich mit Rücksicht auf die wachsende Opposition gezwungen, bei den seit Januar 1981 laufenden Verhandlungen über die Beibehaltung der Militärbasen bestimmte Forderungen zu erheben. So verlangte sie, daß die amerikanischen Stützpunkte künftig von Griechenland verwaltet werden, griechische Offiziere sollten das Kommando übernehmen. Die Stützpunkte sollten nur für NATO-Zwecke verwendet werden und nicht als Brückenköpfe für den Einsatz von US-Streitkräften im Nahen Osten. Die wichtigste Forderung der griechischen Regierung aber war, daß die USA keine Nuklearwaffen in Griechenland stationieren dürfen.

Die Verhandlungen sollten schon im Frühjahr 1981 abgeschlossen sein, aber es kam nicht zur Einigung. Die griechische Regierung stand unter starkem Erwartungsdruck breitester Bevölkerungskreise, zumal die Militärbasen und die Wiedereingliederung Griechenlands in die NATO dem Volk große Finanzlasten auferlegen. Griechischer Selbstbehauptungswille gegenüber der US-amerikanischen Politik prägte dann auch den Wahlkampf und trug zu Papandreous Wahlsieg bei.[1]

Zum NATO-Konzept der stärkeren Sicherung der Südostflanke gehört nach wie vor die Absicht, die strategisch wichtige Insel Zypern als »unversenkbaren Flugzeugträger« verwenden zu können. Seit der türkischen Invasion von 1974 – kurz nach dem gescheiterten Versuch eines Anschlusses der Insel an das Griechenland der NATO-Obristen – ist der Nordteil der Insel besetzt, das Land geteilt, 33 Prozent der Bevölkerung sind aus ihren Heimen vertrieben. Die Forderung zahlreicher UNO-Resolutionen, einen unabhängigen, entmilitarisierten, bündnisfreien und föderativen Inselstaat zu schaffen, scheiterte vor allem an der Haltung der USA. Noch 1979 machte Washington die Wiederaufnahme von Waffenlieferungen an die Türkei von deren Bereitschaft abhängig, die UNO-Beschlüsse über Zypern anzuerkennen. Davon ist in Washington längst nicht mehr die Rede. Die Waffenlieferungen wurden wiederaufgenommen, und auch die Bundesrepublik beteiligt sich an der internationalen Finanzhilfe für diesen NATO-Partner. Nach dem türkischen Militärputsch im September 1980 sagte Bundeskanzler Schmidt den Generälen die Fortsetzung der beträchtlichen finanziellen Unterstützung zu.

1 Später jedoch klangen die Äußerungen des neuen Ministerpräsidenten gegen die US-Stützpunkte immer hohler. Allmählich verloren sie an Glaubwürdigkeit, bis es schließlich am 15. Juli 1983 zu einer neuen Vereinbarung mit den USA über die weitere Präsenz der US-Truppen in Griechenland kam. Das Abkommen ist vorerst bis zum 30. Dezember 1988 befristet.

Die mit Milliardenbeträgen der NATO subventionierte türkische Armee unterdrückt nicht nur das eigene Volk, sie gefährdet auch den Frieden und die Sicherheit Europas. Im Rahmen der NATO-Strategie ist der Türkei schließlich die Aufgabe zugeteilt, ein Vorposten gegen die Sowjetunion zu sein.

Die zypriotische Zeitung »Rizospastis« meldete, daß es einen vertraulichen Bericht der CIA über Zypern gibt, demzufolge der gegenwärtige territoriale Zustand der Insel nicht geändert werden darf. In diesem Bericht heißt es: »Zypern gehört zur Einflußsphäre der Türkei, und eine Neutralität Zyperns wäre nicht zu verantworten.«

Seit Griechenland wieder der NATO angehört, ist eine neue Lage entstanden. Zwar finden seit längerem Verhandlungen zwischen der griechisch-zyprischen und der türkisch-zyprischen Seite statt. Aber es ist nicht zu erwarten, daß sie unter den gegebenen Umständen zu einem Erfolg führen können.[1] Die Zypernfrage ist zu einem bedeutenden internationalen Problem geworden, weil die Einmischung in die inneren Angelegenheiten der Insel anhält. Im Rahmen der Konfrontationspolitik der US-Regierung Reagan gegenüber der Sowjetunion soll Zypern seine Stützpunktrolle für die NATO spielen, ungeachtet der damit verbundenen flagranten Verletzungen zahlreicher UNO-Resolutionen.

1 Im November 1983 wurde im türkisch besetzten Teil der Insel eine »Türkische Republik Nordzypern« ausgerufen. Die Türkei betrachtet sich als »Garantiemacht« des neuen Staates. Der UNO-Sicherheitsrat erklärte die Staatsgründung für »rechtlich ungültig« und forderte alle Staaten der Erde auf, weiterhin die Republik Zypern anzuerkennen. Trotz weiterer UNO-Interventionen ist die Zypern-Frage bis heute ungelöst – ein Zustand, der offenkundig den Interessen der NATO entspricht. Großbritannien unterhält auf Zypern weiterhin große Militärstützpunkte, die auch den US-amerikanischen Streitkräften dienen.

Terror in der Türkei

Ein NATO-Manöver und seine Folgen

Es war am 11. September 1980, genau sieben Jahre nach dem Militärputsch in Chile. An diesem Tag begann in der Türkei das NATO-Manöver »Anvil Express«. An diesem Tag hielt sich auch der für die Türkei zuständige Beamte des US-amerikanischen Außenministeriums, J. Williams, in der Botschaft seines Landes in Ankara auf, ein Mann, dessen »Schicksal« es nach seinen eigenen Angaben war, auch beim Militärputsch in Athen und beim Kriegsausbruch in Zypern rechtzeitig zur Stelle gewesen zu sein. In der Nacht vom 11. auf den 12. September 1980 schlugen die türkischen Generale los. Ein halbes Jahr später sagte Junta-Chef Kenan Evren in der US-Zeitschrift »Newsweek«: »Das Volk war auf der Suche nach einem Retter. Ich war zufällig der Oberste der Bewegung, der die Macht übernahm. Ich drückte nur auf einen Knopf, und der Mechanismus wurde in Gang gesetzt.« Evren brüstete sich auch: »Seit unserer Machtübernahme wurden Abertausende linke Personen bei den Operationen unverletzt, verletzt oder tot festgenommen.«

Die Junta verbot den Gewerkschaftsbund DISK, nahm Tausende seiner Funktionäre in Haft, machte tarifvertragliche Rechte rückgängig, löste die Parteien auf, stellte Zeitungen unter Zensur, bürgerte Hunderte Oppositionelle aus. Den Schüler Faruk Almar in Izmir verurteilte ein Militärgericht zu 32 Monaten Haft und einer Geldstrafe, weil er während des Unterrichts auf einen Tisch Parolen gegen das Militär geschrieben habe. Gegen 52 von 250 im Dezember 1981 vor Gericht gestellte DISK-Funktionäre beantragte der Militärstaatsanwalt sofort die Todesstrafe.[1] Der namhafte Verleger Ilhan Erdost wurde

1 Die Zahl der Angeklagten erhöhte sich später auf 1477. Der Prozeß dauerte fünf Jahre. Im Dezember 1986 wurden dann gegen 266 Gewerkschafter Freiheitsstrafen

nach der Festnahme mit Gewehrkolben totgeschlagen. Zahlreiche Festgenommene, darunter der Rechtsanwalt Ahmet Hilmi Reiziloglu, starben nach offizieller Version durch »Selbstmord«; sie sollen aus dem dritten oder fünften Stock eines Polizeipräsidiums gesprungen sein oder sich beim Verhör den Kopf an der Wand zerschlagen oder sich in der Zelle erhängt haben; oder es heißt, sie seien unglücklich eine Treppe hinabgestürzt. Zeki Atsiz, Gewerkschafter aus Diyarbakir, berichtete: »Sie haben mich mit Bastonade gefoltert, Wasser auf den Boden geschüttet, Salz hineingestreut, und ich mußte mit meinen blutigen Füßen darin laufen. Dann haben sie mich in einen Raum mit einem elektrischen Stuhl gebracht. Ich mußte mich darauf setzen, und sie haben mir plötzlich Strom gegeben. Ich wurde bewußtlos. Danach haben sie mich an ein Kreuz gefesselt und mich mit Sandsäcken geschlagen.« In Ostanatolien wurden die Bauern ganzer Dörfer zusammengetrieben und kollektiv gefoltert. Briefe, die den 1,5 Millionen in der Bundesrepublik lebenden Türken von ihren Angehörigen zugehen, bringen immer neue Nachrichten darüber. Soldaten prügeln vor den Augen der Frauen und Kinder die Männer, treiben ihnen Stöcke in den After, hängen sie an den Füßen auf. Frauen werden vergewaltigt. Meldet sich ein von den Militärbehörden Gesuchter nicht sofort, werden seine Verwandten als Geiseln genommen, bis der Gesuchte sich stellt. Im Militärgefängnis Mamak bei Ankara müssen die Gefangenen im Stechschritt auf dem Hof marschieren, singen (»Wir werden das Mittelmeer mit den Schädeln unserer Feinde füllen«) und auf jeden Befehl der Wachsoldaten antworten: »Hoch lebe das Militär!«

In einem Brief aus Südostanatolien vom April 1981 heißt es: »Bruder, vorgestern kamen in unser Dorf wieder die Soldaten. Sie sammelten wieder Geld für einen Atatürk-Park und um ein neues Gefängnis in Pazarcik zu bauen. Jeder mußte mindestens 2000 Lira zahlen. Wenn man nicht zahlt, wird man ins Gefängnis gebracht... Kürzlich brachten sie die Tochter Deines Onkels ins Gefängnis. Ihr Vater war finanziell in einer guten Situation und konnte das Mädchen mit Bestechungsgeldern endlich wieder rausholen. Sie war völlig unschuldig. Sie

bis zu 15 Jahren verhängt. Während die Touristik-Unternehmen in der Bundesrepublik ankündigten, die Türkei werde 1987 »der Renner der Saison«, ging dort die Unterdrückung der Arbeiterbewegung ebenso weiter wie die Knebelung der Presse, und in den Haftanstalten wurde weiter gefoltert.

wußte nicht einmal, was das Wort ›Revolutionär‹ bedeutet. Sie wurde beschuldigt, den Revolutionären Nahrungsmittel gebracht zu haben. Nun ist sie zu Hause. Sie brachen ihr einen Arm. Sie soll sehr viel gefoltert worden sein...«

Zwei Monate nach dem Militärputsch bewilligte die Bundesregierung den türkischen NATO-Partnern 600 Millionen Mark Militärhilfe. Mehr als 100 in der Bundesrepublik lebende Türken und einige Bundesbürger, die sich mit ihnen solidarisierten, traten daraufhin in Hungerstreik und forderten, ein Untersuchungsausschuß des Bundestages sollte in die Türkei reisen und die vorliegenden Folterberichte überprüfen. Die Demonstranten meinten, die Bundesregierung sei sich nicht darüber im klaren, was in der Türkei geschehe, sonst würde sie die dortigen Machthaber nicht unterstützen. Der westdeutsche Botschafter in Ankara, Dirk Oncken, versuchte abzuwiegeln: Die Nachrichten über Menschenrechtsverletzungen seien »von der hiesigen extremen Linken«, die nach »anfänglicher Desorientierung Tritt zu fassen versucht«, und von der »in Wahrheit linksradikal durchsetzten Istanbuler Rechtsanwaltskammer« lanciert. Niemand halte die überbelegten und sanitär schlecht ausgerüsteten Gefängnisse »für einen angenehmen Aufenthaltsort«. Straffällig gewordene Gastarbeiter würden aber »nach glaubwürdigen Berichten« lieber »in dem kollektiven Mief türkischer Haftanstalten leben, wo sie von Freunden und Verwandten nach Belieben versorgt werden können«, als in »unserem hygienischeren Strafvollzug«. Oncken wollte zwar Folterungen, die er als »verschärfte Vernehmungen« umschrieb, »nicht ausschließen«. Aber die Türken seien an derlei gewöhnt: »Gedankenlose Brutalität erscheint als Bestandteil des täglichen Lebens.«[1] Einzelne Politiker widersetzten sich solchem Zynismus. Der damalige SPD-Bundestagsabgeordnete Manfred Coppik, der später zu den Grünen ging, mahnte: »Bei der Güterabwägung zwischen einer Stärkung der militärischen Südflanke der NATO und der Erhaltung elementarer Menschenrechte sollten wir

1 So trifft man alte Bekannte wieder: Als 1972 die Bundesregierung auf Wunsch des griechischen Obristenregimes den damaligen Botschafter Peter Limbourg aus Athen abberief, ersetzte sie ihn durch den als besonders konservativ geltenden Dirk Oncken. Zu seinen früheren Tätigkeiten gehörte die eines bundesdeutschen Gesandten bei der NATO. Oncken blieb bis 1977 in Griechenland. Dann wurde er nach Neu Delhi versetzt. Indien stand gerade vor den Parlamentswahlen, die zum Sturz Indira Gandhis führten. Von 1979 an vertrat Oncken die BRD in Ankara.

uns für die Menschenrechte entscheiden.« Nachdem sich die Evangelische Kirche die Forderung der Hungerstreikenden zu eigen gemacht hatte, begaben sich Alois Mertes (CDU), Helga Schuchardt (damals noch FDP), Karsten Voigt (SPD) und weitere Parlamentarier auf die Reise. Aber schon vor der Ankunft in Ankara stellte Mertes klar, die Hilfe des Westens für die Türkei sei von großer Bedeutung für die Verteidigung und könne deshalb »nicht von einer Rückkehr zur Demokratie abhängig gemacht werden«. Die Delegation reise auch nicht als Untersuchungskommission in die Türkei, sagte Mertes. »Vielmehr wollen wir als Bündnispartner richtige und zutreffende Informationen einholen.« Die Besucher aus Bonn sprachen mit Junta-Chef Evren, dem stellvertretenden Ministerpräsidenten Özal und weiteren Vertretern des Putsch-Regimes, auch mit einigen prominenten Politikern aus der Zeit vor dem Putsch, aber zu Gesprächen mit Häftlingen oder mit Angehörigen von Verfolgten fanden sie keine Gelegenheit. Dennoch gaben sie nach kurzem Aufenthalt als Ergebnis zu Protokoll: »In der Türkei gibt es keine systematische Folter.« Und: »Für die Rückkehr der Türkei zur Demokratie ist die Fortsetzung der westlichen Hilfe unbedingt erforderlich.«

Auf Militärhilfe ist die Türkei permanent angewiesen, seit ihre Streitkräfte 1974 die souveräne, blockfreie Inselrepublik Zypern überfielen und einen großen Teil des Territoriums okkupierten. Ein so armes Land wie die Türkei (40 Prozent Analphabeten, 45 Prozent Kindersterblichkeit) kann es sich aus eigener Kraft nicht leisten, jahrelang Zehntausende Soldaten außerhalb der eigenen Grenzen zu stationieren. Von sich aus hätte sich die Türkei auf diesen abenteuerlichen Aggressionsakt gar nicht eingelassen. Die Pläne stammten von der NATO, und seit der westlichen Gipfelkonferenz in Guadeloupe hat hauptsächlich die Bundesrepublik als reichster europäischer NATO-Staat die Aufgabe, den türkischen Verbündeten die Invasionskosten tragen zu helfen.

Nach dem Putsch ließ die Bonner Hilfsbereitschaft nicht nach, sondern verstärkte sich noch. Zum Beispiel erleichterte die Bundesregierung die Rückzahlungsbedingungen für einen 1,2-Milliarden-Kredit. Der Internationale Währungsfonds (IWF) gewährte einen neuen Kredit, mit dessen Annahme sich die Türkei verpflichtete, die Währung abzuwerten, die Löhne einzufrieren, staatliche Unternehmen zu privatisieren. Die Wirtschaftspolitik nach Art der »Chicago Boys« hatte prompt zur Folge, daß Inflation und Arbeitslosigkeit wuchsen, zahlreiche kleine und mittlere Unternehmen in Konkurs gingen und ausländische Konzerne einen Betrieb nach dem anderen kauften. Von den inländischen Firmen blieben nur die ganz großen profitabel, namentlich der OYAK-Konzern, der zweitgrößte des Landes. Er gehört den Offizieren der türkischen Armee. Zufrieden kommentierte Springers »Die Welt« am ersten Jahrestag des Putsches: »Schließlich ist der autoritären Natur des Militärregimes zu verdanken, daß in der Türkei nach vielen Jahren eine vernünftige und langatmige Wirtschaftspolitik eingeleitet wurde.« Gegen »autoritäre« Regime hat die Springer-Presse ohnehin selten etwas einzuwenden, sondern findet gewöhnlich nur Rechtfertigungen und Verharmlosungen für sie. Der türkischen Terrororganisation »Graue Wölfe« gab »Die Welt« (am 11.9.1981) die hübsche Bezeichnung »Pfadfinderbund«. Die Bundesbeauftragte für Ausländerfragen, Lieselotte Funke (FDP), beteuerte am 11. September 1981: »Die türkische Seite gibt sich große Mühe bei der Demokratisierung des Landes.« Zuvor hatten sich die Generale, da die weltweiten Proteste nicht mehr mit bloßen Worten zu beschwichtigen waren, etwas Besonderes einfallen lassen: eine Beratende Versammlung. Von den 160 Mitgliedern berief die Junta 40 nach eigenem Gutdünken. Die anderen 120 suchte sie aus insgesamt 360 Kandidaten aus, die von den Gouverneuren der Provinzen vorgeschlagen worden waren. Da die meisten Gouverneursposten eben erst von ihnen mit pensionierten Offizieren besetzt worden waren, konnten sie mit passenden Kandidaten rechnen, zumal jeder Kandidat etliche Kriterien erfüllen mußte: Mindestalter 30 Jahre, abgeleisteter Militärdienst usw. So wählten sich die Generale ein Parlament. US-Verteidigungsminister Caspar Weinberger zeigte sich Anfang Dezember 1981 in Ankara beeindruckt und lobte die Generale für ihre »erfolgreiche Arbeit«. Der Türkei-Sachbearbeiter im Nationalen Sicherheitsrat der USA, Paul Henze, hatte schon kurz nach dem Putsch gejubelt: »Diese Türkei ist ein Modell für die Länder der Dritten Welt, besonders im Mittleren und Nahen Osten. Sie wird, wie Chile, zu einem Hort der Stabilität.« Henze war bis 1979 CIA-Chef in Ankara gewesen.

Porträt einer führenden Persönlichkeit der Freien Welt

An der Spitze der NATO stand viele Jahre lang als Generalsekretär der Niederländer Joseph Luns, der es genoß, durch die Mitgliedsländer zu reisen und Reden zu halten. Mal wartete er mit detaillierten Angaben über ein neues sowjetisches Riesen-U-Boot aus gehärtetem Titan auf, das allerdings gar nicht existierte. Mal erklärte er eindringlich, daß dieser oder jener Teil der Friedensbewegung von Moskau finanziert werde, um dann auf Nachfrage offen einzugestehen, daß er dafür selbstverständlich keinerlei Beweise habe. In der folgenden Glosse aus der niederländischen Zeitung »Volkskrant« vom 22. September 1981 (leicht gekürzt und übersetzt von Gerrit Bussink) wird Luns jedoch an keiner Stelle mit seinem Namen genannt.

Wer wurde 1935 Mitglied der Nationalsozialistischen Bewegung von Anton Mussert?

Wer trat 1938 einen Studienplatz in Nazi-Deutschland an?

Wer verbrachte die Zeit des Zweiten Weltkriegs auf bequemste Weise im Ausland?

Wer verschenkte 1963 Elten und Suderwick[1] *und wußte später den Verdacht der Bestechung routiniert unter den Teppich zu kehren?*

Wer bewirkte den totalen Bruch, fast einen Krieg, zwischen Indonesien und den Niederlanden wegen Neu-Guinea, das wir dann natürlich dennoch abgeben mußten?

Wer beauftragte seinen Fahrer 1966 nach einem Unfall, Fahrerflucht zu begehen?

1 1945 von den Niederlanden annektiertes, seit 1963 bundesdeutsches Territorium

Wer lobte 1968 den portugiesischen Diktator und Mörder Salazar?

Wer meinte 1970, daß Shell und Unilever in den Niederlanden mehr als bisher das Sagen haben müßten?

Wer erlaubte 1971 in der NATO keine Kritik an Portugal und Griechenland?

Wer hat jahrelang darauf beharrt, daß die USA ihm versprochen hätten, die Niederlande im Fall eines militärischen Konflikts um Neu-Guinea zu unterstützen?

Wer erwies sich 1972 als der Inhaber eines illegalen Bankkontos in New York?

Wer war erklärter Anhänger des Präsidentschaftskandidaten Nixon und nannte dessen demokratischen Gegner lebensgefährlich?

Wer fuhr 1973 Auto an einem autofreien Sonntag?

Wer sagte 1974, daß der niederländische Soldat, mit Haaren bis auf die Knie, dem türkischen Soldaten unterlegen sei?

Wer sagte 1975, daß er Panagoulis erschossen hätte, wenn er Papadopoulos wäre?[1]

Wer erklärte 1977, er befürworte die Neutronenbombe von ganzem Herzen, und nannte sie »eine winzige und unschuldige Waffe«?

Wer phantasierte 1979, daß sein Bruder ihn einst ohne sein Wissen als Mitglied der Nationalsozialistischen Bewegung angemeldet habe?

Wer empfing, angeblich privat, 1980 Pik Botha[2] *aus Südafrika?*

Wer gab 1981 seinem Sohn auf offiziellem Papier aus dem NATO-Hauptquartier ein Empfehlungsschreiben für dessen Goldmünzengeschäfte auf den Antillen?

Erraten?
Dann wissen Sie auch, wer gestern beteuerte, er glaube dem Biertischgerede über die aus Moskau und Ostberlin stammenden Drahtzieher und Hintermänner der kirchlichen Friedensbewegung in den Niederlanden.

1 Alekos Panagoulis hatte ein Attentat auf den griechischen Junta-Chef geplant; 1976 starb er einen mysteriösen Unfalltod.

2 Außenminister des Rassistenregimes.

Die Führungsmacht der Freien Welt

An erster Stelle aller Länder der Freien Welt stehen die Vereinigten Staaten von Amerika. Zum Selbstverständnis jedes biederen US-Bürgers gehört es, daß sein Land alle anderen beschützt und daß es ohne amerikanischen Schutz überhaupt keine Freiheit in der Welt gäbe.

Von keinem Land geht so viel freie Unternehmerinitiative aus wie von den USA, deren Konzerne die allergrößten sind. Ohne die Privatinitiative eines Konzerns wie ITT wäre Chile schwerlich in der Freien Welt zu halten gewesen, ähnlich wie einst in Guatemala der Bananenkonzern United Fruit Company mit einer privaten Militäraktion dafür sorgte, daß der Freie Markt für ihn reserviert blieb und er sich weiterhin ungestört die Früchte des Landes aneignen konnte. Oberstes Gesetz für die US-Konzerne ist heute wie ehedem die Gesetzlosigkeit des Wilden Westens.

Gewaltige Vermögen entstanden schon in den herrlichen, auf unzähligen Filmstreifen verherrlichten Zeiten der US-amerikanischen Geschichte, als die Indianer, denen das Land gehörte, ausgerottet wurden. Die Indianer (Brüder der Indios in Guatemala und Chile) wehrten sich zwar, aber die »Yankees« oder »Gringos« (wie man sie in Lateinamerika nennt) hatten geeignetere Waffen (Angriffswaffen, Massenmordwaffen) und geringere Skrupel, sie einzusetzen.

Das Rüstungsgeschäft ist ein besonders angenehmes Geschäft – für den, der es betreibt. Als Geschäftsmann kann man sich kein angenehmeres Geschäft aussuchen. Nirgendwo anders ist das Risiko so gering. Der Produzent von Rüstungsartikeln hat nämlich nur mit einem einzigen Kunden zu tun, dem Staat. Mit freundlicher Hilfe pensionierter oder noch aktiver Generäle, die auf Vorstandsposten sitzen oder Beraterverträge haben, weisen die Rüstungskonzerne unaufhörlich auf Verteidigungslücken hin, die unbedingt mit neuen, noch moderneren Waffen geschlossen werden müßten. Immer wieder gelingt es auch, Artikel in die Presse zu lancieren, die der Öffentlichkeit diesen Gedanken nahebringen. Manchmal tauchen zwar Gerüchte auf, daß die Zustimmung der verantwortlichen Politiker für ein neues Waffensystem auf Bestechung zurückzuführen sei. Manchmal lassen sich diese Gerüchte sogar genau belegen, aber das nützt nur wenig: Die Politiker halten zusammen. Mancher von ihnen wäre gar nicht erst nach Washington gelangt, wenn ihm nicht Rüstungsindustrielle den Wahlkampf finanziert hätten. Unter diesen günstigen Umständen gelingt es immer wieder, die angeblichen Verteidigungslücken zu schließen. Die in den Staatsapparat entsandten Vertrauensleute der Rüstungsindustrie öffnen die Staatskasse, damit sich die Konzerne daraus bedienen können. Die Waffensysteme werden immer größer, komplizierter und teurer, und immer größer wird auch der Profit, der den Konzernen verbleibt. Die Politiker und die tonangebenden Journalisten verkünden derweil dem Volk die Notwendigkeit, sich materiell einzuschränken – im Interesse der Freiheit, denn ohne immer noch mehr Rüstung ginge die Freiheit verloren; wer etwas anderes sage, sei ein Feind der Freiheit.

Mit solchen Argumenten und solchen Helfern wirken die US-amerikanischen Rüstungskonzerne auf die Länder der Freien Welt ein und schneiden sich von deren Sozialprodukt Jahr für Jahr möglichst große Stücke ab. Militärdiktaturen machen es ihnen am leichtesten, deswegen zeigen die US-Konzerne eine Vorliebe für solche Regime. Nur in wenigen Ländern führen Bestechungsaffären, z. B. der weltweite Lockheed-Skandal, zu parlamentarischen Untersuchungen oder gar zu Ministerrücktritten wie immerhin in Italien und Japan. In der Bundesrepublik war der Name Franz Josef Strauß schon mit so vielen anderen Skandalen belastet, daß es auf diesen einen offenbar auch nicht mehr ankam. Die Öffentlichkeit fragte nicht lange. Sie erträgt Strauß weiterhin.

Die Security Exchange Commission (SEC), die nach dem welterschütternden Börsenkrach von 1929 geschaffene staatliche Aufsichtsbehörde für Wertpapiergeschäfte und Börsen, enthüllte im Jahre 1975 eine Vielzahl von Fällen, in denen US-Konzerne ausländische Regierungen bestochen hatten. Unter anderem wurde bekannt, daß United Brands (die umbenannte frühere United Fruit Co.) nicht nur in mittelamerikanischen Ländern dafür sorgte, wer regiert und welche Gesetze verabschiedet werden, sondern auch »Beamten einer Regierung in Europa zur Sicherung günstiger Geschäftsbedingungen« etwa 750 000 Dollar gezahlt hatte. Der Aufsichtsratsvorsitzende von Gulf

Oil räumte ein, sein Konzern habe allein im Jahre 1970 an die Partei des damaligen südkoreanischen Präsidenten Park Chung Hee vier Millionen Dollar gezahlt, um dessen Wiederwahl zu sichern, weil sonst Investitionen von Gulf Oil in Südkorea in Höhe von 300 Millionen Dollar gefährdet gewesen seien. Einem bolivianischen Präsidenten hatte dieser Ölkonzern nach Absprache mit dem US-Geheimdienst CIA 460000 Dollar zukommen lassen. Dem Flugzeugkonzern Northrop bescheinigte die SEC, innerhalb von drei Jahren nicht weniger als 30 Millionen Dollar illegal an ausländische Mittelsmänner verstreut zu haben. Die 50000 Dollar Schmiergelder, die Northrop erwiesenermaßen für die Watergate-Einbrecher stiftete, waren demgegenüber eine Lappalie.

Den Konzernen konnten solche Enthüllungen kaum schaden – zumal Bestechung im Ausland nach amerikanischem Recht nicht strafbar ist. Selbst die sensationelle Aufdeckung des Watergate-Skandals ließ zwar den damaligen US-Präsidenten Richard Nixon (Republikanische Partei) stürzen, hatte aber darüber hinaus nur begrenzte Wirkung. Für die Hauptverantwortlichen der Affäre wurde sie zum einträglichen Geschäft. Chef-»Klempner« Howard Hunt, der den Einbruch in das Hauptquartier der Demokratischen Partei im Washingtoner Watergate-Hotel technisch organisiert hatte, nahm allein für Filmrechte aus seinem Buch rund 450000 Dollar ein. Nixons juristischer Berater im Weißen Haus, John Dean, kassierte für ein Buch eine Million Dollar und für Vorträge weitere Hunderttausende Dollar. Bob Haldeman und John Ehrlichman, die neben Dean zum engsten Zirkel um den US-Präsidenten gehört hatten, kamen auf ähnliche Weise auf ihre Kosten. Nixon selbst konnte, wie »US News and World Report« im Mai 1978 berichtete, seine Memoiren für zwei Millionen Dollar verkaufen und erhielt weitere 600000 Dollar für Fernsehinterviews. Erfolgreiche Geschäftsleute auf dem Freien Markt im führenden Land der Freien Welt.

1980 und 1984 wurde wieder ein Republikaner als Präsident ins Weiße Haus gewählt, der einstige Hollywood-Filmschauspieler Ronald Reagan. Er hatte seine politische Karriere damit begonnen, daß er bei staatlichen Stellen Kollegen aus der Filmindustrie als Freunde des Kommunismus anschwärzte. Der Rüstungskonzern General Electrics heuerte ihn als Redner für Betriebsversammlungen an, auf denen er gegen den Kommunismus und alle sozialistischen Tendenzen wetterte. Dann ging er zum Werbefernsehen. Die erfolgreiche Reklame-Tätigkeit des Schauspielers für die Waschmittelfirma Borax veranlaßte seinen

Bruder Neil, ihn dem kalifornischen Öl- und Waffenmillionär Henry Salvatori mit den Worten für eine politische Karriere zu empfehlen: »Sie müssen ihn nur richtig einsetzen, dann garantiere ich Ihnen, daß er ein Erfolg ist. Wir haben ihn mit Seife getestet.« Salvatori ließ sich überzeugen. Er bahnte ihm den Weg zum Amt des Gouverneurs von Kalifornien und später zum Amt des US-Präsidenten. (Die Zusammenhänge amerikanischer Politik sind oft viel einfacher, als wir sie in Leitartikeln, die feinsinnig mit Ideen und Idealen spekulieren, dargestellt finden.)

Die USA exportieren mehr Waffen als alle anderen Länder der Erde zusammengenommen. Gerade darum sind sie die Führungsmacht der Freien Welt. Einer der größten Rüstungskonzerne ist gegenwärtig General Dynamics. Er stellt unter anderem das Jagdflugzeug »F 16« her. Von diesem Typ bestellten allein die US-Luftstreitkräfte fast 1400 Maschinen mit einem Auftragswert von etwa sechs Milliarden Dollar. General Dynamics baut auch das U-Boot »Trident« zu einem Stückpreis von 1,2 Milliarden Dollar. Die US-Seestreitkräfte bestellten acht dieser Schiffe. Die Atomraketen, die aus je 24 Schächten der »Trident« abgeschossen werden sollen, müssen zusätzlich bezahlt werden.

Hauptabnehmer der US-Rüstungskonzerne ist die eigene Regierung in Washington. Im Jahre 1973 betrug der Militäretat der US-Regierung 80 Milliarden Dollar. Bis 1978 erhöhte er sich auf 129 Milliarden Dollar, in Präsident Reagans erster Amtszeit auf mehr als 200 Milliarden Dollar und inzwischen, in der zweiten Amtszeit, auf mehr als 300 Milliarden Dollar. Das Haushaltsdefizit wurde immer größer, die staatlichen Sozialleistungen wurden von Jahr zu Jahr geringer. Arbeitslosigkeit, Analphabetismus, Drogensucht, Kriminalität, Elend und Verzweiflung breiteten sich aus.

Das Denken und Verhalten der US-Bürger ist von Angst geprägt. Die Waffenindustrie profitiert davon. Sie finanziert auch im eigenen Lande faschistische Propaganda. Die Zeitschrift »Soldiers of Fortune« schwärmt im redaktionellen Teil für Kampfgruppen und Söldnertrupps und streitet gegen Bürgerinitiativen, die seit langem – bisher vergeblich – ein Verbot des Waffenverkaufs an jedermann fordern. Im Anzeigenteil werden nicht nur Waffen, sondern auch Nazi-Embleme und Tonkassetten mit dem Horst-Wessel-Lied angeboten: »Die Musik aus dem Dritten Reich ist von Experten schon längst als Höhepunkt europäischer Musikentwicklung gewürdigt worden, ein anregender und nahrhafter Genuß für die arische Seele.«

Die Stadt Lincoln im US-Bundesstaat Nebrasca ist Sitz der »NSDAP-Auslandsorganisation« des Gary Lauck, der seit Jahren unbehelligt bundesdeutsche Neonazi-Gruppen mit Massen rassistischer, antikommunistischer, antidemokratischer Druckschriften in deutscher Sprache beliefert.

Ronald Reagan spricht nicht von der »arischen Seele«. Rassistische Äußerungen kommen ihm nicht über die Lippen. Insofern ist er kein Faschist. Aber er ist wie kein US-Präsident vorher Sachwalter der Rüstungsindustrie. Publikationen wie »Soldier of Fortune« und die dahinterstehenden Gruppen engagieren sich für ihn und profitieren von seiner Politik. Zu denen, die 1984 zur Wahl Reagans aufriefen, gehörte auch der Ku-Klux-Klan.

Die letzte Filmrolle, die Reagan 1974 spielte, war die eines Mord-Gangsters, der sich als Polizist tarnt. Später, in der Rolle des US-Präsidenten, erhob er den Anspruch, als Weltgendarm überall Ordnung zu schaffen. 1981 kündigte er an: »Wir werden den Kommunismus abschließen als ein trauriges, bizarres Kapitel... Wir werden uns nicht damit abgeben, ihn anzuprangern, wir werden uns seiner entledigen.« 1982 rief Reagan in einer Rede vor dem britischen Unterhaus zu einem »Kreuzzug für die Freiheit« auf, der »den Marxismus-Leninismus auf dem Aschehaufen der Geschichte zurückläßt«. Sein Sicherheitsbeauftragter Richard Pipes erklärte, die Sowjetführer hätten zu wählen zwischen friedlicher Verwandlung des Systems oder Krieg. Reagans Mitarbeiter Colin Grey entwickelte 1982 Vorstellungen für eine US-Siegesstrategie, die »den Tod des Sowjetstaates ins Auge fassen« müsse: »Die Vereinigten Staaten sollten in der Lage sein, die Führungskader in Schlüsselstellungen, ihre Kommunikationsmittel und einige ihrer Herrschaftswerkzeuge zu zerstören... Wenn die Moskauer Bürokratie beseitigt, beschädigt oder isoliert würde, könnte sich die UdSSR in Anarchie auflösen.« Es gehe darum, »dem sowjetischen Huhn den Kopf abzuschneiden«. Reagans Mentor im Senat, Barry Goldwater, hatte es zuvor schon so formuliert: »Ein Bömbchen im Herrenklo des Politbüros – das wär's.«

Auf die Frage der »New York Times« nach seiner Lieblingslektüre nannte Reagan 1983 »The Third World War: August 1985«, worin ein Ex-General den auf Europa begrenzten Atomkrieg schildert, den die USA siegreich bestehen. So konnte es kaum mehr verwundern, daß der US-Präsident vor einer Rundfunksendung bei einer Sprechprobe freudig verkündete: »Verehrte Landsleute! Ich habe heute das Vergnügen,

Ihnen mitzuteilen, daß wir ein Gesetz unterzeichnet haben, das die Sowjetunion für vogelfrei erklärt. Wir beginnen in fünf Minuten mit der Bombardierung Rußlands.« Die Sprechprobe wurde zum »Witz« erklärt. Niemand aber faßte es als Scherz auf, wenn Reagan bei vielen Gelegenheiten die Sowjetunion als das »Reich des Bösen« bezeichnete, wenn er von »Armageddon« sprach, dem biblischen Endkampf zwischen Gut und Böse, und wenn er die Vermutung äußerte, er selbst gehöre zu der Generation, die »Armageddon« erleben werde. Wie ernst solche Sprüche zu nehmen sind, mag nicht einmal ihm selbst ganz klar sein. Jedenfalls nützte die Hetzpropaganda des US-Präsidenten der Rüstungsindustrie. Ihr hatte Reagan schon 1980 in seinem Wahlprogramm versprochen: »Wir werden auf anhaltende Verteidigungsausgaben hinarbeiten, die ausreichend sind (...), um schließlich die Position militärischer Überlegenheit zu erreichen (...), die totale militärische und technologische Überlegenheit über die Sowjetunion.« Dieses Wahlversprechen erfüllte er – im Gegensatz zu vielen anderen. Er propagierte die zuvor durch Parlamentsbeschluß geächtete Produktion von Binär-Waffen, massenmörderischen Chemie-Waffen, besonders geeignet für eine heimtückische Offensiv-Strategie. Er setzte den Bau der Neutronenbombe durch, die alles Leben vernichtet, aber die Sachwerte unbeschädigt läßt – geeignet also für eine Strategie, die das Ziel verfolgt, ein Land mit allen seinen Reichtümern zu erobern und die Besitzer des Landes auszurotten. Er setzte die Stationierung von »Pershing II«-Raketen in Mitteleuropa durch, die so schnell fliegen, daß sie, im westdeutschen Mutlangen oder in Heilbronn abgeschossen, innerhalb von fünf Minuten Leningrad erreichen. Er setzte die Stationierung von »Cruise Missiles« durch, sogenannten Marschflugkörpern, die sich dicht über dem Erdboden, unterhalb der Radarkontrolle, in fremdes Land einschleichen können. Er ließ immer neue offensive Strategien (darunter »airland battle 2000«, ebenfalls speziell für Europa bestimmt) entwickeln, die jeweils neue Waffen erfordern.

Zwar beteiligten sich die USA an Verhandlungen über Rüstungsbegrenzung, aber Reagans Beauftragte (Rostow, Adelmann u. a.) erklärten wiederholt in zynischer Offenheit, welchen Zweck sie damit verfolgten: die Öffentlichkeit zu besänftigen. Denn Reagans Absicht war weder Rüstungsstop noch gar Abrüstung, und er hielt sich deswegen auch nicht an früher geschlossene Abkommen. Er lehnte die Ratifizierung von Verträgen über die Begrenzung unterirdischer Atomwaffenversuche ab, er schob den in den siebziger Jahren mühevoll ausgehandelten zweiten Vertrag über die Begrenzung strategischer Waffen (SALT II) beiseite, er präsentierte eine neue, »weite Auslegung« des Vertrags über Raketenabwehrsysteme (ABM-Vertrag), um den Bau von Systemen, die nach diesem Vertrag verboten sind, einseitig für erlaubt zu erklären. Er weigerte sich, Vereinbarungen mit der Sowjetunion zu treffen, die ihn daran gehindert hätten, seine Lieblingsidee »star wars« (Krieg der Sterne) zu verfolgen. Von der »Strategischen Verteidigungsinitiative« (SDI) zur Militarisierung des Weltraums ließ er sich auch dadurch nicht abbringen, daß die Sowjetunion einseitig einen Atomteststop verkündete und anderthalb Jahre lang immer wieder in der Hoffnung verlängerte, die USA würden sich doch endlich anschließen und das SDI-Projekt aufgeben oder sich zum Aushandeln von Bedingungen für die Einstellung aller Atomtests bereitfinden.

Die Kosten von SDI werden auf mindestens eine Billion Dollar (1000 Milliarden Dollar) geschätzt; es ist die weitaus größte Chance, die den Rüstungskonzernen je geboten wurde. Nach Ansicht von Verteidigungsminister Caspar Weinberger können sich die Vereinigten Staaten solche Ausgaben leisten (für die Konzerne sind es nicht Ausgaben, sondern Einnahmen). Er sagte: »Ich habe genaue Vorstellungen davon, wer einen großen Rüstungswettlauf länger durchhalten kann.« Aber schon frühere US-Politiker hatten geglaubt, die Sowjetunion »totrüsten« zu können – und sie hatten sich geirrt. Zwar gelang es ihnen immer wieder, den Aufbau des Sozialismus zu verzögern, aber nicht, ihn rückgängig zu machen. Derweil geriet ihr eigenes Wirtschaftssystem, der Kapitalismus, in die Krise. Bei einigen Rüstungskonzernen und Banken sammelten sich Superprofite an, das Volk verarmte.

1973 verdiente in den USA der 30jährige Durchschnittsangestellte real 23600 Dollar, wovon er für sein Haus 21 Prozent verwenden mußte, zehn Jahre später 17500 Dollar, wovon das Haus 44 Prozent kostete. Die Durchschnittsfamilie war 1985 mit 33000 Dollar verschuldet. Die Zahl der Obdachlosen lag bei drei Millionen, die Zahl der Analphabeten bei 30 Millionen.

Mit der Hochzinspolitik Anfang bis Mitte der achtziger Jahre zwang Washington die Völker der ganzen Welt, die US-Rüstung mitzufinanzieren. Viele Entwicklungsländer gerieten durch wachsende Verschuldung in Zahlungsunfähigkeit und in würgende Abhängigkeit von der US-dominierten Weltbank und dem Weltwährungsfonds. Um die Zinsen zahlen zu können, müssen sie Sozialleistungen abbauen, alles, was sie haben, zu Niedrigstpreisen hergeben, vor allem ihre Rohstoffe, und immer härtere Bedingungen der Gläubiger erfüllen. Nutznießer dieser erbarmungslosen Ausbeutung Lateinamerikas und anderer Teile der Welt ist aber nicht das Volk der Vereinigten Staaten; vielmehr muß auch die US-Regierung selbst, um die Löcher im Haushalt zu stopfen, immer größere Kredite aufnehmen, und unter zunehmendem Schuldendruck kann sie nicht anders, als auch im eigenen Land Gesundheitsfürsorge- und Erziehungsprogramme, Wohnungsförderung und Lebensmittelhilfen für alte Menschen zu kürzen oder zu streichen. Schulspeisung wird abgeschafft, statt dessen wird das Schulgebet eingeführt. Auch die Todesstrafe, in den siebziger Jahren nahezu geächtet, kehrt wieder; Opfer sind fast ausschließlich Arme, meist Schwarze.

Die Führungsmacht der Freien Welt ist auf dem Wege, nicht die Sowjetunion, sondern die ganze Welt und auch sich selbst totzurüsten, und Ronald Reagan ist sogar stolz darauf, die Weltöffentlichkeit zu brüskieren. In der UNO hat sich seine Regierung isoliert, sie mißachtet UN-Beschlüsse und überhäuft die Organisation der Vereinten Nationen mit abfälligen Bemerkungen. Sie setzt sich über Entscheidungen des Internationalen Gerichtshofs hinweg. Sie verläßt die UNESCO, weil die große Mehrheit der Mitgliedsländer eine Weltinformationsordnung anstrebte, die den US-Medienkonzernen mißfiel. Sie weigert sich, internationalen Verträgen beizutreten, die auf UN-Initiative zustande gekommen sind, z. B. dem Vertrag über die Nutzung des Meeresbodens, denn die US-Konzerne möchten sich diese Reichtümer weltweit aneignen. Reagan in einer Fernsehrede am 27.10.1983: »Wir schützen nirgendwo in der Welt irgend jemandes Interessen. Wir sind dort, um unsere eigenen zu schützen.«

Gegen Ende seiner achtjährigen Amtszeit ist zwar in der Auseinandersetzung mit Reagans Rüstungspolitik die Friedensbewegung weltweit erstarkt, die ihn drängt, mit der sowjetischen Führung Abrüstungsvereinbarungen zu treffen. Aber noch immer klammert sich Washington an SDI und damit an die zweifelhafte Vorstellung, die USA könnten anderswo Krieg führen, selbst aber von den Folgen verschont bleiben.

Der frühere US-Verteidigungsminister und Weltbankpräsident Robert McNamara am 9.10.1983 im britischen Fernsehen: »Worüber sich die Westdeutschen klarwerden müssen, das ist, daß ihr Kulturkreis völlig verwüstet werden wird, wenn sie sich weiterhin an die NATO-Strategie halten.« Der ehemalige US-Präsident General Dwight David Eisenhower (1953–1961) am Ende seiner Amtszeit: »Wir Politiker werden so lange aufrüsten, bis uns die Völker daran hindern.«

Gift

Das (un)heimliche Wirken der CIA

Unter den Instrumenten der US-amerikanischen Außenpolitik ist der Geheimdienst CIA immer wichtiger geworden, wichtiger fast als die US-Army. Militärische Interventionen zur Sicherung ausländischer Märkte lassen sich vermeiden, wenn man in den ausländischen Regierungen Verbündete hat, die im eigenen Namen Politik im Sinne der US-Konzerne treiben, unauffällig angeleitet von den Spezialisten der CIA.

In Griechenland zum Beispiel erwies sich Oberst Georg Papadopoulos als ein zuverlässiger Verbündeter. Nach späteren Angaben der »New York Times« stand er schon seit 1952 auf den Gehaltslisten der CIA.

Ein hochgeschätzter Verbündeter der USA war lange Zeit Reza Pahlevi, Kaiser von Iran. Mit seinen Gattinnen – Soraya und Farah Diba – zierte er Woche für Woche die Illustrierten der Freien Welt. Der Schah schien für Ruhe und für reibungslose, preisgünstige Versorgung der US-amerikanischen Konzerne mit iranischem Öl zu garantieren, nachdem in den fünfziger Jahren Bestrebungen des Ministerpräsidenten Mossadegh, die nationalen Reichtümer zu nationalisieren, durch einen von der CIA organisierten Militärputsch blutig vereitelt worden waren.

Der britische Philosoph Bertrand Russell schrieb dann: »Ich mache den Vorschlag, den Iran als Studienfall dafür zu nehmen, was der Westen unter ›Freier Welt‹ versteht. Ich hoffe, daß Bürger des Westens zu untersuchen beginnen werden, warum ihre Steuern und Armeen dazu verwendet werden, Tyrannei und Korruption in der ganzen Welt zu unterstützen.«

Aber durch freundliche Vermittlung der Medien erschien uns der Schah bis zu seinem Sturz und Ende als unser aller guter Freund, so daß fürs westliche Publikum gar nicht verständlich werden konnte, warum sich das iranische Volk erhob und ihn stürzte. Seither herrscht allgemein große Empörung über die Gewalttätigkeit des Revolutionsregimes, aber von der Tyrannei des Schah ist in der Öffentlichkeit immer noch nicht die Rede. Zu untersuchen wäre insbesondere das Wirken seiner Geheimpolizei SAVAK, die viele Tausende von Menschen folterte, unzählige Morde beging, das Volk in Angst und Schrecken hielt. Die staatliche Terrorbande war 1956 nach Plänen der CIA und mit Geldern der CIA gegründet worden, und sie handelte während der mehr als zwei Jahrzehnte ihres Bestehens immer in engem Kontakt mit der CIA. In wenigen Ländern – es sei denn in der BRD – hatte die CIA je eine so große Niederlassung wie im Iran. Das Schah-Regime war ein CIA-Regime.

Seit der Revolution bemüht sich die CIA in Iran um Destabilisierung – ebenso wie im Nachbarland Afghanistan, seit dort ebenfalls die Monarchie gestürzt worden ist und seit eine demokratische Regierung 1978 eine Bodenreform eingeleitet, das Bankwesen unter öffentliche Kontrolle gestellt und mit der UdSSR einen Freundschaftsvertrag abgeschlossen hat, der auch militärischen Beistand regelt. Die CIA half den ehemaligen afghanischen Großgrundbesitzern, Sabotagetrupps aufzustellen und auszurüsten. Sie beendete diese Einmischung auch nicht, als die UdSSR um die Jahreswende 1979/1980 Streitkräfte nach Afghanistan entsandte, sondern versuchte weiter, die Entwicklung rückgängig zu machen, wozu sie sich immer raffinierterer und aufwendigerer Methoden bediente. Die »Frankfurter Rundschau« veröffentlichte am 27. Juli 1981 einen Agenturbericht aus Washington über umfangreiche Waffenlieferungen an die »Aufständischen«: Für die Finanzierung und den geheimen Transport sorge die CIA. Sie achte »sorgfältig darauf, daß nur sowjetische Fabrikate oder getreue Nachahmungen von Waffentypen, die im Warschauer Pakt üblich sind, nach Afghanistan eingeschleust werden«. Erwähnt wurden Raketenwerfer und Tausende von Kalaschnikow-Sturmgewehren, die in Pakistan nachgebaut würden.

Destabilisierung ist das CIA-Konzept für jedes Land, das sich nicht nach Washingtoner Wünschen entwickelt. Durch Untersuchungen des amerikanischen Kongresses gelang es, zahlreiche Fälle aufzuklären. Der CIA wurde nachgewiesen, daß sie sowohl mit christlichen Missionaren als auch mit der Mafia zusammenarbeitete; daß sie Einheitsgewerkschaften spaltete und erhebliche Geldmittel aufwandte, um Spalterorganisationen aufzubauen (z. B. die »Force Ouvrière« in

Frankreich); daß sie im Jahre 1972, als sich in Rom eine Verständigung zwischen Christdemokraten und Kommunisten anzubahnen schien, rund 800000 Dollar an einen rechtsextremistischen italienischen General zahlte, der einen Putsch gegen die christdemokratische Regierung plante; daß sie 25 Bataillone thailändischer Söldner in Laos finanzierte; daß sie Millionenbeträge in die separatistische, vom Schah inspirierte Aufstandsbewegung der Kurden gegen das damalige linksbaathistische Regime in Irak steckte (als Bagdad und Teheran zeitweilig ihren Streit beendeten, wurden die Kurden wieder fallengelassen). Zum Destabilisierungskonzept gehört auch die Ermordung mißliebiger Staatsmänner. Die CIA entwickelte Mini-Waffen wie zum Beispiel einen Füllfederhalter, aus dem winzige Giftpfeile abgeschossen werden können. Der frühere CIA-Chef William Colby erläuterte vor einem Senatsausschuß stolz: »Das Opfer ist sich gar nicht bewußt, getroffen worden zu sein. Auch bei einer Obduktion ist der Giftstoff in der Leiche

Terrorismus

Für den Durchschnittsbürger des Westens ist die Vorstellung, die USA könnten ein Sponsor des internationalen Terrorismus – genaugenommen der Hauptsponsor – sein, völlig unbegreiflich. Schließlich liest man täglich, daß die Vereinigten Staaten den Kampf gegen etwas, das sie »Terrorismus« nennen, anführen und darüber hinaus regelmäßig ihre Alliierten drängen, sich an der Terrorismusbekämpfung zu beteiligen. Andererseits haben die USA eine Söldnerarmee aufgestellt, um Nicaragua anzugreifen, und diese mit einem Handbuch ausgestattet, in dem zu Sabotage und Mord aufgerufen wird: Die Durchführung dieser Aktionen durch die Stellvertreterarmee hat über 1000 nicaraguanische Zivilisten das Leben gekostet. Ebenso hat die US-Regierung dem südafrikanischen Apartheid-Regime uneingeschränkte Unterstützung gewährt. Dieses Regime hat seine eigenen Söldnerheere organisiert, die eine ganze Reihe von Anliegerstaaten destabilisiert haben, was ebenfalls Tausende von Zivilisten das Leben gekostet hat. Dennoch beziehen sich die westlichen Medien, wenn sie von terroristischen Staaten sprechen, niemals auf die USA oder Südafrika, obwohl doch beide mehr Menschen getötet haben als Ghaddafi oder die Roten Brigaden.

Edward S. Herman, University of Pennsylvania (zitiert nach »Frankfurter Rundschau«, 26.4.1986)

nicht nachweisbar.« Obwohl Präsident Nixon 1970 die Vernichtung derartiger Gifte angeordnet hatte, befanden sie sich 1975, als sich die Senatoren mit der Angelegenheit befaßten, immer noch in den Arsenalen der CIA. Als im Sommer 1981 das amerikanische Nachrichtenmagazin »Newsweek« über Mordpläne gegen der libyschen Revolutionsführer Muammar Ghaddafi berichtete, lehnte die CIA jede Stellungnahme ab.[1] Mehrere Giftmord-Komplotte gegen den kubanischen Präsidenten Fidel Castro, die jedesmal scheiterten, konnten der CIA so detailliert nachgewiesen werden, daß sie schließlich jedes Leugnen aufgab.

Die CIA lieferte den Virus, der 1971 zum Ausbruch der Schweinepest in Kuba führte (»Washington Post«, 9.1.1977). Stansfield Turner, Colbys Nachfolger an der Spitze des Geheimdienstes, gab am 4. August 1977 zu, daß die CIA elf Jahre lang an 154 Universitäten, Krankenhäusern, Haftanstalten und anderen Institutionen Drogenexperimente an Menschen unternommen hat. Zweck der Versuche war, »das Verhalten von Menschen durch Drogen zu manipulieren, das Sexualleben der Testpersonen zu beeinflussen, Gedächtnisstörungen hervorzurufen oder abnormes Verhalten auszulösen« (FR, 16.12.1977). Nach Angaben von Senator Edward Kennedy wurden ahnungslose US-Bürger mit Hilfe von Prostituierten zu Drogentest mißbraucht. An Geisteskranken und anderen Versuchspersonen testete die CIA auch Möglichkeiten einer elektronischen Fernsteuerung der menschlichen Gehirntätigkeit (FR, 3.9.1977). Über die Opfer wurde wenig bekannt. CIA-Chef Turner verweigerte, als sich das US-Bundesgericht in Washington damit befaßte, die Nennung der Namen von Beteiligten. Alles müsse vertraulich bleiben (FR, 23.8.1979).

Zu den CIA-Agenten, die dieses Programm durchführten, gehörte Jim Jones, der dann als Führer einer religiösen Sekte mit rund 1000 US-Amerikanern – meist armen Farbigen – in den Dschungel von Guyana zog. Der Kult, den er dort inszenierte, war ein großangelegter Drogentest. Leo Ryan, Abgeordneter des amerikanischen Kongresses, der nach Guyana reiste, um zu untersuchen, was bei den von Jones veranstalteten religiösen Übungen tatsächlich vorging, wurde unmittelbar vor dem Rückflug auf dem Flughafen von Unbekannten erschossen.

[1] Sie verfolgte die Pläne mit wachsender Energie weiter und bereitete schließlich einen Luftangriff der US-Streitkräfte auf Ghaddafis Wohnhaus bei Tripolis vor, dem im April 1986 Familienangehörige des Revolutionsführers zum Opfer fielen.

Noch am selben Tag, dem 18. November 1978, fand der »revolutionäre Selbstmord« der 914 Sektenmitglieder statt. Jones selbst wurde am Ort des Massakers erschossen – wodurch jedoch nicht alle Spuren verwischt waren. Ein Mitarbeiter des Abgeordneten Ryan ging den Spuren nach und trug viele Indizien dafür zusammen, daß Jones bis zum letzten Tag in ständigem Kontakt mit der CIA gestanden hatte. Sein detaillierter Bericht fand jedoch kaum Beachtung. War er es nicht wert? Oder konnte man ihn als kommunistische Propaganda abtun?

»Rote Brigaden«
Wenn von Terror im NATO-Land Italien die Rede ist, denkt jeder bundesdeutsche Medienkonsument gleich an die »Roten Brigaden«, die er für eine kommunistische Organisation halten muß. Was sind die »Roten Brigaden« wirklich? Mit der Kommunistischen Partei oder überhaupt mit der Arbeiterbewegung haben sie nichts gemein. Für die schweren Terroranschläge (vor allem 1980 im Wartesaal 2. Klasse des Bahnhofs Bologna, wo allein 85 Menschen getötet und mehr als 200 verletzt wurden) waren keine Linken verantwortlich. Im Gegenteil. Jahrelang legten General Pietro Musumeci und andere hohe Offiziere des italienischen Militärgeheimdienstes SISMI falsche Spuren; aber nachdem diese Spuren inzwischen zu ihren Urhebern zurückverfolgt worden sind, ist auch klar, woher die Verbrecher kamen. Im Zentrum der terroristischen Verschwörung saß Licio Gelli, einst Obersturmbannführer der SS, später CIA-Agent in Italien, Großmeister der Geheimloge »Propaganda 2«, Ehrengast in Washington bei der feierlichen Einführung von Ronald Reagan ins Amt des US-Präsidenten. Die »Roten Brigaden«, die vor allem durch die Entführung und Ermordnung des italienischen Ministerpräsidenten und Parteivorsitzenden der Christdemokraten Aldo Moro 1978 weltweit Entsetzen hervorriefen, waren fest in geheimdienstlicher Hand. Moros Nachfolger an der Parteispitze, Flaminio Piccoli, äußerte sich überzeugt, Moro sei »ausgeschaltet worden, weil er nicht wollte, daß Italien Schauplatz von Konkurrenzkämpfen geheimer Mächte wird...«

Apropos Propaganda: Um das Verhalten von Menschen zu beeinflussen, ist die CIA nicht unbedingt auf Drogen angewiesen. Es gibt andere

Mittel: Massenkommunikationsmittel. In einer Anhörung des Kongresses in Washington, worüber die »Welt« am 29. Dezember 1977 berichtete, gab der frühere CIA-Direktor Colby zu, der Geheimdienst habe sich amerikanischer und ausländischer Nachrichtenmedien bedient, um auf politische Entwicklungen einzuwirken. So habe die CIA in Europa »gezielte Falschinformationen verbreiten lassen«. Colby bestand darauf, daß der Geheimdienst weiterhin nicht davon abgehalten werden solle, Informationen – auch falsche – in die ausländische Presse zu lancieren. In einigen Fällen, erklärte er stolz, seien aus CIA-Erfindungen »wirkliche Fakten« geworden. Als Beispiel nannte er Meldungen über die angebliche Stärke einer kleinen Kampfgruppe, die daraufhin erstarkt und in die Lage versetzt worden sei, erfolgreich einen Staatsstreich auszuführen.

Daß eine gezielte Falschmeldung der CIA über einen angeblichen Zusammenstoß im Golf von Tonking der US-Regierung den Vorwand zur Kriegführung gegen Nordvietnam gab, wurde Jahre später im Kongreß zugegeben und zu den Akten genommen. Wer erinnert sich heute noch daran? Die meisten Medien der Freien Welt nahmen kaum Notiz davon und verdrängten es schnell. Als Anfang der siebziger Jahre bekannt wurde, daß die beiden in München stationierten amerikanischen Rundfunksender »Radio Free Europe« und »Radio Liberty«, die in die sozialistischen Länder hineinstrahlen, aus dem Etat der CIA finanziert wurden, tat die Regierung Nixon zwar der Bonner Bundesregierung im Hinblick auf die damals bevorstehenden Olympischen Spiele in München den Gefallen, einen anderen Etatposten auszuweisen, aber an der Existenz und dem Auftrag der Sender änderte sich nichts. In einer internen Anleitung für die Mitarbeiter heißt es: »Wir müssen den sowjetischen Hörern helfen, effektiv zu handeln, um das bestehende sowjetische System zu ändern.«

Wie die CIA unerwünschte politische Verhältnisse in fremden Ländern destabilisiert, läßt sich besonders exakt am Beispiel Chile zeigen, weil inzwischen viele gesicherte Informationen darüber vorliegen, welche US-amerikanischen Gelder in den Jahren von 1970 bis 1973 in das südamerikanische Land flossen und wofür sie verwendet wurden. Für Aktionen gegen den chilenischen Sozialistenführer Salvador Allende erhielt der amerikanische Geheimdienst vom ITT-Konzern einen Zuschuß von einer Million Dollar. 350000 Dollar wurden allein für die Bestechung von Abgeordneten verwendet, nachdem Allende vom Volk gewählt war und vor der Übernahme der Präsidentschaft noch vom

Parlament bestätigt werden mußte. In diesem Fall versagte die CIA: Der chilenische Abgeordnetenmarkt war nicht so frei, als daß sie ihn hätte erobern können. Drei Jahre vergingen, bis die US-Konzerne Chile wieder in den Griff bekamen. Henry Kissinger, der aus dem persönlichen Beraterstab des Ölmilliardärs Nelson Rockefeller stammte (er wurde dann US-Außenminister, Rockefeller Vizepräsident unter Präsident Nixon), hatte schon vor Allendes Wahl die Parole ausgegeben: »Ich sehe nicht ein, warum wir tatenlos zusehen sollen, wie ein Land durch die Unverantwortlichkeit seiner Bürger kommunistisch wird.« Wenig später übernahm er den Vorsitz einer interministeriellen Washingtoner Planungsgruppe, die sich mit wirtschaftlichen Sanktionen befaßte. Er sorgte dafür, daß nicht nur die USA selbst, sondern auch internationale Organisationen, die von den USA dominiert waren, der Regierung Allende den Kredithahn abdrehten. Vor allem aber war Kissinger Vorsitzender des Gremiums, das der CIA die Aufträge erteilt, des »40er-Ausschusses«. Dieser Ausschuß ermächtigte die CIA, für Aktionen, die zum Sturz Allendes führen sollten, insgesamt acht Millionen Dollar auszugeben; CIA-Direktor Colby berichtete dem Kongreß darüber, nachdem der Auftrag ausgeführt war. Auf dem schwarzen Devisenmarkt wurde aus den acht Millionen Dollar der Gegenwert von 40 Millionen Dollar. Ein erheblicher Teil des Geldes ging an die chilenischen Transportunternehmen, deren Boykott – in der Presse der Freien Welt fast überall als Streik der chilenischen Transportarbeiter ausgegeben – inszeniert wurde, um die Öffentlichkeit glauben zu machen, die Unidad Popular sei unfähig, das Land zu regieren. Es versteht sich, daß Zeitungen, deren Aufgabe es war, die Vorgänge in diesem Sinne darzustellen und zu kommentieren, von der CIA besonders großzügig gefördert wurden. Am reichlichsten wurde der »Mercurio« bedacht, heute das tonangebende Blatt der chilenischen Faschisten.

Nach dem Putsch des Generals Pinochet befaßte sich in Washington ein Ausschuß des US-Senats mit der Vorgeschichte. Zunächst kam wenig heraus. Einer der Zeugen war der ITT-Spitzenmanager Edward Gerrity. Vier Jahre später stand fest, daß er den Ausschuß belogen hatte. Er wurde unter Anklage gestellt. Doch 1978 entschied der Justizminister, die Anklage fallen zu lassen. Begründung: Informationen, die zur Beweisführung erforderlich wären, könnten nicht verwendet werden, »weil die staatliche Sicherheit und die Interessen des amerikanischen Auslandsgeheimdienstes deren Geheimhaltung erfordern« (»Süddeutsche Zeitung«, 21.8.1978).

Die Enthüllungen über die CIA-Aktivitäten in Chile lösten im Kongreß Initiativen für eine strengere Kontrolle des Geheimdienstes aus. Nachdem aber Ronald Reagan Präsident geworden war, beschlossen die Abgeordneten ganz im Gegenteil, Enthüllungen über die CIA unter strenge Strafe zu stellen.

Um so leichter fällt es nun der CIA, die Öffentlichkeit zu desinformieren. Beispiel: Grenada. Im Jahre 1982, nachdem 250 US-Marinesoldaten im Libanon, wohin sie von niemandem gerufen worden waren, den Tod gefunden hatten, brauchte Präsident Reagan nach diesem militärischen Desaster einen »großartigen Sieg«, der mit dem Überfall auf die kleine Insel-Republik in der Karibischen See mühelos zu erringen war. Außerdem wollte Reagan demonstrieren, daß er prinzipiell keine Skrupel hat, militärisch gegen ein Land vorzugehen, das sich von der Freien Welt, sprich vom Kapitalismus und von der US-Vorherrschaft, verabschieden will. Indem er erste Ansätze einer sozialistischen Entwicklung auf Grenada niederschlagen ließ, wollte Reagan vor allem Nicaragua warnen. Wie die Invasion vorbereitet worden war, konnte man lange nachher in der Springer-Zeitung »Die Welt« so lesen: »Vom CIA angeheuerte Leute (...) erledigten ihre Aufgabe ganz hervorragend, nämlich Grenada reif zu machen für den Eingriff von Interessengruppen, die Sozialismus und Marxismus, sozialistische Revolution und Radikalabweichungen in der Wirtschafts- und Sozialpolitik ablehnen.«

Als über 5000 US-Marinesoldaten die wehrlose Insel besetzten, lieferte die CIA lauter Lügen zur Rechtfertigung der Aggression. Journalisten erhielten zunächst keinen Zutritt zur Insel, so daß die Geheimdienst-Behauptungen unnachprüfbar, unwidersprochen durch alle Informationskanäle flossen, z. B. die frei erfundene Behauptung, daß Tausende kubanische Soldaten auf Grenada stationiert gewesen seien oder daß man dort Massengräber als Zeugen blutiger Unterdrückung gefunden habe. Nach einigen Tagen erst durften »geeignete Journalisten«, geheimdienstlich ausgesucht, mit US-Militärmaschinen für wenige Stunden einfliegen; sie deckten die Propagandalügen nicht auf, sie übersahen die Opfer der amerikanischen Kriegführung, und sie berichteten auch nicht darüber, welche sozialen und demokratischen Errungenschaften der Bevölkerung Grenadas entrissen wurden. Später, als die Wahrheiten allmählich greifbar wurden, interessierten sich die Medien der Freien Welt kaum mehr dafür.

In Nicaragua hatte die CIA jahrelang die Diktatur der Familie Somoza unterstützt. Nachdem dieses faschistische Regime gestürzt war, begannen sogleich die Bemühungen der CIA um Destabilisierung der sandinistischen Revolutionsmacht. Ehemalige Angehörige der Somoza-Garde wurden als US-Söldner ausgebildet, ausgerüstet, finanziert und kommandiert. 1984 verminte die CIA die nicaraguanischen Häfen, um den Außenhandel des Landes zu blockieren. Dieser aggressive Akt, den die Sandinisten zu recht als »Staatsterrorismus« bezeichneten und den später auch der von ihnen angerufene Internationale Gerichtshof als Verletzung des Völkerrechts verurteilte, folgte wenige Wochen nach der Ankündigung freier Wahlen in Nicaragua. Trotz vieler weiterer Störmanöver fanden die Wahlen statt, die Wähler hatten viel mehr Wahlmöglichkeiten als bei Wahlen in den USA, auch die Wahlbeteiligung war viel größer. Die Regierung in Managua steht also auf viel breiterem demokratischem Fundament als die in Washington – aber welcher Politiker in den USA, welche Zeitung, welcher Fernsehkommentator zieht diesen Vergleich?

Vor dem Kongreß, dem US-amerikanischen Parlament, hielt die CIA die Verminung der Häfen geheim. Waffenlieferungen an die Contras waren vom Kongreß jahrelang verboten. Der Geheimdienst lieferte dennoch. Das bestätigte sich im Herbst 1986, als die Sandinisten ein Transportflugzeug der CIA-nahen Fluggesellschaft Corporated Air Services abschossen und das überlebende Besatzungsmitglied, der US-Amerikaner Eugene Hasenfus, der Weltöffentlichkeit über sich, seine Aufträge und seine Auftraggeber berichtete.

Ebenfalls im Herbst 1986 kam heraus, daß die US-Regierung insgeheim enge Kontakte zum Regime islamischer Geistlicher in Iran angeknüpft hatte; dort waren die demokratischen, vor allem die sozialistischen Teilnehmer der Anti-Schah-Revolution inzwischen beiseite gedrängt, inhaftiert, ermordet oder ins Exil getrieben worden. Während die Öffentlichkeit in den USA den Religionsführer Khomeini noch als den Teufel ansah, als den ihn die Regierung in Washington jahrelang dargestellt hatte, lieferte der Geheimdienst Waffen an das Regime der Ayatollahs. CIA-Chef William Casey hielt den Kongreß auch darüber im unklaren; sogar die Geheimdienst-Ausschüsse des Senats und des Repräsentantenhauses erfuhren nichts. Die Profite der geheimen Waffenlieferungen nach Iran dienten wiederum zur Finanzierung der verbotenen Waffenlieferungen nach Nicaragua.

Dann sickerte auch durch, daß die USA, während sie Iran für den

Krieg ausrüsteten, den Kriegsgegner Irak – der den Krieg, von Washington ermuntert, begonnen hatte – mit Geheimdienstinformationen über die militärische Lage versorgten. Begründung: Die Hilfe für Irak sollte einen Sieg der iranischen Armee verhindern. Schließlich erfuhr die Öffentlichkeit, daß der US-Geheimdienst beiden Seiten gezielte Fehlinformationen über den jeweiligen Gegner wie auch über eine angebliche Bedrohung durch die benachbarte Sowjetunion zugespielt hatte (z. B. gefälschte Satellitenbilder). Die USA wollten nämlich den Krieg in der Schwebe halten. Genau gesagt: Sie wollten ihn verlängern. Das lag im Interesse der Rüstungslieferanten, schwächte die in den siebziger Jahren wohlhabender und selbstbewußter gewordenen Ölländer und eröffnete die Aussicht, daß die USA eines Tages dort eingreifen können.[1]

Der ehemalige CIA-Agent Philip Agee gelangte in seinem Buch »CIA intern« zu der Erkenntnis, »daß die Operationen der CIA die Sicherheit und die Interessen der amerikanischen Machtstrukturen stärkten, besonders der multinationalen Konzerne, der Rüstungsindustrie und der Funktionäre und Politiker, die ihnen dienten« und »daß das nicht die Sicherheit der meisten Bürger war, weder der USA noch anderer Länder«.

1 Ähnliches hatte einst Senator Harry Truman, der spätere US-Präsident, im Sinne, als er sich am 23. Juni 1941, unmittelbar nach dem Überfall der Nazi-Wehrmacht auf die Sowjetunion, in der »New York Times« äußerte: »Wenn die Deutschen stärker sind, sollten wir den Russen helfen, wenn die Russen stärker sind, sollten wir den Deutschen helfen. Laßt sie so viele wie möglich killen.«

Der Botschafter

Seit den Veröffentlichungen des ehemaligen CIA-Agenten Philip Agee weiß man etwas mehr darüber, welche Machenschaften die CIA hinter den politischen Kulissen ausländischer Staaten betreibt und daß US-amerikanische Botschafter nicht selten Geheimdienstaufgaben wahrnehmen, soweit das Etikett »US-Botschafter« nicht überhaupt zur Tarnung führender CIA-Agenten dient.

Über Frank Charles Carlucci, von 1975 bis 1978 US-Botschafter in Portugal, schrieb die »International Herald Tribune« am 15. Januar 1981, er habe jeden Präsidentenwechsel überlebt. Kennedy, Johnson, Nixon, Ford kamen und gingen, Carlucci blieb. Carter holte ihn aus Lissabon nach Washington und machte ihn zum stellvertretenden CIA-Chef. Unter Reagan wurde er stellvertretender Verteidigungsminister. Ende 1986 durfte er – nach einem Intermezzo als Direktor der Finanzfirma Sears World Trade Inc., die in dieser Zeit 60 Millionen Dollar Verlust erlitt – sogar Chef des Nationalen Sicherheitsrates werden. Sein Vorgänger John Poindexter war über die Iran-Nicaragua-Affäre gestolpert. Daß Carlucci ebenfalls in diese Affäre verwickelt war, störte offenbar nicht.

Carlucci (Jahrgang 1930) hatte Universitätsstudium, zwei Jahre Dienst bei der Marine und eine kurze privatwirtschaftliche Tätigkeit hinter sich, als sich 1956 die CIA seiner annahm. 1957 wurde er Vize-Konsul an der Botschaft in Südafrika, 1960 Vize-Konsul in Belgisch-Kongo (heute Zaire), später Konsul und kurz darauf zweiter Sekretär der US-Botschaft dort. Damals wurde der Führer der kongolesischen Unabhängigkeitsbewegung und erste Ministerpräsident des Landes, Patrice Lumumba, unter nicht genau geklärten Umständen ermordet. Spuren führten zur CIA. Carlucci brachte aus jener Zeit den Ruf von Härte nach Hause. Ab 1962 hatte er zwei Jahre lang einen Schreibtisch-Job im Außenministerium in Washington. 1964 ging er wieder nach

Afrika. In Sansibar wurde er zum Generalkonsul befördert. Auf der Insel, die später mit Tanganjika zum neuen Staat Tansania vereinigt wurde, regierten damals Politiker, die den USA nicht paßten. Carlucci zeigte keine Hemmungen, sich intensiv in die innenpolitischen Auseinandersetzungen einzumischen. 1965 erklärte die Regierung Sansibars Carlucci wegen seiner bekannt gewordenen CIA-Tätigkeit zur persona non grata und verwies ihn des Landes. Anschließend war er ebenfalls im Schafspelz des Diplomaten drei Jahre lang in Rio de Janeiro (Brasilien) tätig.

Zu Beginn der siebziger Jahre bekleidete Carlucci unter Präsident Nixon verschiedene Ämter in Washington. 1973 war er Stellvertreter des damaligen Sozial- und Erziehungsministers Caspar Weinberger. 1974 schickte ihn der stellvertretende CIA-Direktor Walters an den brandneu entstandenen weltpolitischen Krisenherd in Portugal, wo er als Botschafter dafür zu sorgen hatte, daß die Revolution von 1974 gebremst und zurückgedreht wurde. Er unterhielt enge Beziehungen zum Ex-Präsidenten und Putsch-Planer Spínola. Ihm unterstanden auch alle CIA-Verbindungen zu den aus Portugal nach Spanien emigrierten reaktionären Militärs und Politikern des Salazar/Caetano-Regimes. Offenbar war man in Washington mit dem Wirken dieses Botschafters in Lissabon sehr zufrieden, sonst hätte er wohl nicht gleich anschließend zum stellvertretenden Chef der CIA aufsteigen können.

Die »International Herald Tribune« stellte ihn in dem zitierten Artikel als einen wahren Artisten dar, weil es ihm gelungen sei, die »ideologische Kluft« zwischen Carter und Reagan zu überspringen (also nicht wie andere Spitzenbeamte dem alten Präsidenten in die Opposition folgen zu müssen). Vielleicht war die Kluft aber gar nicht so breit. Oder liegt es daran, daß die CIA immer an der Macht bleibt, gleichviel ob gerade Kennedy, Johnson, Nixon, Ford, Carter oder der Ex-Hollywood-Schauspieler Reagan Präsident spielt?

Nachbar im Hinterhof

Portugal ist der gesicherte Hinterhof der kontinentalen NATO. Es bietet sich als Versorgungsbasis des gesamten Paktsystems an. Es greift mit der Inselgruppe der Azoren weit in den Atlantik hinein. Damit ist dieses Land der nächste europäische Nachbar Amerikas. Es zieht den großen Bundesgenossen geradezu an den alten Erdteil heran. Der den Vereinigten Staaten zur Verfügung gestellte Stützpunkt auf der Azoreninsel Terceira ist für die amerikanische Luftwaffe ein Pfeiler, über den sich eine Luftbrücke nach Europa schlagen läßt. Lajes ist aber auch eine strategische Drehscheibe, die die Regierung Reagan für ihren Aufmarsch im Persischen Golf braucht.

Adelbert Weinstein, Militärexperte der »Frankfurter Allgemeinen Zeitung«, in der Ausgabe vom 8. Mai 1981

Der portugiesische Faschismus

Portugal gehört der NATO seit ihrer Gründung im Jahre 1949 an. Damals lag das Land fest in den Ketten des Faschismus. Tiefer Zynismus gehörte dazu, ein solches Land in Verbindung mit Begriffen wie Demokratie oder Freiheit zu bringen, denen die NATO laut Atlantik-Charta dienen soll.

Und es war ausgerechnet das faschistische Portugal, das sich schon 1952, drei Jahre vor Gründung der Bundeswehr, zum Fürsprecher der BRD machte und ihre Aufnahme in das Militärbündnis beantragte. Der Außenminister des portugiesischen Diktators Salazar wünschte die Mitgliedschaft der Bundesrepublik ohne Vorbedingungen und ohne Einschränkungen, da dies »dem Gedanken der europäischen Sammlungspolitik Salazars, der in Deutschland das Herzland des alten Kontinents sieht«, entspreche.

Das faschistische Regime in Portugal bestand schon seit 1926. Salazar war nach Mussolini (1922) der zweite faschistische Diktator in Europa. Keiner herrschte so lange wie er. Hinter ihm standen einige wenige Familien, die 1926 zu den reichsten des Landes gehörten und sich dann im Schutze des staatlichen Terrors noch viel größeren Reichtum aneignen konnten. In vielen Bereichen der Wirtschaft errangen sie die Monopolstellung. Ihre Interessen bestimmten das Handeln aller staatlichen Institutionen.

Anfang der siebziger Jahre bot Portugal sozialökonomisch folgendes Bild: Mit einem Bruttosozialprodukt von 6,25 Milliarden Dollar und einem Pro-Kopf-Einkommen von 640 Dollar lag das Land an vorletzter Stelle der 23 OECD-Länder (vor der Türkei). Von den insgesamt rund 800000 landwirtschaftlichen Betrieben waren 650000 kleiner als fünf Hektar. Zehn Prozent der Landbesitzer verfügten über rund 70 Prozent der kultivierbaren Bodenfläche. Parzellenbauern gab es vor allem im Norden, Pächter und Landproletariat in Mittel- und Südportugal. 3500 Latifundien befanden sich in den Händen der wenigen Familien, die im Staat das Sagen hatten. Bei ihnen war auch das Industrie- und Finanzkapital konzentriert. An der Spitze standen die Familien Champalimaud, Melo und Espirito Santo. Ihnen diente der Staat dazu, die Arbeiterschaft niederzuhalten und durch Steuererleichterungen, direkte staatliche Hilfen und Pressionen gegen die Kleinbourgeoisie den wirtschaftlichen Konzentrationsprozeß zu beschleunigen. Das faschistische Regime ermöglichte ihnen zugleich die rabiate Ausplünderung der afrikanischen Kolonien Angola, Guinea-Bissau und Moçambique.

Ende der fünfziger Jahre begann auch die BRD Interesse an diesen Kolonien zu zeigen. Das deutsche Großkapital, das seine am Ende des Nazi-Regimes schwankend gewordenen heimischen Machtpositionen inzwischen gefestigt hatte und nun wieder jenseits der Grenzen nach Expansionsmöglichkeiten Ausschau hielt, erbot sich in Lissabon, an der Erschließung afrikanischer Rohstofflager mitzuwirken. Franz Josef Strauß, Ludwig Erhard, Konrad Adenauer, der damalige Bundespräsident Heinrich Lübke und viele andere Besucher aus Bonn machten Salazar ihre Aufwartung und verständigten sich mit ihm in christlich-abendländischem Geiste. Der Krupp-Konzern erhielt daraufhin Gelegenheit, 500 Millionen Mark in Angola zu investieren. Die portugiesische Kolonialmacht garantierte Ruhe und Ordnung, und damit sie schwarzen Unabhängigkeitsbestrebungen, wie sie in britischen und belgischen Kolonien ausgebrochen waren, noch wirksamer vorbeugen konnte, gab ihr die Bundesregierung einen langfristigen Kredit von 150 Millionen Mark. Zugleich wurde eine weitreichende militärische Zusammenarbeit vereinbart: Stützpunkte und Übungsplätze für die Bundeswehr in Portugal, gemeinsame Waffenproduktion und so weiter, hatten doch Portugal und die BRD »einen besonderen Grund zur Übereinstimmung: den gemeinsamen Kampf gegen den Kommunismus«, wie Bundestagsvizepräsident Richard Jaeger 1973 erklärte.

Doch auch mit deutscher Hilfe konnte das Salazar-Regime nicht verhindern, daß in allen drei Kolonien in den sechziger Jahren die nationalen Befreiungsbewegungen raschen Aufschwung nahmen. Der Krieg gegen sie wurde immer kostspieliger. Militärausgaben, die schließlich 50 bis 60 Prozent des Staatshaushalts verschlangen, mußten auf die Dauer die ohnehin schwache Wirtschaft des Landes überfordern. Portugal öffnete daher dem Auslandskapital alle Türen, bot Steuervergünstigungen, Zollerleichterungen, Transfergarantien. Seit 1965 betrugen die ausländischen Direktinvestitionen in Portugal durchschnittlich 600

Millionen Escudos im Jahr, 1970 und 1971 sogar je 1,2 Milliarden Escudos (fast 45 Millionen Dollar). Allein in den Jahren 1969 bis 1972 nahmen 1116 portugiesische Betriebe ausländisches Kapital auf oder wurden von ihm errichtet. Die Investitionen lohnten sich. 1973 überstieg die Kapitalausfuhr (besonders durch Gewinntransfer der ausländischen Konzerne) die Kapitaleinfuhr um 1,4 Millionen Escudos.

Einige Zweige der portugiesischen Wirtschaft gerieten unter besonders starken Einfluß ausländischer Konzerne, so die Elektro- und Elektronikindustrie, nach der die US-amerikanische Firma ITT griff. Der bundesdeutsche Siemens-Konzern konnte seine Aktivitäten in Portugal ebenfalls stark ausweiten. In der Chemieindustrie erlangte der Hoechst-Konzern eine führende Position. Auch BASF, Bayer, Klöckner, AEG, Bosch, Grundig, Agfa-Gevaert, Leitz, Boehringer, Beiersdorf und andere setzten sich in Portugal fest.

Für das Auslandskapital war Portugal vor allem als Billiglohnland interessant, da es – im Gegensatz zu den Kolonien – keine Bodenschätze besitzt. Entweder wurden Montagebetriebe in Portugal errichtet (die Einzelteile kamen vorgefertigt ins Land, wurden dort zusammengesetzt und wieder exportiert), oder das ausländische Kapitel beteiligte sich an den wenigen Großbetrieben, die eine überdurchschnittliche Profitrate versprachen, zum Beispiel damals im Schiffsbau.

Die Handelsbilanz war durchgängig defizitär, Devisen kamen nur durch die emigrierten portugiesischen Arbeiter und den Tourismus ins Land. Die Rohprodukte aus den Kolonien – Baumwolle, Kaffee, Sisal, Diamanten, Zucker – passierten Portugal nur auf dem Weg in andere westeuropäische Länder. Einzig die portugiesischen Banken, die nicht von ausländischem Kapital dominiert waren, profitierten vom Transfer. Dieses Geschäft machte die Großbourgeoisie, die es sich auch vorbehielt, Exportwaren minderer Qualität in den Kolonien abzusetzen. Die Mittel- und Kleinbourgeoisie war von diesen gewinnträchtigen Handelsbeziehungen mit den Kolonien ausgeschlossen.

Der Kolonialkrieg und die kurzsichtige Wirtschaftspolitik brachten also nur dem in- und ausländischen Großkapital Vorteile. Die große Mehrheit des portugiesischen Volkes sank immer tiefer in Armut und Elend. Die Zahl von 38 Prozent Analphabeten in einem europäischen Land spricht für sich. Für »Verteidigung und Sicherheit« gab der Staat fast sechsmal so viel aus wie für Erziehung und Bildung.

Die Lage der Kleinbauern und Pächter sowie der kleinen Händler und Unternehmer war vom Kampf um die nackte Existenz gekennzeichnet. Allein im Zeitraum zwischen zwei Industriezählungen, 1957/59 und 1964, wurden etwa 10000 Kleinunternehmen in den Ruin getrieben. Monopolen und Großagrariern gelang es mit ihrer ökonomischen Macht und mit Unterstützung durch die staatliche Wirtschafts- und Finanzpolitik, Hunderttausende Kleinbauern und Pächter von ihrem Land zu vertreiben. Die landwirtschaftliche Produktion ging ständig zurück. Sie wurde von den Großagrariern extensiv betrieben. Große Teile der bebaubaren Fläche lagen brach oder waren nur mit Korkeichen, Eukalyptus- und Olivenbäumen bewachsen. Zum Einholen der Ernte stellten die Latifundisten Saisonarbeiter ein. Die Folgen solcher Produktionsverhältnisse waren Arbeitslosigkeit und rapide steigende Lebensmittelpreise. Portugal mußte, obwohl Agrarland, ständig einen großen Teil seines Lebensmittelbedarfs einführen.

Die bürgerlichen Rechte wie Versammlungs- und Vereinigungsfreiheit, freie Bildung von Gewerkschaften und politischen Parteien oder Informationsfreiheit waren seit der faschistischen Machtergreifung 1926 abgeschafft. Die Organisationen und Parteien aus der knapp fünfzehnjährigen Zeit der bürgerlichen Republik waren mit Ausnahme der faschistischen »Nationalen Union« verboten. Jegliche gegen die Diktatur gerichtete politische Aktivität wurde aufs schärfste verfolgt. Die Presse unterlag der Zensur.

Die 1934 gebildete Nationalversammlung hatte keinerlei Macht- oder Kontrollbefugnisse gegenüber der Regierung. Die Parlamentswahlen wurden schon dadurch zur Farce, daß die Erteilung der Wahlberechtigung von der Willkür der Behörden abhing und ein großer Teil der erwachsenen Bevölkerung nicht auf den Wählerlisten erschien, weil sie Analphabeten waren oder andere Bedingungen nicht erfüllten.

Das wirksamste Instrument faschistischen Terrors war die allmächtige, vom Volk gehaßte und gefürchtete Geheimpolizei PIDE. Ihre Methoden stammten von der Geheimen Staatspolizei des Hitler-Faschismus. Gestapo-Agenten hielten einst in Lissabon Kurse ab, PIDE-Agenten ließen sich in Berlin in die deutschen Praktiken einweihen. Der erklärten Funktion, »den Kommunismus zu unterdrücken«, entsprach die Ideologie, die in der PIDE herrschte und die sie auch nach außen hin propagierte.

Die PIDE konnte jeden ohne Einschaltung eines Gerichts oder eines Rechtsanwaltes für drei Monate in Untersuchungshaft bringen und ihn dort mit physischer und psychischer Gewalt zu »Geständnissen« zwingen. Sie hatte einen Stab von 2500 Agenten einschließlich einer

Frauenbrigade und eines Ärzteteams, dessen spezielle Aufgabe es war, die »Vernehmungsreife« der Gefolterten zu erhalten oder wiederherzustellen. Außerdem gab es etwa 200000 bezahlte Spitzel, deren Arbeit dazu beitrug, die Archive im PIDE-Hauptquartier mit Informationen über etwa eine Million Portugiesen (ein Neuntel der Bevölkerung) zu füllen.

Für die effektive Ausbildung der Peiniger sorgte die Technische Schule in Lissabon – mit »Elementarkursen«, »Fortbildungskursen« und »Spezialisierungskursen«. Die Folterpraktiken waren akribisch durchdacht. Der belgische Arzt Michel Bossut legte im Juni 1973 die Ergebnisse einer Untersuchung über die Lage der politischen Gefangenen in Portugal vor. Er sprach von einer Reihe sorgfältig vorbereiteter Psycho-Schocks, die mit der Verhaftung im Morgengrauen ohne Vorlage eines Haftbefehls, mit Bedrohung durch Revolver und Abführen in Handschellen begannen. Es folgten Hausdurchsuchung und willkürliche Beschlagnahme von Büchern, Schallplatten, Familienfotos und anderen Unterlagen. Der Verhaftete verbrachte die Zeit seiner Untersuchungshaft (bis zu sechs Monaten) in völliger Isolierung, deren Zweck seine psychische Unterwerfung war. In einem »winzigen Raum von dreimal eineinhalb Metern ohne Licht, mit einem Strohsack, dessen Füllung bereits verfault war, zwei unbeschreiblich schmutzigen Decken und einem Bett, das mir als Tisch diente, blieb ich in Aljube vier volle Monate in Einzelhaft«, schilderte nach dem Sturz der Diktatur der ehemalige politische Häftling José Magro diese Zeit.

Verhöre fanden gewöhnlich nachts statt. Der Häftling wurde kurz nach dem Schlafengehen jäh geweckt und nach einiger Zeit von vier sich abwechselnden PIDE-Leuten verhört, von denen jeder eine festgelegte Rolle spielte: der »Böse«, der »Gute«, der »Indifferente«, der »Chef«.

Die Aussagen ehemaliger politischer Gefangener dokumentieren die Qualen, die der Preis ihrer Standhaftigkeit waren, die sadistische Willkür und die eiskalte Methodik ihrer Peiniger. Für viele andere steht die Aussage der Kommunistin Maria Abrantes: »Als ich sagte, daß keiner mich zwingen könnte, etwas zu äußern oder zu tun, was ich nicht wollte, feixte er (ein PIDE-Agent): ›Sie will die Fahne der Partei auf dem Sarg hochhalten.‹ Wenn ich nicht sprechen würde, käme ich ins Leichenschauhaus oder ins Irrenhaus... Sie zogen mir die Strickjacke aus, dann die Bluse und schließlich den Rock. Damit mußte ich meine Notdurft wegwischen, denn während all jener Tage und Nächte, die ich dort zubrachte, durfte ich nicht auf die Toilette gehen, nicht einmal, um

mir meine Hände zu waschen... Am siebten Tage konnte ich nichts mehr essen. Ich hatte Fieber und bat um ärztliche Behandlung. Sie wurde mir verweigert. Ich fing an, Schreie zu hören, erst in der Ferne, dann ganz nah... Am folgenden Tag glaubte ich, an den Beinen eines Tisches Tiere zu sehen, monströse Dinge an den Wänden und auf dem Boden. Ich konnte mich kaum noch auf den Beinen halten. Ich hatte mächtige Kopfschmerzen und erbrach mich nahezu jede Stunde...«
Am Ende der faschistischen Herrschaft von fast 50 Jahren vereinigten allein die 36 Mitglieder des Zentralkomitees der Kommunistischen Partei Portugals (PCP) 308 Jahre durchlittener Haft auf sich, darunter ihr Generalsekretär Alvaro Cunhal, dem 1962 nach zehnjähriger Haft die Flucht geglückt war.

Trotz des systematischen Terrors gelang es den portugiesischen Faschisten niemals, Friedhofsruhe herzustellen, sondern das Volk setzte sich immer gegen seine Unterdrücker zur Wehr und führte einen opferreichen Widerstandskampf. Blutig niedergeschlagen wurden zum Beispiel die Militärrevolte 1927 und der Matrosenaufstand 1936.

Obwohl die Wahlen in Portugal unter so großen Einschränkungen stattfanden, daß sie den Namen nicht verdienten, nutzten die demokratischen Kräfte alle noch so geringen Möglichkeiten, die sie darin für sich erblickten. Sie schafften es trotz schärfster Behinderungen, daß 1958 ein Gegenkandidat zu Salazar, nämlich General Humberto Delgado, aufgestellt wurde und ein Viertel aller Stimmen errang. Delgado wurde später von PIDE-Agenten ermordet.

Streiks an der Lissaboner Universität, Maikundgebungen und der erfolgreiche Kampf der Landarbeiter in der Südprovinz Alentejo für den Acht-Stunden-Tag waren weitere Bekundungen des Widerstandswillens.

Als Koordinator des antifaschistischen Kampfes wirkten in den letzten Jahren der Diktatur die »Demokratischen Wahlkommissionen« (CDE), die bei Parlamentswahlen eine breite Mobilisierung der Bevölkerung erreichten und so zum Sammelbecken aller oppositionellen Kräfte wurden. Stärkste Organisation des Widerstands war die PCP, die, besonders in der Arbeiterklasse verankert, trotz brutalster Verfolgung als einzige politische Partei in der Illegalität aushielt. Zu den von ihr mitgeschaffenen oppositionellen Bündnissen gehörte ein »Nationales Hilfskomitee für die politischen Gefangenen«, das von vielen bekannten Künstlern und Wissenschaftlern unterstützt wurde. Es organisierte praktische Solidarität für die Gefangenen und ihre Angehöri-

Bonns Waffen für Portugal

In der deutschen Öffentlichkeit ist weitgehend unbekannt, in welchem Umfang alle Bundesregierungen der letzten Jahre Waffen an das gestürzte portugiesische Regime lieferten. Ein großer Teil dieser Waffen wurde nachweislich in den drei portugiesischen Kolonien im Kampf gegen die Befreiungsbewegungen eingesetzt. Die Aufstellung macht verständlich, warum die Befreiungsorganisationen die Bundesrepublik – jedenfalls bisher – zu ihren Feinden zählten. Geliefert wurden:

1961/1962: Acht Patrouillenboote der Bayerischen Schiffbaugesellschaft;

1961: Mehr als 50 Leichtflugzeuge Do 27 A-4;

Seit 1964: Herstellung von G-3-Gewehren in westdeutscher Lizenz in der Fabrik Braco de Prate. Ebenfalls seit 1964 werden in Portugal HK-21-Maschinengewehre (Heckler & Koch) in deutscher Lizenz hergestellt. Beide Gewehrtypen wurden nachweislich in den Kolonialkriegen eingesetzt;

1965: 60 Düsenjäger vom Typ Sabre F-86;

1965: Die Firma Fritz Werner liefert Maschinen für die Produktion von Leuchtspurgeschossen, Kaliber 7,65, an die portugiesische Fabrica Nacional de Municiones;

1966: 40 Kampfflugzeuge vom Typ Fiat G-91, die später in Guinea-Bissau und Mosambik eingesetzt wurden. In Guinea-Bissau wurden mehrere Maschinen dieses Typs von der Befreiungsbewegung abgeschossen;

1968: Zwölf „Noratlas"-Transportflugzeuge;

1968 — 1969: 110 Flugzeuge vom Typ Do-27;

1969 — 1970: Weitere 30 Do-27-Flugzeuge;

1970 — 1971: Drei Korvetten, die speziell für den Einsatz in tropischen Küstengewässern geeignet sind;

1972: Ein „Noratlas"-Transportflugzeug;

1972: Die Bundesregierung erteilt der Kölner Firma Josef Meissner die Genehmigung, Anlagen zur Produktion von 81-mm-Granaten, 105-mm-Geschossen und 500-kg-TNT-Bomben bei Lissabon zu errichten;

1973: Drei Kriegsschiffe, gebaut auf der Bremer Werft Abeking & Rasmussen.

Außerdem hat die Bundeswehr seit Jahren in den Kolonialkriegen verletzte portugiesische Soldaten in Hamburg-Wandsbek behandelt. FR

(aus: »Frankfurter Rundschau«, 11.9.1974)

gen und verbreitete Informationen über die Zustände in den Gefängnissen der PIDE und den Konzentrationslagern in der Fieberhölle von Tarafal auf den Kapverdischen Inseln.

Der sich verschärfende Kolonialkrieg war die Ursache dafür, daß sich immer größere Teile der Jugend dem Widerstand anschlossen, denn auf sie warteten unausweichlich vier Jahre Armeedienst und der Einsatz in »Übersee«. Die Portugiesen spürten, wie sich ihr Land in einem Krieg verausgabte, der schließlich nicht einmal mehr ein Krieg für die Interessen der nationalen Bourgeoisie war. Immer deutlicher traten andere Interessen hervor. Krupp war nicht der einzige deutsche Konzern, der in den portugiesischen Kolonien investiert hatte. AEG und Siemens zum Beispiel waren führend an dem größten Investitionsvorhaben in Moçambique beteiligt, dem Bau des Cabora-Bassa-Staudamms. Obendrein machte die BRD, je länger der Krieg dauerte und je verlustreicher er wurde, um so größere Profite mit ihren Waffenlieferungen.

Letztlich war es dieser Krieg, der dem portugiesischen Faschismus das Genick brach. Zu den militärischen Erfolgen der Befreiungsbewegungen trug die vielfältige Solidarität der antiimperialistischen Kräfte in aller Welt bei. Die Antikriegsbewegung in Portugal selbst wurde so stark, daß sich Piloten weigerten, bestimmte Gebiete in Guinea anzufliegen. Unteroffiziere riskierten einen Bummelstreik in Angola. Die Soldaten der 7. Infanteriedivision von Leiria verweigerten kollektiv den Fahneneid. Die breite Wahlkampagne, die die CDE anläßlich der Parlamentswahl 1973 führte, und die anschließende Streikbewegung, die das ganze Land erfaßte, ermutigten die militärische Opposition, unter Einbeziehung hoher Offiziere den Sturz der Diktatur zu planen. Bei einer geheimen Begegnung in Evora im November 1973 trafen Militärs aus verschiedenen Truppenteilen gemeinsam mit einigen Zivilisten die ersten Verabredungen.

Am 25. April 1974 um 2.30 Uhr rollten nachts die Panzer der Aufständischen in Lissabon ein. Zweieinhalb Stunden später waren alle Schlüsselstellungen besetzt. Am Nachmittag, nachdem sich die Staatsführung ergeben hatte, versammelten sich Zehntausende Menschen jubelnd auf den Straßen.

Revolution

Am 25. April 1974 gab es in Portugal
1 Lied,
1 Truppe,
1 Programm.

Das Lied »Grandola vila morena« von José Afonso besang eine Stadt in der südlichen Provinz Alentejo, dem Gebiet der brutalsten Ausbeutung durch die herrschenden Familien und des mutigsten Widerstands gegen den Faschismus. Dieses Lied, im Radio gesendet, war das Signal für die Revolutionäre. Die Truppe, die das Lied gemeinsam mit den Arbeitern sang, war entschlossen, den Kolonialkrieg in Guinea-Bissau, Angola und Moçambique zu beenden und dem Land den Weg zum Fortschritt zu öffnen. Sie gehorchte nicht mehr dem Kommando des Faschistenregimes und seiner in- und ausländischen Hintermänner. Jetzt lag die Autorität bei der »Bewegung der Streitkräfte« (MFA), zu der sich in den vorangegangenen Monaten und Wochen die einsichtigsten Soldaten aller Waffengattungen und Dienstgrade zusammengetan hatten.

Das Programm der MFA sah als erste Schritte vor: »Sofortige Absetzung des Präsidenten der Republik und der gegenwärtigen Regierung, Auflösung der Nationalversammlung und des Staatsrates... Sofortige Anmestie aller politischen Gefangenen mit Ausnahme derjenigen, die kriminelle Handlungen begangen haben und entsprechenden Gerichten übergeben werden... Wiedereinsetzung der Beamten, die aus politischen Gründen entlassen wurden... Abschaffung der Zensur.« Die Versammlungs-und Vereinigungsfreiheit und andere Grundrechte sollten kurzfristig wiederhergestellt werden. Weiter proklamierte die MFA »eine neue Wirtschaftspolitik, die dem portugiesischen Volk dient, insbesondere den Bevölkerungsschichten, die bis jetzt am meisten benachteiligt waren, wobei die Hauptsorge dem sofortigen Kampf gegen die Inflation und die zu hohen Lebenshaltungskosten gilt, was notwendigerweise eine antimonopolistische Strategie bedeuten wird.« Über die Zukunft der Kolonien äußerte sich das Programm weniger deutlich. Es forderte »eine Überseepolitik, die zum Frieden führt«. Auf dieses Programm hatten sich die unterschiedlichen Strömungen innerhalb der MFA einigen können. Ausdruck ihres Bemühens um Einheit und Zusammenhalt war die Ernennung eines Repräsentanten erzkonservativer Offizierskreise, General Antonio Spínola, zum Staatspräsidenten.

Erste Schritte zur wirtschaftlichen und sozialen Erneuerung des Landes ließen nicht lange auf sich warten. Der Mindestlohn wurde am 1. Juni 1974 um 60 Prozent auf 3300 Escudos (was damals 330 Mark entsprach) erhöht, die Kreditvergabe an kleine und mittlere Unternehmen erleichtert, eine Kommission zu ihrer Unterstützung gebildet. Am 6. Juli erließ der Ministerrat rund 30 Gesetze und Verordnungen zur Wirtschaftspolitik. Er leitete eine Steuerreform ein, begrenzte die Mietpreise und arbeitete Richtlinien für die staatliche Beeinflussung der Schlüsselindustrien (Erdöl, Energie, Stahl und Transport) aus.

Doch nicht alle Portugiesen empfanden diese Entwicklung als befreiend. Die Nutznießer des faschistischen Regimes gaben sich nicht geschlagen, sondern setzten alle Mittel ein, den Fortschritt zu behindern. Altfaschisten in den paramilitärischen Verbänden, in der Justiz, im diplomatischen Dienst sabotierten schweigend die Politik einer Regierung, die aus Vertretern der verschiedenen im antifaschistischen Kampf bewährten oder mit demokratischer Zielsetzung neuentstandenen Organisationen zusammengesetzt war. Transportunternehmer organisierten Boykottaktionen in der Art, wie sie ein Jahr zuvor in Chile dem Putsch Pinochets vorangegangen waren, um die Bevölkerung zu verunsichern. Und schon bald zeigten sich Bestrebungen, das Bündnis des 25. April zu spalten. Gedrängt und umworben von der in- und ausländischen Reaktion versuchte Präsident Spínola, die linken Kräfte in der MFA abzuschütteln. Ihm ging es hauptsächlich darum, die Unabhängigkeit der Kolonien zu verhindern. Eine von Spínola angeführte Verschwörung konnte jedoch durch sofortiges Eingreifen der Streitkräfte zerschlagen werden. Der Putschversuch vom 28. September 1974 scheiterte, ebenso ein zweiter am 11. März 1975.

Konsequenz war eine Stärkung der Linkskräfte. Der Bevölkerung wurde die Gefahr einer Rückkehr der Faschisten an die Macht bewußt. Der Revolutionsrat der MFA beschloß, die Demokratisierung voranzutreiben. Die »Spínolisten« verloren ihre Positionen in der Führung der Streitkräfte, Spínola selbst floh nach dem zweiten Putschversuch nach Brasilien, wohin sich zuvor auch Marcelo Caetano abgesetzt hatte, der in den letzten Jahren des faschistischen Regimes, nach Salazars Erkrankung und Tod, an der Spitze des Staates gestanden hatte. Anfang 1976 versuchte Spínola von der Schweiz aus zum dritten Mal, einen Putsch vorzubereiten – wovon noch die Rede sein wird.

Die politischen Parteien verpflichteten sich nach dem 11. März 1975 in einem Pakt mit der MFA zur Anerkennung der revolutionären Errungenschaften. In der »Plattform« hieß es, Portugal habe unumkehrbar den Weg zum Sozialismus beschritten. Dementsprechend müsse die Verfassung formuliert werden. Der Pakt wurde am 11. April 1975 geschlossen, vierzehn Tage vor der Wahl zur verfassunggebenden Versammlung. Unterzeichner waren die Portugiesische Kommunistische Partei (PCP), die aus den »Demokratischen Wahlkommissionen« (CDE) hervorgegangene Demokratische Bewegung Portugals (MDP), die 1973 im Hause der SPD-nahen Friedrich-Ebert-Stiftung in Münstereifel gegründete Sozialistische Partei (PS) unter Mario Soares, die von ihr inzwischen abgespaltene Sozialistische Front Portugals (FSP), die großbürgerlich-liberale Volksdemokratische Partei (PPD), die sich den Wählern als »sozialdemokratisch« empfahl, und das klerikal-konservative Sozial-Demokratische Zentrum (CDS), erst im Januar 1975 mit tatkräftiger Unterstützung der CDU/CSU gegründet. Die beiden letztgenannten Parteien unterzeichneten nur, um einen offenen Konflikt mit der MFA zum damaligen Zeitpunkt zu vermeiden. Die Wahlen erbrachten eine 60-Prozent-Mehrheit für die Linken. Aufmerksam beobachtet von der Öffentlichkeit schuf die Versammlung eine Verfassung, deren erster Artikel lautet: »Portugal ist eine souveräne Republik, die auf der Würde des Menschen basiert und auf dem Willen all derer, die sich für die Umwandlung dieses Landes in eine klassenlose Gesellschaft einsetzen.« Der zweite Artikel setzt dem Staat das Ziel, »den Übergang zum Sozialismus zu sichern, indem er die Bedingungen für die demokratische Ausübung der Macht durch die werktätigen Klassen schafft«.

Der von Staatspräsident Francisco da Costa Gomes geleitete Revolutionsrat und die Revolutionsregierung unter Ministerpräsident Vasco Gonçalves beschlossen nach dem 11. März 1975 die Verstaatlichung der Banken, die systematisch die antimonopolistische, auf die Förderung der kleinen und mittleren Betriebe ausgerichtete staatliche Wirtschaftspolitik behindert hatten. Die Bankangestellten hatten die Öffentlichkeit über diese Machenschaften informiert und insbesondere auf die illegale Überweisung immenser Summen ins Ausland hingewiesen. Verstaatlicht wurden außerdem große Transport-, Elektroenergie-, Erdölraffinerie- und Stahlindustrie-Unternehmen sowie 20 Firmen in anderen Branchen, vor allem der CUF-Konzern der Familie Melo, der 240 Betriebe verschiedener Branchen umfaßte.

Gewählte Arbeiterkommissionen (Betriebsräte) verschafften sich in vielen Betrieben Kontrolle über die Entscheidungen des Managements. Um ihre Befugnisse kam es zu lebhaften Auseinandersetzungen. Gesetzlich verankert wurde das Recht auf Mitbestimmung über die Arbeitsbedingungen. Besonders umstritten war ein Gewerkschaftsgesetz. In Übereinstimmung mit der großen Mehrheit der Betriebsgewerkschaften und der neuentstandenen Branchengewerkschaften hatte das Arbeitsministerium 1974 einen Gesetzentwurf vorgelegt, der die Bildung großer Einheitsgewerkschaften vorsah – ähnlich den in allen vier Zonen Deutschlands unmittelbar nach dem Ende des Nazi-Regimes von Sozialdemokraten, Kommunisten, Christdemokraten und Parteilosen gemeinsam gegründeten Industriegewerkschaften. PS-Vorsitzender Mario Soares hatte daraufhin einen eigenen Entwurf entgegengesetzt, der politische Richtungsgewerkschaften vorsah. Damit war Soares in der eigenen Partei auf starken Widerstand gestoßen. Hier lag einer der Gründe für die Abspaltung der FSP. Der Einheitswille in der Arbeiterschaft erwies sich als so stark, daß Soares und die von ihm beeinflußten Mitglieder des Revolutionsrats dagegen nicht ankamen. Die Gewerkschaftswahlen 1975 wurden zu einem großen Erfolg für den Gewerkschaftsbund Intersindical.

In Südportugal hatten Landarbeiter 1974 unter der Losung »Das Land denen, die es bearbeiten« einige Latifundien besetzt und in eigene Regie übernommen. Revolutionsrat und Regierung legalisierten jetzt diese ersten spontanen Schritte zur Agrarreform, mit denen die Landarbeiter auf Sabotageakte der Großagrarier reagiert hatten: Brachliegenlassen bisher bewirtschafteter Flächen, Außerbetriebsetzen von Bewässerungsanlagen, Nichteinbringen von Ernten, Entlassen von Arbeitern (3000 allein im Bezirk Beja im Alentejo). Da sich der Boykott der Latifundisten inzwischen noch verstärkt und die Lebensmittelversorgung bedrohlich erschwert hatte, trat nun das Dekret 660 in Kraft, wodurch der Staat die Agrarreform in Gang setzte und die Kollektivierung aller bewässerten Landwirtschaftsbetriebe über 50 Hektar und aller unbewässerten Betriebe über 500 Hektar ermöglichte. Zur Durchführung der Landreform wurden Regionalräte mit Vertretern der Landarbeiter, der Klein- und Mittelbauern, der MFA und der Regierung gebildet. Ein Tarifvertrag für die Landarbeiter regelte neben ihren Einkommen auch ihre Arbeitszeit.

Im Norden, wo nur bäuerliche Klein- und Mittelbetriebe bestanden, versuchte ihnen der Staat durch Kredite und Erhöhung von Erzeugerpreisen zu helfen. Die MFA schickte Brigaden aufs Land, die den Auftrag hatten, beim Bau von Gemeinschaftseinrichtungen (Bewässerung, Elektrifizierung) zu helfen und zur Selbsthilfe anzuregen. Gegen Alphabetisierungs-, Aufklärungs- und Kulturprogramme der »Dynamisierungsbrigaden« machten jedoch reaktionäre Kreise der Kirche mobil und förderten Terroraktionen der aus den Reihen ehemaliger PIDE-Agenten rekrutierten »Portugiesischen Befreiungsarmee« (ELP, die vom benachbarten, damals noch faschistisch regierten Spanien aus operierte) und der »Demokratischen Befreiungsbewegung Portugals« (MDLP, über die Günter Wallraff 1976 Genaueres in Erfahrung brachte, bevor er Spínolas Vorbereitungen für einen dritten Putschversuch enthüllte).

Die Anstrengungen der Revolutionäre auf dem Lande lohnten sich: Portugal erlebte 1975 eine Rekordernte. Gegenüber 400000 bis 500000 Tonnen Weizen in den Jahren vor dem 25. April 1974 wurden in diesem Jahr 650000 Tonnen eingebracht. Aber das Land brauchte auch viel mehr Lebensmittel als in den Jahren zuvor: Hunderttausende Portugiesen aus Angola flüchteten vor dem Krieg, den Söldnertrupps dort gegen die Volksbewegung für die Befreiung Angolas (MPLA) führten, um eine Regierungsbildung durch die MPLA zu verhindern. Die von Südafrika und den USA geförderten Trupps gaben sich selbst als Befreiungsbewegungen aus. Ihr Terror verstärkte die Angst vieler Weißer vor der Unabhängigkeit Angolas. In Portugal angekommen, saßen die Flüchtlinge arbeitslos in Hotels, Massenunterkünften und auf den Straßen, verlangten Versorgung durch den Staat und ließen sich leicht gegen die Revolutionäre als die angeblich Schuldigen aufhetzen.

Dies war eins der Probleme, die den Demokratisierungsprozeß belasteten. Ein zweites waren die Pressionen aus dem Ausland, wodurch die Gefahr eines wirtschaftlichen Chaos wuchs. Wenige Tage nach dem Scheitern des Putschversuches vom 11. März 1975 drohte der außenpolitische Sprecher der SPD-Bundestagsfraktion, Bruno Friedrich, der MFA »die Isolierung Portugals in Westeuropa« für den Fall an, daß

»eine kommunistische Diktatur errichtet« werde (»Hannoversche Allgemeine Zeitung«, 22.3.1975). Die bundesdeutschen Konzerne Grundig, Siemens und Hoechst stoppten ihre Investitionen. Weil das Land, in dem am 1. Juni 1975 der Mindestlohn nochmals auf nunmehr 4000 Escudos (400 Mark) angehoben und ein Urlaubsgeld eingeführt wurde, »seinen Standortvorteil als Investitionsland weitgehend verloren« habe, warnte der Leiter der Deutschen Entwicklungs-Gesellschaft, Staatssekretär a. D. Sohn, die Unternehmen vor neuem Kapitalengagement in Portugal (»Frankfurter Allgemeine Zeitung«, 17.7.1975). Die Bonner Koalition ließ »Überlegungen« und »Pläne« laut werden, »Hilfsmaßnahmen für Lissabon zu stoppen« und »in diesem Sinne auch die EG-Partner zu beeinflussen« (»Frankfurter Rundschau«, 14.7.1975). Die Hermes-Versicherung, Verwalterin der staatlichen Ausfuhrgarantien der BRD, hob den Versicherungsschutz für Lieferungen nach Portugal auf. Bundesdeutsche Banken beteiligten sich an der Herstellung eines Schwarzmarkts für die Escudo-Währung (»Berliner Extra-Dienst«, 26.8.1975).

Ein drittes Problem war der zunehmende Terrorismus der MDLP-Trupps, der einschüchternd auf demokratische Bewegungen wirkte und die Autorität der MFA und der Revolutionsregierung schmälerte. Ein viertes erwuchs aus den anhaltenden Bestrebungen, die MFA zu spalten. Im Juli 1975 verließ Soares unter einem Vorwand (anläßlich einer Auseinandersetzung zwischen Beschäftigten eines Lissaboner Zeitungsbetriebs) die Regierung Gonçalves. Im August publizierte eine Gruppe von neun PS-nahen Mitgliedern des Revolutionsrats um Melo Antunes eine eigene politische Plattform. Die MFA machte daraufhin, um die Einheit wiederherzustellen, Zugeständnisse an die Spalter. Die Regierung sah sich zum Rücktritt gezwungen. Nachdem eine Fallschirmjägereinheit in Tancos einer Provokation aufgesessen war und sich zu einer Konfrontation mit rechtsgerichteten Luftwaffeneinheiten hatte hinreißen lassen, machte die reaktionäre Propaganda daraus einen »linken Putschversuch«. Folge war die Kaltstellung vieler linker Offiziere, obwohl sie mit dem Vorfall in Tancos nicht das Geringste zu tun gehabt hatten. Die revolutionäre Entwicklung geriet ins Stocken.

Die eingeleiteten Reformen aber trugen Früchte: Nachdem die Landarbeiter 700 000 Hektar bisher ungenutzte Bodenfläche kultiviert, die Produktion kollektiviert und darüber hinaus eine technische und wirtschaftliche Zusammenarbeit der Kooperativen angebahnt hatten, stieg 1976 die Weizenernte auf 800 000 Tonnen. Durch den Willen, den

Elan, die Umsicht, das Verantwortungsbewußtsein der Landarbeiter brauchte Portugal in diesem Jahr nur noch 11,8 Prozent seines Weizenbedarfs zu importieren; 1974 waren es noch 40 Prozent gewesen. Auch die Erträge von Mais, Roggen, Gerste und Hafer waren höher als in den Vorjahren. Der sozialistische Landwirtschaftsminister Lopes Cardoso lobte die »Organisationsfähigkeit« und den »Arbeitseifer« auf den Kooperativen und widersprach damit seinem Parteichef Soares, der kurz zuvor behauptet hatte, die Agrarreform habe noch kein positives Ergebnis gebracht.

Nicht mehr hinwegzudiskutieren war nun auch eine andere Errungenschaft: Der portugiesische Krieg in Angola, Moçambique und Guinea-Bissau war endgültig beendet, nachdem als letztes der drei Länder Anfang November 1975 Angola die Unabhängigkeit erlangt hatte.

Dorlies Pollmann:

Die Sprache der Gewalt

Wie die bundesdeutsche Presse auf die Revolution der Nelken und der Lieder reagierte

Über den portugiesischen Faschismus schwieg die bundesdeutsche Presse jahrzehntelang. Realistische Berichte gelangten kaum an den Leser. Die Grundtendenz war, in Portugal hätten wir einen verläßlichen Verbündeten.

Die beruhigenden Kurzmeldungen über Portugal wichen großer Aufgeregtheit, als sich das portugiesische Volk von der Diktatur befreite. Plötzlich erschienen ausführliche Berichte, in denen sich die Sorge ausdrückte, Portugal könne der Freien Welt verlorengehen. Man sah die Entwicklung aus der Perspektive der bundesdeutschen Konzerne, nie aus der des portugiesischen Volkes.

»Gerade die Agfa-Manager«, schrieb teilnahmsvoll das »Handelsblatt« vom 2. Dezember 1975, »dürften die Entwicklung in Portugal mit Bitterkeit registrieren. Denn vor zwei Jahren hatten sie sich – betont im Gegensatz zum Konkurrenten Rollei, der in den Niedriglohn-Stadtstaat Singapur gegangen war – für Europa entschieden. Allerdings stand damals auch die Republik Irland zur Debatte. Trotz der Investitionszulagen der Regierung in Dublin hatte sich der deutsch-belgische Fotokonzern vor allem deshalb für Portugal entschieden, weil das portugiesische Lohnniveau damals etwa ein Sechstel des deutschen (bei Irland etwa ein Viertel) betragen hatte.«

Fast ausnahmslos warnten bundesdeutsche Zeitungen vor angeblichen Gefahren für Freiheit und Demokratie, nachdem die revolutionären Kräfte in Portugal gerade daran gegangen waren, Freiheit und Demokratie herzustellen. Aber mit solchen Begriffen war eben etwas ganz anderes gemeint: die Profitvermehrung bundesdeutscher Firmen in Portugal. Die MFA und die nachfaschistischen Regierungen tasteten zwar das Auslandskapital gar nicht an, aber in Artikeln wie dem des »Handelsblatt« äußerte sich die Befürchtung, die Profite würden wegen des sozialen Fortschritts in Portugal künftig nicht mehr so hoch ausfallen wie bisher, da nun ernstzunehmende Gewerkschaften entstanden, Mindestlöhne festgesetzt wurden, Arbeiterkommissionen in den Betrieben mitbestimmen wollten.

Wenn man der bundesdeutschen Presse folgte, ging es in Portugal in dieser Zeit wirtschaftlich und politisch und überhaupt in jeder Hinsicht abwärts, seit dort nicht mehr der Faschismus für Ruhe und Ordnung sorgte. Die Korrespondenten, die ins Land kamen, wurden vorwiegend an den Bars der teuersten Lissaboner Hotels gesehen, wo sie die Informanten fanden, deren Aussagen sie als Belege für eine derartige Darstellung der portugiesischen Entwicklung zitieren konnten. So vermittelte beispielsweise der »Zeit«-Redakteur Horst Bieber, der aus Chile nach dem Pinochet-Putsch viel Positives zu berichten gehabt hatte, aus Portugal nach dem Sieg über den Faschismus ein Leidensbild. »In der Verzweiflung«, schrieb er, »schießt die Sehnsucht nach der alten Zeit ins Kraut. Eine gängige Bemerkung heißt: ›Ein Salazar reicht nicht mehr, er muß seinen Sohn mitbringen.‹ In den Schlangen vor den Lebensmittelläden wird lauthals geschimpft: ›Unter Caetano ging's uns besser. Zum Teufel mit den Sozialisten.‹«

Die Revolution war nun verantwortlich für alle Übel Portugals. Die Berichterstatter zeigten sich fast durchweg überzeugt, daß sich die Lage des Landes nur verschlechtern könne, wenn sich das Volk anstelle der alten Herren um Politik und Wirtschaft kümmere. Der »Kölner Stadt-Anzeiger«, der Portugal bis zum Ende des Faschismus als Ferienparadies, Investitionsland und NATO-Partner mit diskreter Verschwiegenheit und tolerantem Wohlwollen behandelt hatte, machte sich nach der Revolution plötzlich seine Gedanken über die Ursachen einer Cholera-Epidemie im medizinisch rückständigsten europäischen Land. Unter der Schlagzeile »Cholera in Portugal: Sechs Tote – Alarmierende Epidemie« hieß es dort am 4. November 1975: »Die Gefahr von Choleraepidemien ist seit der Revolution vom 25. April 1974 erheblich gestiegen ... Im Gefolge der Revolution wird ... auch eine große Verschmutzung zumal in den Städten registriert. Sie wird hervorgerufen durch ständige Flugzettel-Aktionen, tägliche Demonstrationen, allgemeine Disziplinlosigkeit und nicht zuletzt durch immer neue Streiks der städtischen Reinigungsdienste.« Solche Artikel hatten prompt die Wirkung, daß die Touristik-Unternehmen Flüge nach Portugal abbliesen.

Der 25. April 1974 ging als gewaltlose Revolution in die Geschichte ein, als Revolution der Nelken und der Lieder, bei der die Bevölkerung den bewaffneten Streitkräften rote Nelken in die Gewehrläufe steckte. Niemand kam auf der Straße zu Schaden, niemand wurde getötet. Es war nicht zuletzt diese Tatsache, die bei den Linken vieler Länder Hoffnungen auf den Modell-Charakter der portugiesischen Revolution auslöste, zu Reisen nach Portugal und tatkräftiger solidarischer Hilfeleistung anregte. Die bundesdeutsche Rechtspresse jedoch setzte auf Gewalt, die Gewalt der Reaktion. Spekulationen auf politisches Chaos und Hoffnungen auf einen herannahenden Staatsstreich waren eng miteinander verbunden. Was für den »Bayernkurier« am 4. Oktober 1975 »der kommunistische Weg ins Chaos« war, hieß in der »Welt« bereits am 28. Mai 1975 der »letzte Akt der lusitanischen Tragödie«. Sie prophezeite: »Noch ein Jahr, und dann wird etwas geschehen.« Beim Gedanken an das Gelingen eines Putsches wurde die »Welt« noch deutlicher: »Gelänge ein solcher – die Gomes und Gonçalves könnten nur wählen zwischen dem nächsten Ast und einer Kugel aus dem eigenen Revolver« (29.3.1975).

Der »Rheinische Merkur« setzte seine Hoffnung auf die CDS: »Die christlich-oppositionelle Partei, in Portugal wie im Ausland als ›rechtsextrem‹ verleumdet und von den KP-beherrschten Massenmedien ausgesperrt, gewinnt ständig an Ansehen. Sie, nicht die von Willy Brandt und seinen Genossen zwischen Wien, Stockholm und Den Haag gehätschelten Sozialisten des Mario Soares, bringt den Mittelschichten des Landes die Hoffnung zurück, einen Absturz in die rote Diktatur auf dem Wege über die Volksfront noch verhindern zu können« (31.10.1975).

Während im Norden Portugals die Kirche Hand in Hand mit den bewaffneten Terrororganisationen ELP und MDLP arbeitete, um Bauerndemonstrationen gegen den fortschrittlichen Kurs der Regierung und Anschläge auf linke Parteibüros und Gewerkschaftszentren zu organisieren, zeigten sich bundesdeutsche Zeitungen überraschend basisorientiert und beglückwünschten den »Zorn der Bevölkerung«, der »vor allem im Norden des Landes weiter um sich greift«, wie die »Welt« am 16. Juli 1975 frohlockte: »In Portugal wird der politische Kampf um die Zukunft des Landes auf die Straße getragen. Am Montagmorgen versammelten sich Demonstranten in der Stadt Rio Maior, die 100 km nördlich von Lissabon liegt, rückten auf das Büro der kommunistischen Partei vor, drangen in das Gebäude ein und verwüsteten es. Dann legten sie Feuer. Mehrere tausend Portugiesen demonstrierten am Sonntagabend für die katholische Kirche des Landes... Bischof Trinidade begab sich zu Fuß... quer durch die Stadt zur Kathedrale. Die Demonstranten folgten ihm. Vor der Kathedrale sangen sie die portugiesische Nationalhymne. Sie riefen: ›Die Christen können vereint nie besiegt werden.‹«

Mit ähnlichem Einfühlungsvermögen berichtete Michael Vermehren in der »Deutschen Zeitung/Christ und Welt« vom 15. August 1975 über den »Wutausbruch im Norden«: »Wozu ist dieses aufsässige Gerede im Norden gut, wohin kann es führen? Ich stellte diese Frage an einige PPD-Parteisekretäre in den Kleinstädten zwischen Braga und Bragança. Ohne die geringste Scheu erklärte mir der eine, daß das Volk fortfahren könne und gewiß auch fortfahren wolle, alle linken Parteibüros zu zerstören. Bisher sind rund dreißig entweder demoliert oder niedergebrannt. Ganz wie der Parteichef sagte, hört die Bevölkerung nicht auf, ihrer immer wütenderen Abneigung Luft zu machen. In der Nacht zum Montag war das PC-Büro in Mucao an der Reihe. Der Distriktsitz der Kommunisten in Braga kam am Montag dran. Ein anderer lokaler PPD-Chef erklärte mit schlauem Lächeln, man habe von den Streitkräften schließlich gelernt, wer zu sagen habe, sei das Volk. Nun, hier oben vertrete die PPD das Volk... Wenn man fragt, wer denn im Ernstfalle der Waffenlieferant sein würde, wird sehr bald von der ELP gesprochen... Der Norden scheint bereit zu sein und ist, was den Ausgang angeht, zuversichtlich.«

Die Portugal-Aktion

Eine Zeit auf der Kooperative

»Einigkeit macht stark«

> Menschen, die ewig geduckt und unfrei waren, treten vor Versammlungen und reden frei. Siebzigjährige lernen lesen und schreiben. Analphabeten entwerfen Flugschriften, die sie schreibkundigen Genossen diktieren. In Pias entwickelt der des Lesens und Schreibens unkundige Antonio Reis ein Theaterstück über sein Leben vor und nach dem Faschismus und führt es mit Schulkindern in der Turnhalle der Dorfbevölkerung vor. Jeder darf in der Vollversammlung das Wort ergreifen, niemand wird wegen seiner Ungeschicklichkeit ausgelacht. Wie bei der Arbeit auch hier: Solidarität.

160 Kilometer südlich von Lissabon, über Setubal und Grandola, fragen wir uns zur »Estrela Vermelha« (Roter Stern), einer der ersten und größten Kooperativen, durch. Hier haben sich inzwischen 80 Familien Arbeit und Auskommen gegeben.

Herzlicher Empfang. Die ehemalige Privatkapelle des Großgrundbesitzers, der sich manchmal zur Fasanenjagd auf sein über 2000 Hektar großes Gut verirrte, ist jetzt Aufenthaltsraum, Ausschank und Einkaufsladen zugleich. Es gefällt uns. Aber wir wollen weiter zur Kooperative »União faz a força«.

Drei Kilometer unbefestigter, sandiger Feldweg durch eine versteppende Landschaft. Immer wieder bleibt der Wagen stecken. Mit der Zeit kriegen wir raus, wie man gasgebend mit Anlauf und schlingernd die tieferen Sandstellen überwindet. Eine Eisenbahnlinie, eingleisig, kreuzt den Feldweg ohne Schranke und Warnschild. Zweimal am Tag passiert ein Zug.

»Unsere« Kooperative: Eine Scheune. Ein Schweinestall. Zwei abseits- und leerstehende halbverfallene Hütten. Einige aneinandergekauerte Behausungen, bewohnt. Bewohnt? Kein Mobiliar. Nicht mal

Oben: Lagerplatz der Korkfabrik Simões in Santiago do Cacem

Unten: Korkeichen. Auf den 780 Hektar Land, auf denen die Kooperative »União faz a força« entstanden ist, wuchs fast nichts anderes, solange das Land noch den Brüdern Simões gehörte.

ein Tisch, kein Stuhl, kein Geschirr, kein Besteck, keine Decken. Nur geliehene, nackte Bettgestelle, ein angeschlagener Tonkrug und ein Besen aus Eukalyptuszweigen.

Die Kooperative, ihr Name bedeutet »Einigkeit macht stark«, zählt mit ihren 780 Hektar zu den kleineren. Vor etwa 25 Jahren lebten hier noch 20 Familien als halbe Leibeigene. Durch eine Lohnforderung verärgert, jagte der damalige Besitzer Martinhanes seine Bewirtschafter davon und ließ bis auf den Korkeichenanbau alles verfallen. Der Korkfabrikant Antonio Augusto Simões und sein Bruder Zeferino Rodrigues übernahmen den Besitz und mieteten zur Korkernte Arbeiter gegen einen Lohn von maximal 17 Escudos (1,70 DM) für Männer, neun Escudos (0,90 DM) pro Tag für Frauen an. Den Kork verarbeitete der Besitzer in seiner Fabrik in Santiago do Cacem. Die warf genügend ab.

In einem Raum ums offene Kaminfeuer elf Personen, Männer und Frauen, die Besetzer, die bisher ohne einen Pfennig Unterstützung die Stellung hielten. Begrüßung mit Umarmungen. Der bärtige Joaquim Miguel Raposo war vor zwei Wochen noch vom Korkfabrikanten und ehemaligen Besitzer Simões mit der Pistole bedroht und zum Verlassen »seines« Besitzes aufgefordert worden: »Bandit, scher dich von meinem Grund und Boden.« Joaquim, der gerade Wache hielt, rief die anderen und gab die klassische Antwort: »Das ist nicht mehr dein Boden. Wir sind gekommen, um das brachliegende Land zu bearbeiten, und stehen mit beiden Beinen auf dem Boden des Agrarreformgesetzes. Wenn dir wirklich an ›deinem‹ Land liegt, kannst du es ja mit uns zusammen bearbeiten, aber dann auch zu den gleichen Bedingungen.«

In einem Protestschreiben an den Agrarminister Lopez Cardoso verlieh der Korkfabrikant seiner Empörung Ausdruck und pries sein verwahrlostes Land: »Seitdem sie in meinen Besitz eingefallen sind, haben sie alles geraubt und zerstört, was es dort gab. Hier handelt es sich um den größten Mißbrauch, den man sich vorstellen kann, denn mein Besitz war sauber und wohlgepflegt. Jetzt sieht man alles verkommen und trifft zuweilen sogar auf den Bandenführer, den Gangster Joaquim Miguel, einen Mann von der übelsten Sorte und ohne Skrupel. Außerdem bedrohen sie schutzlose Personen und berufen sich auf die Autorität Ihrer Behörde... Ich hoffe auf Ihren Weitblick und daß Sie mir zu meinem Recht verhelfen...«

Doch das Landwirtschaftsministerium legalisierte die »União faz a força«. Minister Cardoso: »Man spricht heute viel von Ungerechtigkeiten, die beim Voranschreiten der Agrarreform begangen worden seien, vergißt dabei aber die Situation der Ausbeutung, in der Jahrzehnte über Jahrzehnte die alentejanischen Landarbeiter gelebt haben, eine echte Masse von Sklaven im Dienst der Großgrundbesitzer, die ihr Vermögen aufgehäuft haben auf Kosten des Mehrwerts, der der Anstrengung und dem Schweiß der Landarbeiter entrissen wurde.« Cardoso ist ein Mann des linken, sozialistischen Flügels der in vielen Farben schillernden Sozialistischen Partei (PS).

Zahlreiche Großgrundbesitzer ließen aus Protest gegen die neue Regierung und deren Sozialpolitik die Ernte abbrennen, alle beweglichen Güter verkaufen, selbst trächtige Kühe notschlachten, die Oliven vertrocknen und ganze Olivenhaine abholzen. Zugleich stoppten ausländische und inländische Unternehmer ihre Investitionspläne oder schlossen ganz einfach die Fabriktore, derweil die bürgerliche Presse im nördlichen Europa ihre Kampagne der »Besorgnis« über die »chaotische Entwicklung« in Portugal begann. Devisenbringende Touristen sahen sich nach anderen Urlaubsstränden um. In Aussicht gestellte Kredite aus EG-Ländern blieben aus politischen Gründen aus.

In dieser Krisen-Situation gingen die Landarbeiter zur Selbsthilfe über. Jahrzehntelang hatten sie unter der Tatsache gelitten, daß Recht und Gesetz die Festschreibung der jeweiligen Machtverhältnisse sind. Jetzt begannen sie, diese Machtverhältnisse und eben die Besitzverhältnisse radikal zu verändern. Ihre Parole: »Das Land denen, die es bebauen!«

Die Großgrundbesitzer hatten in der Hauptstadt Lissabon oder im Ausland gelebt. Statt das Land zu kultivieren und intensiv zu nutzen, ließen sie anbauen, was schnelles Geld versprach: Kork und Eukalyptus. Eukalyptusbäume, aus denen Papier gemacht wird, wachsen sehr schnell und können schon nach zehn Jahren abgeholzt werden. Es gibt kein besseres Symbol für den feudalen Großgrundbesitz in Portugal als den Eukalyptusbaum: Die Saugarme des Wurzelgeflechts reichen tief in den Boden hinein und holen das letzte aus ihm heraus. Der Boden versandet und ist für mehrere Generationen ausgelaugt – nutzlos, tot.

Die Mitglieder der Kooperativen wählten ihre eigenen Sprecher und Kommissionen. Sie verstehen sich als »apartidario«, als parteiunabhängig, um von vornherein die Gefahr einer parteipolitischen Spaltung zu vermeiden. Die Kommissionen sind mehr als Entscheidungsgremien und Exekutivorgane. Sie sind ein Forum der Verständigung und Diskussion. Demokratie, nämlich von unten: das Gegenteil von Funktio-

Joaquim (links) und Florival (rechts) betrachten die Prospekte des Traktors.

närsverwaltung. Die gewählten Sprecher werden von den Mitgliedern kontrolliert und sind jederzeit abwählbar.

Mehr als eine Million Hektar Land ist im Süden Portugals von den Landarbeitern besetzt und wird in selbstverwalteten Kooperativen bewirtschaftet; das sind zwei Drittel der landwirtschaftlich nutzbaren Fläche des Südens, ein Fünftel der bebaubaren Fläche ganz Portugals. Hier – vor allem im Alentejo – ist die Kornkammer des Landes. Die ersten kollektiv erwirtschafteten Ernten im Jahre 1975 gaben den Besetzern auch wirtschaftlich recht: Die Kooperativen erzielten bis zu 30 Prozent höhere Erträge. Arbeitslosigkeit gibt es bei ihnen nicht mehr.

Wir kommen im Januar 1976 auf die Kooperative. Einige Wochen zuvor haben Florival, Felipe, Irminio, Carlos und Idalino, Arbeitslose aus dem vier Kilometer entfernten Dorf São Domingos, mit Spaten und Hacken begonnen, das wildeste Gestrüpp von den Feldern zu entfernen, die als erste bebaut werden sollen.

Wir überbringen Geld: 76 000 Mark, in der Bundesrepublik gesammelt vom Initiativkreis »Solidarität mit Portugal«, den Horst Bingel, Bernt Engelmann, Dieter Hildebrandt, Friedrich Wilhelm Hölscher MdB, Professor Gerhard Kade, Franz Xaver Kroetz, Professor Reinhard Kühnl, Gunnar Matthiessen, Heinz Reichwaldt, Eckart Spoo und Günter Wallraff 1975 in Frankfurt gegründet haben. In dem Spendenaufruf hieß es:

»Ein halbes Jahrhundert wurden in Portugal jede politische Freiheit, jeder demokratische Wille unterdrückt. Der jahrzehntelange Kolonialkrieg, die Rüstung und umfangreiche Waffenimporte haben die Staatsfinanzen zerrüttet, haben Portugal zum ärmsten Land Europas gemacht und das Volk an den Rand seiner Existenzmöglichkeit getrieben. Die Unterdrückung und Ausbeutung durch einige wenige reiche Familien haben zur Verelendung breiter Bevölkerungskreise geführt. Über 60 Prozent der Lebensmittel müssen aus dem Ausland eingeführt werden. Es fehlt an Schulen, medizinischen Einrichtungen und an den notwendigsten Unterhaltsmitteln. Nach der Niederringung des Faschismus hat das portugiesische Volk jetzt die Entwicklung des Landes in die eigenen Hände genommen. Es will sich ein neues Portugal bauen. Es steht vor der schwierigen Aufgabe, seine soziale Rückständigkeit und wirtschaftliche Verelendung zu überwinden sowie seine jungen demokratischen Errungenschaften gegen die innere Reaktion und ausländische Einmischungsversuche zu verteidigen. Die Landarbeiter müssen den Boden, der jahrzehntelang brach lag und ihnen jetzt übereignet wurde, bearbeiten, um die Versorgung des portugiesischen Volkes zu sichern. Sie sind dabei ständig der Gefahr von Sabotageakten ausgesetzt, mit denen die Reaktion versucht, das Land in ein Chaos zu stürzen. Dieses Volk braucht unsere Solidarität. Es wartet auf die materielle Solidarität derer, die nicht vergessen haben, mit welchem Aufwand die NATO und die Regierungen der BRD das faschistische Salazar/Caetano-Regime unterstützten. Helft jetzt! Spendet für die Kooperative ›União faz a força‹!«

In Beja kauften wir einen Traktor mit Zusatzgeräten. Schon sind 50000 Mark von den Spendengeldern weg. Der Vertreter, ein verschmitzter ehemaliger Kleinbauer, hat Hochkonjunktur. Er ist voll des Lobes über die internationale Solidarität. Kein Wunder: Gelder von Portugal-Komitees aus Holland, Schweden und Finnland beleben sein Geschäft. »Den Kooperativen gehört die Zukunft«, sagt er strahlend. »Die wühlen das Land um, das jahrzehntelang brachgelegen hat.« Bloß eines bedrückt ihn: »Es ist so schwierig, mit den Kooperativen Ge-

Irminio ist einer der wenigen, die schreiben können. Am neuerworbenen Schreibtisch beginnt er die Buchführung der Kooperative.

schäftsverhandlungen zu führen. Man weiß nie, wer der Chef ist. Da wollen immer gleich alle mitreden.«

Zwei Tage später wird der Traktor geliefert. Florival pflügt nun bis tief in die Nacht, um die Jahreszeit zu nutzen. Die Arbeiter säen Getreide, pflanzen Zwiebeln, Bohnen, Salat, später Kartoffeln und Mais. Joaquim kauft Vieh für die Kooperative.

Ende Januar, nach fünfmaligem Anlauf, nach tagelangen Überlandfahrten und stundenlangen Wartereien, gelingt es Felipe und Idalino, Geld vom Kreditinstitut der Agrarreform für die Löhne zu bekommen. Ein einheitlicher Tagessatz von 16 Mark für Männer und Frauen wird abgehoben. Es gibt nur ganz wenige Kooperativen, in denen Frauen und Männer gleich viel verdienen. Normalerweise geben sich die Frauen mit 12 Mark zufrieden.

In den folgenden Tagen besorgen wir in den Kleinstädten der Umgebung gebrauchte Möbel, Geschirr und Bestecke. Irene, Maria und Custodia begleiten uns. Sie sind etwas ängstlich, ohne ihre Männer auf so eine weite Reise zu gehen. Das haben sie noch nie getan.

In der Hafenstadt Sines läßt die 24jährige Irene ihrer Begeisterung freien Lauf. Zum erstenmal in ihrem Leben sieht sie das Meer. Dabei ist sie nur 40 Kilometer davon entfernt aufgewachsen. Sie erzählt uns, wie sie an ihrem freien Tag, dem Sonntag, die Hütte nie verlassen konnte, weil sie dann ihr einziges, von der Arbeit verschmutztes Kleid waschen und trocknen mußte.

Das Ende Januar ausgezahlte Geld war für die Dezember-Löhne. Wir bleiben bis Mitte März. Als wir abfahren, ist das Geld für Januar und Februar noch nicht gekommen. Ein untergeordneter Beamter, ein PPD-Mann im 35 Kilometer entfernten Santiago do Cacem, blockierte die Zuteilung. »Es ist kein Geld da«, behauptete er. »Es ist kein Geld da«, berichteten unsere Leute zu Hause auf der Kooperative. Nach dem zweiten Mal wollte einer es nicht mehr glauben. Er meinte, die beiden hätten das Geld selber eingesteckt. Es kam zu einer Rauferei. Seither arbeitet er in einer neuerbauten Erdölraffinerie im 50 Kilometer entfernten Sines, die ihm 6000 Escudos monatlich garantiert.

Es ist nicht der einzige Streit, den wir erleben. Die seit vielen Generationen Knechte fremder Herren waren, werden nicht von heute auf morgen Herren ihrer selbst. Die immer Tagelöhner waren, müssen nun mühsam lernen, über den Tag hinaus zu denken. Sie stehen am Neubeginn, am Nullpunkt. Was ist jetzt vordringlich? Welche Wünsche müssen noch zurückstehen? Wie soll die Arbeit eingeteilt werden? Was ist gerecht? Was entscheidet der einzelne, was betrifft alle gemeinsam? Wie überwindet man gegenseitiges Mißtrauen? Wie kann man einander am wirksamsten helfen? Vor welchen Gefahren muß man sich vorsehen? Wie vermeidet man überflüssige Auseinandersetzungen?

Die Alentejaner

Einer von denen, die jetzt viel zu überlegen haben, ist Manuel, der Kuh- und Schweinehirt der »União faz a força«. Er sagt uns: »Ich kann nicht lesen und nicht schreiben. Ich konnte nie zur Schule gehen, weil ich immer arbeiten mußte. Mein Vater war auch Schäfer. Wir haben viel gefroren, nachts, wenn wir unter den Eichen beim Vieh schliefen. Vor allem, wenn es regnete. Ich hatte nur eine kurze Jacke, oft deckte ich mich mit Palmwedeln oder einer Plastiktüte zu. Aber das Regenwasser floß immer oben rein und unten wieder raus. Meine ersten Schuhe bekam ich mit 15 geschenkt, und sie hatten auch schon Löcher.« Unter

Der Traktor ist gekommen.

solchen Bedingungen sind hier die Menschen aufgewachsen. In Westeuropa. Im 20. Jahrhundert.

Hier findet man Dörfer, wo es weder einen Brunnen noch eine Quelle gab. Das Wasser mußte oberirdisch aufgefangen werden. In Trockenzeiten wurden Krüge auf einen Karren geladen, ein Esel vorgespannt. Man trieb ihn in eine Höhle, um so das heruntertropfende Wasser einzusammeln. Dadurch kam es zu Epidemien: Typhus und Cholera. In den seltensten Fällen gibt es so etwas wie Toiletten. Selbst Plumpsklos sind so gut wie unbekannt. Man hockt sich hinter die Hütten, auf die Felder. Erst seit der Revolution, seit die Alentejaner mit Hilfe der revolutionären Soldaten begonnen haben, Wasserleitungen zu bauen, werden Hygienekampagnen durchgeführt – »und so etwas braucht seine Zeit«, sagt der Schriftsteller Manuel da Fonseca, der selbst aus dem Alentejo stammt und an einem Theaterstück über die Agrarreform arbeitet.

Bei Beerdigungen wird einfach ein Grab geschaufelt, in das man den Toten legt. Die Armut war seit Menschengedenken so groß, daß man sich keinen Sarg leisten konnte. Noch etwas fällt auf: Weder bei Beerdigungen noch bei Hochzeiten ist ein Priester anwesend. Fonseca erklärt: »Der Alentejo ist nicht religiös, im Gegensatz zum Norden hat sich die Bevölkerung nie durch die Kirche einschüchtern lassen. Nördlich des Tejo und auch im Algarve lassen sich die Priester weitgehend von der Bevölkerung aushalten. Dort werden ihnen Haus, Lebensmittel und Geld zur Verfügung gestellt. Jedes Jahr werden von den Familien ein oder zwei Feste zu Ehren des Dorfpopen veranstaltet. Da findet ein Tausch materieller gegen geistige Waren statt. Die armen Leute tischen das Beste vom Besten auf, was sie sich selbst nie leisten können. Im Gefolge des Priesters erscheinen Typen mit Säcken, die Pfarrhelfer, und packen die Gaben – Hühner, Puter – ein. Dafür segnet der Priester das Haus. Im Alentejo aber gibt es eine vollkommene Trennung zwischen Landarbeitern und Priestern. Hier fing die Kirche an, die zivil verheirateten Paare zu belohnen, die sich nachträglich kirchlich trauen ließen. Aber dieser Versuch fand keinen großen Anklang. Der Alentejaner sieht den Priester als seinen natürlichen Feind an. Die Priester waren immer für die Reichen da.«

Oben: Manuel, der Hirt der Kooperative

Unten: Felipe, Landarbeiter

Antonio Miguel erzählt von den alten Zeiten

In einer Blechhüttenansiedlung vor Alvalade wohnt Antonio Miguel (30) mit zwei Söhnen und seiner 68jährigen Mutter. Jeden Morgen holt ihn ein Traktor mit Anhänger zur Arbeit in einer Kooperative. Neben seiner selbstgebauten, zusammengeflickten Hütte ist in einem Bretterverschlag sein privater Reichtum untergebracht: eine Milchkuh. Wenn seine Mutter, die die Kuh melkt, einmal nicht mehr lebt, will er diesen »Privatbesitz« in die Kooperative einbringen. »Dann wird die Kuh geschätzt, ich erhalte den Wert ausgezahlt, und sie gehört allen Arbeitern.«

Vor der Revolution arbeitete Antonio Miguel als Tagelöhner beim Großgrundbesitzer José Mateus, dessen über 1000 Hektar Land inzwischen von den Arbeitern in die Kooperative »Humberto Delgado«[1] umgewandelt wurden. Mateus (79) bewohnt heute eines seiner Häuser in Grandola und lebt von seinen nicht geringen Rücklagen. Sein Sohn hat sich nach Brasilien abgesetzt.

Antonio Miguel erinnert sich: »Im Faschismus mußten wir zur Erntezeit morgens um vier Uhr zur Arbeit antreten. Auch wenn die Sonne noch so brannte, wir mußten bis Sonnenuntergang aushalten. Aufseher überwachten uns bei der Arbeit. Wenn jemand nicht genug leistete oder einmal vor Erschöpfung umfiel, wurde er sofort entlassen. Es kam vor, daß welche Blut spuckten. Zu essen gab es fast nichts. Außer Brot, aber auch davon zu wenig. Selbst von den Trauben bei der Weinlese durften wir nichts essen. Das einzige, was reichlich und kostenlos verteilt wurde, war Wein. Drei Liter am Tag. Es steckte Absicht dahinter. Unter uns waren nur wenige, die dem widerstanden und lieber Wasser tranken. Manche wurden zu Alkoholikern. Der Wein machte die Leute träge, apathisch. Sie waren immer leicht benommen und ließen sich um so mehr gefallen. Wenn sich jemand beschwerte, wurde er von dem Aufseher Alves oder von Mateus geschlagen. Sogar Kinder wurden geschlagen. Wenn jemand über Hunger klagte, war er gleich ein Kommunist. Alle Arbeiter hatten Angst vor Mateus. Er hatte ein Fernglas, mit dem er sich auf einem Hügel postierte. Niemand durfte sein Land betreten, selbst wenn es seit Jahren brachlag. Kam ein Fremder, rief er sofort die Guarda, die Nationalpolizei, und ließ den Mann verprügeln.

1 s. Seite 147f.

Oft mußte er noch Strafe zahlen. Hundert Escudos Strafe waren keine Seltenheit. Vor 15 Jahren betrug der Lohn für einen Arbeiter 18 Escudos, eine Frau bekam 10 am Tag. Man konnte froh sein, überhaupt zum Ernteeinsatz geholt zu werden. Nach der Revolution entließ Mateus alle Arbeiter, bis auf vier, die sein Land bewachen sollten. Dann versuchte er, das Vieh zu verkaufen und die Ernte auf den Feldern verkommen zu lassen. Damit sollte die Versorgung der Bevölkerung sabotiert werden. Er hatte bereits ein Drittel der Kühe und Schafe nach Spanien verkauft, als seine vier Getreuen wieder 50 Kühe zum Bahnhof treiben mußten, um sie zum Schlachthof zu verladen. Da haben wir uns zusammengetan und die Kühe vom Bahnhof auf die Weide zurückgetrieben und dann das Land besetzt. So ist die Kooperative ›Humberto Delgado‹ entstanden. Viele Kooperativen sind erst als Antwort auf Sabotage der Großgrundbesitzer zustande gekommen. Die Besetzung war unser äußerstes Notwehrmittel.«

Antonio Miguel erzählt, wie es »Senhor quer tudo« in den alten Zeiten mit den Frauen hielt: »Wenn ein Arbeiter eine hübsche Tochter oder Frau hatte, konnte er noch am ehesten mit Arbeit rechnen. Sonst mußte er, wenn er überhaupt eingestellt wurde, die schwerste Arbeit machen. Mateus wie auch andere Großgrundbesitzer nahmen sich die Mädchen und Frauen, wie es ihnen paßte. Der Gutsbesitzer João dos Santos, genannt ›Senhor quer tudo‹ (der Herr, der alles will), war besonders wild hinter unseren Töchtern her. Wenn ein hübsches Mädchen bei ihm arbeitete, mußte er es gleich besitzen. Vor fünf Jahren schwängerte er die 15jährige Tochter des Arbeiters Pistola. Er schleppte sie zu seinen Freunden bei der Guarda, die sie erpreßten, ein Dokument zu unterschreiben, daß das Kind von ihrem eigenen Vater stamme. Zum Glück kannte Pistola einen jungen Priester, der sich einsetzte und den Fall vor Gericht brachte. Da schon große Unruhe in der Bevölkerung entstanden war, wurde ›quer tudo‹ zu zwei Jahren Gefängnis verurteilt, wo er sich aber die geringste Zeit aufhielt. Er kaufte ein Landhaus in der Nähe des Gefängnisses, fuhr ständig mit seinem Mercedes aus und führte seine Geschäfte weiter. Heute lebt er auf dem Gut ›Misericordia‹, das bis jetzt noch nicht besetzt wurde.«

Antonio Miguel erzählt, wie es der Arzt Dr. Fernandez in den alten Zeiten mit den Kranken hielt: »Dr. Fernandez, der einzige Arzt in unserer Gegend, hielt im Café in Alvalade seine Sprechstunden ab. Er ist über 70 und seit 40 Jahren hier. Als mein Sohn mit sieben Jahren an

Gehirnhautentzündung erkrankte, ließ er sich von meiner Frau mitten im Café die Symptome beschreiben und verordnete Tabletten. Die falschen. Mein Sohn wurde stumm. Viele sind gestorben, weil er sie nicht behandelte. Heute, muß man sagen, ist Dr. Fernandez trotz seiner alten Tage eifriger. Seit die Arbeiter die Tomatenfabrik besetzt und übernommen haben, bietet er ihnen an, sie krankzuschreiben, solange sie wollen, selbst wenn sie gesund sind. Als jetzt die Grippewelle war, hat er welche gefragt: ›Wie lange willst du krankgeschrieben werden, zwei oder drei Monate?‹«

Antonio Miguel erzählt, wie es Herr Mateus in den alten Zeiten mit der Polizei hielt: »Mateus hatte zur Guarda beste Kontakte. Man hatte den Eindruck, es wären seine Angestellten. Auf seinen Wink taten die Polizisten alles für ihn. Er schickte ihnen regelmäßig Milch, Kartoffeln, Weizen, Öl und Fleisch, und sie brauchten es nicht zu bezahlen. Jedes Jahr schlachtete er ein Schwein für die Guarda. Wir sagten dann: ›Ein Schwein für die Schweine!‹ Nach der Revolution taten sie wie Freunde, hatten sich rote Nelken angesteckt, tranken mit uns in den Kneipen und nannten sich, ohne gefragt zu sein, ›Sozialisten‹ und ›Kommunisten‹. Seit dem 25. November 1975 kommen sie uns wieder wie die Wölfe, schnüffeln bei uns herum, halten Mitglieder der Kooperativen auf den Straßen an und fragen, obwohl sie sie kennen, nach den Papieren. Wenn jemand sie nicht bei sich hat, verlangen sie Geldbußen.«

Antonio Miguel sieht klar, wie die Reaktion den revolutionären Prozeß umzukehren versucht, doch er ist zuversichtlich: »Einige Großgrundbesitzer, die sich nach Spanien oder Brasilien abgesetzt haben, bezahlen ihre alten Verwalter weiter, weil sie glauben, sie könnten in einiger Zeit ihre Güter wieder übernehmen. Aber wir werden nie zu den alten Zeiten zurückkehren. Wir im Alentejo werden unser Land zu verteidigen wissen. Eher sterben wir, als unser Land herzugeben. Wenn wir von einer rechten Regierung dazu gezwungen werden sollten, liefern wir keine Nahrungsmittel mehr nach Lissabon und verbrauchen selbst, was wir anbauen.«

Ein Brief von der Kooperative

Einige Monate später, im August 1976, sind in »unserer« Kooperative »União faz a força« nahezu 100 Hektar bebaut. Brieflich berichten uns die Freunde in Portugal mit genauen Zahlen und nicht ohne Stolz im

Oben: Günter Wallraff bei der Arbeit

Unten: Der Brunnen der Kooperative

Detail, was sie dem früher brachliegenden Land abgetrotzt haben: Bohnen, Kartoffeln, Mais, Kohl, Weizen. Die diesjährige Weizenernte im Alentejo war überhaupt die Rekordernte in der Geschichte Portugals. Sie schreiben: »Der Viehbestand hat sich auf 40 Kühe und 18 Kälber erhöht. Unser Weideland reicht nicht aus für die Herde. Deshalb ist unser Genosse Kuhhirte etwa 35 Kilometer von hier mit zwei Dritteln der Herde auf einer anderen Kooperative zu Gast. In Alvalade in der ›Casa do Povo‹ (Volkshaus) findet zur Zeit eine Alphabetisierungskampagne statt, an der wir geschlossen teilnehmen. Die wenigen von uns, die in vier Schuljahren lesen und schreiben gelernt haben, können auch noch dazulernen. Etwas, das uns sehr beunruhigt, sind die Meldungen in deutschen Zeitungen, daß zwei Drittel der Kooperativen an die Großgrundbesitzer zurückgegeben werden sollen. Hier bei uns stand das in keiner Zeitung, hier heißt es, es geht nur um ein Prozent des besetzten Landes. Wir stellen nachts wieder Wachen auf, denn die Gebrüder Simões (die ehemaligen Besitzer) tauchen immer häufiger hier auf und benehmen sich so, als wären sie wieder die Herren. Es wäre für sie jetzt ja auch doppelt attraktiv, nach allem, was wir aus dieser Einöde gemacht haben. Die umliegenden Kooperativen haben Zeichen mit Leuchtraketen vereinbart, damit schnelle Hilfe da ist, falls ein Überfall stattfindet. Wir haben kein Vertrauen zu Mario Soares, der die Arbeiter beschimpft, daß sie faul seien, und sich bei den Reaktionären lieb Kind macht. Da hilft auch die klare und gute Agrarpolitik von Landwirtschaftsminister Lopes Cardoso nichts, wenn Soares zur Beschwichtigung der stärker werdenden Reaktion öffentlich erklärt, daß ›besetzte Länder geraubte Länder‹ seien. Wie ihr wißt, lassen wir uns unser Land nicht wieder nehmen. Wir sind auf einiges vorbereitet und rechnen dann auch mit eurer weiteren Hilfe und Solidarität…«

Aufdeckung einer Verschwörung

»Wallraff... ein dummes Schaf im Dienste der kommunistischen Desinformation?« fragte die »Kölnische Rundschau«. Es sei »eine vom internationalen Kommunismus gestellte Falle« gewesen, in die der portugiesische Ex-Präsident Antonio Spínola tappte, meinte die Schweizer »Rheintalische Volkszeitung«. Das portugiesische Rechtsblatt »O Sol« forderte, nun sei es »an der Zeit aufzuklären, welche geheime Macht hinter den Aktionen Wallraffs steht!«

So sei der folgende Bericht der »geheimen Macht« gewidmet, ohne deren moralische Rückendeckung und tatkräftige Hilfeleistung es nicht möglich gewesen wäre, den geplanten Putsch im Frühjahr 1976 aufzudecken. Die »geheime Macht« setzt sich aus folgenden Einzelnen mit unterschiedlichen Anschauungen und Motivationen zusammen:

Den Mitgliedern der Kooperative und den Freunden aus dem Alentejo, die uns vorlebten, daß in der Praxis machbar ist, was wir in der Bundesrepublik häufig nicht mehr für möglich hielten: Joaquim Miguel Raposo und Vitalina Marques Ventura, Manuel Joaquim de Matos Gonçalves, Florival Diogo und Costodia Maria Caiadas, Felipe Rodrigues und Maria de Fatima Ferreira, Idalino Manuel und Maria Irena Marques Santos, Irminio Domingos, Miraldina Prazer dos Santos und Maria Graça, Antonio Costodio Pereira, Henriques Raposo Pereira Guerreiro, Baltasar Maria Silvestre, Carlos Raposo Pereira Guerreiro, José Manuel Santo Salino und Ema Maria Santos; Anette Leopold, Stefan Nybom, Lena Stähl, Kjell-Ove Holmström, Ulli Pawlas; Carlos Oliveira, Antonio Miguel, Mariana, Teles, »Pica Pau« Grandola; Rogerio Brito, Fernando und Fernanda Carvalho; Luis, Casa do Povo; Manuel Cordeiro; Alfonso und Domingos Borralho, Antonio Miguel Felix Cabeça; Graça Maria Ribeiro dos Santos; Maria Batista Pereira; Mariana Narciso Borges; Augusto da Conceiçao Felicio; Chico Picas.

Den Freunden und Bekannten aus Portugal, die ungeachtet ihrer ver-

schiedenen Ämter und Funktionen nicht zögerten, uns Mut zu machen, Ratschläge zu geben und weiterzuhelfen: Curt und Christiane Meyer-Clason, Gonçalo und Clara Vilas-Boas, Hans und Helga Blume, Francisco Oliveira Marques, Manuel da Fonseca, Luz Moita, Lopes Cardoso, José Gomes Ferreira, H. Delille, Jorge Rato, Eduardo de Sousa Ferreira, Paul Esser, Antonio Angelo, Jochen Maria Bustorff, Michel Giacometti, Carlos Carvalhas, Irmtraud May, Silas Cerqueira, M. Guereiro.

Den Mitakteuren in der Bundesrepublik, die sich bereit fanden, ihre angestammten Rollen und Konventionen vorübergehend zu verlassen, um ein Massenverbrechen verhindern zu helfen, den Helfern, die Zeit, Initiative und Mut aufbrachten, um zum Gelingen der Aktion beizutragen, und den Journalisten, die das Risiko auf sich nahmen, nicht verordnete, unerwünschte Realitäten öffentlich zu machen: Huguette Meyer-David, Bernt Kuhlmann, Barbara Behrends, Georg Meinecke, Hajo Schulze-Göbel, Peter Jüngst, Manfred Bissinger, Frank A. Meyer, Helmut Aus der Mark, Gerhard Bott, Hannes Peter Lehmann, Peter O. Ebel, Hans Jürgen Herda, Herbert Peterhofen.

Besonderer Dank gebührt Franz Josef Strauß, der als unfreiwilliger Schirmherr und Garant wesentlich zur Schaffung des Vertrauensverhältnisses mit den Faschisten beitrug. Ohne seine echten Kontakte zu Spínola wäre die Beweisführung wohl kaum bis in diese Dimension vorgedrungen.

Beim Erzbischof von Braga oder »Christus gegen Satanas«

Es sollte eigentlich nur ein kurzer Abstecher in den Norden werden. Als Kontrast zur Kooperative im südlichen Alentejo, wo wir drei Monate gelebt hatten.

Im Norden Portugals gibt es im Gegensatz zu den ehemals total besitzlosen Tagelöhnern eine größere Schicht von Klein- und Kleinstbauern und Pächtern, deren Ernten auf den von Mauern eingepferchten Parzellen oft kaum das nackte Überleben garantieren, aber sie fühlen sich als Besitzer auf ihrer eigenen Scholle und lehnen eine Kollektivbewirtschaftung im größeren Maßstab ab. Zwei Drittel der portugiesischen Bevölkerung leben im Norden.

Hier hat die Kirche einen großen Einfluß auf die ca. 30 Prozent Analphabeten und 60 Prozent Halbalphabeten, die kaum mehr als ihren Namen schreiben können. Einmal abgesehen vom liberalen und antifaschistischen Bischof von Porto, der im Faschismus unter Salazar emigrieren mußte und der die Revolution vom 25. April 1974 als dem Sinne der christlichen Lehre entsprechend begrüßte, nimmt der übrige höhere Klerus eine Haltung ein, der gegenüber unsere bundesdeutschen – auch nicht gerade fortschrittlichen – Bischöfe die reinsten Freigeister sind.

In Braga, einer altehrwürdigen Bischofsstadt, residiert der ranghöchste Bischof der Iberischen Halbinsel, Primas Erzbischof Francisco Maria da Silva. Sein Bistum ist das reichste im Land, sowohl, was die weltlichen Besitztümer, als auch, was die Zahl der Priester angeht. Er gebietet über so viele Priester wie alle anderen Bistümer des Nordens zusammen. Die Zeitungen der Region sind in seinem Besitz, ebenso Druckhäuser, Verlage und Anteile an Industrieunternehmungen. Die neben Fátima zweitgrößte Wallfahrtsstätte Portugals, Monte Sameiro bei Braga mit Ausflugslokal und Hotels, untersteht seiner Obhut. Hier sind die »Wunderheilungen« seit dem 25. April 1974 deutlich rückläufig, wie die nach Datum ausgestellten Krücken, Stützkorsetts, Bandagen und Dankschreiben verraten.

Der Erzbischof hat vor einigen Monaten öffentlich ein Gelübde abgelegt, daß er an der Spitze seiner Gemeinde zur Heiligen Jungfrau auf den Monte Sameiro pilgern will, wenn bis Ende 1976 der Kommunismus (das heißt das, was er darunter versteht) im Lande besiegt sein wird. Die PCP ist für ihn gleichbedeutend mit Marxismus-Leninismus, die PS mit Marxismus.

Die Zeit eilt. Soeben hat er über Hirtenbrief verkündet, Kommunisten müßten exkommuniziert werden. Seine kämpferische Haltung begründet er damit, daß »die Kirche unter Salazar und Caetano zuviel geschwiegen« habe, um daraus den Schluß zu ziehen: »Wir wollen nicht ein zweites Mal den gleichen Fehler begehen.« Von Schweigen konnte unter Salazar allerdings kaum die Rede sein, denn damals bezeichnete der Erzbischof seinen persönlichen Freund Salazar von der Kanzel aus als »die Reinkarnation König Sebastiãos, der Portugal einer glorreichen Zukunft entgegenführen« werde.

Von den Kanzeln seiner Erzdiözese wird seit dem 25. April 1974 inquisitorisch zum Feldzug gegen die Linken, zum »Ausräuchern der roten Brutstätten« aufgerufen. Als sich die Aufklärungsgruppen der revolutionären Soldaten in den abgelegenen Dörfern der Provinz Trás-

Ausgebranntes PCP-Büro in Braga. Ausführung: MDLP-Aktivist Eduardo da Costa Leite. Geistiger Ratgeber und Mitfinanzier: Erzbischof Francisco Maria da Silva (rechts unten)

os-Montes (»Hinter den Bergen«), wo es häufig weder Elektrizität noch Radio gibt, Dorfbewohnern gegenübersahen, die alle kinderlos schienen, fand sich bald eine Erklärung dafür: In den Kanzelpredigten hatte es geheißen: »Die Kommunisten wollen euch eure Kinder wegnehmen, um sie auf Parteikaderschulen zu stecken.« Deshalb hatte man die Kinder vorsorglich in den Bergen versteckt.

Wie kommt man zu einer Audienz bei dem Erzbischof, dem mächtigsten Kirchenfürsten Portugals, der die inzwischen mehr als 300 Sprengstoffanschläge, Brandstiftungen, Plünderungen gegen Büros von Kommunisten, Sozialisten und Gewerkschaften im Norden zumindest psychologisch vorbereiten und anschließend absegnen half? Der Erzbischof gilt als pressescheu; seit mehr als einem halben Jahr hat er sich zu keinem Interview mehr bereit erklärt. Unter Berufung auf den einflußreichen Industriellen Dr. Nicolau, dessen Freund der Erzbischof ist, kommt es zur Unterredung im Erzbischofspalais. Das zweistündige Gespräch findet in Anwesenheit des Sekretärs des Bischofs, Dr. Fernando Carvalho Rodrigues, eines rundlichen, quirligen Mittvierzigers, statt, der seine Deutschkenntnisse häufigen Besuchen im Erzbistum Köln verdankt. Dr. Fernando schreibt die kämpferischen Reden des Erzbischofs, ist der eigentliche Kopf und gleichzeitig ständiger Kolumnist des »Diário do Minho«, der größten Tageszeitung der Region, die im Besitz des Erzbistums ist. Im »Diário do Minho« wird die CDS als die einzige Partei bezeichnet, deren Programm nicht im Gegensatz zur christlichen Lehre stehe. Der Erzbischof über seine rechte Hand: »Er sagt Ihnen, was ich denke.«

Meine Kollegin Hella Schlumberger übersetzt ins Portugiesische: »Es geht uns nicht um weltliche politische Stellungnahmen, sondern allein um kirchliche Belange.« Diesen Einleitungsspruch, den ich aus taktischen Gründen vorbringe, hätte ich mir sparen können. Der Erzbischof kommt gleich zur Sache. Das Religiöse ist ihm nur Vorwand fürs Politische. Christliche Prinzipien sind nirgends zu entdecken. Das massive Goldkreuz auf seiner Brust erinnert mich an ein Souvenir aus einem spanischen Wallfahrtsort. Auf Knopfdruck sprang aus dem Kreuz eine scharfe Messerklinge hervor.

Erzbischof Francisco da Silva: »Um die Massen einzufangen, hat der Kommunismus die Schlacht gegen die Kirche angefangen. Sie muß diesen Kampf annehmen, nicht Mensch gegen Mensch, sondern Christus gegen Satanas. Der Kommunismus richtet seine Hauptangriffe gegen Religion, Familie und Eigentum. Da ein defensiver Kampf nicht ausreicht, muß energisch zur Offensive geschritten werden, und zwar in Fabriken, Büros, Märkten, Banken, in der Verwaltung und in öffentlichen Einrichtungen, in Schulen, im Sport, eben überall. Wir sind aufgerufen zur Schlacht für oder gegen Gott. Zurückweichen wäre Verrat. Und Verrat wäre Tod! Das wichtigste Bollwerk, gegen das die Kommunisten anstürmen, ist das Eigentum. Es zu zerstören, heißt den Menschen zu zerstören. Auch hier hat der Liberalismus Vorarbeit geleistet: Er hat den Besitz den vielen weggenommen und wenigen gegeben. Was will der Marxismus anderes tun, als auch noch diesen wenigen das Eigentum wegzunehmen. Der Kommunismus ruft uns zur Schlacht. Wir kennen seine Taktik. Wir wissen, wie die unsere zu sein hat. Worauf warten wir?!«

Mit dem Bischofssekretär Dr. Fernando, der Stimme seines Herrn, kommt es über eine kleine, banale, dazu politisch völlig falsche Strichzeichnung zu einer enthusiastischen Übereinstimmung und Vertraulichkeit. Als Dr. Fernando den Landwirtschaftsminister der PS, Lopes

Die Residenz des Bischofs.

Cardoso, »wie die meisten in dieser Partei als verkappten Kommunisten« bezeichnet, kritzle ich auf ein Papier das Symbol von Hammer und Sichel und zwei Linien: eine, die geradewegs dahinführt, und eine zweite, die in einer großen Kurve ebenfalls dort landet. Die direkte soll den Kommunismus darstellen, die gebogene die Sozialdemokratie. Die anfängliche Zurückhaltung und behutsame Skepsis des Kirchenmannes ist plötzlich wie weggeflogen. Er springt auf, entnimmt einem großen Papierstapel ein Büchlein und überreicht es mir triumphierend: »Das ist genau unsere Theorie, ganz genauso habe ich es hier ausgedrückt.« Dieser Polit-Katechismus steht unter dem Motto: »Wie erkenne ich einen Kommunisten?« Dr. Fernando: »Über 60000 habe ich bisher davon verteilen lassen. Für die kommenden Wahlen werde ich noch mehr davon nachdrucken lassen. Sehen Sie, hier steht geschrieben: ›Gibt es ein anderes Mittel, die Menschen für den Kommunismus vorzubereiten? – Ja! Den Sozialismus. Der Sozialismus und der Kommunismus unterscheiden sich nicht, was das Ziel angeht, sondern einzig und allein, was die Mittel angeht, es zu erreichen.‹«

Jetzt halte ich den Zeitpunkt für gekommen, die aktuellen Terroranschläge im Norden zur Sprache zu bringen. »In vielen unserer Zeitungen werden diese Aktionen als Ausdruck des gesunden Volkszorns dargestellt. Sind sie nach christlichen Gesichtspunkten zu rechtfertigen, als Notwehrmaßnahmen und Gegengewalt gegen den Psychoterror der Linken?« Die Frage muß wohl zu direkt gestellt sein. Dr. Fernando überlegt, bei seiner Antwort nimmt er sich Zeit, und ein feinsinniges Lächeln bleibt auf seinem frischen, jungenhaften Gesicht: »Sicher, man fragt sich, wer macht es denn? Aber das weiß doch niemand. Das sind so junge Burschen, die klettern wie die Katzen die Wände rauf und legen Feuer. Niemand weiß, woher sie kommen noch wohin sie gehen. Man hat noch keinen gefaßt. Wissen Sie, das ist meine persönliche Auffassung, das meinen auch andere, das sind die Kommunisten selber, die in ihren Büros Feuer legen und hin und wieder etwas hochgehen lassen, um so unbequeme Dokumente zu beseitigen, wenn sie sie nicht mehr heimlich fortschaffen können. Die sollen uns doch erst mal einen Täter herbeischaffen, dann können wir darüber reden.« – »Die schrecken ja vor nichts zurück«, sagte ich nachdenklich.

»Wie war es bei Caetano?« will ich wissen, »war die Kirche da voll respektiert?« – »Viele Leute verurteilen heute die Kirche, indem sie sagen, die Kirche war mit dem damaligen Regime verbunden. Aber das ist nicht wahr. Das damalige Regime vertrat eine Trennung zwischen Staat und Kirche, die heute aufgehoben werden soll. Es gab die Konkordate. Wahr ist, daß das Regime die Kirche nicht angriff. Die Kirche hatte volle Freiheit und war zufrieden. Aber sie war längst nicht mit allem einverstanden, zum Beispiel mit dem Unterrichtswesen. Da machte sich ein ungesunder liberalistischer Geist breit, als der Religionsunterricht nicht mehr Pflicht war. Unter Marcelo [1] wurde die Saat gesät, die jetzt aufgeht.«

Was die Verbrechen der portugiesischen Gestapo PIDE angeht, stellt sich der Bischofssekretär unwissend: »Vieles wußte die Kirche einfach nicht, z. B. das mit den PIDE-Leuten. Falls sie überhaupt diese Verbrechen begangen haben... sie sind jedenfalls bis heute noch nicht verurteilt worden. Die Bischöfe haben es erst nach dem 25. April erfahren. Man verurteilt die Kirche, weil sie nie Stellung zu diesen Verbrechen

1 Gemeint ist Marcelo Caetano, Nachfolger Salazars, Chef des faschistischen Regimes von 1969 bis 1974.

Die PS-Faust beim Wort genommen. Erinnerungsfoto des Autors mit einem der ranghöchsten Bischöfe der Iberischen Halbinsel, Erz(faschist)bischof Francisco Maria da Silva

genommen hat, aber sie wußte ja nichts davon. Falls diese Verbrechen stattgefunden haben, wie die Kommunisten behaupten, lief das ja alles geheim, und die Kirche konnte nichts davon wissen. Ja, jetzt ist es bewiesen, daß nach dem 25. April große Unmenschlichkeiten begangen wurden. Die sind nicht gut. Wenn die PIDE sie begangen hätte, wäre es auch nicht gut gewesen. Hätte die Kirche etwas davon erfahren, hätte sie es bestimmt verurteilt.« Dr. F. verschweigt, daß Fälle bekannt wurden, in denen Priester der PIDE als Spitzel dienten und in dieser Funktion sogar das Beichtgeheimnis brachen.

»Steht für die Präsidentschaftswahlen im Juni ein Kandidat in Aussicht, der als christlicher Politiker die Unterstützung der Kirche verdient?« will ich wissen. Dr. F.: »Wir prüfen die Reaktion der Öffentlichkeit noch. Wir bringen Namen ins Gespräch, lancieren sie in die Zeitungen und warten auf das Echo. Zum Beispiel Galvão de Melo, der unabhängige Kandidat der CDS, und wahrscheinlich demnächst auch Spínola. Eine Empfehlung, aber das bleibt unter uns: Kaúlza de Arriaga[1] ist ein guter Mann mit guter Bildung, seine Frau auch. Warten wir die Reaktion ab.«

Zum Schluß gibt uns der Erzbischof noch ein Geheimnis mit auf den Weg: »Das ist aber noch nicht für die Öffentlichkeit bestimmt. Wir haben eine neue Bewegung aus der Taufe gehoben, die Bewegung ›Für die Verteidigung der Grundrechte der Menschen‹. Sie soll unseren politischen Kampf unterstützen.«

Eduardo, der Bombenleger oder »Der gesunde Volkszorn«

Wie kommt man ins Gespräch mit Bombenlegern, den Vollstreckern des »gesunden Volkszorns«, diesen »jungen Burschen, die, Katzen gleich, Fassaden hochklettern«, Büros, Privatwohnungen und Wagen von politisch Nicht-Opportunen, von Nicht-Rechten hochgehen lassen und spurlos verschwinden? Braga, friedliche Stadt von Hügeln umsäumt, hat 40000 Einwohner. Im Regierungsbezirk leben 617000 Menschen.

Außer drei ausgebrannten Autos, die noch nicht weggeräumt sind, und dem völlig ausgebombten zweistöckigen PCP-Büro, wo Bretter vor den hohlen Fenstern den Blick auf weitere Zerstörung stoppen, erinnert in dieser – vielleicht Passau oder Regensburg vergleichbaren – Bischofsstadt nichts an Gewalt und Terror. Hier soll es gewesen sein, wie Prof. Giacometti, der Leiter des staatlichen Folkloreforschungsinstituts Lissabon, erzählt, wo sein Freund zusammengeschlagen wurde, weil er sich in einem Lokal geweigert hatte, ELP-Leuten Auskunft zu geben, welche Partei er bei der letzten Wahl gewählt hatte. ELP ist die Abkürzung für »Portugiesische Befreiungsarmee«, eine rechtsterroristische Geheimorganisation. Als der Freund dem Arzt die Ursache seiner Kopfverletzung erklärte, weigerte der sich über eine Stunde lang, ihn zu behandeln, mit der Bemerkung, dann müsse es sich bei ihm ja sicher um einen Kommunisten handeln. Der Freund, PS-Wähler, emi-

1 K. de Arriaga, ehemaliger General und Oberbefehlshaber in der portugiesischen Kolonie Moçambique, unternahm unter Caetano einen Putschversuch, der mißlang – allerdings einen Putschversuch von rechts.

grierte daraufhin mit seiner Familie in den Süden Portugals, wie vor ihm schon zahlreiche andere exponierte Linke.

Ich habe mir ein Erscheinungsbild zugelegt, das mich – oberflächlich betrachtet – nicht gerade als Linken ausweist. Siegelring, Aktenkoffer, die drei Monate nicht geschnittenen Haare beim Friseur rigoros gestutzt, die Lederjacke mit Anzug und Krawatte vertauscht. Bei einem Taxifahrer erkundige ich mich, wo in Braga die mutigen Leute zu treffen seien, die das große Aufräumen mit den Kommunisten begonnen hätten. Der Taxifahrer gibt nicht zu erkennen, ob er diesen Standpunkt teilt. Teilnahmslos nennt er die Snack-Bar »Idolo«: »Da sitzen immer welche von der CDS.«

Auch hier vorerst keine Anhaltspunkte. Ein teures Restaurant in Bahnhofsnähe, mit Barhockern vor der Eßtheke, im Keller Billardtische. Gruppen Jugendlicher, die alle nicht nach Arbeit aussehen. Ein Geschäftsmann, der in die Zeitung »Retornado« vertieft ist, eines der Rechtsblätter, die seit dem 25. November 1975 aus dem Boden geschossen sind. Es wendet sich vor allem an die »retornados«, die Angola-Flüchtlinge.

Ein ganzer Nachmittag vergeht mit Warten, bis sich gegen Abend ein Zufallskontakt ergibt. Ein junger deutscher Schäferhund stellt ihn her, schwanzwedelnd. Er wird »Kaiser« gerufen. »Sind Sie etwa Monarchist?« wendet sich Hella an den Hundehalter, der lässig an der Bar lehnt und seine Schirmmütze in den Nacken schiebt. »Ach wo!« Er habe den streunenden Hund von deutschen Geschäftsleuten übernommen. Ob wir Touristen seien, fragt er und stellt sich mit dem Namen Eduardo vor. »Wir sind nicht zum Spaß hier«, sage ich bedeutungsschwer und lege meine Hand auf den schwarzen Aktenkoffer. Eduardo da Costa Leite alias Eduardo da Costa Oliveira (24), klein, drahtig, mit hartem Kindergesicht und Imponiergehabe, wird sofort zutraulich, als er hört, daß ich Beauftragter einer rechten Organisation sei.

Er schlägt das Revers seiner Jacke um – sichtbar wird das Parteiabzeichen der CDS. »Warum müssen Sie es heimlich tragen, die CDS ist doch hier die beherrschende Partei?«

»Sie meinen, es ist besser so. Sie ständen zwar voll hinter mir, aber das brauche nicht gerade jeder zu wissen.« Es dauert kaum eine halbe Stunde, dann geht er aus sich heraus: »Viele Einwohner in Braga wissen, daß ich ein MG habe und nicht nur so zum Spaß. Sie wissen, daß ich früher für die ELP gearbeitet habe und heute für die MDLP, die

›Demokratische Befreiungsbewegung Portugals‹. Alle haben Angst vor mir, weil sie glauben, daß ich ein Schläger bin. Ich bin es aber nicht, ich verteidige nur die, die mich bezahlen. Ich hoffe, sie lohnen es mir eines Tages. Sonst...« Er imitiert Bewegungen am MG. »Zum Beispiel gestern abend. Hier, 100 Meter weiter, gibt es einen Kommunisten, Dr. Victor Sá, der hat eine Buchhandlung, in der immer so linke Bücher ausliegen, und da machte ich mal eben kurz ratatat. Das war gestern abend um elf. Man kann die Einschüsse noch sehen. Das ist jetzt die zweite Vorwarnung. Er weiß, daß ich es war. Wenn er nächste Woche die Bücher immer noch im Fenster hat, kommt er selbst dran. Ich habe vor keinem Angst. Ich sage jedem alles frei ins Gesicht, auch der Polizei. Die Polizei hier ist größtenteils auf unserer Seite. Ich habe kürzlich mit dem Polizeikommandanten unter vier Augen gesprochen. Er hat mir gesagt, er könne auch nicht alles machen, was er will, er müsse auch aufpassen. Ich solle etwas vorsichtiger sein mit meinem roten Volvo Sport, der sei zu auffällig. Aber auf den verzichte ich nicht, damit fahre ich noch jedem davon. Der Polizeikommandant ist voll auf unserer Seite, er heißt Major Brandão.«

Ich habe eine Runde Whisky bestellt und in autoritärer Manier wieder zurückgehen lassen, weil es nicht der bestellte Scotch war.

Eduardo: »Ich stehe zu dem, was ich mache, ich habe nichts zu verbergen. Wenn ich dann einmal sterben muß, okay, dann muß ich eben sterben. Ich war schon einmal verurteilt, zu elf Jahren, ich habe Schmuggel gemacht und die Leute illegal über die Grenze gebracht nach Frankreich, ihnen falsche Pässe besorgt und solche Sachen, zusammen mit meinem Bruder Francisco. Mich haben sie geschnappt, dafür bekam ich elf Jahre Gefängnis. Aber ich war nur drei Jahre drin, ich bin ausgebrochen, insgesamt siebenmal, sehen Sie hier!« (Er zeigt zwei große Narben am rechten Unterarm, die von Wunden herrühren, die er sich selber beigebracht hatte, um in das für einen Ausbruch günstigere Gefängnishospital zu kommen.) »Neben mir, der Dicke, der ist Gorilla bei den Comandos. Los, zeig mal!« Der Angesprochene krempelt folgsam seinen Hemdsärmel auf, eine Tätowierung wird sichtbar: »Für Dich habe ich in Angola gekämpft, Fernanda.« Doch Eduardo ist schon wieder beim Familienclan: »Mein Bruder macht die kleinen Sachen weiter, ich die großen.« Francisco, der Bruder, arbeitet für eine Organisation, die nach dem 25. April die großen Industriellen ins Ausland gelotst hat, Geld sackweise und Wertsachen versteckt in Reifen, hinter Scheinwerfern und in Sitzen eingenäht. Vor allem nach Spanien,

Frankreich und in die Schweiz. Das Geld wurde im Ausland deponiert, und sie sind wieder zurückgekommen.

Eduardo grüßt zwei jüngere Männer, die am Gespräch Anteil zu nehmen scheinen. Zu uns, jetzt leise sprechend: »Der da mit Bart ist Leiter einer Karateschule in Famalicão, ein Auftraggeber. Er sagt, er sei unser Freund. Wir lassen unsere Leute bei ihm ausbilden. Aber sicher kann man nie sein. Man muß alle Leute erst kennen, bevor man mit ihnen redet. Da gibt es welche, die tun dir schön ins Gesicht, die essen mit dir, und ich lade sie auch noch ein, und nachher gehen sie gegen dich vor. Bei euch weiß ich ja auch nicht, wer ihr seid. Ihr kennt mich schließlich auch nicht. Ich könnte ja auch ein Kommunist sein. Ich brauchte nur mein CDS-Abzeichen abzumachen, zu reden wie ein Kommunist und euch nachher eins über den Schädel zu geben.« Er lacht.

Hier nehme ich die Gelegenheit wahr, um mit gespielter Selbstsicherheit und Gelassenheit – Eduardos Naivität ausnutzend – unsere Angelegenheit ins Spiel zu bringen. »Man sieht es den Leuten doch irgendwie an, auf welcher Seite sie politisch stehen, oder? Außerdem sind wir ja nicht rein zufällig hier.« Eduardo merkt auf, vielleicht hat er so etwas schon vermutet. »Wir wurden von unserer Organisation informiert, daß wir in diesem Lokal die Spezialisten der gelungenen Aktionen im Norden antreffen würden. Wir sind hier, um uns ein Bild zu machen und unter Umständen auch internationale Hilfe zu leisten.«

»Dann weiß eure Organisation auch über mich Bescheid?« – »Nicht alles, aber einiges«, antworte ich langsam und bedeutungsvoll.

Von nun an ist Eduardo nicht mehr zu stoppen. »Hier im Norden sind beinahe alle einflußreichen Leute auf unserer Seite. Viele Industrielle unterstützen uns. Ich kenne viele von den Höheren persönlich, die sich offiziell nie mit mir sehen lassen würden, zum Beispiel die von der CDS; sie bezahlen nur, aber heimlich, und es gibt bekannte Geschäftleute, wie den Dr. Nicolau, die bezahlen mir den Sold, mir und den anderen, aber genauso heimlich. Den Herzog von Bragança kenne ich auch, der ist PPM (Monarchistische Partei), mit dem habe ich in Madrid gegessen, der ist auf unserer Seite. Und dann diesen anderen Chef, den Ingenieur von Atombomben, der ist auch in Madrid, der lädt mich hie und da zum Essen ein. Der gibt uns auch Geld. Davon darf die Regierung nichts wissen. Galvão de Melo und Freitas do Amaral (Vorsitzender der CDS) unterstützen uns ständig.«

»Wie stark ist zur Zeit die MDLP?« frage ich. Eduardo: »Wir werden immer stärker. Was früher unter ELP lief, macht seit über einem halben

Jahr die MDLP weiter. Viele von uns sind noch in Angola und helfen der FNLA[1].«

»Wieviel seid ihr in Braga?« Eduardo: »700 bis 800.«

»Das ausgebrannte PC-Büro, war das von aufgebrachten Einwohnern aus Braga, wie es bei uns in den Zeitungen stand?« Eduardo: »Nein, das war ich, zusammen mit noch einem. Benzinbombe. Man muß sie fallen lassen und sehr schnell wegrennen. Ich habe keine Angst. Ich gehe vorher sogar offen in die PCP- und Gewerkschaftsbüros, schau' mich um, wo die beste Stelle ist. Für die Bomben. Letzte Woche hab' ich zusammen mit Freunden einiges in Gewerkschaftshäuser gelegt. Jetzt haben die Leute Angst. Die meisten Kommunisten sind schon abgehauen, nach Lissabon oder in den Süden. Denen, die geblieben sind, sitzt der Kopf verdammt wacklig.«

Ein vornehm gekleideter 30jähriger rückt vom anderen Ende der Theke zu Eduardo auf. »Sempre« begrüßen sie sich mit lässig ausgestrecktem rechtem Arm. »Sempre« (»Immer«, im Sinne von »Allzeit bereit zum Widerstand«) ist der Kampfgruß der MDLP. Eduardo schüttet den dritten Whisky, den ich bestellt habe, in das Glas des anderen. »Bei einer Arbeit wie der unseren darf man nicht zuviel trinken.« Der Neue schaut etwas mißtrauisch zu uns herüber. »Arbeiten Sie hier, oder sind Sie in Urlaub?« fragt er mich. »Auf Montage, wenn Sie so wollen«, gebe ich Auskunft und lege meinen Aktenkoffer vorsichtig neben mich auf die Theke.

Eduardo spricht jetzt leise, damit der Neue nicht mithört: »Nur die Praxis ist wichtig. Die Theorie, da scheiß' ich drauf. Der da meint z. B., ich würde ihm vertrauen. Aber das ist ein Irrtum, das tu' ich nicht.«

»Lohnt sich die Arbeit denn? Kann man gut davon leben?«

Eduardo: »Für jeden gelungenen Coup zahlen sie mir im nachhinein, je nach Schwierigkeitsgrad. Es ist mein Risiko. Wenn was daneben geht, gehe ich leer aus. Jeder Schuß Munition, den wir von Freunden aus der Armee kaufen, kostet uns 50 Escudos. Vor ein paar Monaten hatte ich nicht mal mehr Geld für den Sprit für meinen Volvo. Da habe ich mit einem Kumpel zusammen einen Überfall gemacht auf eine Bank. Das brachte 400000 Escudos (ca. 40000 DM). Aber davon durfte ich nur 30 Prozent behalten. Die übrigen 70 Prozent kassierte die Orga-

1 FNLA: eine gegen die Unabhängigkeitsbewegung MPLA operierende, selbst als Unabhängigkeitsbewegung getarnte, von den USA gesteuerte Söldnertruppe

nisation, die ELP, für Waffenverkäufe. Das war an der spanischen Grenze, bei Formoso.«

Eduardo wird plötzlich nachdenklich und ahnt, wie er für andere die Dreckarbeit macht und selbst am Ende verschaukelt wird. Von nun an habe ich Mitleid mit ihm.

Eduardo: »Meine besten Freunde hier sind die Kapitalisten. Ihr Recht verteidige ich. Ich hoffe, daß sie sich später daran erinnern. Wenn nicht, werde ich nach Frankreich oder Australien gehen und dort eine neue Organisation auf die Beine stellen, um sie zu bekämpfen. In der Organisation wird es dann keine Chefs geben. Jeder wird das gleiche Geld bekommen. Allmählich hab' ich den Eindruck, daß die, die ich verteidige, alle in Spanien oder Brasilien sind und Whisky trinken, und ich arbeite mir einen ab und bekomme nur 30 Prozent, wenn ich ein Ding drehe. Was habe ich alles schon für die getan! Warum mache ich das aber alles? Für die Chefs. Aber ich hätte lieber eine eigene Organisation ohne Chefs. Alle sollen gleich sein. Nur wer besser arbeitet, der soll auch gelobt werden und bekommt mehr Geld. Was mich interessiert, ist nicht das Geld. Ich will, daß alle Linken ausgerottet werden... Die Hauptsache ist eine gute Organisation und eine strikte Geheimhaltung. Wir bei der MDLP sind alle in Kader aufgeteilt, ich kenne höchstens 20 Mann... Was ich jedenfalls sicher weiß, ist, daß die Kapitalisten nicht die Arbeit machen werden. Leute wie ich machen sie. Ich habe zwei Kinder und eine Frau. Wenn ich weitermache, was ich bisher gemacht habe, kann ich keine normale Arbeit mehr annehmen. Ich muß trotzdem die Miete bezahlen, meine Familie muß essen. Ich kämpfe schließlich nicht für mich allein, nicht für meinen eigenen Vorteil. Ich kämpfe für morgen, daß eine andere Regierung kommt, dann wird es auch mir besser gehen. Bis es soweit ist, muß ich leben wie jeder andere auch.«

»Welchen Beruf haben Sie gelernt?«

»Ich habe im Straßenbau gearbeitet, mit Bulldozern, mit Kränen, mit Lastwagen. Es ist gut, da noch Leute zu kennen, die mit Dynamit arbeiten. So kann man sich gegenseitig helfen.«

»Wo bekommt ihr eure Waffen her?«

Eduardo: »Früher bei der ELP waren es automatische amerikanische Waffen. Die MDLP bezieht sie über gute Leute von den Comandos[1]

1 Spezialeinheiten der Fallschirmjäger

und den Streitkräften. Sie legen nämlich Wert darauf, daß wir nur mit Waffen arbeiten, die auch bei der Armee gebraucht werden. Im Mai 1975 bekamen wir bei der ELP die Waffen sogar einmal direkt von Leuten des amerikanischen Geheimdienstes CIA. Aber inzwischen weiß man bei denen auch nicht mehr, wo man dran ist, ob sie für oder gegen uns sind.«

»Wie ist im Augenblick die Strategie, macht ihr weiter im Norden oder geht's in den Süden?«

Eduardo: »Das weiß ich nicht genau, dazu muß ich erst die Chefs fragen. Ich kann nichts ohne die Chefs machen. Aber ich habe gehört, daß demnächst mal die nationalisierten Banken dran glauben sollen. Ich brauche nur Befehle. Wir haben auch schon Listen von gefährlichen Linken, die dran glauben müssen, wenn wir gesiegt haben. Die werden alle zusammengetrieben, und dann heißt's krrr.« Er begleitet den Laut durch die Geste des Strangulierens am Hals. »Ich würd' schon gern bei der Verurteilung mitmachen... Was mich immer wundert, ist, daß ich immer so nett zu den Leuten bin, die aber meist so gemein zu mir sind. Da würde ich am liebsten... ratatatat.« Er macht eine Armbewegung, wie man ein Maschinengewehr bedient. »Die Kommunisten hier sagen, ich sei ein Bandit, und versuchen, mich zu überzeugen: ›Du bist doch auch Arbeiter, warum bist du nicht auf unserer Seite?‹ Aber ich bin schlau, ich kenne die Kommunisten. Die versprechen immer alles, aber halten es nie. Wenn sie an der Regierung sind, sagen sie: ab, ab mit dir, dir und dir, und schmeißen sie alle raus. Die Kommunisten sind ja bloß Schmarotzer, viele haben nicht mal einen Beruf, sie sind bloß Funktionäre... Es gibt sogar einen Polizeikommandanten hier, der hält's mit den Kommunisten, der ist gegen uns, aber er steht allein. Wenn der mich fassen will, genügen keine zwei Polizisten, da braucht er schon ein Dutzend. Dem hab' ich zu verdanken, daß vor kurzem mein Wagen durchsucht wurde. Sie glaubten, ich hätte Maschinengewehre im Kofferraum, aber es waren nur Wahlplakate für die CDS, die ich zum Kleben weitergab...«

»Dann ist es das Beste, wir nehmen jetzt erst mal Kontakt mit den Chefs auf«, sage ich. »Wir haben nicht soviel Zeit und müssen wissen, welche Hilfe gebraucht wird.«

Eduardo bietet sich an, den Kontakt herzustellen. »Ich mach' euch zuerst mit einem Offizier der Comandos in Póvoa bekannt, und der hat den Kontakt zur Zentrale.«

Über eine serpentinenreiche Strecke jagt Eduardo in seinem roten Volvo (MO 9757) die 40 km nach Póvoa de Varzim. Einige Ortsschilder unterwegs sind mit »ELP« oder »MDLP« übersprüht. Ich fahre hinterher und habe Mühe, ihn nicht aus den Augen zu verlieren. Um zwei Uhr Ankunft in Póvoa, einem mittelgroßen Badeort mit Spielkasino, außerhalb der Saison trostlos. Noch ist keine Saison. Das Meer tost. Das Restaurant »Pelintra«, Avenida dos Banhos 38, an der Strandpromenade, ist gewöhnlich bis morgens geöffnet, der Wirt heißt Luís und gehört gemeinsam mit seiner Frau zu den mittleren Führungskräften der MDLP. Seine Hand steckt in einem weißen Gipsverband. »Er hat sich mit Kommunisten geprügelt«, erklärt Eduardo. Ein teiggesichtiger Rausschmeißer läßt uns herein und schließt hinter uns wieder ab. Das Lokal ist voll. »Alles Freunde«, heißt es, »keine Angst.« Der Offizier der Comandos erledige gerade noch einen Auftrag, erfahren wir.

Es wird langsam Abend im »Pelintra«. Der Erwartete ist noch immer nicht von seinem Auftrag zurück. Der Wirt lädt uns zu Drinks ein. Eduardo erklärt augenzwinkernd, daß in den Kellerräumen des Lokals Waffen deponiert sind. »Die Polizei war schon öfter hier und hat Razzien durchgeführt, aber sie haben nichts gefunden. Sie wollten allerdings auch nichts finden.« Als mein Aktenkoffer einmal umfällt, springt Eduardo mit einem Satz zur Seite. Auf mein Erstaunen hin erklärt er: »Wir transportieren in solchen Köfferchen unseren Sprengstoff.« Zweimal verläßt ein Kellner mit einer üppigen Mahlzeit und Wein das Lokal. »Für Freunde, die für eine Zeitlang von der Bildfläche verschwinden müssen«, erklärt Eduardo. »Da sind bei Sprengungen welche schwer verletzt worden, in einem Fall ein Kind. Man hat unsere Freunde gesehen. Wir verstecken sie so lange, bis wir sie wieder von der Fahndungsliste runter haben. Oder für die, die gerade schwarz ins Land gekommen sind.«

Ein Gast hält Eduardo eine Zeitung hin, das »Jornal de Notícias«: »Schüsse auf Wagen eines Gewerkschafters in Braga«. »Das ist deine

Handschrift«, sagt er anerkennend. Eduardo zu uns gewandt: »Die 50 Schüsse, die ich auf den Wagen des Gewerkschaftssekretärs abgegeben habe, waren erst mal eine Warnung. Ich weiß, daß er nicht genügend Geld hat, sich ein neues Auto zu kaufen. Ich hoffe, er nimmt sich's zu Herzen.« – »Und wenn nicht?« Eduardo: »Dann ist er selber dran.«

Manuel Teixeira erscheint, der erwartete Offizier der Comandos. Ruppiger Söldnertyp, 25jährig, mit der Gutmütigkeit eines Teddybärs. Ähnlich wie Eduardo auskunftsfreudig und arglos. Das mag daher kommen, daß sie sich hier im Norden fast unbehindert bewegen, fast offen auftreten können, wie in »befreiten Gebieten«. Auch er von einer spielerischen Naivität, die aber unverhofft in Aggressivität und Brutalität umschlagen kann. Es soll nach Guimarães gehen, ungefähr 60 Kilometer von Póvoa entfernt. Wir steigen zu Eduardo in den Sportwagen. Teixeira fährt hinterher. Eduardo ist sehr wortkarg. Hat ihn Teixeira wegen seiner Gesprächigkeit gerügt? Guimarães liegt nun schon zehn Kilometer hinter uns. Die Strecke wird immer einsamer. Stockfinstere Nacht, Wald und Nebelschwaden. Ich bekomme erstmals Angst. Was, wenn sie uns erkannt hätten? Vor einigen Wochen erschienen von mir in portugiesischen Zeitungen Interviews mit Foto, und dann waren wir auf Pressekonferenzen des »Portugal-Solidaritätskomitees« im Fernsehen zu sehen.

Das Ganze hier riecht nach Falle. Sie können einen irgendwo aus dem Wagen stoßen und abknallen. Kein Wagen, der uns begegnet. Ich besitze keine Waffe, nur mein Mini-Tonbandgerät, auf das ich vorsorglich einige Ortsangaben spreche. Endlich ein Ortsschild: »Penha«. Ein paar Gehöfte, ein einsam gelegener Gasthof auf einer Berghöhe. Das Lokal ebenfalls im Besitz eines MDLP-Mitgliedes. Familiäre Atmosphäre. Frauen und Kinder. Mafia-Feststimmung, mehrere Gänge, verschiedene Weine, und wir sind dazu eingeladen. Mir fällt der Hollywood-Film »Der Pate« ein und wie solche Feste dort endeten. Die Vorstellung erfolgt unter Vornamen. Eduardo stellt uns als Freunde aus Deutschland vor, die gekommen sind, um zu helfen. Der Fernsehapparat läuft laut, keiner schaut zu. Nach dem Essen bitte ich Teixeira, die Unterredung doch in einem ruhigeren Nebenraum führen zu können. Der Wirt geleitet uns in ein kleines Bürozimmer. Meine Ausgangsposition ist natürlich außerordentlich günstig. Ich will ja nichts haben, nur geben. Vorschläge entgegennehmen, um sie meiner Organisation zu überbringen. Gesandter in geheimer Mission in Sachen »internationale Faschismus-Solidarität.«

»Ist die MDLP eigentlich besser oder schlechter organisiert als die ELP?«

Teixeira: »Ich denke, besser. Wir haben mehr und bessere Kontakte zu offiziellen Stellen in der Regierung, außerdem haben wir Spínola als Präsidenten. Wir arbeiten hier und da mit der ELP zusammen, nur haben die in letzter Zeit keine Ideologie mehr, das sind reine Desperados. Wir haben 50000 aktive Mitglieder, überall in Portugal. Unsere Leute arbeiten auch, wenn sie nicht bezahlt werden. Alles, was in den letzten drei Monaten hochging, hat unsere Organisation geleistet. Wir machen gern koordinierte Anschläge: zur selben Zeit in Braga, Póvoa, Coimbra, Porto, das macht den Leuten mächtigen Eindruck, und sie haben Respekt vor uns.«

Hier scheinen sie uns ihre Mitgliederzahlen bewußt zu hoch anzugeben, um Eindruck zu schinden. Die realistischen Zahlen dürften bei etwa 15 bis 20000 liegen. Auch andere Zahlenangaben von ihnen kann man getrost um die Hälfte reduzieren. Was sie über die demokratischen Kräfte sagen, darf man sicher noch weniger wörtlich nehmen. Unsere Zweifel lassen wir uns allerdings nicht anmerken.

»Was braucht die MDLP vor allem, Geld oder Waffen?«

Teixeira: »Beides, aber die näheren Einzelheiten werden wir morgen mit den Verantwortlichen in Póvoa besprechen. Im Norden ist jetzt ein gutes Klima, die Kommunisten sind eingeschüchtert. So muß es im Süden auch werden. Dort sind es aber zu viele. Hier können wir sie noch vertreiben. Dort wollen wir sie ausrotten.«

»Sie haben einen harten Job, so ein Leben ist nicht leicht«, stellt Hella fest.

Teixeira: »Wir haben jetzt die Nase voll, immer nur Bomben zu legen. Die Zeit ist reif: Jetzt wollen wir töten.« Er wiederholt es auf Englisch: »We want to kill now! Mit Bombenlegen wird das Problem nicht gelöst, mit Töten schon. Verstehen Sie?«

»Wann sollen die Operationen auf den Süden ausgedehnt werden?« will ich wissen.

Teixeira: »Da müssen Sie die Chefs fragen. Ich bin Spezialist für praktische Arbeiten, ich bin nicht politisch. Wenn es darum geht, Bomben zu basteln und sie anzubringen, dann werde ich gerufen.«

»Mit welcher Partei arbeitet die MDLP zusammen?«

Teixeira: »Wir arbeiten hauptsächlich mit der CDS zusammen, jeden Tag. Ich bin der Ansicht, alle wirklich maßgeblichen Leute der CDS gehören zu uns, nur daß die sich öffentlich nicht dazu bekennen können, im Moment noch. Ohne uns wäre die CDS aufgeschmissen. Wir von der MDLP machen bei CDS-Veranstaltungen regelmäßig den Ordnerdienst, Sicherheitsposten und Leibwachen. Für uns gibt es überhaupt nur zwei Parteien: CDS und PPD. Aber die PPD ist nicht so verläßlich. Sie hat sich ja erst neulich wieder gespalten.«

»Wie sind die Kontakte zur Kirche? Gibt's da moralische Unterstützung?«

Teixeira lacht: »Moralisch ist gut. Wir sind alle nicht religiös eingestellt, aber Francisco, der Erzbischof, ist unser Mann. Ich kenne ihn recht gut. Er hat uns sein Priesterseminar für das erste gemeinsame Treffen zwischen ELP und MDLP im Herbst zur Verfügung gestellt, als Copcon[1] noch existierte und man noch verhaftet werden konnte. Sie suchten Oberleutnant Benjamin Abreu wegen Beteiligung am letzten Coup unseres Präsidenten. Der heilige Ort war aber damals noch nicht sicher genug. Als die Copcon-Leute kamen, versteckte sich Abreu unterm Bett, wurde aber trotzdem entdeckt. Er ist einer unserer wichtigsten Leute, wir brauchen ihn für den Süden. Er sitzt immer noch in Caxias. Wir haben schon einen Plan, wie wir ihn rausholen. Er wird sich demnächst eine Krankheit zuziehen und ins Hospital müssen. Da holen wir ihn raus, und ins Gefängnis kommt einer von uns, der ihm ähnlich sieht. Ich habe gehört, daß da jemand von der Gefängnisleitung mitspielt.«

»Unterstützt euch der Erzbischof auch finanziell?«

Teixeira: »Das läuft über seinen Sonderbeauftragten Cónego (= Domherr) Melo. Er gehört direkt zu uns. Francisco, der Erzbischof, spricht alles mit ihm ab. Und Melo beschafft dann das Geld für uns.«

»Wen halten Sie für wichtiger, den Erzbischof oder Cónego Melo?«

Teixeira: »Melo. In Braga nur Melo. Das ist überhaupt einer der wichtigsten Männer für Portugal. Der Bischof unternimmt nichts ohne ihn.«

»Wie sind die Kontakte zur Polizei?«

Teixeira: »Oh, ausgezeichnet. Zum Beispiel: Normalerweise arbeite ich beim Bombenlegen mit Handschuhen. Neulich hatte ich die Handschuhe vergessen, das war ausgerechnet an dem Tag, an dem die Bombe nicht hochging. Meine Fingerabdrücke waren also drauf. Die Polizei

1 Sicherheitstruppe der revolutionären Soldaten unter General Otelo Carvalho

kam und wischte die Spuren weg, da war die Bombe sauber, bevor die Untersuchungskommission da war. So hatten sie wieder keinen Schuldigen.«

Hauptmann Duarte oder Die Planung der »großen Aktion«

Zwei Tage später. Zusammenkunft mit den MDLP-Bossen des Nordens in Póvoa de Varzim. Teixeiras Wohnung in einem Neubauhochhaus, Rua Casa dos Poveiros do Rio 657. Ein hochgeschossener Hauptmann der Comandos (er wird Duarte genannt, wie wir Wochen später herausfinden) ist der Wortführer, zunächst mißtrauisch und vorsichtig. Während er spricht, kritzelt er auf einen Block strategische, logistische Skizzen. Er scheint durch und durch Militär, einer von der gefährlichen Sorte, kaltschnäuzig, arrogant, ehrgeizig und selbstgefällig; die Vision stellt sich ein, wie er mit einer kargen Handbewegung den Befehl zur Massenliquidation gibt. Dann ein Untergebener von ihm, Leutnant Pedro (mit Nachnamen Menezes, wie wir in Deutschland herausbekommen) von den Marinefüsilieren, im Jeans-Anzug, braunes struppigdrahtiges Haar, Texas-Sonnyboy. Ferner eine graue Eminenz mit stark zerknittertem Gesicht, der uns nur mustert und schweigt – er wird behandelt, als ob er einer der Mäzene der MDLP sei. Bei diesem Treffen fällt unerwartet mein Mini-Tonbandgerät (drei Stunden Spielzeit, Rundfunkqualität) wegen eines Defektes aus.

Ich schildere unsere Aufgabe so, daß wir als Beauftragte einer deutschen rechten Organisation unter allen Vorkehrungen der Geheimhaltung hierher entsandt wurden, um uns selbst ein Bild zu machen und anschließend Hilfsaktionen finanzieller und waffentechnischer Art zu vermitteln. In dem Gespräch kommt zum Ausdruck, daß die Pläne der MDLP-Führer darauf gerichtet sind, durch einen großangelegten Putsch vor den Präsidentschaftswahlen im Mai oder Juni Portugal in eine rechte Diktatur zurückzuverwandeln, unter gleichzeitiger Liquidierung der aktiven Kräfte von links.

Es wird reichlich Whisky eingeschenkt und zum Trinken animiert. Wir trennen uns gegen drei Uhr nachts. Nach diesem Treffen bin ich total fertig. Die ständige Verstellung und Nervenanspannung, in ein fröhliches Lachen einstimmen zu müssen, wenn ein Toast auf die Ermordung von Menschen ausgebracht wird. Wir werden zum Vier-Sterne-Hotel »Vermar« am Strand begleitet. Danach verliere ich die Kontrolle über mich. Ich bekomme die Folgen der starken Anspannung und der vielen Trinkerei zu spüren.

Am nächsten Abend ist ein neues Treffen in derselben Besetzung an der Bar des »Vermar« geplant. Das ganzjährig geöffnete Hotel gehört zur Hotelkette Sopete, hat 416 Betten und nennt sich das »modernste Hotel des Nordens«. Ende März 1976 logierte Franz Josef Strauß dort, als er sich mit den Führern der CDS in Porto traf.

Das Mini-Tonbandgerät ist noch immer nicht startklar. In Porto habe ich mir ein etwas sperriges Kassettengerät ausgeliehen, das ich in einer Umhängetasche bei mir trage.

Hauptmann Duarte, Leutnant Menezes und Teixeira sind gekommen und sinken in die tiefen Sessel an der Bar. Die Barmusik ist für die Aufnahme zu laut, durch die Tischplatte aus Glas fällt der Blick auf die sperrige Tasche.

Ich deute auf Gäste an umliegenden Tischen: »Es verstößt gegen alle Regeln der Sicherheit und konspirativen Arbeit, wenn wir unsere Geschäfte hier öffentlich besprechen.«

Ich bestelle ein Hotelzimmer, und leicht zögernd folgen sie uns. Es fällt etwas auf, daß ich alle drei Viertelstunden mit großer Aktentasche auf die Toilette verschwinde, um die Kassette zu wechseln. Sie nehmen wohl an, da sei eine Maschinenpistole drin, die man nicht aus der Hand läßt.

Sie haben inzwischen mit der Zentrale in Madrid Kontakt aufgenommen, dort sitzt Hauptmann Calvão, Direktbevollmächtigter von »General Walter«. Einige Wochen später erst erhalten wir Gewißheit, daß General Walter der Deckname von Spínola ist.

Duarte: »Wie stark wird sich Ihre Organisation engagieren können?«

»Das kommt ganz darauf an, was noch gebraucht wird und was bereits vorhanden ist.«

Duarte: »Viele unserer Mitglieder stehen bereits unter Waffen, andere sind zum Teil noch in ihren Berufen, können aber jederzeit abberufen werden. Wir planen, in der ersten Phase 1000 Leute unter Waffen zu stellen, und zwar Leute mit Kriegserfahrung, die qualifiziert sind, viele Ex-Offiziere und Ex-Feldwebel, aber auch noch regulär Dienende. Alles ist vorbereitet und organisiert. Der Norden ist befriedet. Zentrum und Süden sind einquadriert. Wir sind keine Söldner. Viele von uns gehen normalen Berufen nach. Wenn wir sie rekrutieren, müssen wir die finanzielle Unterstützung der Familien übernehmen. Darum brauchen wir nicht nur Geld für die logistische Unterstützung, sondern auch für die Familien. Wir kämpfen für eine gerechte Sache. Wenn wir hier die Situation in unserem Sinne militärisch und politisch gelöst haben, kommt der Coup auf den Azoren und Madeira. Danach wollen wir die Kapverden zurückerobern.«

»Wie soll die Zahlung erfolgen, was soll geliefert werden?«

Duarte: »Die genauen Konditionen werden wir noch absprechen; am besten über eine spanische Bank oder noch sicherer über die Schweiz.«

»Auf welchem Wege sollen die Waffen geliefert werden?«

Duarte: »Am besten über das Meer. Spanien blockiert zur Zeit schon.«

»Über welche Häfen?«

»Wir haben gute Kontakte zu Fischern hier in Póvoa de Varzim und in Porto. Weiter nördlich ist es ohnehin kein Problem.«

»Wie ist zur Zeit der Organisationsstand? Wie viele haben Sie in der Armee? Wie viele sind außerhalb bewaffnet?«

Hauptmann Duarte: »Das ist zum Teil ein psychologisches Problem. Sie bekennen sich erst wieder voll zu uns, wenn wir die ersten größeren Erfolge von außen aufzuweisen haben.«

»Wann soll mit den größeren Operationen begonnen werden?«

Duarte: »Es spielen noch politische Erwägungen eine Rolle. Erst mal müssen wir den Ausgang der Wahl abwarten. Dann sind noch die Ergebnisse von Umfragen, die wir zur Zeit durchführen lassen, zu berücksichtigen. Jedenfalls ist alles so gut wie vorbereitet, um die letzte Etappe in Angriff zu nehmen.«

Pedro Menezes: »Die Zeit der isolierten Aktionen ist langsam vorbei. Der Norden ist fest in unserer Hand, die einflußreichen Stellen in Militär, Kirche und Polizei stehen auf unserer Seite oder gehören direkt zu uns. Wir müssen noch eine einzige große, gezielte Aktion durchführen. Weiter in Guerilla zu machen, wäre falsch. Wenn wir so weitermachen, dann bekommen am Ende die Leute noch Mitleid mit den Kommunisten, dann ist die Bevölkerung irgendwann gegen uns, die sagen dann, diese Armen, die können sich ja nicht wehren, die machen wir damit zu Opfern, zu Märtyrern. Auch im Ausland wirkt das – langfristig gesehen – nicht so gut, nachdem es uns bisher gelungen ist, unsere Operationen als unmittelbaren Volkswillen darzustellen.«

Duarte: »Am besten wäre es, wenn wir es schafften, eine große Aktion zu starten, die innerhalb von drei bis vier Tagen, eventuell auch von fünf bis acht Tagen, für uns einen gesamtmilitärischen Erfolg hätte. Für die Zeitungen, die politische Meinung, für die Welt wird das eine Aktion der Streitkräfte sein, von Leuten, die heute noch in den Streitkräften sitzen, um einen geplanten Coup der Kommunisten zu verhindern und damit die kommunistischen Kräfte endgültig außer Gefecht zu setzen, ihnen die Positionen zu nehmen, die sie immer noch innehaben. Und gleichzeitig muß man das Problem physisch lösen, man muß diese Aktivisten einfach ausrotten. Aber das darf nicht von denen gemacht werden, also von uns, die den Coup gemacht haben, wegen der internationalen Meinung; da muß man im ganzen Land seine Leute haben, die gleichzeitig mit dem Volksaufstand diese Kerle aus den Betten holen und sie liquidieren. Diese Aktion zweigleisig laufen zu lassen, ist unsere Aufgabe. Die putschenden Kräfte dürfen sich in den Augen der öffentlichen Meinung die Hände nicht schmutzig machen. Wenn wir die Kommunisten ins Gefängnis werfen, dann ist das – für die öffentliche Meinung – wieder wie in der alten Zeit. Wenn wir sie öffentlich liquidieren, dann heißt es gleich, wir hätten ein Pinochet-Regime wie in Chile. Deshalb brauchen wir so etwas wie die Todesschwadron in Brasilien, mit der wir in Kontakt stehen. Nur müssen wir es unseren Verhältnissen anpassen und in größerem Stil durchführen. Personell ist eine solche Gruppe schon vorhanden, gemäß dem Sprichwort: ›Eine Leuchte, die vorne geht, leuchtet zweimal‹.«

Pedro: »Was wir noch installieren müssen, sind legale Stützpunkte im Alentejo, wo alles voller Kommunisten steckt. Zur Zeit beginnt die CDS dort mit der Eröffnung von Büros und mit einer groß angelegten Werbekampagne. Das Entscheidende bei allen Operationen, die wir jetzt starten, ist, daß wir gewinnen. Der 28. September und der 11. März 1975« – er meint die gescheiterten Putschversuche General Spínolas – »können so nicht wiederholt werden, weil das nächste Mal dann die linken Kräfte geschlossen auf die Straße gehen, bewaffnet und zu allem bereit.«

»Wie sollen die Waffen geliefert werden?«

Duarte: »Sicherheitshalber würde ich vorschlagen, in zwei oder drei Etappen. Wir brauchen daneben auch Funkgeräte, mittelschweres und schwereres Kriegsmaterial.«

»Ich gebe zu bedenken, daß ich in meinen Handlungsvollmachten eingeschränkt bin. Meine Organisation ging davon aus, eine Art mobiles Einsatzkommando von – na, sagen wir mal – vielleicht 50 Leuten auszurüsten. Dafür könnten wir Geld und Waffen bereitstellen. Bei der jetzt anstehenden Größenordnung braucht meine Organisation allerdings politische Garantien.«

Die MDLP-Bosse ziehen sich zur Beratung zurück. Sie telefonieren.

Duarte: »Damit Sie sehen, daß bereits gute Kontakte zu deutschen Stellen bestehen, und zwar über die Offiziere, die sich nach der Operation von General Spínola unter den Schutz der deutschen Botschaft begeben haben, werden wir Ihnen zwei unserer Leute nennen, General Damião und Major Garoupa. Sie sitzen noch im Gefängnis, aber wir halten ständig Kontakt zu ihnen. Wir können Ihnen versichern, daß wir sie bald wieder frei haben.« Drei Wochen nach dem Gespräch wurden die beiden entlassen.

Einer der Chefs, der am Telefon gefragt werden sollte, ob er seinen Namen zur politischen Abdeckung der Aktion zur Verfügung stellt, wird als »Padre Luis« bezeichnet. Man versucht, ihn unter der Nummer 294/47857 in Cacém (Villenvorort von Lissabon) zu erreichen. Spätere Kontaktversuche ergaben, daß es sich um ein prominenteres Mitglied handeln muß, das täglich bis zu einem Dutzend Leute konspirativ empfängt.

Duarte: »Immerhin ist Spínola unser Präsident, und alle Offiziere, die mit Spínola sind, sind mit uns. Wie zum Beispiel Kaúlza de Arriaga. Die MDLP ist kein Fußballteam, wir sind eine ideologische Kraft, und viele Leute denken wie wir, sie arbeiten mit uns, auch ohne zur Bewegung zu gehören... So haben wir zum Beispiel auch drei Leute im Revolutionsrat, die zu uns stehen.«

Duarte nennt Morais e Silva, den Luftwaffenstabschef, Pires Veloso, den Befehlshaber der Militärregion Nord, und den Heeresstabschef und gegenwärtigen »starken Mann«, General Ramalho Eanes, NATO-Beauftragter für Portugal, der erst kürzlich auf einer Tagung der Zeitschrift »Wehrkunde« in München einen Vortrag hielt. Die Armee soll für ihn zur »Schule der Nation« werden. Im Winter 1974/75 war er Intendant des portugiesischen Fernsehens. Im März 1975 wurde er entlassen, weil er sich Spínolas Putschversuch gegenüber zu lasch gezeigt hatte. Er rechtfertigte sich: »Eine Sache ist es, ein Freund Spínolas, eine andere, ein Spínolist zu sein.«

Nach soviel Auskunftsbereitschaft und Redseligkeit von seiner Seite fragt der Hauptmann nun mit lauernd-drohendem Unterton: »Und wer steht hinter Ihrer Organisation?«

»Es gibt bei uns zur Zeit leider nur einen bedeutenden Politiker, der voll hinter so einer Hilfsaktion stehen kann.« Die Terroristenchefs tauschen einen kurzen Blick des Einverständnisses. Das Vertrauen ist wieder hergestellt. Duarte sagt noch, daß sie bereits mit einer deutschen Organisation in Kontakt stünden. Inwieweit wir dazugehörten, würde sich ja beim nächsten Treffen herausstellen.

Wir verabreden uns fürs nächste Mal in Madrid, Hotel Liaberny, um mit den dortigen MDLP-Spitzen Genaueres zu vereinbaren.

»Kennen Sie die ›Akte Odessa‹?« fragt Duarte beim Abschied. »Ein spannendes Buch«, antworte ich, ohne es zu kennen. Später wird mir klar, daß er mit dieser Frage unsere Reaktion prüfen wollte, wahrscheinlich hatte er schon einen Verdacht. In dem verfilmten Bestseller »Akte Odessa« schleust sich ein Reporter auf ganz ähnliche Weise in eine faschistische Geheimorganisation ein. Schließlich wird er vom Verfolger zum Gejagten.

Wollte Duarte auf Grund eines vagen Verdachtes hier vorsorglich eine Drohung aussprechen?

Wir hinterlassen Hellas Telefonnummer in München, verabreden uns (»Hans und Ursula«) mit Jean (Duarte), Michel (Teixeira) und Pedro (Menezes) für 18 Uhr an der Bar des Madrider Hotels. Das Datum soll kurz vorher telefonisch ausgemacht werden. Wenn von Waffen gesprochen wird, soll von »cortiza« (Kork) oder »peixe« (Fisch) die Rede sein, denn selbst in Bayern... »Unser Süden ist Ihr Norden...« Sicher sei sicher!

Die Bevollmächtigten des Generals oder Reisende in Sachen Massenmord

Am 22. März, vier Tage vor dem vorgesehenen Treffen in Madrid, bekommt Hella Schlumberger in München einen Anruf aus Genf. Es meldet sich ein »Luís«. Er rufe im Namen und Auftrag von »General Walter« an. Sie würden sich gern vor dem verabredeten Madrider Treffen mit uns unterhalten. Es handele sich um die Kork-Exporte. Da er sowieso geschäftlich nach Deutschland müsse, könne man es verbinden. Die Vorverlegung des Gesprächs sei von außerordentlicher Wichtigkeit. Hella reagierte mit gespielt-konspirativer Vorsicht. »Luís?« kenne sie nicht – und »General Walter«, wen er denn damit meine? Er möge seine Telefonnummer angeben, sie werde sich erkundigen und zurückrufen. Am anderen Ende der Leitung aufgeregte kurze Beratung auf portugiesisch. Dann werden die Telefonnummern Genf 333694 und 356835 genannt, die erste ist die Nummer von »Luís«, die zweite die von »General Walter«.

Rückruf München-Genf eine Stunde später. Wieder »Luís«. Diesmal wird er deutlicher. Er sei der Sekretär von Präsident Spínola, der neben ihm stehe. Hella fordert ihn auf, sich zu legitimieren und den Namen unseres Kontaktmannes in Póvoa zu nennen, des Hauptmanns, dessen Namen uns bis dahin noch nicht bekannt war. »Luís« buchstabiert »D-u-a-r-t-e«. Hella sagt: »Dann ist ja alles in Ordnung.« Luís: »Okay.« Er sei morgen in München, zusammen mit seinem Kollegen José. Hella: Im Augenblick sei leider keiner der Verantwortlichen der Organisation da. Der frühestmögliche Termin sei der 25. März in Düsseldorf, um 15 Uhr 30 im Parkhotel an der Bar. Luís ist einverstanden und erklärt, sie würden schon am 24. anreisen. Um ihnen nicht zu viel Zeit in München zu lassen, verlegen wir das Treffen noch um einen Tag vor.

Mittwoch, 24. März, 15 Uhr 30, Düsseldorf, Parkhotel. Eine historische Stätte. Sitz des Industrie-Clubs; bereits 1933, als die Großindustriellen Hitler hier die ersten Millionen in den Rachen warfen, um ihn ihre Geschäfte besorgen zu lassen. Bar. Zwei Herren, dezent gekleidet, José Valle de Figueiredo (34) und Luís Oliveira Dias (44).

Beide waren Gründer der »Fortschrittspartei«. Sie ging aus der Portugiesischen Föderalistischen Bewegung hervor, die es seit dem 25. April 1974 gab. José war Chefredakteur des größten portugiesischen Nachrichtenmagazins »Observador« gewesen und bereits in Guinea-Bissau enger Mitarbeiter Spínolas. Luís, 14 Jahre Verwaltungsdirektor der Bank »Banco Português do Atlantico«. Der italienische Schlager »Regenbogen« wird gespielt, zufällig die Lieblingsmusik von Luís, wie er uns später mitteilt. Er ist abergläubisch und spricht von »Vorsehung«. Wir sind, unserer Aufgabe entsprechend, einem (geliehenen) schwarzen Porsche entstiegen, neuestes Modell. Ich trage eine Krawatte in Schwarz-Rot-Gold.

»Entschuldigen Sie die Improvisiertheit der Organisation«, begrüße ich sie, »aber wir hatten uns eigentlich darauf eingerichtet, morgen in Madrid zu sein. Ich bin der Adjutant des Präsidenten und habe bis zu seinem Kommen alle Vollmachten. Er ist im Augenblick noch in einer Konferenz, wo er unsere Finanzierungsprobleme zur Sprache bringt.«

Um dem versteckten Fotografen Gelegenheit für einige Beweisfotos zu geben, verlassen wir das Park-Hotel, ich zeige auf das gegenüberliegende Thyssen-Hochhaus, und zum Schein mache ich das Angebot: »Wir können auch dort in der Chefetage konferieren, einer der Direktoren gehört zu uns. Aber aus Sicherheitsgründen ist es vielleicht besser, einen etwas ruhigeren, unbeobachteten Ort aufzusuchen.« Ich schlage die »Schnellenburg« vor, ein Luxusrestaurant mit Konferenzräumen direkt am Rhein. Luís Dias ist nicht erstaunt über unsere guten Beziehungen zur deutschen Großindustrie. Er sagt: »Wir haben auch gute Kontakte zu Krupp.«

Äußerer Rahmen und Atmosphäre in der »Schnellenburg« wirken überzeugend. Während wir für sie nur »Hans« und »Ursula« sind, zeigen Luís und José sofort ihr Beglaubigungsschreiben als handlungsbevollmächtigte Adjutanten Spínolas und gleichzeitig den brasilianischen Paß des Ex-Präsidenten, um die Authentizität seiner Unterschrift »António Ribeiro« zu beweisen (s. Faksimile Seite 229).

Wallraff: »Darf ich die Vollmacht unserem Präsidenten zeigen?«

Luís: »Natürlich. Unser Präsident, der General, ist übrigens auch bereit, wenn der Gesprächsstand es erfordern sollte, hierher zu kommen oder Sie in Genf zu empfangen. Wann Sie wollen, wo Sie wollen.«

Wallraff: »Das wäre bei diesen Summen natürlich schon sehr wichtig. Hauptsache ist, daß zuerst die Frage der Sicherheit des Generals geklärt wird.«

Luís: »Wenn wir Risiken eingehen müssen, dann gehen wir sie eben ein. Es ist Ihre Entscheidung, ob ein Treffen zwischen dem General und dem Präsidenten stattfinden soll oder nicht.«

Wallraff: »Könnte er dann morgen kommen?«

Luís: »Jederzeit.« Sie telefonieren: Spínola wird am nächsten Tag um 12.45 Uhr ankommen.

Luís: »Und wie haben Sie im Norden Kontakt zu unseren Leuten bekommen?«

Wallraff: »Der ungewöhnliche Weg, die Kontakte von unten statt von ober her aufzunehmen, hat seinen Grund darin, daß wir schlechte Erfahrungen mit der ELP gemacht haben, wo das Geld zum Teil nicht in die richtigen Hände gekommen ist. Wir wollten uns selber ein Bild machen über die Aktivitäten der Mitglieder an der Basis. Und wir wollten nicht noch einmal so eine Enttäuschung erleben. Auch wollten wir einzelne Mitglieder, die früher bei der ELP waren und jetzt bei der MDLP sind, etwas genauer unter die Lupe nehmen.«

Beim Verlassen des Düsseldorfer Parkhotels. Günter Wallraff zeigt auf das Thyssen-Hochhaus als möglichen Verhandlungsort. Neben ihm Luís Dias, ein Passant, Hella Schlumberger und José Figueiredo.

Luís: »Jetzt verstehen wir. Das ist ein guter Weg, sich zu informieren. Und zu welchem Ergebnis sind Sie gekommen?«

Wallraff: »Wir waren sehr zufrieden und haben deshalb unser Hilfsangebot unterbreitet.«

Luís: »Viele von den Leuten der ELP sind unsere Freunde, aber die Organisationen selber haben keinerlei Verbindung miteinander. Wir sind stärker und haben auch viel weitergehende Ziele.«

Wallraff: »Welchen Anteil hatte eigentlich die ELP an den gelungenen Aufräumaktionen im Norden?«

Luís: »Nur einen sehr kleinen. Wir befinden uns aber im Augenblick in einer Phase, in der wir nach außen hin nicht zugeben dürfen, daß wir militärische Aktionen befürworten und ausführen. Nach außen hin müssen wir friedlich erscheinen. Deshalb dürfen wir niemals zugeben, daß diese Aktionen von uns sind. Und da alle Welt meint, daß derartige Anschläge nur von der ELP stammen können, lassen wir sie in dem Glauben. So heimst allerdings die ELP die Blumen für unsere

MOVIMENTO DEMOCRATICO DE
LIBERTAÇAO DE PORTUGAL
M. D. L. P.

Mandat éxtraordinaire

MM. les Drs. José Valle de Figueiredo et Luis Oliveira Dias (détenteurs des passeports portugais respectivement nºs. 13830/72, du 26 Avril 1972 et 23903/72, du 15 Novembre 1972) mes Adjoints Politiques, sont mandatés comme mes réprésentants aussi bien que du Movimento Democrático de Libertação de Portugal (MDLP) avec pour mission conclure des conversations rélatifs à l'appui financier et logistique pour satisfaire aux besoins du Mouvement ci-dessus.

Fait à Genéve, le 22 Mars 1976

Le Président

António de Spínola
General

Note: Le passeport brésilien nº. 045890, du 7 Janvier 1976, constitue complément à cette lettre de créance, nomément en ce qui concerne la confirmation de sa signature.

Übersetzung: *Sondervollmacht. Die Herren Doktoren José Valle de Figueiredo und Luís Oliveira Dias (Inhaber der portugiesischen Pässe mit den Nummern 13 830/72 vom 26. April 1972 bzw. 23 903/72 vom 15. November 1972), meine politischen Adjutanten, sind als meine Stellvertreter sowie auch die des Movimento Democrático de Libertação de Portugal (MDLP) bevollmächtigt, Gespräche zu führen und Entscheidungen zu treffen, die die finanzielle und logistische Unterstützung betreffen, um den Bedürfnissen der genannten Bewegung zu genügen. Genf, 22. März 1976, Der Präsident – Antonio de Spínola, General. – Anmerkung: Der brasilianische Paß Nr. 045 890 vom 7. Januar 1976 ist die Ergänzung dieses Beglaubigungsschreibens, damit die Echtheit der Unterschrift überprüft werden kann.*

Aktivitäten ein. Aber inzwischen sind einige unserer Leute aus dem Norden im Gefängnis wegen dieser Aktionen.«

Wallraff: »Was da im Norden geschehen ist, in Braga und Famalicão, das waren ja sehr souveräne Aktionen. Alle Welt meinte, der gesunde Volkszorn habe sich entladen.«

José: »Wissen Sie übrigens, daß viele der Angola-Flüchtlinge, wenn sie in Lissabon auf dem Flughafen ankommen, gleich fragen, wo das Büro der ELP ist, um sich einschreiben zu können? So sind sie von diesen Aktionen im Norden beeindruckt.«

Wallraff: »Wie viele der Angola-Flüchtlinge sind bereit, innerhalb der MDLP aktiv mitzuarbeiten?«

Luís: »Von fünfen vier. Mitglieder der Bewegung sind aber bisher nur wenige.«

Wallraff: »Sie sind doch schließlich gute Kämpfer...«

José: »Es gibt bessere. Zum Beispiel die, die innerhalb des Verbandes der alten Kämpfer (Soldatenverband) organisiert sind. Das sind um die 800000. Gute Verbindung haben wir auch zu Leuten innerhalb der Comandos von Jaime Neves. Der General war selber Mitglied des Verbandes der alten Kämpfer, ich bin es auch.«

Luís: »Zum 11. März haben diese beiden Verbände, die ›Comandos‹ und die ›alten Kämpfer‹, sehr viel beigetragen.«

Wallraff: »Wie viele von Ihren Leuten sind denn schon bewaffnet?«

Luís: »Exakte Zahlen kann ich Ihnen natürlich nicht nennen. Aber es sind ungefähr 10000. Sie sind in kleinen Kadern organisiert.«

Wallraff: »Wie viele davon im Süden und wie viele im Norden?«

Luís: »Die meisten natürlich im Norden, aber die besten im Süden, ungefähr 4000. Die genauen Zahlen werde ich Ihnen noch schicken.«

Wallraff: »Zivilisten oder Militärs?«

Luís: »Wir sprechen nur von Zivilisten, die Armee ist eine andere Sache. Innerhalb der Comandos haben wir 1000 Mann. Sie haben die ›alten Kämpfer‹ aufgefordert, sich ihnen anzuschließen. Inzwischen sind sie auf 5000 angewachsen. Diese Zahlen kennt bisher noch niemand außer Ihnen.«

Noch bevor wir zu den Einzelheiten der Finanz- und Waffenhilfe kommen, stellt Dr. Luís Dias die unerwartete Frage: »Ist Dr. Strauß über unser Treffen unterrichtet? Ist er auf dem laufenden, was unser Gespräch angeht?«

Wallraff: »Er weiß nicht, daß wir in diesem Moment hier zusammensitzen, aber Sie können sicher sein, er wird darüber informiert.«

Luís: »Gestern in München habe ich noch vom Bayerischen Hof aus mit seiner Sekretärin Frau Haase telefoniert und ihm ausrichten lassen, daß wir da sind und weiter nach Düsseldorf fliegen... Immer, wenn ich die Adresse gewechselt habe, habe ich Frau Haase angerufen und ihr gesagt, meine neue Telefonnummer ist so und so. Dr. Strauß bereitet sich zur Zeit auf seine Reise in den Norden Portugals vor, wo er in Póvoa de Varzim Gespräche mit der CDS führen wird... Als ich mit dem General noch vor einem Monat bei Strauß war (er hatte uns in Madrid schon zu einem Essen in Bayern eingeladen), habe ich mir auch nicht vorgestellt, daß ich so schnell wieder in Verbindung mit ihm treten würde. Wir haben einen ganzen Abend lang gesprochen und sind in ausgezeichneter Stimmung auseinandergegangen. Ich fand ihn so unheimlich sympathisch bei unserem Gespräch.«

José: »Leute aus der gleichen politischen Richtung treffen eben immer wieder aufeinander.«

Wallraff: (Ich blättere in meinem Terminkalender, als ob ich es da festgehalten hätte) »Was war noch mal der Anlaß für dieses Gespräch?«

Luís: »Vor vier Wochen hatten wir mit Dr. Strauß in München konferiert, ob es möglich wäre, daß der General in Deutschland leben könne, falls es in der Schweiz Schwierigkeiten gäbe. Strauß hat ihm versprochen, daß er in Bayern leben und sich dort auch politisch betätigen könne. Im selben Augenblick, in dem in der Schweiz Probleme entstehen, werden wir nach München übersiedeln. Wir haben aber auch Angebote aus Österreich.«

Wallraff: »Haben Sie bei Strauß hinterlassen, daß Sie mit uns Kontakt aufnehmen?«

Luís: »Vor etwa drei Wochen trafen José und ich im Bonner CSU-Büro Dr. Voss« – persönlicher Referent von Strauß – »dem haben wir auch unsere Strategie-Pläne gegeben. Er ließ uns von Strauß ausrichten, daß sofort gehandelt werden müsse und daß wir von diesem Moment an mit anderen nicht mehr über diese Sache reden und mit niemand Fremdem mehr Kontakt aufnehmen sollten. Das war zur Zeit des Karnevals. Er wird sich in Portugal jetzt erst mal selbst ein Bild machen, wie Sie es ja auch getan haben. Dr. Strauß unterstützt ja auch die CDS. Danach werden wir wieder Kontakt aufnehmen.«

Wallraff: »Wir werden überlegen, ob wir da nicht einiges koordinieren können.«

Luís: »Ich finde, es grenzt schon an Fügung, daß ich im Augenblick hier sitze. Dr. Strauß hat mich nämlich neulich in Genf angerufen, und ich war nicht da. Wird sich eigentlich die CSU bundesweit an den nächsten Wahlen beteiligen? Das Problem ist doch für die CDU, daß sie keinen international anerkannten Führer zu bieten hat.«

Wallraff: »Allerdings, aber Strauß ist fähig, beide zu führen. Wie haben Sie eigentlich von unserem Hilfsangebot erfahren?«

José: »Erst vor zwei Wochen, als Hauptmann Duarte von den ›Comandos‹ aus dem Norden in den Alentejo fuhr zu einem unserer Spezialkommandanten, einem aktiven Offizier in der Armee. Der ist einer der beiden operationellen Adjutanten des Generals; der andere ist Alpoím Calvão, der zur Zeit in Paris ist. Dieser Adjutant aus dem Alentejo hat mich in Madrid benachrichtigt, und ich bin dann sofort am letzten Samstag nach Genf geflogen zum General.«

Wallraff: »Was ich trotzdem nicht verstehe, ist, weshalb Duarte Sie nicht früher benachrichtigt hat.«

José: »Er hat gut daran getan. Er gehört nämlich nur heimlich zu uns. Und er wollte die Botschaft persönlich überbringen.«

Luís: »Wir haben das ganze Wochenende schon über die Situation in Portugal gesprochen, bis José am Montag plötzlich einfiel, von Ihrem Hilfsangebot zu reden. Wir waren zunächst alle überzeugt, daß es wieder eines dieser Husarenstückchen von Alpoím Calvão sei. Wenn wir gewußt hätten, daß Sie auch bereits mit de Melo, unserem Domherrn in Braga, Kontakt hatten, dann hätten wir natürlich keine Sekunde gezweifelt. Und dann bin ich sofort ans Telefon gestürzt und habe Ihre Kontaktnummer in München angerufen.«

Wallraff: »Es gab eben einige Mißverständnisse am Anfang.«

Luís: »Nicht Mißverständnisse, sondern Nicht-Verständnisse.«

Wallraff: »Wie stellen Sie sich jetzt konkret unsere Unterstützung vor?«

Luís: »Die finanzielle Hilfe ist in drei Posten aufgeteilt: 1. wissenschaftliche und technische Hilfe für ein Institut der Nationalen Erneuerung, 2. finanzielle Unterstützung für eine großangelegte politische Bewegung, aus der vielleicht eine Partei – eine Art Antipartei – entstehen kann, und 3. Bewaffnung und Ausbau des inneren Netzes, unserer Untergrundorganisation.«

José: »Wir wären dankbar, wenn Sie uns Leute vermitteln könnten, die uns im Institut des Nationalen Wiederaufbaus und bei der Propaganda helfen und uns in technischen und administrativen Dingen zur Hand gehen können.«

Luís: »Gibt es in Deutschland ein Institut, das ähnlich aufgebaut ist wie das von uns projektierte? Wir würden gerne sehen, wie so etwas in der Praxis funktioniert.«

Wallraff: »In dieser Richtung gibt es bei uns die Katholische Akademie in Bayern und die Hanns-Seidel-Stiftung.«

José: »Was uns vor allem interessiert, sind Disziplinen wie die Verhaltensforschung von Konrad Lorenz und die neuen Thesen zur Vererbungslehre aus den USA. Nächste Woche Donnerstag treffe ich übrigens de Melo, den Domherrn des Erzbischofs von Braga, in Guimarães. Er arbeitet die Statuten für das Institut des Nationalen Wiederaufbaus aus und hat auch die besten Verbindungen zur portugiesischen Industrie.«

Wallraff: »Dann richten Sie ganz herzliche Grüße von mir aus – auch an den Erzbischof –, und sagen Sie ihm, daß er bald von mir hören wird. – Könnten Sie den Aufbau Ihrer Organisation im Süden Portugals noch etwas präzisieren?«

Luís: »Offiziell treten wir dort noch nicht in Erscheinung. Aber wir dirigieren die Aktionen der Bauernverbände von Rio Maior. Die Aktionen in Coruche, Santarém und Elvas waren von uns initiiert.«

Wallraff: »Haben Sie auch im Zentrum des Alentejo Waffenlager?«

Luís (lacht): »Natürlich. Und zwar seit dem 28. September 1975.«

José: »Was den Algarve angeht, haben wir sie in den Bergen versteckt. Im Alentejo natürlich in der Ebene. Die meisten davon sind in Privatwohnungen. Depots können schließlich entdeckt und zerstört werden.«

Wallraff: »Wie sind denn Ihre Kader in Portugal organisiert?«

José: »Darüber sind nur drei oder vier Mann überhaupt orientiert. Mit diesen Leuten werden wir Sie in Portugal zusammenbringen, damit Sie sich selbst ein Bild machen können. Neben der Kavallerieschule von Santarém gibt es ein Regiment, auf das wir uns voll verlassen können, das ist das Regiment von Estremoz. Sie waren es, die seit dem 25. November den Vormarsch der Kommunisten auf Lissabon gestoppt haben. Sie kontrollieren die Region Setúbal, die tief kommunistisch ist. In diesem Regiment ist vom obersten Chef bis zum einfachsten Soldaten jeder auf der Seite des Generals.«

Wallraff: »Wie viele Leute sollen bewaffnet werden? Und in welchem Zeitraum?«

José: »Wir haben für die Anfangsphase an eine Kerntruppe von 5000 Mann gedacht für den Kampf in den Städten. Das sind natürlich militärische Experten.«

Wallraff: »Darüber wollen wir dann morgen mit dem General detailliert sprechen. Wie soll nun unsere Finanzierung erfolgen?«

Luís: »Wir denken: in zwei Etappen. Wir werden Ihnen eine genaue Aufstellung schicken. Die ist für ein Jahr. Wir hoffen, daß Sie als erstes die nächsten drei Monate finanzieren werden. Also von April bis Juni. Diese drei Monate sind eine Vorbereitung für den ›kritischen Augenblick‹. – Ich glaube, wir sollten noch einige Worte verlieren über die politische Einschätzung des Generals. Dann sind Sie schon vorinformiert, wenn er morgen kommt. Auch wohlmeinende Rechte haben immer wieder Zweifel, was die Rolle des Generals innerhalb der portugiesischen Revolution betrifft. Zwar stimme ich mit ihm nicht in allen Punkten überein, aber er ist wirklich ein Mann des Vertrauens. Er hatte auch das volle Vertrauen Salazars. Und als 1961 Marcelo Caetano und Costa Gomes versuchten, Salazar zu stürzen, verhinderte das Regiment des Generals diesen Staatsstreich.

Spínolas Vater war der erste Kabinettschef Salazars. Später konzentrierte sich Spínola auf die militärische Lösung des Problems Guinea-Bissau, und darüber trennten sich die Geister Caetanos und Spínolas. 1971 machte Spínola mit seinem Buch, das zunächst ein geheimer Bericht für Caetano war, Vorschläge zur Lösung des Kolonialproblems. Und als vierzehn Tage vor der Revolution die Revolutionäre zum General kamen, um ihn zu bitten, die Führung zu übernehmen, hat er zunächst abgelehnt. Aber das wird er Ihnen morgen alles selber erzählen. Der General wurde von den Revolutionären einfach mißbraucht.«

Wallraff: »Hat er in der Schweiz Schwierigkeiten?«

Luís: »Eigentlich nicht, er muß nur in seinen Erklärungen sehr diskret sein.«

Wallraff: »Wie kam es eigentlich dazu, daß der General aus Spanien ausgewiesen wurde?«

José: »Dazu sage ich nur, daß eine Woche zuvor der Vertrag über die amerikanischen Basen in Spanien ratifiziert wurde. Was ihnen einige Millionen Dollar verschaffen wird.«

Wallraff: »Wie schätzen Sie die politischen und militärischen Fähigkeiten des Generals ein?«

José: »Seine militärischen Fähigkeiten sind ausgezeichnet, weil er nicht in den Kategorien des klassischen Krieges denkt. Im Kampf gegen die afrikanischen Terroristen« – er meint die Befreiungsbewegung – »hat er ihre Guerilla-Taktiken erkannt und übernommen. Das Problem ist nur, daß er als Politiker nicht das machen konnte, was er als Militär

Ende des ersten Verhandlungstages. Von links nach rechts: Hella Schlumberger, José Figueiredo, Luís Dias, Günter Wallraff

machen wollte. Die Armee hat man leichter unter Kontrolle als die Politik.«

Wallraff: »Welche aktuellen politischen oder historischen Vorbilder hat der General eigentlich?«

Luís: »Der General ist ein guter Schüler von Clausewitz. Die Hauptcharakterzüge des Generals sind Mut, Vertrauensseligkeit und ein starker Antikommunismus. Was uns an ihm letztlich überzeugt, ist, daß die positiven Eigenschaften die negativen überdecken. Was ihn von allen anderen unterscheidet, ist, daß der General den ganzen Tag an Portugal denkt, während alle anderen den ganzen Tag nur an sich selber denken. Er ist überhaupt sehr mutig. Er marschierte jeden Tag seine zig Kilometer in Uniform, mit weißen Lederhandschuhen und Monokel, in Guinea-Bissau herum, und niemand wagte, auf ihn zu schießen, obwohl er unverkennbar war. Auch heute noch spaziert er jeden Tag seine 20 Kilometer durch die Straßen von Genf.«

Wallraff: »Läuft er da locker?«

Luís: »Nein, er marschiert. Ich wohne 10 Kilometer weg von ihm in Genf, und morgens ganz früh steht oft schon der General vor der Tür.«

José: »Er ist überhaupt sehr genügsam. Er schläft in seinem Apparte-ment auf dem Boden nur auf einer dünnen Matratze.«

Luís: »Er ist eben ein Asket.«

Wallraff: »Hat er denn jetzt ein Vorbild oder nicht?«

Luís: »Er ist eitel genug, nur sich selber als Vorbild zu akzeptieren.«

José: »Die Frage nach dem Vorbild stellt sich für ihn überhaupt nicht. Aber er ist nicht sehr einfach im Umgang. Offiziell mußte er in der Schweiz akzeptieren, sich nicht politisch zu betätigen. Die Soziali-sten haben gefordert, daß er ausgewiesen wird, aber die Regierung hat abgelehnt.«

Wallraff: »Wann wird der General nach Portugal zurückkehren?«

Luís: »Nach den Wahlen, und dann sicher auf Einladung der neuen Regierung, die hauptsächlich aus PPD und CDS bestehen wird. Im Augenblick ist unsere ganze Exilregierung dabei, nach Portugal zu-rückzukehren.«

José: »Der General wird sein Buch zu Ende schreiben und offiziell nichts weiter sein als der Direktor unseres ›Instituts des Nationalen Wiederaufbaus‹.«

Luís: »Er wird dann höchstwahrscheinlich offiziell das Ende der Ak-tivitäten der MDLP verkünden. Auch wir beide werden dann nicht mehr zur MDLP gehören. Offiziell natürlich. Der General und wir wollen uns dann nur noch innerhalb legaler Organisationen bewegen. Offiziell.«

Wallraff: »Wer von den wichtigen Leuten wird alles zurückkom-men?«

Luís: »Alle, die im Ausland sind, und als letzter der General. Ich gehe schon übernächste Woche. Ich werde noch einige Monate meine Wohnung in Genf behalten. José und ich sind in Portugal dann ver-antwortlich für die Koordinierung von Auslands- und Inlandsinteres-sen. In erster Linie geht es uns natürlich um die Interessen unseres Instituts, das seinen Hauptsitz in Lissabon haben wird, in der Nähe der Regierung. Zweigstellen soll es in Porto, Braga, Bragança und in anderen Städten geben. Kurse sollen im ganzen Land abgehalten wer-den.«

Wallraff: »Welche internationalen Beziehungen hat eigentlich der General?«

Luís: »Sehr viele und sehr gute. Vor allem in letzter Zeit wird er von sehr vielen Stellen angegangen. Darunter viele, die wir für entschieden zu demokratisch halten. Deshalb lassen wir ihn auch nicht allein entscheiden. Er hat einen großen Fehler, er vertraut den Leuten zu leicht. Ganz im Vertrauen, die CIA arbeitet ja eng mit deutschen Geheimdiensten zusammen. Wir haben über einen guten Freund Kontakte mit dem BND aufgenommen, der bei der Bundesregierung anfragte, ob es Unterstützungsmöglichkeiten für uns gäbe. Das war in der Zeit, als Galvão de Melo in Paris war. Die SPD / FDP-Koalition hat abgelehnt. Das war ein echter Leidensweg für uns.«

José berichtet von seinen guten Beziehungen zur bundesdeutschen Botschaft in Lissabon: »Unser Freund Oberacker war es, der im September 1973 den Kontakt zu Kurt Ziesel und zur ›Deutschland-Stiftung‹ herstellte. Seitdem bekomme ich auch regelmäßig das ›Deutschland-Magazin‹ zugeschickt. Da gibt es ein schönes Foto am Chiemsee, ich in der Mitte zwischen Kurt Ziesel und Georg von Studnitz, dem Salazar als letztem vor seinem Tode noch ein Interview gewährte. Dr. Oberacker kannten wir schon aus Brasilien.«

Der von José erwähnte Karl-Heinrich Oberacker, Verbindungsmann zwischen deutscher und brasilianischer Industrie, verstand sich immer als Wahrer deutsch-nationaler Interessen. 1955 verfaßte er ein Buch mit dem Titel »Der deutsche Beitrag beim Aufbau der brasilianischen Nation«. In Portugal hielt Oberacker ständigen Kontakt zu einem Verbindungsmann der PIDE im staatlichen Rundfunk, Becker d'Assumpção, der unter Salazar und Caetano für die staatliche Rundfunkzensur zuständig war. Die Kontakte zu Oberacker erwiesen sich für José F. besonders nach seiner Inhaftierung bei dem mißlungenen ersten Spínola-Putsch am 28. September 1974 als nützlich. Copcon, der damalige portugiesische Sicherheitsdienst, hatte im Parteibüro der von José und Luís gegründeten »Fortschrittspartei« Waffenlisten und Umsturzpläne gefunden; José wurde daraufhin zu acht Monaten Gefängnis verurteilt.

José: »Als ich im Gefängnis war, hat er, Oberacker, über Kontaktleute ständig Verbindung zu mir gehalten und mir Hilfe zukommen lassen. Er hat sogar diplomatische Schritte unternommen, die schließlich zu meiner vorzeitigen Freilassung führten. Auch als sich unsere vier Offiziere nach dem zweiten mißlungenen Coup in die deutsche Botschaft flüchteten, hat Oberacker ihnen geholfen, wo er konnte... Ihm ist es mit zu verdanken, daß dem Direktor des Deutschen Instituts in Lissabon, der schon unter Marcelo seine zersetzende Kulturpolitik betrieben hat, nun endlich das Handwerk gelegt ist.«

Curt Meyer-Clason, sieben Jahre lang Direktor des Deutschen Instituts in Lissabon, bekannter Übersetzer lateinamerikanischer Werke, u. a. Nerudas, hatte sich in der Diktatur Salazars und Caetanos durch eine liberale, fortschrittliche Kulturpolitik – Aufführungen von Brecht, Hochhuth, Weiss u. a. – ausgezeichnet und wurde von den Intellektuellen des portugiesischen Widerstandes als atypische Erscheinung bundesdeutscher Auslandsinteressen geschätzt. Ab Ende Juli 1976 ist er seines Postens enthoben (offizielle Begründung: »aus Altersgründen«), nachdem von seiten der bundesdeutschen Botschaft ständig gegen ihn intrigiert worden war.

Gegen 11 Uhr nachts verabreden wir uns mit Luís und José für den nächsten Tag auf dem Düsseldorfer Flughafen, um mit ihnen gemeinsam den bereits zweimal gescheiterten Putschisten Spínola zu empfangen.

Spínola in Düsseldorf

Am nächsten Tag, Donnerstag, 25. März, soll der Ex-Staatspräsident und jetzige MDLP-Präsident General António Ribeiro de Spínola um 12.45 Uhr auf dem Flughafen Düsseldorf, Terminal 2, aus Genf über Zürich einfliegen.

Wie findet man einen »Präsidenten«, der bereit ist, dem Ex-Präsidenten von Portugal gegenüberzutreten? Am Abend vorher telefoniere ich drei Stunden lang. Ich versuche einen Pfarrer, einen Verleger, einen Rechtsanwalt, einen Arzt, einen Bundestagsabgeordneten zu überzeugen. Vergeblich: Alle stimmen mit mir darin überein, daß es moralisch und politisch zu verantworten, ja notwendig sei, diese aufwendige Täuschung zu inszenieren. Alle haben sie aber ihre unaufschiebbaren Gründe. Entweder sind sie gerade verhindert, oder sie trauen es sich nicht zu. Keiner ist bereit, aus seiner Rolle für einen Nachmittag auszusteigen, um mitzuhelfen, einen Rechtsputsch, womöglich ein zweites Chile, verhindern zu helfen. Dabei kann ich auf Grund meiner eigenen Rollenerfahrungen sagen, daß es hundertmal einfacher ist, einen nimbusbeladenen Präsidenten zu spielen, als zum Beispiel die Existenz eines Fließbandarbeiters auch nur eine Zeitlang anzunehmen. Am nächsten Morgen weitere vier Stunden Telefonate. Freunde rufen andere Freunde an. Echte Schauspieler, die ich für diese Rolle gewinnen will, sind so schnell nicht aufzutreiben. Also kein Präsident. Verspätet fahren wir im Mercedes von Rechtsanwalt Dr. Meinecke zum Düssel-

Ankunft Spínolas in Düsseldorf (vor dem Mercedes von Rechtsanwalt Meinecke)

dorfer Flughafen. Dr. Meinecke, FDP-Mann und Präsident der WAHR, einer Organisation für Menschenrechte, hat sich ohne Zögern bereitgefunden, als neutraler Zeuge dem historischen Augenblick beizuwohnen. Um 12 Uhr 58 erreichen wir die Ankunftshalle. Die Maschine hatte zehn Minuten Verspätung. Aber weder Luís noch José noch Spínola sind da.

Plötzlich sehen wir hinter der Absperrung Luís, José und eine Frau, die sich mit einem älteren, sonnenbebrillten Herrn mit Hut und Pelzmantel unterhalten. »Jemand vom Verfassungsschutz«, schießt es mir durch den Kopf, »der ihn warnen wird.« Wir steuern auf die Gruppe zu. Luís stellt vor: »Unser Präsident, der General, und seine Nichte.« Wir begleiten die beiden zum Mercedes 280S von Anwalt Meinecke. Bis wir im Nobelrestaurant »Schnellenburg« ankommen, sprechen wir über das Wetter. Es ist kühl und regnerisch.

Im »Rheinsaal« – stilgerecht – Blumenbouquet und Sekt-Stehempfang. Als nationalbewußter Deutscher habe ich mir wieder die schwarz-rot-gold-gestreifte Krawatte umgebunden, lächerliche Statussymbole wie ein vergoldetes Feuerzeug und ähnlichen Klimbim zugelegt.

Anwalt Dr. Meinecke hält die Begrüßungsansprache. Als »nicht agierender, neutraler Zeuge« hat er sich auf unsere Bitte hin bereitgefunden, aus den echten Statuten seiner Menschenrechtsorganisation zu zitieren, damit »ein würdiger Empfang gewährleistet ist« – und muß anschließend erleben, wie Spínola sie mißversteht und zum Anlaß nimmt, auf seine Art voll darauf einzusteigen.

Anwalt Dr. Meinecke: »General, ich begrüße Sie auf deutschem Boden im Namen von Männern und Organisationen, die dazu entschlossen sind, daß international und vor allem in Europa Recht und Ordnung erhalten bleiben.«

Spínola hat inzwischen Sonnenbrille mit Monokel vertauscht. Aristokrat und Asket zugleich, Vertreter einer historisch in die Defensive geratenen, von daher immer aggressiver werdenden Klasse von Großgrundbesitzern, Bankiers und Konzernherren, legt er sich bei der Äußerung von Gefühlen äußerste Zurückhaltung auf: ganz alte Schule, Haltung bewahren, keinerlei Schwäche zeigen. Herrenreiter: in den 50er Jahren international bekannter Pferdesportler, Anfang der 60er Jahre meldet er sich als Oberstleutnant freiwillig in die aufständische Kolonie Angola. Ab 1968 Oberkommandierender und Gouverneur in Guinea-Bissau. Geschickter Taktiker mit Doppelstrategie: Einerseits geringfügige soziale und politische Verbesserungen für die afrikanische Bevölkerung zwecks »Befriedigung«, bei Nicht-Unterwerfung Abschreckungs- und Ausrottungsaktionen. So z. B. in Pidjiguiti das Liquidationskommando gegen streikende Hafenarbeiter. »Erfolg«: 50 Ermordete. Bombardierung der Zivilbevölkerung mit Napalm. Mitschuld an der Ermordung des Führers der Befreiungsbewegung, Amilcar Cabral.

Sein Monokel ist Status- und Herrschaftssymbol zugleich. Vielleicht auch Relikt seiner militärischen Herkunft. Beim Zielen und Schießen ist ein Monokel jedenfalls praktischer als eine Brille. Außerdem verleiht es eine unnahbare Strenge und Starre, vielleicht erklärt es auch, daß sich sein Gesicht nie zu einem Lachen, allenfalls zu einem indignierten Herabziehen der Mundwinkel verändert (wenn er z. B. über seine politischen Gegner philosophiert). Bei einem spontanen Lachen, sollte es sich einmal einstellen, könnte ihm das Monokel aus dem Gesicht fallen und ihn seiner ganzen Würde berauben; damit könnte es sein Gesicht sein, das er verliert.

Spínola hält eine kurze Eröffnungsrede: »Ich freue mich sehr, daß ich hier in Düsseldorf unter solchen Umständen empfangen wurde, und benutze die Gelegenheit, mich für die freundliche Begrüßung zu bedanken. Das ist mein erster Besuch in Düsseldorf nach dem Zweiten Weltkrieg. Und ich komme mit nicht geringer Hoffnung. Deutschland hat eine große Aufgabe, was die Zukunft Europas angeht. Ich war immer der festen Überzeugung, daß sich im Schoße Europas Kräfte bereitfinden müßten, um auf die sowjetische Invasion zu reagieren. Eine westliche Allianz ist nötig gegen eine sowjetische Allianz. Und Deutschland bietet die besten Bedingungen dazu, Initiator dieser westlichen Allianz zu werden.«

Wallraff: »Wir bedanken uns, Herr General, für diese ermutigenden Worte. Der General wird verstehen, daß wir den Kreis möglichst klein gehalten haben, aus Sicherheitsgründen. Auch wir wissen diesen historischen Augenblick zu schätzen, dieses Treffen ist, glaube ich, in unser aller Sinne!«

Der General trinkt keinen Alkohol, aber seit Jahren zum erstenmal hat er bei diesem Empfang zum Sekt gegriffen. Die Büsumer Krabbensuppe mundet ihm sehr, vom Hirschrücken ist er – als alter Jäger – geradezu begeistert. Nachtisch lehnt er ab.

Wallraff: »Hatten Sie Schwierigkeiten bei der Einreise, General?«

Spínola: »Keinerlei. Wir sind ganz normal eingereist.«

Wallraff: »Wenn Sie etwas mehr Zeit hätten, könnten wir für morgen noch einige Treffen mit deutschen Politikern arrangieren, die Sie uns vorschlagen.«

Spínola: »Fliege ich wirklich schon heute?«

Luís und José (einstimmig): »Ja, leider, mein General.«

Spínola: »Was kennen Sie denn von Portugal?«

Luís gibt in wenigen Andeutungen und Chiffren Auskunft über unseren politischen Standort, damit unsere Zuverlässigkeit: »Sie kennen alles bis nach Cuba[1]. Sie kennen sogar den Erzbischof von Braga, aber nicht den Bischof von Porto. Sie sind überhaupt sehr gut informiert über Portugal, mein General. Auch über Galvão de Melo und Kaúlza de Arriaga.«

Spínola: »Dann kennen sie uns ja schon sehr gut.«

Wallraff: »Wenn Sie, General, nach dem Essen etwas ausruhen

1 In Cuba (Alentejo) fand im Februar 1976 ein Hubschrauberüberfall der Kommandos auf Kooperativen statt, unter dem Vorwand, bewaffnete Ausländer aufzuspüren. Diese Aktion hatte keinen Erfolg.

möchten und sich frisch machen wollen – wir haben ein Appartement für Sie reservieren lassen. Dann können wir mit Luís und José bereits anfangen zu arbeiten und unsere Tagesordnung erstellen. Anschließend hätten wir gerne von Ihnen eine politische Einschätzung der augenblicklichen Situation in Europa.«

Spínola: »Nichts leichter als das. Ich arbeite ja gerade an meinem neuen Buch ›Der Westen und die Zukunft‹.«

Wallraff: »Haben Sie schon einen deutschen Verlag dafür?«

Spínola: »Nein, das Buch soll zuerst in Portugal erscheinen. Nach den Wahlen, versteht sich. Ich bereite auch noch ein anderes Buch vor mit Interviews, die ich gab, mit Antworten auf Fragen, die an mich gestellt wurden seit dem 28. Dezember.«

José und Luís: »September, mein General.«

Wallraff: »Dann können wir Sie ja als Schriftsteller begrüßen.«

José: »Ja, der General hat bis jetzt fünf Bücher geschrieben.«

Spínola wehrt sich: »Nein, nein, ich bin weder Schriftsteller noch Politiker.«

Wallraff: »Fühlen Sie sich in der Schweiz wohl? Oder sind Sie lieber in Brasilien?«

Spínola: »In der Schweiz ist es ruhiger, und außerdem bin ich in Europa.«

Luís: »Schauen Sie einmal, was ich heute im Kaufhof gefunden habe: Manschettenknöpfe mit dem Symbol der MDLP (zwei Kettenglieder, die ineinander greifen). Sie sind zwar nicht besonders schön, aber immerhin.«

Spínola: »Phantastisch.«

Wallraff: »Wir werden sie in Silber nacharbeiten lassen und unseren Spendern zuschicken.«

José: »Wissen Sie schon, General, daß es seit kurzem in Lissabon wieder Anstecknadeln mit Ihrem Portrait zu kaufen gibt?«

Spínola, zerstreut: »Ja, ja, ich weiß.«

Wallraff: »Wann können wir damit rechnen, daß Sie nach Portugal zurückkehren?«

Spínola: »Allgemein gesprochen, in dem Augenblick, in dem es das Beste für das ganze Land sein wird. Wenn ich mich auch wieder politisch frei betätigen kann. In keinem Fall vor den Wahlen. Und zwar nur nach eigener Entscheidung.«

Wallraff: »Ihre Frau erwartet Sie ja bereits und bestellt das Haus in Lissabon.«

Spínola: »Am nächsten Sonntag fahren mein Bruder und meine Neffen nach Portugal zurück.«

Die Krabbensuppe versetzt den asketischen General in Erzähllaune.

Spínola: »Ich möchte noch eine lustige Geschichte erzählen. Luís, ist die wirklich lustig?«

Luís: »General, ja, ja sehr.«

Spínola: »Zwei Freunde wollten in Afrika einen Geparden jagen. Und wohnten im Haus eines befreundeten Großgrundbesitzers. Jede Nacht setzten sie als Beute für den Geparden ein Zicklein aus, das dem Grußgrundbesitzer gehörte. Man muß vorausschicken, daß sie keine guten Schützen waren. Jede Nacht kam der Gepard, fraß das Zicklein und entschwand. Bis es dem Großgrundbesitzer nach einiger Zeit zu bunt wurde und er die beiden Freunde fragte: ›Zu wem haltet ihr jetzt eigentlich? Zum Geparden oder zu mir?‹ Das ist die Geschichte. Die ist schon sehr alt.«

Lautes, etwas gezwungenes Lachen.

Spínola, bedeutungsschwer: »Im heutigen Portugal gibt es sehr viele Freunde des Geparden.«

Wallraff: »Sind Sie der Meinung, daß die CDS bei den nächsten Wahlen 25 Prozent der Stimmen erhalten wird?«

Spínola: »Das glaube ich nicht. Aber in dieser konfusen Zeit bestimmt oft die letzte Woche vor den Wahlen noch die Ergebnisse. Die CDS wird jedoch im Verhältnis zu den anderen Parteien den größten Zugewinn haben.«

Wallraff: »Gibt es innerhalb der PPD verläßliche Freunde?«

Spínola: »Diese Partei bietet kein Programm an, das auch nur entfernt die Probleme des portugiesischen Volkes lösen könnte. Die PPD ist selbst sehr gespalten, so daß sie als Koalitionspartner für uns kaum in Frage kommt. Obwohl sie eigentlich zuverlässige Leute hat. Die drei wichtigsten Parteien, PPD, CDS und PS, stehen in dieser Wahlkampfzeit auf Kriegsfuß. Sie führen einen Kampf auf Leben und Tod! – Diese meine Wahlanalyse war nur sehr oberflächlich.«

Luís und José: »Im Gegenteil, mein General.«

Spínola: »Die wenigen politischen Werte, die wir im heutigen Portugal noch finden können, sind in der PPD und der CDS verankert. Ein bißchen auch noch in der PS. Aber letztlich kann man diesen Rechten in der PS doch nicht trauen, weil sie zu sehr ihrer Partei verhaftet sind. Ich halte sie für nichts anderes als für Opportunisten. Die werden auch von niemandem ernst genommen. Die PS-Minister lassen in ihren Ministerien ja Staatssekretäre der PC zu. Dann wollen sie noch glaubhaft bleiben.«

Wallraff: »Inwieweit sehen Sie die Möglichkeit, bei einer künftigen CDS/PPD-Regierung auch Soares und die rechte PS als Integrationsfaktor einzubauen?«

José: »Er wäre idiotisch genug, diese Rolle auch noch zu spielen. Der einzige politische Führer, vor dem ich Respekt habe, ist Cunhal«, der Parteivorsitzende der Kommunisten. »Er ist mutig und verfolgt seine Linie. Wenn ich könnte, würde ich ihn töten, aber ich respektiere ihn.«

Wallraff: »Wie schätzen Sie Lopes Cardoso ein, den Landwirtschaftsminister der PS, der über die Agrarreform die ›geraubten Landgüter‹ legalisieren läßt?«

Spínola: »Er ist Kommunist. Überhaupt ist es sehr schwer, innerhalb der PS Marxisten und Pseudomarxisten auseinanderzuhalten. Sie diffamieren sich ja gegenseitig. Es ist so gut wie unmöglich, der PS zu vertrauen, weil sie, wie in Italien, den historischen Kompromiß im Auge haben. Und einer von denen, die am allerwenigsten taugen, ist Mário Soares.«

Wallraff: »Ist Soares' Anti-Kommunismus denn nicht glaubhaft?«

Spínola: »Die pure Taktik von Soares.«

Luís: »Man sollte nicht vergessen, daß er selber Mitglied der PCP war.« Das stimmt – aber als Jugendlicher.

Spínola: »Ich entsinne mich noch, wie Soares und Cunhal in den ersten Monaten nach dem 25. April in der Regierung zusammensaßen. Da könnte ich noch eine Geschichte erzählen.«

Luís: »Bitte jetzt nicht, General.«

Spínola: »Nein?« Trotzig: »Aber intellektuell ist Soares einfach mittelmäßig. Er kann nicht einmal eine Gleichung mit einer Unbekannten lösen.«

José: »Er ist nichts anderes als eine Schöpfung der ›New York Times‹ seit dem 25. April.«

Der Hirschrücken kommt.

Wallraff: »Das ist ein deutscher Hirsch, General. Gibt es dergleichen in Portugal auch?«

Spínola: »Ja, ja. Aber nur auf einem Gut. 50 km nördlich von Lissabon, in Torre Bela. Das gehört einem Verwandten des Herzogs von Bragança, er hält dort öfters Jagdgesellschaften ab.«

Luís: »Er hielt, General. Das ist jetzt eine Kooperative.«

Wallraff: »Gibt es denn jetzt auf Torre Bela noch Hirsche?«

Luís: »Keinen einzigen mehr.«

José: »Alle abgeschlachtet. Von diesen Barbaren.«

Nichte des Generals: »Der Hirsch ist außergewöhnlich zart.«

Wallraff: »Sehen Sie, General, eine Möglichkeit, daß die geraubten Landgüter den rechtmäßigen Herren wieder zurückgegeben werden?«

Spínola: »Mhh.« Er kaut. »Der Zeitpunkt hängt zu einem Teil auch mit von Ihnen ab.«

Luís: »Das letzte Mal, als der General in Düsseldorf war, das war während des Krieges, und er war Beobachter bei der deutschen Armee.«

Spínola: »Das war im Jahr, als Leningrad fiel. 1939.«

Luís: »War es nicht Stalingrad? Also 1942.«

Spínola: »Nein, es war 1940 und in Leningrad[1]. Aus dieser Zeit habe ich ein Foto, da bin ich mit zwei deutschen Offizieren drauf, ich in deutscher Uniform mit Eisernem Kreuz und die in portugiesischen. Heute würde ich auch gerne wieder die Uniform tauschen.«

Wallraff: »Wie stehen Sie zur Kriegsschuldfrage, Herr General? Und wie stehen Sie zur Niederlage des deutschen Heeres im Zweiten Weltkrieg?«

Spínola: »Ich habe großes Interesse daran, die Situation der deutschen Generäle in Stalingrad aufzuklären. Auch was den ganzen Rußlandfeldzug betrifft. Ich war während des Feldzuges Beobachter bei der Schlacht um Stalingrad. General Paulus kannte ich sehr gut. Mit seinem Sohn, der in Brasilien lebt, bin ich heute noch befreundet. Als die portugiesischen Oberbefehlshaber der Streitkräfte vom Fall Stalingrads erfuhren, waren sie sehr erstaunt. Aber ich habe Dokumente zu Hause, die beweisen, daß die deutsche Generalität zu diesem Zeitpunkt den Krieg schon für verloren hielt. Sie hatten eine tiefgreifende Analyse darüber angefertigt. Die ganze übrige Welt war davon überzeugt, daß Deutschland nach seinen Kriegserfolgen nun auch Rußland erobern würde. Das wäre nicht unmöglich gewesen, das war nur zu diesem Zeitpunkt im Winter sehr unklug. Ein Jahr mehr an Vorbereitung wäre

1 Während des spanischen Bürgerkriegs hatte Spínola als Freiwilliger auf der Seite Francos gegen die Internationalen Brigaden gekämpft. 1941 nahm er als Kommandant einer portugiesischen Hilfstruppe wiederum freiwillig auf der Seite der Hitler-Armee an der Belagerung Leningrads teil, bei der die Deutschen über 900 000 Einwohner durch Abschneiden der Versorgungswege verhungern ließen.

erforderlich gewesen, dann hätte die Sache geklappt. Das Problem war schließlich nicht Stalingrad, sondern Moskau.«

Der »Held des 25. April« oder Aufklärung eines Mißverständnisses

Wallraff: »Wie kam es überhaupt zu diesem verhängnisvollen Mißverständnis, daß Sie, General, als Speerspitze der Revolution galten? Hat man Sie erpreßt?«

Spínola: »Ich war schon lange mit der Kolonialpolitik der Regierung Caetano nicht einverstanden. Vor allem, weil ich die Situation an Ort und Stelle besser kannte. 1971 habe ich über meine Erfahrungen ein geheimes Papier für Marcelo geschrieben, aus dem dann später das Buch hervorgegangen ist. In diesen Thesen war die Lösung des Kolonialproblems enthalten. Caetano hat es aber nicht richtig genutzt. Als dann die Revolution kam, hat er sich mir gegenüber plötzlich ganz anders verhalten, weil er glaubte, daß das Buch der Anlaß für die Revolution wäre. Ein Buch, das geschrieben wurde, um die portugiesischen Kolonialprobleme zu lösen, wurde plötzlich zu einem revolutionären Knüller. Es hieß, daß das ein Buch war, das den 25. April potentiell begünstigt hätte, aber das ist nicht wahr.«

Wallraff: »Wie kam es dazu, daß Sie als Galionsfigur der Revolution aufgebaut wurden?«

Spínola: »Sie werden es nicht glauben, aber ich erfuhr erst zwei Wochen vor dem 25. April von der geplanten Revolution. Sie wollten mich überzeugen, daß ich für die Rettung des Vaterlandes gebraucht würde, und legten mir ein Programm ihrer Bewegung vor. Das war aber das Programm der Kommunistischen Partei, das sie abgeschrieben hatten. Da wurde mir plötzlich klar, daß es sich um eine kommunistische Revolution handelte.«

José: »Erzählen Sie doch, wer die Autoren dieses Programms waren.«

Spínola: »Das waren Melo Antunes und Costa Gomes. Ich stellte die Bedingung, daß das Papier geändert werden müsse. Ich hatte einen Bleistift in der Hand und strich ganze Passagen durch. Ich sagte ihnen, wenn das Programm so bleibt, können sie auf keinen Fall mit meiner Unterstützung rechnen. Ich würde nur mitmachen, wenn sie eine

Staatsform nach westlichem Vorbild im Sinne hätten. In diesem Augenblick berief ich einen Familienrat ein« – Spínolas Schwager ist einer der größten portugiesischen Konzernherren, Champalimaud – »dem ich die Frage vorlegte, ob ich mich an dieser Revolution beteiligen sollte. Acht Tage später erhielt ich das revidierte Programm. Als ich dieses Papier dann akzeptierte, hieß es, man würde noch mit Costa Gomes darüber reden. Dann fragte ich noch einmal Verwandte, Bekannte und Offiziere der Armee, wie ich mich verhalten solle. Wir kamen überein, daß ich erst einmal mitmachte, um Schlimmeres zu verhindern. Ich zögerte noch, die Leitung der MFA zu übernehmen, weil mir diese kommunistischen Gedankengänge im Programm einfach suspekt waren. Einstimmig haben diese Leute aber beschlossen, daß ich die Verantwortung übernehmen solle. Das Kräfteverhältnis war vier zu drei. Ich wußte, daß ich mich auf drei Generäle verlassen konnte, und zwar Jaime Silvério Marques, Diogo Neto und Galvão de Melo. Und wir haben eben versucht, die Revolution aus ihrem kommunistischen Anfang herauszuführen... Einen Irrtum muß ich noch zugeben: Ich wußte wirklich nicht, daß Costa Gomes der Drahtzieher der Revolution war. Ein Mann, der Portugal verraten hat, der den Westen verraten hat und der mich verraten hat. Wenn es ihn nicht gegeben hätte, hätte Portugal unter mir einen ganz anderen Weg beschritten. Das ist meine Erklärung.«

Nichte des Generals: »Es ist jetzt zwanzig vor vier. Wollten wir uns nicht ausruhen?«

Luís: »Wenn Ihr Präsident um vier Uhr kommt, wird er Zeit haben?«

Mit weiteren verzweifelten Anrufen versuchen wir, einen »Präsidenten« zu finden – vergeblich.

Wallraff: »Der Präsident läßt ausrichten, daß wir jetzt erst die Agenda erstellen sollen und daß er kommen wird, wenn es dunkel ist. Aus Sicherheitsgründen.«

Ein letzter Versuch, einen Präsidenten zu bekommen. Ich erreiche einen alten Bekannten, Herrn B., Verlagsangestellter, in seinem Büro. Ich flehe ihn an: »Sie müssen mir helfen. Ich bin am Schlußpunkt umfangreicher Recherchen, und es fehlt nur noch eine letzte Beweisführung.« Ich instruiere ihn mit knappsten Angaben. »Was braucht ein Präsident schon zu können, als gewichtig dreinzuschauen und an entscheidenden Stellen ›ja‹ oder ›nein‹ zu sagen. Haben Sie eine Krawatte umgebunden? Kaufen Sie sich noch schnell einen Aktenkoffer, damit Sie einen geschäftigen Eindruck machen.«

B. ist bereit. In den Rheinsaal zurückgekehrt, eröffne ich: »Wie der General hat sich jetzt auch unser Präsident entschlossen, alle Risiken auf sich zu nehmen. Er sieht ein, daß die Zeit des Generals begrenzt ist. Er wird trotz aller Schwierigkeiten in einer halben Stunde da sein. Er wird es hier zuerst abklären lassen, und dann vor dem Lokal ein paar Sicherheits-Leute postieren. Für alle Fälle. Das ist eben die deutsche Perfektion mit ihren Vor- und Nachteilen.«

Gegen 17 Uhr 30 erscheint »unser Präsident«, grauhaarig, bescheiden, gefaßt. Die Schlüssel klirren in seinem soeben gekauften, leeren Aktenkoffer für 39,50 DM. Elastisch und erholt von der Siesta betritt Spínola nach ihm den Rheinsaal, die beiden Präsidenten begrüßen sich herzlich. Der General schneidet in der Begrüßungsrede sein Lieblingsthema an.

Spínola: »In dieser Zeit des Kampfes, in der der Westen sich gegen die Expansion des sowjetischen Imperialismus wenden muß, in dieser kritischen Phase der Abdankung des Westens müssen sich Kräfte zusammenfinden, die bereit sind, zu reagieren, um den Westen zu retten. Seit langem schon verteidige ich die These, daß es diese Kräfte im Westen gibt. Ich zweifle nicht daran, daß der Westen einen neuen Führer braucht. Ich habe die Lage in den letzten Jahren verfolgt und bin zu dem Schluß gekommen, daß die amerikanische Allianz nichts mit Europa zu tun hat. Ihre Zukunft hängt sogar letztlich davon ab, daß sie auf den Ruinen Europas aufbaut. Die einzige Gegenkraft könnte eine europäische sein. Mit einem starken Führer an der Spitze. Und schon seit einigen Jahren bin ich der festen Überzeugung, daß diese Führungsrolle im Europa einer neuen Ordnung Deutschland zusteht. Deshalb finde ich unser Treffen auch gar nicht so erstaunlich. Wir müssen in dieser kritischen Phase zusammenhalten, um Europa zu retten. Ich freue mich, Herr Präsident, Ihnen diese Reden überreichen zu können, die ich im letzten Jahr in Amerika gehalten habe. Die erste beschäftigt sich mit dem Niedergang des Westens.«

In dieser Rede, die General Spínola am 18. November 1975 an der Universität von Connecticut gehalten hat, bezieht er selbst einen dritten Weltkrieg in die Intentionen seiner Politik mit ein. Da heißt es: »Wenn der Westen weiterhin so apathisch bleibt, wenn er weiterhin in seinem Opium-Rausch verharrt, wenn er weiterhin Zugeständnisse jeglicher Art macht, wird er nach und nach seine Reaktionsfähigkeit verlieren und gleichzeitig die Freiheit selbst... Die Hypothese von der Notwendigkeit einer bewaffneten weltweiten Konfrontation erscheint uns ketzerhaft und lästerlich, aber auf die Dauer gesehen ist dies die einzige Möglichkeit, den sowjetischen Vormarsch zu stoppen.«

Präsident: »Ich möchte mich bei Exzellenz sehr bedanken für Ihre Ausführung. Die Intention, die Sie beflügelt, teile ich voll und ganz. Es besteht kein Zweifel, daß die portugiesische Situation ungleich komplizierter ist, als sie sich von außen darstellt. Je mehr man sich in eine Sache vertieft, desto komplizierter wird sie. Aber wir bleiben zuversichtlich, versteht sich. Betrachten wir doch einmal kurz die Situation in Deutschland: Hier sind die unterschiedlichsten Kräfte tätig. Und im Augenblick ist es schon fünf vor zwölf. Das heißt: wir haben nicht mehr viel Zeit zu handeln. Ich bewundere Ihre Zuversicht, Exzellenz, was die Lösung dieser schwierigen Aufgabe ›Zukunft Europa‹ angeht.«

Spínola: »Ich? Aber ich habe doch gar keine andere Möglichkeit, als Optimist zu sein. Wenn wir nicht optimistisch wären, dann wäre das das Ende Europas und des Westens.«

Wallraff: »Jetzt geht es um das endgültige Placet, um die Übereinstimmung zwischen Ihrem General und unserem Präsidenten. Wir sind bereit, Ihre Wünsche entgegenzunehmen und alles in unseren Kräften Stehende zu tun, um sie zu erfüllen.«

Präsident: »In den Grundprinzipien herrscht ja wohl schon Einigkeit. Exzellenz werden verstehen, daß ich hierherkam, um mir einen Eindruck zu verschaffen. Vor allem haben Sie mich davon überzeugt, daß Eile nottut, daß wir nicht länger warten können, um zunächst einmal Portugal zu retten.«

Spínola: »Was Sie bisher mit meinen beiden vertrautesten Mitarbeitern gesprochen und entschieden haben, das hat von vornherein meine Zustimmung. Wir haben schon monatelang darüber diskutiert, und was sie sagen und tun, das denke ich auch. Für weitere Fragen, aber auch für Kritik stehe ich Ihnen gerne noch weiter zur Verfügung.«

Wallraff: »Wie beurteilen Sie im nachhinein den 25. November 1975?«

Spínola: »Im Gegensatz dazu, was die Weltmeinung denkt, hatten die Putschisten des 28. November...«

Luís: »25., mein General...«

Spínola: »... diese linken Putschisten jedenfalls nicht die geringste Aussicht auf Erfolg. Erfreulich war zunächst, daß man annehmen konnte, am 25. November den Kommunisten endlich den entscheidenden Schlag versetzt zu haben. Aber siehe da: Sie haben sich wieder erholt und nach und nach ihre Machtpositionen wieder eingenommen und sogar verstärkt. Darüber scheint sich die Weltöffentlichkeit nicht im klaren zu sein. Einen anderen Aspekt möchte ich noch zu bedenken geben. Und zwar, daß es mir unmöglich erscheint, daß aus einer Revolution, die kommunistische Wurzeln hat, jemals auf dem Wege der Evolution ein demokratisches Staatswesen hervorgehen könnte. Die kommunistische Revolution muß irgendwann einmal mit Gewalt beendet werden.« Er macht Scherenbewegungen mit zwei Fingern. »Ich glaube nicht, daß die Demokratie letztlich in diesem Prozeß hilfreich sein könnte. Und in dieser Situation stellt sich für mich die Frage: ›Wie soll Portugal gerettet werden?‹«

Präsident: »Aber das ist doch für Sie kein Problem, Exzellenz.«

Spínola lacht geschmeichelt: »Man darf vor allen Dingen den internationalen Kontext nicht aus den Augen verlieren.«

Präsident: »Das ist keine portugiesische Frage allein.«

Spínola: »Genau, deshalb bin ich so erfreut, daß wir uns heute hier treffen können. Unsere Arbeit muß jetzt in die Tiefe gehen, muß sich an das Bewußtsein der Volksmassen wenden. Deshalb wollen wir so schnell wie möglich unser Institut des Nationalen Wiederaufbaus gründen.«

Wallraff: »Dessen Direktor Sie sein werden?«

Spínola: »Ja. Und als Direktor werde ich ganz fest mit wirtschaftlicher Hilfe aus Ihrem Land rechnen. Portugal braucht so etwas wie ein deutsches Wirtschaftswunder. Auf alle Fälle vertrauen wir fest auf technische Unterstützung aus Deutschland. Und wir sind sicher, daß unser Institut, wenn es erst einmal steht, ein magischer Anziehungspunkt für ganz Portugal sein wird[1]. Über die Grenzen hinweg setze ich meine Hoffnung auf das Deutschland nach den nächsten Bundestagswahlen. Für Portugal und für Europa ist diese Entscheidung des deutschen Volkes eine Entscheidung auf Leben und Tod. Haben Sie noch Fragen allgemeiner Art, ansonsten würde ich vorschlagen, daß wir ins Detail gehen.«

Präsident: »Gestatten Sie mir noch eine kleine Bemerkung. Ich bin fasziniert von Ihrer Tatbereitschaft und Entschlußkraft. Ich werde den Vorzug zu schätzen wissen, Exzellenz hier persönlich kennengelernt zu haben. Über die Details unserer Abmachung werden wir wohl unsere Mitarbeiter entscheiden lassen. Ich will Ihnen nicht zuviel versprechen

1 Die Konrad-Adenauer-Stiftung unterstützte ein derartiges Institut, das offiziell von der CDS gegründet wurde, bereits mit 500000 DM laut »Süddeutscher Zeitung« vom 9. April 1976.

im Augenblick, nur eines kann ich sicher sagen: Sie werden nicht enttäuscht sein, Exzellenz.«

Wallraff (zum Präsidenten): »Weiter, die Frage nach den Waffen.«

Präsident: »Vielleicht kann Exzellenz sagen, auf welch delikate Weise die Waffenprobleme geklärt werden könnten.«

Spínola: »Entweder auf dem Seeweg mit Löschen der Ladung im Algarve, da habe ich schon eine Lösung parat. Oder direkt über das Oberkommando der portugiesischen Streitkräfte.«

Hella Schlumberger, ihre Übersetzerrolle durchbrechend: »Aber Hauptmann Duarte schlug uns doch vor, daß die Waffen über den Norden angeliefert werden sollen.«

Spínola, ungehalten: »Natürlich, es geht auch über den Norden, aber ich kenne mich im Süden besser aus. Es ist beides möglich. Die nächste Möglichkeit wäre ein Transport auf dem Luftweg, der vom portugiesischen Heer kontrolliert würde. Offiziell wäre das dann für die portugiesischen Streitkräfte oder die Nationalgarde und nachher... hätten wir es dann.« Er lacht.

Wallraff: »Und wie sollen sie dann eingesetzt werden? Der Norden ist ja eigentlich schon befriedet, was soll jetzt im Süden geschehen, der doch noch immer fest in der Hand der Kommunisten ist?«

Spínola: »Es geht uns in erster Linie um hochentwickelte automatische Waffen.«

Wallraff: »Ihre Verbindungsleute im Norden sprachen davon, die Waffen vor der portugiesischen Küste von einem großen Schiff auf offener See in Fischerboote umladen zu lassen.«

Spínola: »Genau das habe ich mir für den Algarve vorgestellt. Leider können wir in diesem unglückseligen Moment nicht mit Spanien rechnen. Die Situation in Spanien ist sogar schwieriger als in Portugal. Der politische Prozeß in Portugal ist im Abklingen, während er sich in Spanien gerade erst entfaltet.«

Präsident: »Hoch interessant, hoch interessant.«

Spínola: »Es freut Sie sicher zu hören, daß wir im Untergrund über 100000 Mann verfügen, in einem gutorganisierten Netz. Diese Leute sind keine Neulinge, sie haben schon einige Prüfungen durchgestanden. Unser Hauptfeind, und wir sind die einzigen, die ihn offensiv bekämpfen, ist die Kommunistische Partei. Leider ist die Anzahl der militärischen Einheiten, die schon völlig durchdiszipliniert und scharf antikommunistisch organisiert sind, noch klein.«

Wallraff: »Aber die Comandos...«

Spínola: »Ja, ja, dort ist alles in Ordnung. Die Mission der MDLP auf militärischem Gebiet ist die Annullierung der Internationalen Brigaden.«

Wallraff: »Wie meinen Sie das? Physisch?«

Spínola: »Ja, physisch! Aber wir dürfen die Meinung der Volksmassen nicht aus den Augen verlieren. Die Zahl der Waffen, um die wir Sie bitten, ist bewußt gering gehalten. Es ist nur eine Ergänzung unserer eigenen Bestände.«

Hier bringt »unser Präsident«, in der Kürze der Zeit nur unzureichend instruiert, fast das ganze Unternehmen zum Platzen: »MDLP, was is'n das?« Die beiden Spínola-Adjutanten merken auf, sie verstehen ein wenig deutsch. Ich versuche die Situation zu retten, indem ich »unseren Präsidenten« noch eine Dimension höher rücke. Entschuldigend: »Er ist im Augenblick so mit der Finanzierung von Unternehmungen in Lateinamerika befaßt, daß ihm das Nächstliegende schon mal entfällt.« Zu Spínola: »Der Präsident möchte wissen« – Präsident nickt – »welche Garantien es gibt, daß die Waffen auch richtig eingesetzt werden, so daß am Ende die kommunistische Bewegung zerschlagen sein wird. Es geht ja – wie wir gehört haben – nicht nur um Einzelaktionen wie im Norden. Rechnen Sie mit der Eliminierung der Kommunisten auch im Süden, in ganz Portugal?«

Spínola, zustimmend: »Hähä, das ist unser Endziel. Natürlich global gesehen. Was wir anpeilen, ist die totale Ausrottung des Kommunismus in Portugal, ich akzeptiere keine Hypothesen in bezug auf Demokratie, solange Kommunisten in der Regierung geduldet werden. Da sind wir weiter als andere Staaten in Europa.«

Anwalt: »Dafür sind bei uns im Augenblick die Kräfte stark, die darauf hinarbeiten, die kommunistische Partei zu verbieten.«

Spínola: »Verbieten? Das ist doch wohl das wenigste. Aber es geht ja nicht nur um Kommunisten, es geht genauso um Sozialisten. Auf europäischem Niveau stellen im Augenblick die sozialistischen und sozialdemokratischen Parteien eine weit größere Gefahr als die kommunistischen dar. Viele Sozialdemokraten, die Sozialisten sowieso, sind doch nur verkappte Kommunisten.«

Präsident: »Und wie kann man mit diesen Sozialisten fertig werden, Exzellenz? Mit gebotener Delikatesse, natürlich.«

Spínola: »Das hängt natürlich von den verfügbaren Mitteln ab.«

Anwalt: »In welcher Weise kann die CDS als offizielle Partei die MDLP unterstützen?«

Spínola: »O ja, es gibt viele Verbindungen zwischen CDS und MDLP...Was offizielle Verlautbarungen angeht, wird natürlich keine Partei riskieren, ihre Verbindungen zuzugeben. Außerdem haben alle Parteien zur Zeit einen Komplex, sie haben Angst vor dem Kommunismus. Sie getrauen sich auch nicht, sich offen als antikommunistisch und rechts zu bekennen. Wir dagegen sind bekannt als starke antikommunistische Bewegung von ganz rechts.«

Wallraff: »PPD und CDS sind tatsächlich so feige, sich als ›Parteien der Mitte‹ zu bezeichnen.«

Spínola, erregt: »Genau das ist es. Sie erkennen im geheimen unsere Ziele an und solidarisieren sich damit, aber öffentlich haben sie Angst, sich zu kompromittieren. Und deshalb lügen sie. Aber sie können wahrscheinlich im Augenblick nicht die Wahrheit sagen.«

Präsident, sanft: »Man muß ja auch nicht immer die Wahrheit sagen, Exzellenz.«

Spínola, zerstreut: »Ja, ja.«

Wallraff: »Wie sollen die Waffen zum Einsatz kommen und die gewünschten Erfolge bringen? In welcher Zeit ist mit Resultaten zu rechnen?«

Spínola: »Jetzt möchte ich Ihnen ein Geheimnis mitteilen. Unsere Organisation im Süden ist um einiges besser als die im Norden. Und Ihre Waffen sind für den Süden gedacht.«

Präsident: »Das entspricht genau meinen Vermutungen, ich freue mich jetzt, die Bestätigung dafür erhalten zu haben.«

Spínola: »Ist Ihnen die Organisation der kleineren und mittleren Bauern ein Begriff? Wissen Sie, was Rio Maior bedeutet und Coruche?« Nicken der deutschen Gastgeber. Rio Maior ist Zentrum der reaktionären Bauernverbände. In Coruche gab es Sprengstoffanschläge dieser Verbände.

Spínola: »Dann brauche ich wohl kein Wort mehr darüber zu verlieren. Im Süden haben wir noch einiges in petto.«

Präsident zu Wallraff, leise: »Ich muß jetzt wirklich weg, ich habe nämlich einen wichtigen Termin.«

Spínola: »Unser großes Konzept ist, wie Sie bereits wissen, die Volksmassen zu mobilisieren und fähig zu sein, diese ›aufgebrachte Menschenmenge‹ mit Waffen zu unterstützen. Einzelne Parteibüros in die Luft zu sprengen, bringt auf Dauer nichts. Das sind nur Ankündigungseffekte, die kommunistischen Strukturen bleiben trotzdem erhalten.« Spínola demonstriert es auf grüner Filzdecke mit Streichholzschachteln, die er wegschnippt. »Erst wenn wir diese Volksmassen ganz hinter uns haben, ist es sinnvoll, diese Plätze dem Erdboden gleichzumachen.« Schwärmerisch: »O ja, unsere Organisation im Süden ist taktisch viel besser angelegt. Sie werden sehen.«

Präsident: »Um allmählich zum Abschluß unserer außerordentlich interessanten Begegnung zu kommen, möchte ich Sie bitten, dasselbe zu tun, was auch ich tue, nämlich die Ausarbeitung der konkreten Details unseren Mitarbeitern zu überlassen. Ich möchte Ihnen noch einmal danken für Ihr couragiertes Eintreten für die gemeinsame Sache und Ihnen meine Hochachtung und Bewunderung aussprechen.«

Wallraff zum Präsidenten: »Wissen Sie eigentlich, daß der General Sie nach Genf eingeladen hat?«

Präsident, leise: »Nein, wirklich?« Laut: »Ihrer Einladung werde ich mit großem Vergnügen Folge leisten.«

Spínola: »Ein Maximum an Sicherheit ist garantiert. Wie gut, daß es unsere beiden Organisationen schon gibt, dann brauchen wir sie nur noch zu koordinieren. Aber in aller Eile.«

Eile ist geboten. Luís und José drängen: In 40 Minuten, 20 Uhr 05, geht die Maschine. Spínola ist kaum zu bewegen, benennt noch Daten und Zahlen von Waffensystemen, möglichst vom Typ NATO. Luís mahnt zum Aufbruch. Spínola zu mir: »Und auch Bordwaffen für Hubschrauber nicht zu vergessen.«

Diese Waffen sind vor allem zum Einsatz gegen die Zivilbevölkerung, streikende Arbeiter, Demonstranten, Arbeiter auf Kooperativen, die sich weigern sollten, ihr Land wieder zurückzugeben, gedacht.

Endlich herzliche Verabschiedung der beiden. Der Präsident ergreift seinen neuen, leeren Aktenkoffer und entschreitet würdevoll.

Luís: »Ein guter Mensch, Ihr Präsident.«

Wallraff: »Ja, er läßt uns auch alle Freiheit.«

Verabschiedung Spínolas (inzwischen wieder mit Sonnenbrille) und seiner Nichte auf dem Düsseldorfer Flughafen. Spínola, vertraulich zu uns: »Hans und Ursula sind wohl Ihre Kriegsnamen?«

»So kann man sagen.«

Spínola: »Meiner ist Ribeiro. Bis bald in Genf.«

Händeschütteln, Winken, der Paß des Generals erregt kein besonderes Aufsehen, sein Name ist auf der Liste der unerwünschten Ausländer nicht verzeichnet.

Die Prokuristen
oder Die Finanzierung der Verschwörung

Am folgenden Tag, Freitag, 26. März 1976, findet die Fortsetzung der Unterredung mit den beiden Spínola-Bevollmächtigten im Düsseldorfer Restaurant »Bobino«, Burgplatz 7, statt. Sie haben einen Finanzierungsplan, mit handschriftlichen Aufschlüsselungen versehen, mitgebracht:

1. für ein »Institut der Nationalen Erneuerung«, dessen Direktor Spinola sein soll,
2. dem angeschlossen ein Verlag, beides vorbereitet und organisiert durch den Domherrn Melo im Auftrag des Erzbischofs von Braga,
3. für das Untergrundnetz der MDLP und
4. für eine nach der geplanten Auflösung der MDLP neu zu schaffende Volksbewegung.

Nach einigen einleitenden Bemerkungen über Aufgabe und Aufbau des Instituts enthalten die Papiere, die sie uns aushändigen, folgende Aufstellung:

Institut der Nationalen Erneuerung

Provisorischer Jahresplan

Bibliothek	*100 000 DM*
Einrichtung	*300 000 DM*
Monatszeitschrift	*300 000 DM*
Funktionieren der Seminare	*1 000 000 DM*
Gehalt von 20 Professoren	*480 000 DM*
Forschungsmittel	*1 200 000 DM*
Herausgabe von Forschungsberichten	*500 000 DM*
4 Schreibkräfte	*36 000 DM*
Bibliothekar	*12 000 DM*
Archivar	*6 000 DM*
4 Angestellte	*30 000 DM*
2 leitende Angestellte für Buchführung	*36 000 DM*
	4 000 000 DM
Für 3 Monate (Gründung und Unterhalt)	*1 225 000 DM*
(Ohne Informatik-Einrichtungen einzurechnen)	

Verlag (DM)

Kostenvoranschlag für ein Jahr:	
a) Ausstattung (incl. einer Offsetmaschine)	*150 000*

b) Druck von 20 Büchern	*100000*
c) Autorenrechte	*50000*
d) Übersetzungen	*20000*
e) Personal (15 Angestellte à 1500 monatl.)	*270000*
f) Unterhalt	*240000*
	890000

Für 3 Monate: (a) Ausstattung	*150000*
¼ von b), d), e), f)	*170000*
	320000

Provisorischer Jahreshaushalt der MDLP
(Angaben in contos = c.)

– Ausstattung, 50 c. × 18	*1500 c. (1500–900 = 600 für Porto und Lissabon)*
– Laufende Unkosten	*2400 c. (Mittelwert von 5 c. Sitz, 60 f. Lissabon, 50 für Porto)*
– Autopark	*500 c. (6 Autos)*
– Häusermiete	*2400 c.*
– Funktionärsgehälter	*500 c. (× 12 = 6000 c.* Rest der Klammer unleserlich, vermutlich: *20 Personen am Hauptsitz, je eine in den 18 Bezirken)*
Propaganda	*10000*
– Reisekosten	*2000*

Gesamt	*2400*	
	6000	
	10000	
	2000	
	2400	
	22800	
	+ 2000	*(Grundausstattung)*
	24800	

Für 3 Monate (April, Mai, Juni)	
Grundausstattung	*2000*
Laufende Unkosten	*5700*
	7700 contos = 770000 DM

Provisorischer Jahreshaushalt des Untergrundnetzes
(in contos)

Laufende Unkosten	*3000 c.*
Funktionäre, 26 (18 im Land, 5 in Lissabon, 3 in Porto)	*3000 c.*

Häusermieten		*2500 c.*
Reisekosten		*3000 c.*
	Gesamt	*3000*
		3000
		2500
		3000
		11500 c.
		+ 15000 (Radionetz)
		26500
Für 3 Monate (April, Mai, Juni)		*2875 c.*
		+ 15000 c.
		17875 c.
Aufbau des Radionetzes		*15000 c.*

Schätzung der jährlichen Gesamtkosten

1. Politische Bewegung	*2480000 DM*
2. Untergrundnetz	*2650000*
3. Institut	*4000000*
4. Verlag	*840000*
	9970000 DM
5. Führungsstab	*1200000*
	11170000 DM

Startkosten (erste 3 Monate)

1. Bewegung	*770000*
2. Untergrundnetz	*1787500*
3. Institut	*1225000*
4. Verlag	*320000*
5. Führungsstab	*300000*
	4402500 DM

Wallraff: »Wann und wie soll die erste Rate der Geldübergabe stattfinden?«

Luís: »Im ganzen dreht es sich ja um elf Millionen, nicht eingerechnet die Waffen. Für die ersten drei Monate sind es 4400000 Mark. Auch wieder ohne die Waffen.«

Wallraff: »In den nächsten Wochen wird ja die Mark noch gegenüber dem Dollar aufgewertet. Von der Summe für die ersten drei Monate wollen wir zwei Drittel mit Barüberweisung in Schweizer Franken und ein Drittel in direkter Übergabe auszahlen. In Dollars. Das wären etwa zwei bis drei solcher Aktenkoffer.«

Luís: »Ja einverstanden, das setzt voraus, daß Sie mit unseren Zahlen übereinstimmen.«

Wallraff: »Natürlich. Die erste Überweisung wäre zwischen 5. und 10. April fällig.«

Luís: »Und jetzt die Kontonummer. Credit Suisse, Place Bel Air 755313 Genf. Das Konto läuft auf drei Namen; unsere beiden und den des Generals. Zwei sind verfügungsberechtigt... Und die Waffen, sind die wirklich als Geschenk gedacht?«

Wallraff: »Klar. Was uns interessiert, ist, in welchem Zeitraum die Fische[1] geliefert werden sollen.«

José: »Das steht alles im Papier des Generals, das wir Ihnen aus Genf schicken werden.«

Luís: »Das hängt natürlich davon ab, ob die Waffen auf dem Luft- oder Seeweg kommen. Darüber hat sich der General schon sehr viele Gedanken gemacht. Was die Liste der Fische angeht: Da müßten wir eigentlich vorsichtiger sein. Unsere Partei wurde dadurch kaputtgemacht, daß Copcon am 28. September 1974 eine Liste von Waffen in unserem Parteibüro entdeckte, die sofort veröffentlicht wurde.«

José: »Als ich deshalb inhaftiert wurde, fragte man mich die ganze Nacht nach dieser Liste.«

Wallraff: »Was hat es eigentlich mit den immer wieder heraufbeschworenen Putschplänen der Kommunisten auf sich? Sind die ernst zu nehmen?«

José: »Sie bestehen, das ist ganz sicher. Nur bedeuten sie für uns die Gefahr, daß es dann immer einige Leute bei uns gibt, die diesen kommunistischen Schlag verhindern wollen, und zwar schon vor den Wahlen. Das halten wir wiederum für unklug. Wir müssen uns die Putschgelüste einiger Linksaußengruppen zunutze machen, anheizen und für unsere Ziele einspannen. Wir glauben, daß unser großer Schlag sorgfältig vorbereitet werden muß, und zwar ab sofort. Man spricht im Augenblick von 30000 Kubanern, die zur Zeit in Portugal sein sollen. Das ist natürlich nicht wahr. Die Zahl bringen wir nur propagandistisch in Umlauf. Aber es sind doch etliche im Land.«

1 Siehe Seite 225.

Luís: »Jeden Tag werden welche eingeflogen. Sie gehen dann in den Alentejo oder in den Algarve.«

José: »Wir wissen genau, wo sie sich aufhalten. Sie sind in Camps oder auf Bauernhöfen und Kooperativen.«

Luís: »Nicht nur Kubaner, auch Bolivianer, Chilenen, Argentinier, Tschechen, Russen und Ostdeutsche. Übrigens sind da natürlich auch Portugiesen dabei, und zwar sind sie im Besitz der 30000 verschwundenen Waffen, die zum größten Teil im Besitz der kommunistischen Brigaden sind.«

Wallraff (ohne mir mein Erstaunen anmerken zu lassen, denn ich bin auf den über 20 Kooperativen, die ich im Alentejo kennenlernte, nur einem einzigen Lateinamerikaner, einem Exilchilenen, jedoch keinem einzigen Ostblockbürger begegnet): »Und wo halten sich diese Ausländer auf?«

José: »Vor allem in der Gegend Beja und Évora. Von den 20000 Mann, die aus der Armee entlassen wurden, befinden sich 1500 im Stahlindustriegürtel bei Lissabon, südlich des Tejo, die mit den Kommunisten sympathisieren. Sie haben ihre Waffen behalten, und ich kann mir nicht vorstellen, daß sie nichts damit im Sinn haben.«

Wallraff: »Wenn diese Linksaußengruppen tatsächlich bereit sind, diesen Schlag auszuführen, wie wird sich dann die Armee verhalten?«

Luís: »Über die Armee allgemein läßt sich nichts sagen, aber wir haben operationelle Einheiten, auf die sehr wohl Verlaß ist.«

Wallraff: »Haben Sie eigentlich schon eine militärische Karriere hinter sich?«

Luís: »Ich war in Paris, auf einer sechsmonatigen NATO-Schule, 1958. Ich habe mit Auszeichnung bestanden, in derselben Zeit ist Costa Gomes durchgefallen. Er ist inzwischen Staatspräsident, und ich lebe im Exil. Das ist die Ironie des Schicksals. Stellen Sie sich vor, in den letzten zweieinhalb Monaten hatte ich 25 verschiedene Adressen, wo ich wohnte. Wir hatten auch schon sehr viel verschiedene Namen, nicht wahr, José, wir haben schon das ganze Alphabet durchgemacht. Im Augenblick tragen wir unsere echten Namen, weil jeder meint, es seien gefälschte.« Heiterkeit. »Auf diesen NATO-Schulen waren entweder Militärs vom Oberst aufwärts oder Diplomaten bis hin zum Außenminister. Ich war der Jüngste dort, weil ich ein Vertrauensmann der Salazar-Regierung war. Meine Frau war immer mit den Töchtern der übrigen Teilnehmer befreundet, nicht mit deren Frauen.«

Wallraff: »Waren dort auch Deutsche in Ihrem Kurs?«

Luís: »Ich entsinne mich an zwei Zivilisten, der eine hieß, glaube ich, Dr. Hansen und war aus dem Innenministerium, der andere hieß Hubert Schmidt und war aus dem Außenministerium. Sonst gab es sechs Militärs, Obersten und einen Zwei-Sterne-General. In Diskussionen wurde ich damals als Vertreter der portugiesischen Regierung stark angegriffen. Nur die deutschen und die italienischen Militärs hielten immer zu mir.«

Wallraff: »Es gibt noch einen Einwand, was die zweite Phase der Finanzierung betrifft, von seiten unseres Präsidenten. Nämlich: Wie steht es mit der Beteiligung der portugiesischen Großindustriellen? Zum Beispiel Champalimaud. Das wäre für unser Projekt eine zusätzliche Garantie. Es wäre für uns alle gut, wenn das Projekt nicht nur vom Ausland finanziert würde. Auch was die nationalen Interessen Portugals betrifft.«

Luís: »Das Problem im Augenblick ist noch, daß in Portugal nur neureiche Industrielle sitzen. Die wirklich Mächtigen und Reichen sind noch im Ausland. Wie Champalimaud. Und Jorge de Melo von CUF. Sie haben uns auch schon unterstützt. Im Ausland verfügen diese Männer natürlich über wenig flüssiges Kapital, mit Ausnahme vielleicht der Melos, die Anteile auch an Schweizer Gesellschaften haben. Diese Großindustriellen, die im Augenblick im Ausland wohnen, sind unsere besten Verbündeten. Nur stellt sich für sie das Problem, wenn sie erst nach Portugal zurückgekehrt sind, selber wieder von vorn anfangen zu müssen. Sie können uns geistig unterstützen, aber Geist haben sie nicht viel, wenn auch die gleiche politische Grundeinstellung wie wir. Es fehlt ihnen einfach an Phantasie, sich vorzustellen, daß das neue Portugal anders aufgebaut ist als das Portugal Salazars und Caetanos. Diese Einstellung halten wir für antiquiert und für nostalgisch. Die Industriellen wollen Erfolge sehen. Und zwar gibt es zwei Arten von Erfolgen: die erste, wenn sie sehen, daß wir überhaupt vom Ausland unterstützt werden. Die zweite, weil sie Spieler sind, die gerne selber gewinnen. Ich glaube, um ihre Unterstützung müssen wir uns keine Sorgen machen, vor allem nach unserer siegreichen Heimkehr. Schließlich wird die portugiesische Industrie der Hauptnutznießer unserer politischen Aktivität sein.«

Wallraff: »Wo befindet sich Ihrer Meinung nach das meiste von dem Kapital, das die portugiesischen Industriellen außer Landes gebracht haben, in der Schweiz oder in Brasilien?«

Luís: »In Brasilien. Aber einiges davon wird in nächster Zeit wieder nach Portugal zurückgehen, weil so gut wie alle in nächster Zeit aus

Brasilien heimkehren werden. In der Zwischenzeit haben sie sich ihre eigenen Unternehmen aufgebaut, aber das schadet ja nichts, die werden weiter funktionieren, auch wenn sie weg sind.«

José: »Was Champalimaud angeht, so gehört er zu denen, die nicht soviel Geld flüssig haben, er hat nur überall Kredit.«

Luís: »Ich schätze ihn sehr, obwohl unsere beiden Bankgruppen ständig in Fehde miteinander lagen. Aber das große Werk, das er in Angola und Moçambique und Portugal aufgebaut hat, sucht seinesgleichen. Spínola arbeitete als Prokurist bei ihm. Sie schätzen einander sehr. Als sich Spínola entschloß, in den Krieg nach Angola zu ziehen, war ihm Champalimaud zunächst böse. Als ich neulich, im Dezember, in Brasilien mit Champalimaud sprach, sagte er: ›Spínola ist ein richtiger Dickkopf, aber ich habe eine Schwäche für ihn. Wenn er nur den kleinen Finger hochhebt, folge ich ihm überall hin.‹ Wenn uns erst diese drei, vier großen Großindustriellen unterstützen, dann kommen die kleinen automatisch nach. Das ist ein Naturgesetz.«

Wallraff: »Wer, meinen Sie, würde außerdem noch bei der Finanzierung mitmachen?«

Luís: »Ganz sicher auch die Gruppe Espírito Santo.«

Wallraff: »Wer, glauben Sie, wird sich da raushalten?«

Luís: »Seien Sie gerecht: Es gibt schließlich welche, die haben im Augenblick kein Geld mehr. Aber sonst können wir auf fast alle zählen.«

Wallraff: »Wie steht es mit Caetano? Wird er zurückkommen?«

Luís: »Auf derartige Patrioten können wir nicht verzichten. Er lebt zur Zeit noch in Brasilien, ist Professor für Verwaltungsrecht und etwas verbittert. Er wird sicher nach dem Erdrutsch gern nach Portugal zurückkommen. Es gibt andere, die dafür des Landes verwiesen werden müssen, Verbrecher, die eigentlich nicht das Recht haben, sich Portugiesen zu nennen, wie zum Beispiel Costa Gomes.«

Wallraff: »Was der General gestern sagte, über die bessere Organisation der MDLP im Süden Portugals im Gegensatz zum Norden, scheint mir doch eher ein Wunschtraum zu sein.«

Luís: »Nein, nein, da hat er völlig recht, weil es im Süden tatsächlich viel schwieriger ist, unsere Bewegung aufzubauen. Ständig von Kommunisten umgeben, sind unsere Leute vorsichtiger geworden und haben sich sorgfältiger organisiert. Im Norden ist das Ganze für uns ja ein Kinderspiel.«

Wallraff: »In welchen Städten des Alentejo ist die MDLP am stärksten?«

José: »Vor allem in den Bezirken Portalegre und Estremoz.«

Luís: »Trotz der PC-Abgeordneten in Beja gibt es dort ein starkes antikommunistisches Potential, was sich in der Wahl von drei PS-Abgeordneten gezeigt hat. Wer in Beja PS wählte, der hat nicht sozialistisch, sondern antikommunistisch gewählt. Im Alentejo ist deshalb die PS für uns wichtig.«

José: »Außerdem haben wir noch Mitglieder unserer früheren Fortschrittspartei an der Hand, denen wir raten, was sie bei der nächsten Wahl wählen sollen. Das ist regional verschieden, das geht von CDS über PPD zur PS. Und in einzelnen Bezirken des Alentejo empfehlen wir sogar die PS. Meiner Ansicht nach macht nicht das Proletariat die Revolution, sondern das Kleinbürgertum. Und das portugiesische Kleinbürgertum hat die PS gewählt, weil es antikommunistisch ist. Dieses Kleinbürgertum müssen wir zu uns herüberziehen. Ganz unter uns – und auch das können wir offiziell nicht sagen –, die PS hat uns sehr dabei geholfen. Die PS hat nämlich die soziale Kritik des Kleinbürgertums gegen das Caetano-Regime und seinen Antikommunismus geschickt kanalisiert.«

Wallraff: »Wie ist eigentlich Ihre Einschätzung der PCP (ML) und der MRPP?« Die MRPP war eine der »maoistischen« Parteien Portugals, mit größten Geldmitteln ausgestattet. Vorübergehend gab sie sogar eine eigene Tageszeitung heraus. Zusammen mit der ebenfalls »maoistischen« PCP (ML) trat sie offen antikommunistisch auf. Die PCP (ML) empfahl z. B. ihren Anhängern, bei der Wahl am 25.4.1976 für die PPD zu stimmen, da sie die erfolgversprechendste Gegenkraft zur PCP sei.

Luís: »Ausgezeichnet. Sie kamen immer zu uns in die Fortschrittspartei und wollten Ratschläge von uns. Es ist wichtig, daß es sie auf dem sogenannten linken Flügel gibt.«

Wallraff: »Kennen Sie eigentlich Carlucci, den amerikanischen Botschafter in Portugal?«

Luís: »Ich habe ihn in Brasilien kennengelernt durch meinen Freund, einen Professor am Institut ›Rio Branco‹, Marcelo Marques Moureiro, der ihm die Slums in Rio zeigen wollte. Carlucci ist sehr intelligent und sehr schnell, aber nicht sehr gebildet.«

José: »Kein Wunder bei seiner Herkunft.«

Luís: »Genau, die Familie kommt aus Sizilien, das sind doch alles Mafiosi. Sein Vater war auch nur ein kleiner Landarbeiter. Um ihn zu trösten, habe ich ihm einmal gesagt, doch lieber arm in Brasilien als reich in New York. In Brasilien sind die Armen wenigstens frei, in New York sind es nicht einmal die Reichen.«

Wallraff: »Und was für eine Rolle hat er in Portugal gespielt?«

José: »Zuerst eine ganz schlechte. Inzwischen ist er dabei, die verlorene Zeit wieder einzufangen. Die Amerikaner sind seltsam, sie handeln oft genauso impulsiv wie Alpoim Calvão. Carlucci hat die ELP finanziert.«

Luís: »Die Amerikaner meinen eben, sie können alles mit Geld kaufen. Wie der jugoslawische Dissident Djilas in der heutigen Ausgabe der ›Welt‹ feststellt, sind die Amerikaner in der Außenpolitik Pokerspieler.«

José: »Sie sind in ihrer Außenpolitik einfach dumm und unsensibel. Nur von ökonomischen Interessen geleitet.«

Wallraff: »Hatten Sie in der Schweiz Gelegenheit, Solschenizyn zu treffen?«

Luís: »Noch nicht, er wohnt in Zürich, wir werden ihn nächste Woche treffen, und wenn unser Gespräch positiv verläuft, werden wir ihn dem General vorstellen. Vor drei Wochen war Solschenizyn ja in Madrid und hat eine ausgezeichnete Presseerklärung herausgegeben. Ganz in unserem Sinn.«

Wallraff: »Was könnte Solschenizyn für die Bewegung tun?«

Luís: »Er hat sehr viele Kontakte, und diese Kontakte könnten uns nützen. Sonst könnte er in der Zeitschrift ›Kontinent‹[1] etwas Positives über uns veröffentlichen.«

Wallraff: »Wer wird der nächste Staatspräsident? Azevedo?«

Luís: »Möglich. Soll er ruhig. Auf alle Fälle wird der nächste Präsident auf dem Scheiterhaufen enden.«

José: »Meiner Ansicht nach wird es ein Militär sein.«

Wallraff: »Hat Kaúlza de Arriaga eine Chance?«

Luís: »Noch nicht bei den nächsten Wahlen. Er ist auch nicht bereit, sich jetzt zu opfern. Aber er ist ein guter Freund von mir, wir verbringen oft die Ferien zusammen. Im Augenblick ist er in Paris. Spínola und er verstehen sich ausgezeichnet. Auch wenn Arriaga nicht zur MDLP gehört. Keiner der beiden macht etwas, ohne den anderen zu informieren. Unser Hauptproblem ist, daß einer Staatspräsident wird, der mit uns sympathisiert, daß wir aber andererseits nicht gezwungen werden, unsere besten Männer wie Eanes und Firmino Miguel jetzt schon zu verheizen.«

Wallraff: »Und wer wird jetzt der nächste Staatspräsident?«

1 Mäzen der Zeitschrift war der deutsche Großverleger Axel Cäsar Springer.

Luís: »Halten Sie das für so wichtig? Was wir schon gesagt haben, der nächste Staatspräsident wird auf alle Fälle verheizt werden. Deshalb wollen wir nicht, daß das ein guter Mann von uns ist. Andererseits sollte der nächste Staatspräsident uns trotzdem politisch recht nahestehen. Das ist unser Dilemma im Augenblick.«

José: »Ideal wäre Ramalho Eanes, doch der wäre uns noch zu schade. Ich weiß nicht, ob wir uns überhaupt mit dem Problem befassen wollen, weil es sich nach unserem Putsch im Mai oder Juni überhaupt nicht mehr stellen wird.«

Luís: »Es wäre in dieser Situation seltsam, Ihnen danken zu wollen, die Geschichte wird Ihnen danken. Besonders beeindruckt waren wir von dem warmen Empfang. So etwas haben wir während der ganzen Zeit unseres Exils noch nicht erlebt. Da merkt man, daß man nicht alleine kämpft. Wir sind lange Zeit verschiedene Wege gegangen, bis wir uns endlich getroffen haben. Wenn unser Treffen früher stattgefunden hätte, wäre es vielleicht nicht einmal so gut gewesen. Die Vorsehung hat es gut mit uns gemeint.«

Wallraff: »Auch wir haben daraus gelernt. Wir werden unseren Kampf jetzt viel gezielter führen können!«

An alles gedacht oder Die Waffenwünsche der Verschwörer

Wenige Tage später läßt uns Spínola aus Genf und Madrid per Luftfracht seine Waffenwünsche zukommen. Der Sendung sind politische Einschätzungen und Referenzen beigelegt, z. B. eine Übersicht über bisherige von der MDLP zu verantwortende Terroranschläge, eine Aufstellung von Zielen künftiger Angriffe hauptsächlich in der Mitte und im Süden des Landes (neben rund 20 Parteibüros u. a. auch eine evangelische Kirche und mehrere »von marxistischen Organisationen kontrollierte militärische Einheiten«) sowie eine Liste unerwünschter Ausländer in Portugal (darunter Botschafter sozialistischer Staaten, chilenische Emigranten, zeitweilige Besucher von Kooperativen, Journalisten aus Holland und der Bundesrepublik, Unterstützer der angolanischen Befreiungsbewegung MPLA).

Die erste Waffenliste wird über Luís Dias am 28. März mit Luftfrachtnummer 085-19585425 aus Genf per Swissair an eine von uns angegebene Adresse abgeschickt. Als fiktiver Absender ist »Agence Internationale de Photo« angegeben, der Inhalt mit »Dokumente« deklariert. Zusätzlich ist vermerkt: »top urgent« (äußerst dringend). Die Wünsche der Verschwörer lauten:

Benötigte Ausrüstung

1. Leichte Waffen
a) 4000 automatische Gewehre, Typ AR 18
b) 1000 Maschinenpistolen
c) 100 Jagdgewehre mit kurzem Lauf
d) 100 Pistolen, Kaliber 7,65

2. Waffen zum Feuerschutz
a) 250 Raketen-Granatwerfer 88,9
b) 250 leichte Maschinengewehre
c) 100 Mörser, 60 mm

3. Material für Sabotage und Zerstörung

4. Munition
a) 16 000 Gewehrgranaten vom Typ ALP oder Instalaza
b) 10 000 000 Schuß Munition für automatische Gewehre und leichte Maschinengewehre
c) 1 000 000 Schuß Munition für Maschinenpistolen und Pistolen
d) 50 000 Zagaloten-Patronen für Jagdgewehre mit kurzem Lauf
e) 5000 Granaten für Raketengranatwerfer *88,9 (Anti-Personen und Anti-Wagen)*
f) 5000 Mörsergranaten, 60 mm
g) 50 000 Offensiv-Handgranaten
h) 50 000 Defensiv-Handgranaten
Anmerkung: Das ganze Material kann NATO-Typ sein.

Die unter Punkt 3 (»Material für Sabotage und Zerstörung«) in der Genfer Liste offengelassenen Waffenbestellungen gehen später spezifiziert über José Figueiredo aus Madrid ein, diesmal per Lufthansa, Frachtbrief-Nummer 220-48 977 493. Zur Tarnung ist als Inhalt deklariert: »Manuscripte«. Absender-Adresse: »Agence Internationale de Photo« c/o Amnistia 3–3°«. Nachforschungen spanischer Kollegen ergeben, daß unter dieser Adresse die bekannte franco-faschistische Familie Oriol ein »Atom-Forum« unterhält. (Am gleichen Tag, zur gleichen Zeit, ging von dort auch per Luftfracht, wahrscheinlich auch über José Figueiredo, eine Sendung an das »Deutsche Atomforum e. V.«, Bonn, Allianzplatz 10, Haus X, z. H. Mrs. Hornung, ab. In diesem Zusammenhang gewinnt der Hinweis von Eduardo da Costa Oliveira aus dem Norden Portugals an Bedeutung. Er berief sich auf einen Madrider Ingenieur der Atomforschung, der als Verbindungsmann die Organisation MDLP finanziell unterstütze.) Die Liste aus Madrid lautet:

Sabotagematerial

200 Rollen elektrische Kabel MK 4 Mod O
2000 m Schnur (langsam)
2000 m Zündschnur
1000 elektrische Sprengkapseln
5000 Zünder für langsame Schnur M 2 oder M 1
200 Handwerker-Taschen für Sabotagematerial
200 Sprengkörper 10 CAP
200 elektronische Fernsteuerungsmechanismen
1000 Sender und Empfangsgeräte für elektronische Fernsteuerung
500 kg Plastiksprengstoff
100 Zerstörungsladungen M 1
100 Zerstörungsladungen M 3
200 Zerstörungsladungen M 5 A 1
400 Zerstörungsladungen M 2 A 3
100 Anti-Wagen-Minen
100 Minen »Schwarze Witwe«

Buchführung des Terrors
oder Der Leistungsnachweis

Unter mehreren sorgfältig gezeichneten Karten, die uns Spínola hat schicken lassen, um uns von seiner strategischen Einschätzung der Lage in Portugal zu überzeugen, befindet sich auch die auf Seite 268 wiedergegebene mit der Überschrift »Überfälle auf Büros marxistischer Organisationen (Spätsommer 75)«. Zu dieser Karte gehören die folgenden (leicht gekürzt wiedergegebenen) Angaben, was an den numerierten Orten geschehen ist:

1 – Valença do Minho: Überfall auf das PCP-Haus. 3 – Santa Cruz (Santo Tirso): PCP-Haus in Brand gesteckt. 4 – Porto, Matosinhos, Gaia: Stände von UJC und MDP / CDE in Brand gesteckt. Gegendemonstration und Zerstörung des MDP-Büros in Matosinhos. 8 – Oliveira de Azeméis: PCP-Haus in Brand gesteckt. 11 – Aveiro: Überfall auf das Büro der FSP. 13 – Ilhavo: PCP-Haus mit Steinen beworfen. 19 – Ansião: PCP-Haus und MDP-Büro in Brand gesteckt. 20 – Figueiró dos Vinhos: PCP-Haus überfallen. 21 – Castelo Branco: Belagerung des PCP-Hauses. 23 – Batalha: Arbeiter verprügelt. 27 – Alcarema: PCP-Haus belagert. 28 – Caldas da Rainha: PCP-Funktionäre provoziert. 33 – Lisboa: Aktionen gegen die Barrikaden. 36 – Monchique: Angriff auf die Verwaltungskommission der Câmara.

13. Juli 1975

29 – Rio Maior: Zerstörung der Büros von PCP und FSP.

15. Juli 1975

29 – Rio Maior: Zerstörung eines Wagens und der Exemplare der Zeitungen »Diário de Lisboa« und »Diário Popular«, die er transportierte.

18. Juli 1975

4 – Porto: Teilnehmer einer Versammlung der PS legen Feuer an Stände der PCP und der MDP / CDE auf der Praça da Liberdade. Versuchter Überfall auf die Niederlassung der Zeitung »Diário de Notícias«. 11 – Aveiro: Belagerung von PCP-Funktionären. Heftiges Stein-Bombardement auf das PCP-Büro. 22 – Leira: Überfall auf den Fahrer des »A Capital«-Wagens und Vernichtung seiner Zeitungen. 23 – Batalha: Zerstörung des PCP-Büros. Angriffe auf die Zeitungswagen aus Lissabon. 24 – Porto de Mós: Zerstörung des PCP-Büros. 28 – Caldas da Rainha: Tod eines PPD-Funktionärs. 30 – Lourinhã: Zerstörung des PCP-Büros. 31 – Cadaval: Zerstörung des PCP-Büros.

19. Juli 1975

8 – Oliveira de Azeméis: Erstürmung des MES-Büros. 11 – Aveiro: Tod des Soldaten Eugénio Pereira das Neves bei der Bewachung des PCP-Büros. Erstürmung des Intersindical-Büros (Gewerkschaft). 18 – Coimbra: Schüsse auf Soldaten, anläßlich von Barrikadenbau-

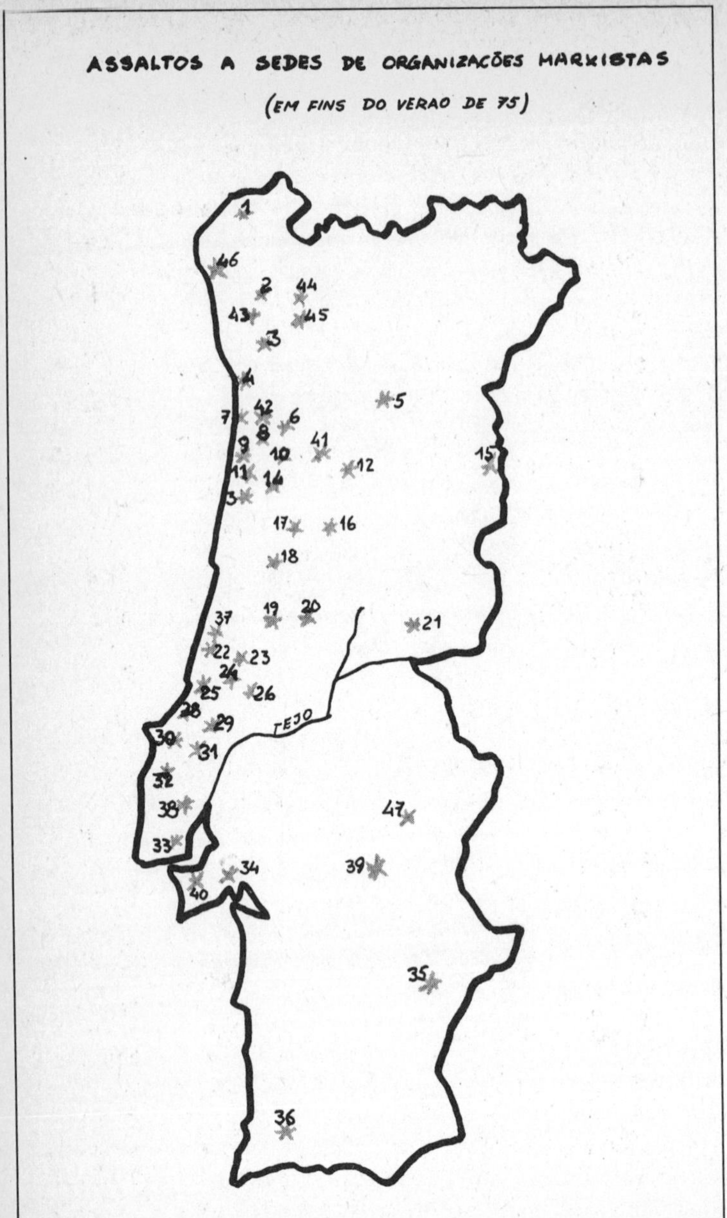

ASSALTOS A SEDES DE ORGANIZACÕES MARXISTAS
(EM FINS DO VERAO DE 75)
TEJO

Aktionen. 34 – Setúbal: Der Sänger José Afonso wird angegriffen und durch einen Messerstich verletzt.

20. Juli 1975

4 – Matosinhos: Zerstörung des MDP/CDE-Büros. Die Bevölkerung fordert den Rücktritt des städtischen Verwaltungsrates. 6 – Vale de Cambra: Explosion eines Sprengkörpers im Büro der Arbeitsgruppe der PCP. 12 – Viseu: Angriff auf das PCP-Büro während einer PPD-Versammlung.

21. Juli 1975

Moimenta da Baira: Versuch der Erstürmung des PCP-Büros. 9 – Estarreja: Plünderung des PCP-Büros. 15 – Vilar Formoso: Zerstörung des gesamten Maschinenparks des Leuchtturms im Werte von 3000000 Escudos. 17 – Mortágua: Versuch der Erstürmung des PCP-Büros. 21 – Castelo Branco: Versuch der Erstürmung des PCP-Büros. 25 – Alcobaça: Zerstörung des PCP-Büros. 26 – Minde: Angriff auf das PCP-Büro. 35 – Angriff auf einen MDP-Funktionär, Zerstörung seiner Wohnungseinrichtung.

23. Juli 1975

2 – Braga: Erstürmung des MDP/CDE-Büros.

25. Juli 1975

7 – Esmoriz: Erstürmung des PCP-Büros.

27. Juli 1975

10 – Sever do Vouga: MDP/CDE-Büro in Brand gesteckt.

28. Juli 1975

14 – Agueda: Versuch der Erstürmung der Metallarbeitergewerkschaft. Angriff auf zwei Ärzte und sechs Krankenpfleger des Hospitals von Sucena, Mitglieder der PCP. 30 – Lourinhã: Erstürmung des Finanzamts. 32 – Torres Vedras: Zusammenstöße vor dem PCP-Büro, fünf Leichtverletzte. 37 – Amor (Gemeinde Monte Real, Rat von Leiría): Überfall und Zerstörung der Kulturellen Erholungsgesellschaft, Beschädigung der Fahrzeuge ihrer Leiter. 38 – Moscavide: Zusammenstöße zwischen MRPP- und PCP-Angehörigen, mehrere Verletzte.

29. Juli 1975

47 – Estremoz: Bürger und Bauern dringen in die Agrargenossenschaft ein und fordern die Säuberung ihrer Liquidationskommission. Ein Mitglied dieser Kommission wird angegriffen, ein anderer Funktionär bedroht. Während dieses Zwischenfalls werden einige Agrarreform-Plakate beseitigt.

30. Juli 1975

39 – Évora: Attentat auf Dinis de Miranda, Mitglied des Zentralkomitees der PCP. Ein Sprengkörper, der in einem Dinis Miranda gehörenden Haus gezündet wird, verursacht zwei Schwerverletzte. 40 – Costa da Caparica: MDP / CDE-Pavillon von einem »Molotow-Cocktail« getroffen. 4 – Porto: Angriff auf das Büro der Zeitung »Républica«.

31. Juli 1975

42 – S. João da Madeira: die Büros der AOC und der UDP gestürmt. Sturm auf das PRP-BR-Büro, drei Verletzte unter den Angreifern.

1. August 1975

43 – Vila Nova de Famalicão: Erstürmung der Büros von MDP / CDE und PCP. Zwei Demonstranten von Schüssen getroffen. S. Pedro do Sul: Angriff auf das Rathaus.

3. August 1975

43 – Vila Nova de Famalicão: Versuch der Erstürmung des Arbeitszentrums der PCP, ein Toter und ein Schwerverletzter. 44 – Póvoa do Lanhoso: Erstürmung der Büros von PCP und MDP / CDE.

5. August 1975

45 – Fafe: Bombenexplosion in einem Lebensmittelgeschäft, der Sprengstoffanschlag richtete sich gegen den Sohn des Eigentümers, der im ersten Stock des Gebäudes wohnte und als MDP / CDE-Aktivist bekannt war. 46 – Anha: Explosion einer Bombe in der Werkstatt von José Martins Neiva.

Strauß läßt erst die Enthüllung dementieren und dann das Dementi

Und andere Folgen der Wallraff-Aktion

Am 7. April 1976 deckte Günter Wallraff auf einer Pressekonferenz in Bonn die Verschwörung auf. Von allem, was er dabei publik machte, hätte in der BRD die enge Beziehung zwischen General Spínola und dem CSU-Vorsitzenden Strauß das größte öffentliche Interesse finden müssen. Hatte Wallraff doch einige deutliche Aussagen der Verschwörer vom Band tönen lassen: daß man sich erst einige Wochen zuvor »in ausgezeichneter Stimmung« zum Abendessen mit dem bayerischen Unionspolitiker getroffen habe... daß ein Strauß-Mitarbeiter Anweisung gegeben habe, die besprochenen Fragen nicht mit anderen Personen zu diskutieren... daß dem General, falls er die Schweiz verlassen müsse, München als Aufenthaltsort angeboten worden sei, weil er von hier aus ruhig weiteroperieren könne...

Theoretisch bestand bis jetzt noch die Möglichkeit, daß die Verwicklung des CSU-Vorsitzenden in die portugiesischen Putschpläne nicht mehr war als nur eine aufschneiderische Behauptung der Verschwörer. Tatsächlich reagierte sein persönlicher Referent Friedrich Voss, den Spínolas Adjutanten als ihren Kontaktmann benannt hatten, zunächst mit einem Dementi. Doch zwei Stunden später gab Strauß selbst ein Treffen mit Spínola zu. Dann dementierte Voss das Dementi. Der Skandal war da.

Aber Strauß hatte längst Übung im Umgang mit Skandalen. Er versuchte, ihn herunterzuspielen. »Wenn eine Figur der Zeitgeschichte mich um eine Unterredung bittet, habe ich keinen Grund, diese Unterredung zu verweigern«, sagte er im Bundestag. Und er versuchte, sich ganz aus der Affäre zu ziehen, indem er aus dem kürzlich noch willkommenen Gast plötzlich ein »Hemmnis für die demokratische Entwicklung in Portugal« werden ließ, dem »keinerlei Bedeutung« für die zukünftige Entwicklung zukomme, weshalb er abgelehnt habe, »mit ihm weiter in Verbindung zu bleiben«.

Die Blamage war zwar so offenkundig, daß der Chefredakteur der Springer-Zeitung »Die Welt« mahnte, Spínola gehöre »sicher nicht zu den Autoritäten, mit denen man sich an einen Tisch setzt. Berater, die dies empfehlen, sollte man entlassen.« Doch innenpolitisch bewegte sich wenig. Die SPD schreckte im Bundestag, kaum daß sie das Thema angetippt hatte, sofort zurück, als Strauß wie üblich den Spieß herumdrehte. Sie stellte keine einzige Nachfrage, sondern ließ das Thema auf sich beruhen. Im bayerischen Landtag forderte der stellvertretende SPD-Fraktionsvorsitzende Jürgen Böddrich den damaligen Ministerpräsidenten Alfons Goppel auf, »den Landesvorsitzenden der CSU, Dr. h. c. Franz Josef Strauß, deutlich davon in Kenntnis zu setzen, daß dieser keinerlei Kompetenz besitzt, für ausländische Politiker (wie im Fall Spínola) ein Asylrecht für Bayern zuzusagen«. Landtagspräsident Rudolf Hanauer (CSU) wies die schriftliche Anfrage des Abgeordneten, in der diese Aufforderung enthalten war, mit der Bemerkung zurück, daß »eine Rechtsbelehrung an Politiker nicht zum Aufgabenbereich der Bayerischen Staatsregierung« gehöre.

Die Schweizer Behörden wiesen Spínola am 8. April 1976, einen Tag nach Günter Wallraffs Pressekonferenz, wegen »unerlaubter politischer Tätigkeit« aus und schoben ihn nach Brasilien ab. Nach dieser schnellen Reaktion argwöhnten freilich die »Luzerner Neuesten Nachrichten«: »Die Ausweisung General Spínolas mußte dem, der an diesem Abend die Tonbandausschnitte aus dem Gespräch mit Günter Wallraff hörte, seltsam eilig vorkommen. Untersuchungen über ein Rechtsvergehen pflegen in der Schweiz sonst kaum so rasch abgewikkelt zu werden. Der Verdacht lag nahe, daß da eine gründliche Untersuchung von den schweizerischen politischen Behörden einen noch wesentlich unbequemeren Schritt – Gefängnis für Spínola – aufgedrängt hätte.«

Die Aufdeckung der Putschpläne und Spínolas Ausweisung aus der Schweiz fanden in den Medien des benachbarten europäischen Auslands große Beachtung. Tagelang erschienen in der Schweiz, in Holland, Schweden, Frankreich ausführliche Berichte. Auch Zeitungen und Zeitschriften in Nordamerika informierten ihre Leser über die Einzelheiten. In der Bundesrepublik zeigte sich nur eine kleine Zahl von Redaktionen aufgeschlossen; neben antifaschistischen, linken Blättern mit geringer Auflage waren es hauptsächlich die Illustrierte »Stern« und das Fernsehmagazin »Panorama«. Andere verhielten sich gegenüber den Neuigkeiten eher abwehrend. So sah sich der Chefredakteur der »Deutschen Presse-Agentur« (dpa) veranlaßt, eigens von Hamburg nach Bonn zu fliegen, um zu verhindern, daß die Verbindungen von Strauß publik wurden. Als der CSU-Vorsitzende zugab, sich mit Spínola getroffen zu haben, durfte das gerade noch gemeldet werden. Die meisten Blätter empörten sich nicht so sehr über Spínola und Strauß als vielmehr über Günter Wallraff und seine Art der Recherche. Die Rolle von Strauß wurde fast überall bagatellisiert, obwohl Voss auf Befragen von »Panorama« noch zusätzliche Einzelheiten mitgeteilt hatte: »Die Analyse der politischen Lage Portugals, die Herr Spínola Herrn Dr. Strauß gegeben hatte und die Dr. Dias mir gegenüber am 27. Februar 1976 wiederholte, wurde schriftlich niedergelegt und diente als Arbeitspapier für den Kurzbesuch von Herrn Dr. Strauß in Portugal, wo er anläßlich des Parteitages in Porto am 26. März 1976 mit Führern der europäischen Schwesterparteien zusammentraf.« Nie zuvor war in der bundesdeutschen Presse jemand so schnell gealtert, verblödet und bedeutungslos geworden wie Spínola nach Veröffentlichung seiner Putschpläne und der Abschiebung nach Südamerika. Daß er gerade noch seine Rückkehr nach Portugal vorbereitet hatte, daß seine Frau schon dort war, daß in der rechten Presse Portugals in den letzten Wochen wieder große Porträts von ihm zu sehen waren, daß Spínola-Anstecknadeln verkauft wurden, daß sein politisches Comeback wirklich an dieser Aufdeckung einer Verschwörung scheiterte – das alles fand für die Leser der meisten bundesdeutschen Zeitungen nicht statt.

Die portugiesischen Demokraten nahmen die Putschgefahr ernst. Zwei Lissaboner Zeitungen druckten Günter Wallraffs Reportage in vollem Wortlaut nach. Wenige Tage später setzten fortschrittliche Militärs ein Manöver unter dem Vorzeichen »Putsch von rechts« an. Seltsame Kurzschlüsse zog Mario Soares, der sich kurz vor den Enthüllungen noch für eine Rückkehr Spínolas nach Portugal ausgesprochen hatte. Nun befand er, Wallraffs Aktion sei Teil einer internationalen Verschwörung.

Bei weiten Kreisen der Bevölkerung wurde der biedermännisch-demokratische Anstrich des CDS zerstört, was der Partei bei der unmittelbar darauf folgenden ersten Parlamentswahl sicherlich Stimmen kostete. Die Wachsamkeit der fortschrittlichen Kräfte in Portugal wurde geschärft. Spínolas politische Zukunft war dahin.

Nach der Schweizer Ausweisung trifft Spínola in Rio de Janeiro (Brasilien) ein. Hinter ihm sein Adjutant Luís Dias

Dorlies Pollmann:

Wie die Revolution zurückgedreht wurde

Ein Frankfurter Sozialdemokrat wurde 1976 aus der Partei ausgeschlossen, weil er bei einer Kundgebung mit Willy Brandt und Mario Soares am 16. September 1975 ein Transparent mit der Aufschrift »Sozialismus in Portugal – ja! Solidarität mit Soares – nein!« entrollt hatte. Gemaßregelt wurden auch vier Frankfurter Jungsozialisten, weil sie mit ihrem Protest bei dem Soares-Besuch »die Glaubwürdigkeit der Partei im Hinblick auf ihre Haltung zu unserer portugiesischen Bruderpartei und den Kommunisten erschüttert« hätten, wie der damalige Vorsitzende des SPD-Bezirks Hessen-Süd, Rudi Arndt, begründete.

Für viele Sozialdemokraten war damals nicht verständlich, wieso man überhaupt auf die Idee kommen konnte, gegen Soares zu demonstrieren. Ihnen galt er als der Repräsentant des neuen, antifaschistischen Portugal, als der Erbauer des Sozialismus im Südwesten Europas, als der er sich immer darstellte und als den ihn auch die bundesdeutschen Massenmedien und nicht zuletzt die SPD ausgaben.

Doch Soares tat politisch alles andere, als eine sozialistische Entwicklung in Portugal zu fördern. Der frühere Rechtsanwalt, der für eine der wirtschaftlich und politisch mächtigsten Familien des Landes, die Melos, gearbeitet hatte, war unmittelbar nach dem 25. April 1974 mit einem Maßanzug und zwei vorgefertigten Reden von der bundesdeutschen Friedrich-Ebert-Stiftung ausgestattet nach Lissabon zurückgekehrt, nachdem ihn seine Förderer in der Bundesrepublik seit langem auf die Aufgabe vorbereitet hatten, den Kommunisten, die wegen ihres opferreichen, antifaschistischen Kampfes hauptsächlich im portugiesischen Süden großes Ansehen genossen, politischen Einfluß streitig zu machen, den nach 48 Jahren faschistischer Herrschaft tiefverwurzelten Antikommunismus des Kleinbürgertums und der Mittelschichten zu nutzen und den Wunsch des portugiesischen Volkes nach Sozialismus auf sozialdemokratische Art und Weise zu kurieren.

Daß das Volk am 25. April 1974 in seiner Mehrheit den Sozialismus wollte, war offenkundig. Aus diesem Grund orientierten sich viele Portugiesen auf die Partei, die sich Sozialistische Partei (PS) nannte und in ihrem Emblem die geballte Faust zeigte. (Die Parteiembleme hatten bei den ersten Wahlen eine wichtige Funktion: Auf den Stimmzetteln halfen sie den Analphabeten, die Partei zu erkennen, der sie ihre Stimme geben wollten.) Der Wille zum Sozialismus drückte sich auch im Programm der PS aus, von dem die Politik des Parteivorsitzenden Soares in der Folgezeit ebenso abwich wie von der neuen portugiesischen Verfassung, die den Sozialismus fordert. Entgegen der Erwartung vieler gutgläubiger PS-Wähler und -Mitglieder öffnete Soares der Entwicklung nach rechts Tür und Tor. Eines der wichtigsten Mittel zum Zweck waren die Massenmedien. Früh erkannte er die Möglichkeiten, die sie ihm boten, und machte sie seiner Politik nutzbar. Ohne Massenmedien, die durch irreführende Berichterstattung das Volk von den revolutionären Zielen des 25. April ablenkten, Keile in die MFA und in die gesamte antifaschistisch-demokratische Bewegung trieben, falsche Fronten aufbauten, die Menschen hysterisierten, wäre es kaum möglich gewesen, den revolutionären Prozeß umzudrehen.

Bei den Jungsozialisten (nicht nur den in Frankfurt von der SPD gemaßregelten) begann es sich schon im Herbst 1975 herumzusprechen, daß die Politik von Soares auf das Gegenteil dessen hinauslief, was ihre Organisation mit der Solidaritätskampagne unter dem Motto »Die Nelken brauchen Wasser« unterstützen wollte. Er war – zeitweilig als Ministerpräsident[1] – maßgeblich daran beteiligt, die wirtschaftlichen und gesellschaftlichen Erneuerungsprozesse, die am 25. April eingesetzt hatten, zu verlangsamen, rückgängig zu machen oder ganz auszulöschen: die Agrarreform, die Verstaatlichung von Industriebetrieben und Banken, die Arbeiterkontrolle, die Verwirklichung der Verfassung. Das entsprach auch dem in Bonn vorherrschenden Interesse, dem NATO-Partner Portugal keine eigenständige politische oder wirtschaftliche Entwicklung innerhalb Westeuropas und des Atlantik-Pakt-Bündnisses zu erlauben.

Wenige Tage nach der folgenträchtigen Frankfurter Kundgebung berichtete die »New York Times«, die CIA schleuse amerikanisches Geld für die PS und andere Organisationen über westeuropäische sozialisti-

1 Seit 1986 ist Soares Staatspräsident.

sche Parteien und Gewerkschaften nach Portugal. Zuvor hatte bereits der ehemalige CIA-Agent Philip Agee am 6. September 1975 in »Dagens Nyheter«, einer der größten Tageszeitungen Schwedens, Überlegungen und Pläne des US-Geheimdienstes in bezug auf Portugal veröffentlicht: In der fraglichen »heißen Zeit« – gemeint ist die Periode von April 1974 bis Herbst 1975 – seien ungefähr 160 CIA-Agenten in dem verhältnismäßig kleinen Land tätig gewesen. Darunter hätten sich vor allem Leute mit Lateinamerika-Erfahrung befunden. Zum Teil hätten sie über die US-Botschaft operiert. Als Verantwortlicher in Portugal wurde John Morgan genannt. Er war von 1966 bis 1969 gemeinsam mit Frank Carlucci in Brasilien tätig gewesen und von 1970 bis 1973 in Uruguay.

Nach Agees Angaben gehörte zu den Plänen der CIA, die MFA zu unterwandern. Zunächst ging es darum, ihre Vorhaben, Schwächen und internen Machtverhältnisse kennenzulernen. Dort sollten dann Bemühungen ansetzen, durch gezielte Propaganda die Bewegung zu spalten und zu schwächen. Unterstützung sollte denjenigen Gruppen in der MFA zuteil werden, die am meisten Sympathien für die Freie Welt hegten. Seit 1950 hatten amerikanische Militärhochschulen mehr als 3000 portugiesische Offiziere ausgebildet. Diese sollten nun eine enge Verbindung mit MFA-Mitgliedern anstreben. Mit folgenden Methoden wollte die CIA vorgehen: falsche Dokumente, Gerüchtekampagnen, Anzetteln von Aufläufen und Krawallen, Schüren von Gegensätzen und Konflikten in der Gesellschaft.

Einige der Einwirkungs- und Infiltrationsvorhaben der CIA scheinen in der Folgezeit gelungen zu sein. Innerhalb der Bewegung der Streitkräfte brachen politische Widersprüche auf und wurden größer. Die Reaktion arbeitete abwechselnd mit Anbiederung und Erpressung: Sie verhieß loyale Mitarbeit an Reformen, aber man dürfe die Reformen nicht überstürzt und nicht so plump anfangen, und die Kommunisten sollten sich im eigenen Interesse nicht zu stark exponieren, sondern sich besser etwas zurückhalten; noch besser wäre, auf Kommunisten ganz zu verzichten; wer den Kommunisten nahestehe, müsse, um der Reaktion die loyale Mitarbeit zu erleichtern, ebenfalls zurückgedrängt werden, desgleichen die ganz linken Sozialisten und alle, die ähnliche politische Vorstellungen hätten. So wurde links immer mehr ausgegrenzt und abgeschnitten. Innerhalb der MFA wurde zum Beispiel die 5. Division, die vor allem in der Bevölkerung des von der Reaktion beherrschten Nordens kulturelle und infrastrukturelle Dynamisierung betrieb, Stück für Stück isoliert, bis sie schließlich aufgelöst wurde. Die MFA, ständigen Diffamierungen ausgesetzt, ließ sich in die Defensive drängen, gab ihren Führungsanspruch auf, entpolitisierte sich.

Rechte Militärs dagegen verschafften sich wieder mehr und mehr Spielraum. Faschistische Offiziere fanden Möglichkeiten, sich zu organisieren. Um die Offiziere des 25. April und mit ihnen die Revolution selbst in Mißkredit zu bringen, gingen reaktionäre Offiziere schließlich so weit, einen Untersuchungsbericht über die »möglichen Torturen« in der Revolutionsperiode vom 25. April 1974 bis 25. November 1975 anzufertigen. Es dauerte dann nur noch einige Monate, bis bundesdeutsche Zeitungen berichten konnten, daß rund 1000 Verfahren gegen Militärs des 25. April eingeleitet und bereits rund 700 aus ihren Einheiten entfernt worden seien. Die Offiziere des Spínola-Putschversuchs wurden dagegen rehabilitiert.

Einwirkungsversuche des CIA richteten sich nach Agees Angaben nicht nur gegen die MFA, sondern auch gegen die Gewerkschaftsbewegung und die katholische Kirche.

Auch bei den Terroranschlägen im Norden Portugals scheint die CIA mitgewirkt zu haben. Die italienische Zeitung »L'Europeo« veröffentlichte am 24. Oktober 1975 sorgfältig recherchierte Einzelheiten über den Aufmarsch der portugiesischen Gegenrevolution. Danach erhielt die rechtsextreme »Portugiesische Befreiungsarmee« (ELP) ihre Gelder von mächtigen portugiesischen Wirtschaftsgruppen. Ihre Führer, so der Bericht, seien frühere Offiziere und einflußreiche Politiker der Salazar-Ära gewesen. Die »technische« Leitung habe bei einem der bedeutendsten agents provocateurs Europas, Yves Guillou alias Serac alias Morgan, gelegen. Zu Guillou führten Spuren terroristischer Aktivitäten in Italien und Frankreich. Sein Mitarbeiter Hugh Franklin alias Sablowski alias Castor habe sich in der Woche vor dem Staatsstreichversuch vom 11. März 1975 in einem Lissaboner Hotel aufgehalten, sei mit einem Leihwagen rund 500 Kilometer umhergefahren und habe dann in der Nacht nach dem 11. März das Land überstürzt in Richtung Spanien verlassen. Dieser Franklin sei zuvor unter anderem bei Staatsstreichversuchen in Guatemala und Bolivien dabeigewesen. Am 11. September 1973, als Salvador Allende ermordet wurde, habe er sich in Chile befunden. Auch über die Verbindung zwischen ELP und Spínolas MDLP wußte »L'Europeo« detailliert zu berichten. Der Ex-General habe persönlich überall in Europa Geld für seinen bevorstehenden Staatsstreich gesammelt. Bereits im September 1975 sei er in

Lausanne in der Schweiz mit dem Vizedirektor des ITT-Konzerns und früheren Chef der CIA, John McCone, zusammengetroffen und habe von ihm Gelder erhalten, die mächtige amerikanische und europäische Multis gespendet hätten, fast 300000 Dollar – als erste Rate.

In Portugal waren also dieselben ökonomischen und politischen Kräfte am Werk, die schon hinter vielen anderen Putschen und Putschversuchen gestanden hatten. Im Norden des Landes versuchten sie nun erfolgreich, die politische Situation zu destabilisieren. Sie bauten reaktionäre Bastionen in der portugiesischen Gesellschaft wieder aus und zwangen schließlich die Regierung Gonçalves zum Rücktritt. Von Ende Mai 1975 bis Anfang 1976 verübte die Reaktion in Portugal mehr als 300 Sprengstoffanschläge, Brandstiftungen, Plünderungen und Schußwaffenüberfälle. Es begann mit der Verwüstung des Gebäudes der MDP/CDE in Bragança. Ziele der Anschläge waren in fast allen Fällen Sitze linker Parteien, Gewerkschaftsbüros und Wohnungen bekannter Antifaschisten. Allein im Januar 1976 wurden über 50 Gewaltverbrechen registriert, zu deren Aufklärung und Verfolgung die zuständigen Behörden nahezu nichts unternahmen. Rund 60 Prozent der Terrorakte richteten sich gegen die PCP, 13 Prozent gegen die MDP/CDE, sieben Prozent gegen kleinere linke Gruppen, drei Prozent gegen die PS, fünf Prozent gegen den Gewerkschaftsbund Intersindical, fünf Prozent gegen Massenmedien und weitere fünf Prozent gegen Einrichtungen der Streitkräfte. Vor Beginn der Terrorwelle verfügte die PCP im nordportugiesischen Bezirk Bragança über fünf Arbeitszentren. Ein Jahr später besaß sie in dieser Region keine einzige offizielle Niederlassung mehr, nachdem Anfang Februar 1976 auch das letzte ihrer Parteibüros in Mirandelha völlig zerstört worden war. Ähnlich wie in Bragança war die Situation auch in den meisten anderen Bezirken des Nordens und des Zentrums, wo die kommunistischen Organisationen gezwungen wurden, unter Bedingungen zu arbeiten, die der Illegalität ähnlich waren.

PS-Führer Mario Soares fand während dieser Zeit kein Wort des Protestes gegen die terroristische Verfolgung von Kommunisten und anderen Antifaschisten. Er erhob auch keine Einwände gegen die gewaltsame Deportation kommunistischer Funktionäre von den Azoren. Erst nachdem faschistische Banden der Separatistenorganisation FLA einen Sprengstoffanschlag auf eine Versammlung der Sozialisten auf der Azoreninsel Porta Delgada verübt und Soares am Reden gehindert hatten, rügte der PS-Generalsekretär vor der Presse die »augenscheinliche Passivität von Polizei und Armee«.

Die Landwirtschaft – wessen Landwirtschaft?

Die Agrarreform war von den Errungenschaften der Revolution das »Herzstück« geworden, das am weitesten vorangeschrittene Beispiel auf dem Weg zur sozialistischen Umgestaltung der gesellschaftlichen Verhältnisse. Sie war – entgegen allen sich einstellenden Diffamierungen – keine Parteifrage, sondern Verfassungsbestandteil. Mit Solidaritätsspenden aus aller Welt konnte auf vielen Kooperativen inzwischen ein respektabler Maschinenpark geschaffen werden. Es gelang, die einstige Monokultur zu diversifizieren und Stück für Stück tatsächlich kollektive Produktionsverhältnisse einzuführen. Gemeinsame Produktion, gemeinschaftliche Haushaltsführung gehörten bald zum Alltag auf den Kooperativen und regelten das Leben dort neu. Einige große Kooperativen schufen sogar Kindergärten und Altenheime als Gemeinschaftseinrichtungen oder schafften Krankenwagen an – alles Bedingungen, die es in dem rückständigen Portugal auf dem Land nie zuvor gegeben hatte. Stolz sagten die Landarbeiter: »Auch das ist die Agrarreform.« Häufig waren sie gemeinsam in das einstige Herrenhaus gezogen, hatten die Zimmer für ihre Familien bewohnbar gemacht und mit ihren angestammten Elendshütten vertauscht. Die Rekordernte im Jahre 1976 machte die Erfolge der Produktionsumstellung sichtbar.

Doch unter dem Druck rechter Kräfte sabotierte die Regierung die Agrarreform. Die Ernte konnte teilweise nur unsachgemäß gelagert werden, da noch immer ein Teil der Vorjahresernte in den Silos lagerte und der Staat, der das Monopol für den Weizenankauf hatte, den Kooperativen einfach nichts abnahm. Dasselbe geschah mit der Ernte von 1976, von der ein Teil schließlich verrottete.

Von konservativer Seite kam der durch keinerlei Tatsachen zu belegende Vorwurf, die landwirtschaftliche Produktion sei durch die Bodenreform um 15 Prozent zurückgegangen und der Viehbestand um die Hälfte verringert worden. Antisozialistische Propaganda.

Doch es waren nicht die Konservativen, sondern die PS, von der die erste staatliche Offensive gegen die Agrarreform ausging – nämlich zu der Zeit, während die Sozialistische Partei das Land allein regierte. Schon 1976, noch während der Amtszeit von Landwirtschaftsminister Cardoso, begann die Regierung, das Gesetz zur Agrarreform zu durchlöchern. Der Minister erließ ein Dekret, das ein Stück Land, »reserva« genannt, für die ehemaligen Besitzer vorsah, unabhängig davon, ob sie den Boden bearbeiteten oder vom Ertrag des Bodens lebten. Bis zu diesem Zeitpunkt hatte das Agrarreformgesetz solche »reservas« nur denjenigen Agrariern zugestanden, die ihr Land bebauten und nutzten. Der Vorsitzende der PS fügte dieser Durchlöcherung der Agrarreform auch noch die Diffamierung hinzu. Er nannte die Reform schlichtweg »Diebstahl«, womit er die Landarbeiter, die die Güter in ihre eigene Regie übernommen hatten, zu Kriminellen stempelte.

Auf Betreiben der PS – im Bündnis mit den reaktionären Parteien – verabschiedete die Versammlung der Republik schon im Jahre danach, 1977, ein neues Gesetz. Es hieß »Grundgesetz über die Agrarreform«, nach dem damals amtierenden Landwirtschaftsminister Barreto (PS) auch »Lei Barreto« genannt. Dieses Gesetz schuf die juristische Basis für die Wiederherstellung der Latifundien. Das »Lei Barreto« erweiterte die Rechte auf »reservas« derartig, daß die Latifundisten nun die Rückgabe von Grundbesitz in großem Stil beanspruchen konnten. Nicht nur die »Donos« (Herren), sondern auch deren Familienmitglieder, Frauen, Kinder, Enkel und sonstige Verwandten durften »reservas« fordern. Häufig verlangten sie das Land mit dem Herrenhaus zurück, das strategisch günstig inmitten der Ländereien lag.

Im April 1978 schließlich wurde ein Reglement zur Erleichterung der Übergabe von »reservas« verkündet. Nun konnten die Beamten des Ministeriums selbst die Initiative zur Übergabe ergreifen, und die Agrarier waren jetzt auch gesetzlich ermächtigt auszuwählen, wo sie ihre »reservas« haben wollten. Sie wählten selbstverständlich fast immer die fruchtbarsten Böden, diejenigen, die erst durch die Initiative der Landarbeiter erschlossen und bewässert worden waren. Sie eigneten sich die neuentstandenen Wasserreservoire, Teiche und Staudämme ebenso an wie die neuen Kulturen, zum Beispiel Felder mit Futterpflanzen oder mit Tabak, den es zuvor im Alentejo nicht gegeben hatte. Minister Barreto erläuterte, diese neuen gesetzlichen Regelungen seien »Maßnahmen«, die »zur Disziplinierung der kommunistisch dominierten Kollektive ergriffen« worden seien. Auch stoppte die Regierung die Auszahlung von Vorzugskrediten, weil zunächst die Bücher der Kooperativen geprüft werden müßten. Sie rechnete damit, so auch auf finanziellem Wege die Kooperativen austrocknen zu können, da die zum größten Teil analphabetischen Landarbeiter keine Buchführung vorweisen konnten, allenfalls eine fehlerhafte. Doch Hunderte von Lissaboner Buchhaltern und Buchhalterinnen verbrachten daraufhin am Wochenende ihre freie Zeit auf den Kooperativen, um aus Solidarität die Bücher der Landarbeiter in Ordnung zu bringen. Im Verlauf der

Jahre 1978 und 1979 ging die gesetzliche Aushöhlung und praktische Zurückdrehung der Agrarreform beschleunigt weiter. Jetzt bildeten die Rechtsparteien PPD und CDS die portugiesische Regierung. Es wurde festgelegt, daß eine einmal vollzogene Übergabe von Land nicht mehr durch Gerichtsbeschluß revidiert werden könne. Viele Kooperativen waren nämlich auf der Grundlage der Agrarreformgesetze gegen die zurückkehrenden, Land zurückfordernden Latifundisten vor Gericht gegangen, die Prozesse schwebten, wurden aber nun durch den Regierungsbeschluß gegenstandslos.

Die Regierung setzte jetzt auch die Guarda Nacional Republicana (GNR), eine paramilitärische Polizeitruppe aus der Zeit Salazars und Caetanos, gegen die Agrarreform ein. Die Nationalgarde führte den Besitzwechsel mit Gewalt durch. Innerhalb von zwei Jahren eroberten die alten Großgrundbesitzer auf diese Weise mehr als 200000 Hektar Bodenreformland mit Vieh, Geräten und Maschinen, vor allem Traktoren. Sie mieteten sich Schlägerbanden, um die Arbeiter vom Land zu vertreiben, sammelten das Vieh ein und trieben es – meist zum Verkauf – weg, brachen in Wohnungen ein, vertrieben die Familien und warfen die Möbel auf die Straße. Bei solchen Gewalttätigkeiten, bei denen die Polizei oft tatenlos zusah, gab es zahlreiche Verletzte und einige Tote. 1980 ging die Regierung des Ministerpräsidenten Sá Carneiro noch weit über das »Lei Barreto« hinaus. Im Alentejo gab es nun fast täglich gewaltsame Wiederaneignungen von Land durch die einstigen Gutsbesitzer.

Die Regierung schreckte nicht davor zurück, starke militärische Einheiten gegen die Landarbeiter einzusetzen, manchmal Hunderte von Soldaten der GNR mit Panzerwagen und Hunden. Sie sollten die Arbeiter am Betreten des Bodens, also an ihrer Arbeit, hindern. Die Alentejaner leisteten bewundernswerten Widerstand. Viele von ihnen wurden bis zu 40 mal verhaftet und mußten ein Gerichtsverfahren nach dem anderen über sich ergehen lassen. Sie hielten Vieh und Maschinen versteckt, um sich vor Bandenüberfällen zu schützen. Die von den alten Besitzern angeheuerten Banden zerstörten das Gerät, vernichteten die Vorräte, zerbombten Gemeinschaftshäuser, setzten das gelagerte Stroh in Brand – die Rache der Latifundisten für die Revolution von 1974.

Als das oberste Verwaltungsgericht befand, daß die Landarbeiter das Recht hätten, weiterhin die von ihnen kultivierten Felder zu bearbeiten, ignorierte die Regierung diese Entscheidung. Im Alentejo waren wieder 40000 Landarbeiter arbeitslos, und die alten/neuen Herren konnten sich an den Errungenschaften der Agrarreform bereichern. Die ökonomischen Erfolge der Kooperativen waren trotz aller einschneidenden Maßnahmen auch 1980 noch sichtbar, als auf einer Agrarreformkonferenz in Evora Bilanz gezogen wurde, worüber die »Frankfurter Rundschau« am 15. August 1980 berichtete: Die organisatorischen Anfangsschwierigkeiten des kollektiven Sektors seien überwunden; er könne jetzt als der dynamischste der portugiesischen Wirtschaft bezeichnet werden; sowohl Anbaufläche wie Viehhaltung als auch Maschinisierung und Arbeitsplätze seien verdoppelt bis verdreifacht worden. Inzwischen ist jedoch durch die Sabotage-Haltung der Regierung gegenüber der Landreform völlig in Frage gestellt, ob diese Erfolge jemals denjenigen zugute kommen, die sie unter unsäglichen Mühen erarbeitet haben.

Die Industrie – wessen Industrie?

Als Regierungschef leitete Mario Soares nicht nur das Zurückdrehen der Agrarreform ein, sondern stoppte auch die Verstaatlichung in den anderen Wirtschaftssektoren. Unter dem Beifall der CDS, die in den Maßnahmen der PS-Regierung mit Genugtuung die Vorschläge ihrer eigenen Wirtschaftsexperten wiedererkannte, förderte er die private Wirtschaft in unvorstellbarem Ausmaß.

Soares hatte 1976 eine Minderheitsregierung der PS gebildet. Die PCP an der Regierung zu beteiligen, hätte den »kapitalistischen Forderungen« (FR, 13.10.1977) widersprochen, auf die ihn seine ausländischen Geldgeber verpflichteten. Ein Bündnis mit den rechten, antisozialistischen Parteien kam damals noch nicht in Frage, weil sonst die Verfälschung des Wählerwillens und des Verfassungsauftrags sofort sichtbar geworden wäre. Seine Regierungspolitik entfernte sich jedoch schon weit von den Vorstellungen der eigenen Partei; die FR konstatierte am 7. September 1977, daß seine Politik »nicht mehr den Parteigrundsätzen entspricht«. Soares rechtfertigte sich damit, daß Schwerpunkte gesetzt werden müßten: Rettung der Demokratie und Ankurbelung der Wirtschaft hätten Vorrang vor dem Aufbau des Sozialismus. In Windeseile machte Soares inhaltlich-politische Wandlungen durch und änderte sich so, wie er vor allem von den Portugal-Interessen seiner westdeutschen Partner gebraucht wurde. Die Politik des Ausverkaufs an finanzstarke Kapitalinteressen brachte Portugal innerhalb kürzester Zeit eine Inflation von 25 Prozent, eine Arbeitslosenrate von 15 Prozent und eine Senkung der Reallöhne um ein Drittel ein.

1974 hatte sich Soares noch mit den Worten empfohlen, gerade er sei derjenige, der den Wunsch des Volkes nach Sozialismus verkörpere; damals hatte er von sich behauptet, »ein Sozialist und kein Sozialdemokrat« zu sein. 1976 meinte er: »Ein demokratischer Sozialist ist ein Sozialdemokrat.«

In den Reihen der Sozialistischen Partei kam es immer wieder zu Konflikten. Viele Mitglieder verließen die Partei aus Protest. Von den Gründungsmitgliedern war außer Soares nach kurzer Zeit niemand mehr in Führungspositionen der PS tätig. Mehrere Minister traten im Laufe der gesellschaftlichen Entwicklung, für die ihre Partei die maßgebliche Verantwortung trug, von ihren Ämtern zurück, darunter 1977 der Wirtschaftsminister und die Staatssekretärin für wirtschaftliche Planung. Der damalige Außenminister verließ ein Jahr später die Partei. Der Parteivorsitzende Soares blieb, während die Führung um ihn herum sich ständig veränderte und die Basis sich verschob. Die PS war schon nach wenigen Jahren eine wesentlich andere Partei als die, die sie am 25. April 1974 gewesen war.

Protest aus den eigenen Reihen erntete Mario Soares wieder einmal, als er während der parlamentarischen Sommerpause 1977 nach mehrmaligen Anläufen gegen den Widerstand der PCP und mit Hilfe von rechts versuchte, im Parlament eine einschränkende Regelung der betrieblichen Mitbestimmung durchzubringen. Der Revolutionsrat erklärte den Gesetzentwurf für verfassungswidrig und ließ ihn zur Überarbeitung und Wiedervorlage an das Parlament zurückgehen.

Die Angriffe der regierenden Politiker auf die Verfassung ermunterten auch andere Kräfte zur Zuwiderhandlung. In der Landwirtschaft setzte man sich ja schon längst einfach über sie hinweg. Bald fragte auch der Unternehmerverband öffentlich nach der »Brauchbarkeit« der Verfassung.

Fritz René Allemann, der seit langem maßgeblich an dem Portugal-Bild mitmalte, das die bundesdeutsche Presse verbreitete, hatte schon gleich nach der Verabschiedung der portugiesischen Verfassung deren Unbrauchbarkeit festgestellt. Die Verfassunggebende Versammlung habe einige Artikel von vornherein für unabänderlich erklärt, kritisierte Allemann, und auch sonst sei eine Revision der Verfassung fast unmöglich gemacht worden. Letztlich laufe das Ganze »auf nichts anderes hinaus als auf eine Aufforderung zum Staatsstreich«. Ein solcher erscheine unter derartigen Umständen als das einzige Mittel, das »Werk der Verfassung an die Bedürfnisse der Realität anzupassen«.

Die Regierung unternahm nichts gegen die Teilnehmer der Putschversuche von rechts. Die Geheimpolizisten der ehedem so verhaßten wie gefürchteten PIDE hatten nichts zu befürchten; sie mußten sich nicht für ihre Untaten unter Salazar und Caetano verantworten und mischten sich nach und nach auch wieder in die Innenpolitik ein. Gegen Linke dagegen ging die Regierung längst wieder mit Polizei und Hunden und Waffengewalt vor.

Dem Angriff auf die Arbeiterselbstverwaltung und -kontrolle folgten immer neue Angriffe auf den Gewerkschaftsbund Intersindical, der 1,7 Millionen Mitglieder in 223 Einzelgewerkschaften vereinigte. 80 Prozent aller organisierten Arbeiter waren in der Intersindical zusammengeschlossen. Die in- und ausländische Reaktion drang auf Gewerkschaftsspaltung. Schon am 19. März 1977 hatte Springers »Welt« verfügt: »Gewerkschaftssystem soll demokratische Regeln erhalten« – als hätte es daran zuvor gefehlt. Aber zu diesem Zeitpunkt waren die Rechtskräfte in Portugal noch nicht stark genug, um praktische Schritte zu unternehmen. Dazu bedurfte es massiver Unterstützung durch die PS und auf bundesdeutscher Seite durch die Friedrich-Ebert-Stiftung und den DGB, wobei sich die IG Bau-Steine-Erden besonders hervortat. Mit dieser Hilfe sowie mit US-amerikanischen Geldern gelang den Rechtskräften 1979 schließlich die Gründung der Spaltergewerkschaft UGT (Allgemeine Arbeitsunion), deren Schwerpunkt zunächst im Dienstleistungsbereich liegen sollte. Der DGB hatte von Anfang an den Kontakt mit der Intersindical gemieden und sich statt dessen lieber mit Vertretern des portugiesischen Arbeitsministeriums getroffen. Er handelte in Portugal völlig entgegengesetzt dem eigenen einheitsgewerkschaftlichen Organisationsprinzip.

Wirtschaftlich ging es in Portugal unter diesen Umständen immer weiter bergab. Das Land war und blieb das »Armenhaus Europas«. Die soziale Lage der Bevölkerung verschlechterte sich zusehends. 1979 gehörten in Lissabon die Bettler wieder zum Straßenbild. Die Teuerungsrate war so hoch wie nie zuvor. In die Krankenhäuser wurden mehr und mehr Leute wegen Unterernährung eingeliefert. 1980 erreichte die Kaufkraft den Stand von 1973.

Schließlich hob Portugal in den Jahren 1980 und 1981 die Staatsmonopole für Zementproduktion, Düngemittelfabriken, Bierbrauereien, Versicherungen und Banken auf. Von diesem Zeitpunkt an entdeckte der mächtige europäische Partner BRD wieder die Vorzüge Portugals als Investitionsland. Außenminister Genscher unterschrieb ein Investitionsschutz- und Förderungsabkommen, das deutsches Kapital wieder zu größeren Investitionen anregen sollte. Der Vertrag war schon 1979 paraphiert worden, jedoch verzögerte sich die Unterzeichnung, da keine Regelung über Entschädigung von Vermögensverlusten gefunden wurde, die bundesdeutsche Unternehmen im Verlauf der portugiesischen Revolution erlitten hatten. Doch nun wurde Portugal rasch wieder als Handelspartner akzeptiert. Der Zustand, in dem sich das Land darbot, ähnelte dem zu Beginn der siebziger Jahre. Politische Stabilität und vor allem die niedrigen Löhne lockten wie damals ausländische Konzerne nach Portugal.

»Das stärkste Handikap bietet freilich nach wie vor der hohe Grad an Verstaatlichung«, schränkte die »Welt« am 28. April 1981 ein, doch »noch immer gelten die Löhne für ausländische Investoren als ähnlich attraktiv wie in Süd-Ost-Asien.« Man ist also schon wieder sehr zufrieden. Dazu kämen noch die im Vergleich zu Fernost geringeren Transportkosten, argumentierte das Springer-Blatt. Jedenfalls sollen laut »Welt« die drei größten bundesdeutschen Investoren – Siemens, Grundig und Hoechst – die Krisenjahre 1975 bis 1977 schon bald wieder vergessen haben.

Portugal hat also seinen Weg zurück gemacht, zurück zum ausgenutzten Billiglohnland ausländischer Kapitalinteressen. Die deutschen Investoren sind nun, nach vollbrachter Tat gegen die Folgen des 25. April, des Lobes voll für die hohen Leistungen, die niedrigen Löhne und die fleißige Arbeitsmoral der kleinen Portugiesen.

Rainer Eisfeld:

Einwirkung von außen

Vorbemerkung 1987: Daß José Afonso, Autor und Interpret des Liedes »Grandola Vila Morena«, in diesem Jahr gestorben ist, mutet wie ein Symbol an. Wenig mehr als ein Jahrzehnt nach der Nelkenrevolution sind von den Ansätzen und Perspektiven des Jahres 1974 höchstens noch Rudimente vorhanden. An ihre Stelle getreten sind ein liberaler Parlamentarismus mit semi-präsidentiellen Einschlägen, eine liberal-konservative Regierung, eine hierarchisch ausgerichtete Armee, eine kapitalistische Wirtschaftsordnung sowie die Zurückdrängung der politischen Gestaltungsansprüche von ländlicher und industrieller Arbeiterschaft. 1976 verkündete Portugals neue Verfassung das Ziel, einem libertären Sozialismus den Weg zu bereiten. Noch im selben Jahr wurden westdeutsche und nordamerikanische Militärberater nach Portugal entsandt; Portugal erhielt Militär»hilfe« aus den USA und der Bundesrepublik. Als »wichtige Zwischenstation für die Projektion amerikanischer Macht in Richtung auf Nordafrika, den Nahen Osten und Südwestasien« (Alvaro de Vasconcelos 1982 im Europa-Archiv) ordnet das Land sich zunehmend der globalstrategischen Planung der USA unter. Parallel dazu begab sich Portugal mit der Aufnahme immer neuer Kredite in Abhängigkeit vom Internationalen Währungsfonds: Zweimal, 1978/79 und 1983/84, konnte buchstäblich von einer »Regierung des IWF« in Portugal (so die Zeitschrift »The Banker«, Oktober 1978) gesprochen werden. In diese Zeit fiel mit Hilfe von außen auch die Entscheidung für Richtungsgewerkschaften: 1977–79 flossen, um eine Konkurrenz zur kommunistisch dominierten Gewerkschaftszentrale CGTP zu schaffen, Gelder der Friedrich-Ebert-Stiftung in die Gründung des Gewerkschaftsdachverbandes UGT, paritätisch geleitet von der sozialdemokratischen Partido Socialista (PS) und der liberal-konservativen Partido Social-Democrata (PSD). Innen- wie außenpolitisch waren damit die Weichen für die Revision der Verfassung gestellt, die

1982 erfolgte und den »ideologischen Ballast« von 1976 abwarf. Von einer Förderung sozialistischer Landwirtschafts- und Industriebetriebe in Arbeiterselbstverwaltung durch den Staat, geschweige denn ihrer künftigen Vorrangstellung, ist nun nicht mehr die Rede. Schon vor dem EWG-Beitritt am 1.1.1986 ist Portugal zurückgekehrt – nicht zuletzt zurückgelenkt worden, wie im folgenden deutlich wird – auf den »normalen« westeuropäischen Weg.[1]

*

In den zwei Jahren vom Sturz der Caetano-Diktatur bis zur Annahme der neuen Verfassung hatte Portugal linksgerichtete Regierungen – im Gegensatz zu gemäßigten oder de facto sozialdemokratischen – nur zwischen März und September 1975. Dies war die Phase, in der Portugal unter den stärksten Druck von außen geriet, der von der Bundes- und der US-Regierung, der NATO und der EG, der SPD, der Friedrich-Ebert-Stiftung und der Sozialistischen Internationale ausging. Er wirkte insbesondere auf die ideologisch fraktionierte Bewegung der Streitkräfte (MFA), die – in den afrikanischen Kolonien Portugals entstanden – den Umsturz von 1974 herbeigeführt hatte, sowie auf die programmatisch und organisatorisch ungefestigte Sozialistische Partei (PS).

»Die rote Fahne über Lissabon und Madrid leitet das Ende eines freien Europas ein. Deshalb muß es unser Ziel sein mitzuhelfen, dem Kommunismus und dem linken Sozialismus in Portugal und Spanien den Weg zur Macht zu versperren«, hieß es in einem Spendenaufruf der westdeutschen CDU-Politiker Kai-Uwe von Hassel und Elmar Pieroth. Derart stilisierten konservative Politiker die angenommene Bedrohung ins Apokalyptische hoch. Der Antikommunismus prägte aber auch die Außenpolitik anderer Politiker und anderer Parteien. Das in vielen Erfahrungen, Interessen und Vorurteilen wurzelnde Antikommunismus-Syndrom behinderte eine differenzierte Wahrnehmung und Einschätzung der portugiesischen politisch-sozialen Zusammenhänge – mit der Folge, daß anfänglich in erster Linie antikommunistische, mehr und mehr aber grundsätzlich antisozialistische Werte und Ziele in dem Maße von außen gefördert wurden, in dem die Entwicklung in Portugal von den ungeschriebenen Normen des atlantischen Bündnisses abzuweichen drohte. Die Untersuchung dieser Vorgänge kann des-

1 Vgl. dazu ausführlicher vom Verf.: *Sozialistischer Pluralismus in Europa. Ansätze und Scheitern am Beispiel Portugal*, Köln 1984

halb zur Klärung beitragen, wieweit in der gegenwärtigen Ära der Bipolarität zwischen Ost und West autonome Gesellschaftsentwicklungen überhaupt möglich sind.

Als Hauptursache für das intensive nordamerikanisch-westeuropäische Interesse an der Entwicklung in Portugal kann die Sorge von Militärs und Politikern über die »abbröckelnde Südflanke« der NATO gelten. Der sowjetische Flottenaufmarsch im und die zeitweilig gewachsene kommunistische Parteistärke am Mittelmeer wurden als Schere aufgefaßt, die den politischen Zusammenhalt der NATO zersplittern und ihre militärischen Verbindungswege gefährden konnte; beide schienen durch den revolutionären Prozeß in Portugal unmittelbar bedroht, so daß 1974/75 die Schwelle rasch erreicht war, an der jede weitere Veränderung des Status quo der NATO nicht mehr hinnehmbar erschien. Auf diese Weise wurde die portugiesische Situation in den Zusammenhang eines globalen Konflikts gestellt, woraus sich die Tendenz ergab, Portugal ausschließlich im Sinne eines militärischen Schauplatzes in der Ost-West-Auseinandersetzung einzuschätzen, nicht aber als einen Staat und eine Gesellschaft, die einen eigenen Entwicklungsprozeß durchmachten.

Besondere Bedeutung gewann die Haltung der USA, der NATO und der EG für Portugal dadurch, daß sich die wirtschaftliche Lage des Landes rasch verschlechterte. Während die Warenexporte nur von 1,8 (1973) auf 2,3 Milliarden Dollar zunahmen (und 1975/76 sogar sanken), schnellten die Warenimporte 1974 von 2,8 auf 4,3 Milliarden Dollar in die Höhe: Die erstmalige Einführung von Mindestlöhnen ließ die Verbrauchernachfrage ansteigen, die durch Eigenerzeugung noch weniger als zuvor gedeckt werden konnte. Infolge steigender Weltmarktpreise entfiel der größte Teil des Zuwachses dennoch nicht auf den Umfang, sondern auf den Wert der Getreide- und insbesondere der Rohöleinfuhren, denn durch die Entkolonialisierung gingen gleichzeitig die günstigen afrikanischen Bezugs- und Absatzmärkte verloren. Während eine massive Kapitalflucht einsetzte, sanken die Einnahmen aus dem Fremdenverkehr ebenso drastisch wie die Überweisungen der Auslandsportugiesen, die zuvor die importlastige Zahlungsbilanz ausgeglichen hatten. Im Zuge der weltweiten Rezession 1974–75 schlossen Frankreich, die Bundesrepublik und andere Länder einseitig ihre Grenzen gegen den weiteren Zustrom von Arbeitsemigranten; 1974 verließen kaum 45000 Menschen Portugal gegenüber fast 80000 im Vorjahr. Durch die Demobilisierung der Kolonialarmee sowie die Siedlerflucht aus Angola und Moçambique schwoll die Bevölkerung zusätzlich an – von 8,43 Millionen 1973 auf 8,68 Millionen 1974 und 9,09 Millionen 1975. Die Arbeitslosigkeit stieg entsprechend. Angesichts des internationalen Konjunkturabschwungs und verschlechterter Austauschverhältnisse hätten Entkolonialisierung und Revolution in Portugal kaum auf ungünstigere Rahmenbedingungen treffen können...

Der wirtschaftliche Hebel

Schon als General Francisco da Costa Gomes, Spínolas Nachfolger als Staatspräsident, und der damalige Außenminister Mario Soares am 18./19. Oktober 1974 mit US-Präsident Ford und Außenminister Kissinger zusammentrafen, behauptete Kissinger, in der portugiesischen Regierung gebe es einen »übermäßigen Einfluß der KP«, und hielt Soares vor, er sei »ein Kerenski«, möglicherweise aufrichtig, aber »naiv«. Nach dem 11. März 1975 warnte der amerikanische Botschafter Carlucci Portugals militärische Führung, die »Wendung nach links« sei »den Interessen der USA und des atlantischen Bündnisses abträglich«. SPD-Vorstandsmitglied Bruno Friedrich erklärte, »eine solidarische Hilfe Europas für Portugal« werde »nur möglich sein, wenn der Weg zur Demokratie erkennbar fortgesetzt wird«. Hans Beck, stellvertretender Kabinettschef des Vizepräsidenten der EG-Kommission, Wilhelm Haferkamp (DGB/SPD), betonte, bei wirtschaftlicher Hilfe an Portugal gehe es »in allererster Linie um unser eigenes Interesse, nämlich um die Bewahrung und Sicherung unseres politischen Systems... In Portugal steht die Glaubwürdigkeit und Effizienz unseres politischen Systems gegenüber dem Kommunismus auf dem Spiel.«

Diese Äußerungen markierten die Positionen, auf die sich die nordamerikanisch-westeuropäische Doppelstrategie von Lockung und Druck gründete. Am 4. April 1975 hob die Hermes-Warenkreditversicherung, die staatliche Bürgschaften für Ausfuhren aus der Bundesrepublik übernimmt, den Versicherungsschutz für Warenlieferungen nach Portugal auf. Am 9. April vertagte die Bundesregierung die Entscheidung über eine Kapitalhilfe in Höhe von 70 Millionen Mark bis nach den Wahlen zur Verfassunggebenden Versammlung. Am 16. April veröffentlichte die SPD ein Schreiben des Bundes sozialdemokratischer Parteien in der EG sowie der Sozialistischen Fraktion im Europäischen

Parlament an Ministerpräsident Gonçalves, worin dem MFA nahegelegt wurde, sich von der kommunistischen Partei (PCP) zu distanzieren. Die westeuropäischen Sozialdemokraten hoben hervor, »in ihrem Kampf für den Sozialismus der Freiheit« stünde die PS in Portugal »allein«. Zugleich spielten sie erneut auf die Möglichkeit wirtschaftlicher Hilfe an. Am 19. Mai offerierte die Bundesregierung Portugals Außenminister Major Melo Antunes die schon erwähnte Kapitalhilfe. Am 23. Mai erklärte US-Präsident Ford, im Hinblick auf den »kommunistischen Faktor und seinen Einfluß in Portugal« müsse auf dem kommenden NATO-Gipfel in Brüssel Portugals Mitgliedschaft in der Allianz überprüft werden; die Erklärung wurde anschließend von Außenminister Kissinger abgeschwächt.

Nachdem Portugal die EG bereits am 27. Juni 1974 um wirtschaftliche Unterstützung gebeten und am 25./26. November 1974 entsprechende Vorschläge unterbreitet hatte, stellte der EG-Ministerrat erst am 26. Mai 1975 grundsätzlich Hilfe in Aussicht, die »unter der Voraussetzung einer demokratischen Entwicklung gegeben« werde. Am 17. Juli präsentierte der Europäische Rat jedoch ein buchstäbliches Ultimatum: Die EG könne »aufgrund ihrer politischen und geschichtlichen Tradition nur einer pluralistischen Demokratie ihre Unterstützung geben«, wobei pluralistisch keineswegs im Sinne jenes »sozialistischen Pluralismus« zu verstehen war, den die portugiesischen Offiziere einen Monat vorher bei der Formulierung ihrer politischen Ziele in den Vordergrund gerückt hatten. Die EG hatte damit ihre Macht mit einer Deutlichkeit demonstriert, die nicht verfehlen konnte, Außenminister Melo Antunes, den politischen Kopf des MFA, zu beeindrucken – so, wie Kissingers heftige Ausfälle vom Oktober 1974 ihren Eindruck bei Soares hinterlassen haben mußten. Als Antunes am 7. August ein Dokument vorlegte, das mit seiner scharfen Kritik am »revolutionären Avantgardismus« der Regierung den offenen Ausbruch der Meinungsverschiedenheiten im MFA signalisierte und entscheidend zum Ende des »Gonçalvismus« beitrug, dürften seine außenpolitischen Erfahrungen eine wesentliche Rolle gespielt haben.

Auf dem KSZE-Treffen in Helsinki am 1. August wurde Staatspräsident Costa Gomes von Ford und dem britischen Premier Wilson erneut gedrängt, eine »akzeptablere« Entwicklung in Portugal herbeizuführen. Der letzte registrierte Druck auf die Regierung Gonçalves scheint vom amerikanischen Kabinett in der Frage einer Luftbrücke zur Evakuierung weißer Siedler aus Angola ausgeübt worden zu sein: Am 26. und 27. August berichtete die »Washington Post«, die USA zögerten die Entscheidung über ein dringendes portugiesisches Hilfeersuchen offiziell wegen der »Unsicherheit« über das Schicksal der Regierung Gonçalves hinaus, ließen aber zugleich durchblicken, »wenn eine neue Regierung gebildet würde... würde bestimmt ein Paket mit Hilfsmaßnahmen zusammengestellt, um die drückende Flüchtlingslast zu erleichtern«. Die Luftbrücke wurde vom State Department offiziell am 2. September bekanntgegeben, nachdem Gonçalves zurückgetreten war.

Erst am 7. Oktober, nachdem eine neue, faktisch sozialdemokratische Regierung drei Wochen im Amt war, entschied die EG, Portugal einen Kredit der Europäischen Investitionsbank in Höhe von 180 Millionen Rechnungseinheiten zu gewähren, dem am 9. Juni 1976 ein weiteres, ab 1978 verfügbares Investitionsdarlehen von 230 Millionen Rechnungseinheiten folgte. Die USA schlossen sich am 10. Oktober mit einem Kredit von 85 Millionen Dollar an. Offenkundig war Hilfe vom Westen nicht zu erhalten ohne eine Bindung an den Westen...

»Freiheit oder Kommunismus« – eine unzulässige Vereinfachung

Geprägt durch die traumatischen Erfahrungen von Einkerkerung und Folter unter Salazar, war die PCP immer noch eine »Partei aus der Zeit Dimitroffs«[1], gekennzeichnet durch ihren »theoretischen Dogmatismus« und »die sektiererischen Gewohnheiten ihrer Funktionäre«. Dies galt allerdings weniger für den Alentejo, wo die PCP unter der Landarbeiterschaft fest verankert war. Die Partei wurde von der UdSSR sowie mehreren orthodox-kommunistischen Parteien unterstützt. Die »Washington Post« behauptete am 26. September 1975, die Mittel sowjetischer oder sonstiger kommunistischer Herkunft hätten sich 1974/75 auf ungefähr 45 Millionen Dollar summiert. Insgesamt jedoch scheint die UdSSR gegenüber Portugal und der PCP eine »sehr stark situationsabhängige und nicht selten widerspruchsvolle« Politik betrie-

1 Marcio Moreira Alves: »Les Soldats Socialistes du Portugal«, Paris 1975

ben zu haben.[1] Nachdem sie sich einmal für die Entspannungspolitik entschieden hatte, war die sowjetische Führung offensichtlich besorgt, Portugal könnte sich zu einem Hindernis für die Konferenz für Sicherheit und Zusammenarbeit in Europa (KSZE) auswachsen. Da sie diese nicht aufs Spiel setzen wollte, betrieb sie »ein Unternehmen mit im wesentlichen geringem Risiko und begrenztem Einsatz«[2].

Soweit sich erkennen läßt, besteht das Problem im Falle der PCP nicht darin, daß sie nach 1974 von der KPdSU an die Kandare gelegt worden wäre. Mit ihrer Orthodoxie und ihrem Autoritarismus spiegelt die Partei die repressive Politik der Diktaturen Salazars und Caetanos wider, auf die sie sich im Widerstand eingestellt hatte, ohne sich mit einer dynamischen nationalen und internationalen Umwelt auseinanderzusetzen.

Als in den Wahlen zur Verfassunggebenden Versammlung am 25. April 1975 die PCP nur 12,5 und der MDP 4,1 Prozent der Stimmen auf sich vereinigten, während die PS 37,9 und die PSD immer noch 26,4 Prozent erhielten, wurde dieses Ergebnis sowohl von den beiden letztgenannten Parteien wie auch von einem Teil des MFA als Widerlegung der PCP / MDP-Behauptung von einer landesweiten breiten Basis interpretiert. Die PS hatte bereits zu diesem Zeitpunkt »viele nichtsozialistische Wähler, Konservative, die in der Sozialistischen Partei eine Art Bollwerk gegen eine drohende kommunistische Diktatur sahen« (Soares). Drei Monate später jedoch entschied sich ihre Führung darüber hinaus, »ein stillschweigendes Bündnis mit konservativeren und in einigen Fällen offen reaktionären Kräften einzugehen, die erst jetzt wieder an die Öffentlichkeit traten«[3].

Der Anlaß war die Besetzung der Zeitung »Republica«, die »sich unverständlicherweise selbst als unabhängige Zeitung bezeichnet(e), obschon sie schon vor dem 25. April als Hausorgan der damals verbotenen sozialistischen Partei Portugals galt« (»Vorwärts«, 29. 5. 1975),

1 Gerhard Wettig: »Die sowjetische Portugal-Politik 1974–1975« in: »Berichte des Bundesinstituts für ostwissenschaftliche und internationale Studien«, 60/75

2 Tad Szulc: »Washington & Lisbon: Behind the Portuguese Revolution« in: »Foreign Policy«, Winter 1975/76

3 Eusebio Mujal-Leon: »The PCP and the Portuguese Revolution« in: »Problems of Communism« Vol. XXVI (1977). Diesem Urteil stimmen alle unabhängigen Analysen zu.

Mitte Mai durch Druckereiarbeiter. Die Beteiligung der PCP an dem Vorgang war »allenfalls indirekt und mochte hauptsächlich eine Reaktion auf die Militanz von Arbeitern darstellen, die der maoistischen UDP verbunden waren« (Mujal-Leon). Aus dem Arbeitskampf wurde jedoch »unter der geschickten Regie von Mario Soares... ein Feldzug für die Pressefreiheit und gegen die kommunistischen Machtgelüste«[1].

Nüchterne Analysen haben die 1975 herrschende Informations- und Meinungsvielfalt der portugiesischen Presse detailliert dargestellt und vor der »groben Vereinfachung«, die politische Szene in Portugal »ausschließlich als Schlachtfeld zwischen demokratischer Freiheit und kommunistischer Diktatur« anzusehen, nicht weniger gewarnt als vor dem ebenso »grob vereinfachenden« Trugschluß, mit der »Republica« sei »die Pressefreiheit gestorben« (Tad Szulc). Die von Soares verfochtene Verschwörungstheorie, wonach die PCP »Anstifter Nummer eins dieses sogenannten Kampfes« war, trifft die damalige Lage ebensowenig wie die Manipulationsthese, wonach »linksextremistische Gruppen... mit Ausnahme der Maoisten zunehmend unter den Einfluß der PCP« geraten seien, wie Gerhard Wettig behauptet. In einer Atmosphäre wirtschaftlicher Krise spielte sich eine politische Auseinandersetzung um die künftige Ordnung Portugals ab, in der weder der MFA noch die PCP alle Drähte zogen. Natürlich ging es auch um Macht, wenn mit sozialen und politischen Modellen bis hin zur Basisdemokratie des auf Arbeiter- und Einwohnerdelegierte gestützten »poder popular« (Volksmacht) experimentiert wurde. Aber die PCP spielte hauptsächlich unter dem Agrarproletariat eine führende Rolle, weniger bei der Industriearbeiterschaft und innerhalb der Streitkräfte und schon gar nicht unter den Bauern des Nordens wie der Mitte. »Ein Portugal, so in Ruhe gelassen wie zu Zeiten der salazaristischen Diktatur, wäre für einige Zeit wahrscheinlich chaotisch gewesen, doch es hätte immerhin die Chance bestanden, daß es... eigene Lösungen für seine Probleme gefunden hätte«[2]. Statt dessen wurde es – wie gezeigt – formellem Druck von außen unterworfen, fachte die PS innenpolitisch mit Vehemenz eine ideologische Offensive an und wirkte die SPD, wie gleich noch darzustellen sein wird, nach Portugal hinein, so daß die

1 Horst Bieber: »Entwicklung und Zielsetzungen der Außenpolitik Portugals« in: »Berichte zur Entwicklung in Spanien, Portugal und Lateinamerika«, 1977

2 Hans Hübner: »Portugal – Prüfstein der Demokratie?« Köln 1976

Entwicklung im Land auf Grund von Fehlbeurteilungen der Möglichkeiten und Grenzen kommunistischer Einflußnahme zum »Prüfstein des Antikommunismus« gemacht wurde.

Die Kampagne der PS wurde begünstigt durch die überzogene Reaktion der PCP, die vergeblich versuchte, Kundgebungen der PS in Porto und Lissabon am 18./19. Juli 1975 dadurch zu verhindern, daß sie die Arbeiter zur Errichtung von Straßensperren aufrief.

Der wachsende, wirtschaftlich begründete und ideologisch angestachelte Antikommunismus im portugiesischen Norden, der sich gegen die PCP/MDP-Gemeindeverwaltungen richtete, und der antikommunistische Feldzug der PS gegen den »Gonçalvismus« auf nationaler Ebene ergänzten und verstärkten sich gegenseitig: Am 13. Juli 1975 brannte in Rio Maior, Hochburg des militanten Verbandes gutsituierter Landwirte, Zwischenhändler und enteigneter Großgrundbesitzer (CAP), das erste Parteibüro der PCP. Einen Monat später erklärte in Anwesenheit von Soares PS-Sekretariatsmitglied Manuel Alegre in Rio Maior, »dieser Boden« sei »ein Symbol geworden... Hier hat das Volk gezeigt, was man tun muß, wenn eine Minderheit es zu manipulieren (versucht)«.

Wie ein Lauffeuer verbreitete sich, von Rio Maior ausgehend, eine »Jacquerie« der Verwüstung von über 60 Parteibüros der PCP durch die nord- und mittelportugiesischen Distrikte Leiria, Aveiro, Braga, Porto, Viseu und Viana do Castelo. Nicht nur die PCP wurde isoliert, sondern die gesamte Linke – einschließlich des linken Flügels der PS – wurde in den parteipolitischen Auseinandersetzungen und militärischen Flügelkämpfen entscheidend geschwächt. So, wie die PCP durch ihre Politik selbst den Antikommunismus förderte, so mobilisierte – langfristig noch erheblich wirkungsvoller – die PS-Führung gegen ihre eigenen sozialdemokratischen Zielvorstellungen.

Das Gewicht der SPD

Die Schlagzeile »Endkampf zwischen Sozialisten und Kommunisten«, mit der über eine Brandrede von Soares berichtet wurde (»Die Welt«, 23.5.75), gibt den Eindruck adäquat wieder, den der PS-Generalsekretär in Westeuropa und Nordamerika zu vermitteln verstand. Die SPD wie die Friedrich-Ebert-Stiftung (FES) hatten Soares, den Willy Brandt »häufig... in Bonn oder an dritten Orten traf« (so Brandt selbst 1976), und seine Partei schon seit langem unter dem Leitmotiv der »klaren Ablehnung einer Volksfrontideologie« nachhaltig unterstützt. Nun bildete die Sozialistische Internationale am 5. September 1975 in London unter Brandts Vorsitz das »Komitee für Freundschaft und Solidarität mit Demokratie und Sozialismus in Portugal«, um, wie Brandt schrieb, auf »zahlreiche Träger politischer und militärischer Verantwortung« in Portugal ebenso einzuwirken wie auf »europäische Regierungen und Kräfte der internationalen Politik«. Die Unterstützung der PS durch dieses Komitee war die letzte Etappe in einer »Hilfsaktion, deren Geschichte noch nicht geschrieben werden kann« (Brandt).

Nach dem 25. April 1974 hatte die PS »nicht genug aktive Parteimitglieder in den Städten und Dörfern, keine kampferprobte und festgefügte Organisation, keine wirksamen Informationskanäle und kaum Geld« gehabt (Soares). Ein Jahr später, nach dem 25. April 1975, zeigte die PS bei weitem die höchsten Wahlkampfausgaben an. Ihre Einnahmen aus Wahlspenden waren dabei höher als die gesamten Ausgaben der PSD (und fast doppelt so hoch wie die Spendeneinkünfte der PCP), während Beiträge und Spenden von Mitgliedern noch nicht einmal ein Prozent der Gesamteinnahmen ausmachten (und damit weit unter denen aller anderen Parteien lagen, die Parlamentssitze gewannen), obwohl die PS 1974 immerhin 35971 und im folgenden Jahr 44623 neue Mitglieder verzeichnete. Die einzige eigene Zahl, die die SPD für ihre finanzielle Unterstützung genannt hat, ist die Summe von 882000 Mark, die die FES »zum Aufbau demokratischer Institutionen und Organisationen« nach Portugal vergeben habe. »Der Spiegel« 16/79 führte einen Betrag von zehn bis 15 Millionen Mark an, den die PS insgesamt von der FES für Funktionärsschulung, Büroausstattung, Wahlkampfmaterial und Kontaktreisen erhalten habe; dabei stammten allein 1977 2,9 Millionen Mark aus Haushaltsmitteln des Bundesministeriums für wirtschaftliche Zusammenarbeit.

Die holländische Partij van de Arbeid soll der PS laut »Washington Post« drei Millionen Dollar zur Verfügung gestellt haben. Und am 25. September 1975 behauptete die »New York Times«, die amerikanische Regierung habe im Anschluß an den NATO-Gipfel in Brüssel und nach Konsultationen mit westeuropäischen Regierungen entschieden, sich der Unterstützung anzuschließen. Amerikanische Gelder für die PS würden »von der Central Intelligence Agency über westeuropäische sozialistische Parteien und Gewerkschaften eingeschleust«, nachdem die CIA »ruhende, aber traditionell vorhandene Verbindungen zwischen ihr und antikommunistischen sozialistischen und Arbeiterbewegungen in Westeuropa« wiederbelebt habe. Das Blatt bezog sich dabei auf die Tatsache, daß erwiesenermaßen die American Federation of Labor (AFL) eigene und CIA-Gelder nach Frankreich eingeschleust hatte, die 1947 dazu beigetragen hatten, die von den Kommunisten beeinflußte Confédération Générale du Travail (CGT) zu spalten und die Konkurrenzgewerkschaft Force Ouvrière zu gründen. Auch in Westdeutschland hatten sowohl die AFL als auch der Congress of Industrial Organizations (CIO) nach dem Krieg eine antikommunistische Ausrichtung der neuentstehenden Gewerkschaften mit CIA-Geldern gefördert.[1]

SPD-Vorstandsmitglied Horst Ehmke stieß im September 1975 im US-Außenministerium auf einhellige Billigung, als er dort die Bemühungen seiner Partei in Portugal erörterte. Der Partei ging es darum, »daß unsere amerikanischen Freunde… Sozialdemokratie nicht mit Kommunismus in einen Topf werfen«, erklärte Brandt auf der Jahresversammlung der Nachrichtenagentur UPI 1975 in London. Die SPD-geführte Bundesregierung ließ sich von einem ganz ähnlichen Interesse leiten: Ihr lag angesichts der KSZE daran, ihre Kopplung von Entspannungspolitik und Stärkung der atlantischen Allianz gegenüber Washington unter Beweis zu stellen. Für beide Ziele bot sich Portugal als Prüfstein und die Einwirkung auf die PS als Mittel an.

1 Vgl. Ronald Radosh: »American Labor and United States Foreign Policy«, New York 1969; Theo Pirker: »Die blinde Macht«, Bd. 1, München 1960.

Die Verfassung und die Überverfassung

Die Bundesrepublik Deutschland hat eine demokratische Staatsverfassung: »Alle Staatsgewalt geht vom Volke aus...« – »Die Würde des Menschen ist unantastbar...« – »Alle Menschen sind vor dem Gesetz gleich...« – »Männer und Frauen sind gleichberechtigt...« – »Niemand darf wegen seiner politischen Anschauungen benachteiligt werden...« – »Jeder hat das Recht, seine Meinung in Wort, Schrift und Bild frei zu äußern und zu verbreiten...« – »Eigentum verpflichtet...« und so weiter.

Über die tatsächlichen Machtverhältnisse steht in der Verfassung nichts. Kein Wort über die Rüstungskonzerne. (Friedrich Flick saß, als das Grundgesetz beraten und verabschiedet wurde, noch im Gefängnis, und Alfried Krupp beteuerte, seine Firmen würden nie wieder Waffen herstellen.) Kein Wort über den Springer-Konzern. Auch die Geheimdienste sind nicht erwähnt: Weder der Bundesnachrichtendienst noch der Militärische Abschirmdienst noch die sogenannten Verfassungsschutzämter noch das Bundeskriminalamt. Ebensowenig kommt die amerikanische CIA in unserer Verfassung vor, die überhaupt darüber schweigt, daß die Souveränität der BRD durch Vorbehalte derjenigen Mächte eingeschränkt ist, deren Truppen seit Ende des Zweiten Weltkrieges in unserem Land stehen. Die CIA ist in kaum einem Land so stark vertreten wie in der BRD. Es gibt ja auch nur wenige Länder mit einem annähernd vergleichbaren Ausmaß industrieller und militärischer Investitionen der USA. Schon in der Nachkriegszeit wirkte der US-Geheimdienst maßgeblich beim Aufbau politischer Parteien und anderer Organisationen und Institutionen mit. Auch heute beschränkt er sich nicht etwa darauf, Beobachtungen zu sammeln, sondern er greift ein und ist an der politischen Entwicklung nicht weniger beteiligt als Bonner Abgeordnete oder Minister.

Zuverlässigster Verbündeter der USA in der Bundesrepublik ist der

Bundesnachrichtendienst (BND). Seine Geschichte ist bemerkenswert: Gegründet wurde dieser Geheimdienst unter dem Namen »Abteilung fremde Heere Ost« als eine Zentrale antisowjetischer Spionage für Zwecke des hitlerschen Eroberungszuges gen Osten. Ihr Chef war General Reinhard Gehlen. 1945 wurde die Organisation nicht etwa aufgelöst, ihr Chef nicht vor Gericht gestellt, sondern sie durfte so, wie sie war, bestehen bleiben. Sie erhielt lediglich einen neuen Namen: »Organisation Gehlen«, und neue Finanziers: die Amerikaner. Entschlossen, den Kommunismus »zurückzurollen«, übernahmen die Amerikaner den deutschen Geheimdienst komplett mit Gehlen an der Spitze und ließen ihn einfach weiterarbeiten. Aufgabenstellung und Führungsstruktur blieben erhalten. Auch als Anfang 1956 die »Organisation Gehlen« auf Grund nicht genau bekannter Vereinbarungen zwischen Bonn und Washington dem damaligen Staatssekretär des Bundeskanzleramts, Hans Globke, unterstellt wurde und den jetzigen Namen »Bundesnachrichtendienst« erhielt, blieb Gehlen auf seinem Posten. Nach seiner Pensionierung trat General Gerhard Wessel, schon vor 1945 einer seiner engsten Mitarbeiter, an seine Stelle; die Kontinuität war gesichert. Bei der Rekrutierung zusätzlicher Mitarbeiter nach 1945 wurden zu einem hohen Prozentsatz ehemalige Angehörige der SS, der Gestapo und des SD eingestellt. Staatssekretär Globke, der den Geheimdienst nun überwachen sollte, hatte selbst eine tiefbraune Vergangenheit: Als Ministerialrat im einstigen Reichsinnenministerium und offizieller Kommentator der Nürnberger Rassengesetze hatte er den Holocaust verwaltungsjuristisch vorbereitet.

Ein Kabinettsbeschluß der Bundesregierung blieb die einzige Grundlage für die Arbeit des BND. »Ein BND-Gesetz gibt es nicht und kann es auch nicht geben, weil Auftrag und Arbeit des Dienstes gegen das Völkerrecht verstoßen«, wie Rudolf Strauch in der »Hannoverschen Allgemeinen Zeitung« am 30. März 1981 in seltener Offenheit erklärte.

Zu den schmutzigen Geschäften des BND gehört der internationale Waffenhandel. Es ist erwiesen, daß Waffenlieferungen in Spannungsgebiete gingen, obwohl gleichzeitig die Bundesregierung immer wieder versicherte, die Bundesrepublik halte sich aus solchen Geschäften strikt heraus. Auch nachdem schon viele Einzelheiten durchgesickert waren, dementierte BND-Präsident Wessel noch: Die angeblichen Skandale des BND seien »keine Skandale des Dienstes, sondern des Mißbrauchs der Pressefreiheit«. Tatsächlich aber wurden bei militärischen Konflikten in Asien und Afrika manchmal sogar beide Seiten beliefert, z. B.

mit Flugzeugen. Unter Einschaltung der Firma »Merex« erhielten Faschisten- und Rassisten-Regime Waffen aus der BRD. Später wirkte die »Verwaltungsgesellschaft Dobbertin« mit; ohnehin sind viele BND-Niederlassungen als Handelsfirmen getarnt. Karl Carstens, einst Nazi, später Bundespräsident, geriet in peinliche Widersprüche, als die »Merex«-Affären öffentlich zur Sprache kamen. Zu der fraglichen Zeit hatte er, als würdiger Nachfolger Globkes, das Amt des Staatssekretärs im Kanzleramt bekleidet und die Aufsicht über den BND zu führen gehabt. Die Widersprüche blieben unaufgeklärt.

Hauptsache geheim

Von der Einsatzbereitschaft der Bundeswehr über den Niedergang der Friedensbewegung bis hin zu gewerkschaftlichen Ostkontakten ist für die US-Spitzel so ziemlich alles interessant. Nachrichten für die CIA sammeln knapp 200 US-Niederlassungen in rund 75 bundesrepublikanischen Orten, wobei sich die Geheimdienstler wenig um die Frage scheren, wie legal oder illegal sie arbeiten – Hauptsache geheim... Die unteren Chargen besuchen regelmäßig die regionalen Büros des Militärischen Abschirmdienstes (MAD) und der Verfassungsschutzämter. Bei einem Kaffee hier und einem Kognak da erfahren die CIA-Spitzel, was sich alles in der örtlichen Szene tut. Amtliche Aufzeichnungen über derlei Nachbarschaftshilfe gibt es nicht. Offizielle Verbindungen zum Bundesnachrichtendienst (BND) sind häufiger und enger als zum Verfassungsschutz und zum MAD ... Deutsche Behörden und Politiker billigen der Vormacht im Bündnis quasi automatisch ein höheres Informationsbedürfnis zu. Dem Verbündeten, Freund oder Kollegen einen Wunsch abzuschlagen, gilt als unklug. Schließlich geht es auch um so hehre Ideale wie die Verteidigung des Westens oder den Kampf gegen den Weltkommunismus.

»Der Spiegel« 41/1986

Parlamentarischer Kontrolle sind die Machenschaften des BND entzogen. Der SPD-Bundestagsabgeordnete Rudolf Schöfberger sagte dazu, in der BRD habe »sich eine gewisse Überverfassung herauskristallisiert, die offenbar in der Lage ist, das Grundgesetz außer Kraft zu setzen«. Schöfberger stellte fest: »Obwohl solche Waffengeschäfte nicht nur rechtswidrig, sondern verfassungswidrig sind, hat das für diejenigen, die sie gemacht haben, keine strafrechtlichen und beamtenrechtlichen Konsequenzen gehabt.«

Der BND ist gegenüber der CIA zum »Nachrichtenaustausch« verpflichtet. Das gilt auch für die anderen bundesdeutschen Geheimdienste, die neben der CIA noch weitere ausländische Partner haben. Sie leisten auch Hilfsdienste für »Regime, die wir nicht als rechtsstaatlich ansehen« (so der ehemalige Verfassungsschutz-Präsident Günther Nollau), z. B. für die frühere iranische Geheimpolizei SAVAK.

Obwohl nach seiner Selbstdarstellung eigentlich für Nachrichtensammlung im Ausland zuständig, wurde der BND auf vielfältige Weise auch im Inland tätig. Er observierte z. B. führende SPD-Politiker. Nollau warf Gehlen Anfang der siebziger Jahre öffentlich vor, er habe seine Stellung als Chef des Bundesnachrichtendienstes auszunutzen versucht, um eine politisch beherrschende Rolle in der Bundesrepublik spielen zu können; deshalb habe Gehlen die Bundesrepublik mit einem Netz von V-Leuten überzogen. Der Sozialdemokrat Horst Ehmke, der nach Carstens Staatssekretär im Kanzleramt war, machte zwar nach seinen eigenen Worten »den Versuch, im Bundesnachrichtendienst Ordnung zu schaffen und die innenpolitischen Einmischungen des BND und noch viel schlimmere Dinge, die es gab und über die ich auch noch reden werde, abzuschalten« (»Frankfurter Rundschau«, 16. 9. 1974), aber der Versuch führte nicht weit, und Ehmke unterließ es auch, über die noch viel schlimmeren Dinge zu reden.

Unter Beobachtung

»Das Briefgeheimnis sowie das Post- und Fernmeldegeheimnis sind unverletzlich.«
(Grundgesetz für die Bundesrepublik Deutschland)

Während Günter Wallraff 1974 in Athen von der griechischen Polizei verhört wurde, hielt ihm einer der Folterer die Visitenkarte eines Beamten des Bundeskriminalamtes namens »Hans Schneider« vor und sagte: »Wenn du hier falsche Angaben machst, werden wir sehr schnell die Wahrheit herausbekommen, und dann wird es dir sehr dreckig ergehen, wenn du uns angelogen hast. Das ist ein guter Freund von mir, den brauche ich bloß anzurufen.«

Theoretisch kann das ein bloßer Bluff gewesen sein. Günter Wallraff gab anfangs auch nicht viel auf Hinweise, daß er am Telefon belauscht wurde. Ende 1976 aber wurde er offiziell benachrichtigt, daß 1975 drei Monate lang seine Telefonate überwacht und aufgenommen worden waren. Anlaß der Observation: Ein Kölner Oberstaatsanwalt hatte vom Bundesnachrichtendienst den Hinweis bekommen, es liege eine »unbestätigte Information« aus dem Jahre 1969 vor, wonach Wallraff Verbindung zu Terroristen habe. Wallraff erhielt die Benachrichtigung erst lange nach Ablauf der gesetzlich vorgeschriebenen Frist. Wie der zuständige Oberstaatsanwalt erklärte, hatte er die Benachrichtigung bewußt hinausgezögert, um Wallraff »die Möglichkeit zu nehmen, unmittelbar vor der am 3. Oktober stattfindenden Bundestagswahl in den ihm zugänglichen Publikationsorganen die Bundesrepublik Deutschland und deren Justizorgane zu beschimpfen«. Im Dezember 1976 konnte der Schriftsteller die Vernichtung von 48 Tonbändern und 5174 Seiten Tonbandabschriften erzwingen.

Inzwischen hatte sich jedoch im November 1976 schon ein neuer Fall ereignet: An zwei Tagen hatte die Kölner Redaktion der »Bild«-Zeitung stundenlang sämtliche Telefonate Wallraffs mitgehört und aufgezeichnet. Der Schriftsteller berichtete darüber 1979 in seinem Buch »Zeugen der Anklage«. In der Fernsehsendung »Monitor« gab ein Vertreter der »Bild«-Chefredaktion zunächst nur zu: »Die Kölner Redaktion ist durch Zufall in ein Telefongespräch hineingeraten.« Daß es sich um weit mehr als einen kleinen Zufall gehandelt hatte, wurde im Juni 1981 vor einem Kölner Schöffengericht offenkundig, nachdem sich die Staatsanwaltschaft überzeugt hatte, »daß am Telefonanschluß des Zeugen Wallraff eine nicht genehmigte Abhöreinrichtung eingebaut worden war«. Zwei angeklagte »Bild«-Redakteure kamen mit Geldbußen von 9000 und 7000 Mark davon. Ihnen hatte aber auch niemand angelastet, die Telefonüberwachung selbst bewerkstelligt zu haben. Ungeklärt blieben Vorwürfe der »Kölnischen Rundschau« gegen zwei BND-Mitarbeiter, sie hätten ohne Wissen der Behördenleitung in einer »privaten Aktion« die technischen Voraussetzungen zum Abhören geschaffen. Die Ermittlungsbehörden begnügten sich mit dem Bescheid von BND-Präsident Kinkel, ihm sei nichts bekannt.

Im Juli 1979 wurde Günter Wallraff vom Bundesinnenminister darüber informiert, daß der Verfassungsschutz im Frühjahr 1974 – also mehr als fünf Jahre zuvor – seinen Telefonanschluß und auch den seiner Mutter abgehört hatte. In diesem Fall schreckte ihn besonders der mitgeteilte Grund der Abhöraktion auf: Gegen ihn habe der Verdacht des Hochverrats vorgelegen. Als Wallraff darauf bestand, die Tatsachen zu erfahren, auf die sich ein solcher Verdacht stützte, bekam er die Auskunft, Anlaß der Telefonüberwachung sei ein Treffen gewesen, das er mit Margrit Schiller, einem Mitglied des Sympathisantenkreises der »Roten Armee Fraktion«, gehabt habe. Wallraff konnte beeiden, diese Frau nie gesehen zu haben. Nach Feststellungsklage vor dem Kölner Amtsgericht wurde dieser Lauschangriff des Verfassungsschutzes inzwischen als illegal verurteilt.

Es ist anzunehmen, daß das Interesse des Geheimdienstes in Wirklichkeit der Griechenland-Aktion galt, die Günter Wallraff in der fraglichen Zeit vorbereitete. Denn laut amtlicher Mitteilung wurde sein Telefonanschluß zwischen dem 22. März und dem 24. Mai 1974 abgehört. Etwa ab Mitte März 1974 befand er sich in intensivem Kontakt mit griechischen Demokraten, die in der BRD im Exil lebten und von hier aus versuchten, den Widerstand zu organisieren. Am 3. Mai flog er mit der Delegation des Initiativ-Ausschusses Griechenland-Solidarität nach Athen, am 10. Mai kettete er sich auf dem Syntagma-Platz an und verteilte die Flugblätter, woraufhin er zusammengeschlagen und festgenommen wurde. Am 23. Mai fand die Gerichtsverhandlung in Athen statt, bei der er zu 14 Monaten Freiheitsentzug verurteilt wurde.

Was unternahmen bundesdeutsche Geheimdienste gegen die Agenten der griechischen Militärdiktatur, die damals die in bundesdeutschem Exil lebenden griechischen Demokraten tyrannisierten? Das blutige Treiben der türkischen »Grauen Wölfe« auf dem Boden der BRD leugneten sie einfach – Duldung? Kumpanei? Als der portugiesische Ex-Präsident Spínola während seiner Putschvorbereitungen Anfang 1976 mit der CSU-Führung in München konspirierte, schalteten die bundesdeutschen Geheimdienste auf taub. Aber Spínolas Kontakt mit Günter Wallraff ließ sie offenbar munter werden. Am 25. März 1976, als sich Wallraff noch um einen »Präsidenten« als Gesprächspartner für Spínola bemühte, war seine Telefonleitung plötzlich abgeschaltet. Am 26. März, dem Tag nach dem geheimen Blitzbesuch des Generals in Düsseldorf, setzten sich die Schweizer Behörden auf seine Spuren in Genf. Sie hatten einen Hinweis vom Bundesamt für Verfassungsschutz in Köln erhalten.

Wehrsport und Waffenlager

Wenn wir von unserem Faschismus nebenan sprechen, dürfen wir den Neonazismus in der BRD nicht außer acht lassen.

Die Zahl der Wähler neonazistischer Parteien steigt zwar Ende der achtziger Jahre wieder, wirkt aber noch nicht so besorgniserregend wie etwa der Zulauf, den Frankreichs Faschistenführer Le Pen erhält.

Dennoch ist der Neonazismus in der BRD – vor allem der Terrorismus neonazistischer Kommandotrupps – sehr ernst zu nehmen, und zwar um so mehr, als er amtlich verharmlost und dadurch begünstigt wird. Die gefährlichste Organisation ist derzeit die »Freiheitliche Deutsche Arbeiterpartei« (FAP), die sich bislang kaum an Wahlen beteiligt. Sie rekrutiert jugendliche Arbeitslose und drillt sie zu fanatischen, brutalen Schlägern. Ihr Idol ist der an vielen Straftaten beteiligte ehemalige Bundeswehr-Offizier Michael Kühnen, der offen für den Wiederaufbau der »Nationalsozialistischen Deutschen Arbeiterpartei« (NSDAP) eintritt.

Der Terror von rechts hat in der Bundesrepublik schon eine lange, immer breiter werdende Blutspur gezogen. Aber die öffentliche Aufmerksamkeit dafür ist gering. Interessiert es den Bundesbürger nicht, wenn Ausländerheime in Brand gesteckt werden? Sind Anschläge auf antifaschistische Gedenkstätten, auf jüdische Friedhöfe, auf Büros der DKP kein Thema für ihn? Oder liegt es an den tonangebenden Politikern und Publizisten, die ihm als Antwort auf alle innen- wie außenpolitischen Fragen immer nur ein linkes Feindbild präsentieren?

Der Zeitungsleser und Fernsehzuschauer kann sich nicht über neonazistische Mordtaten empören, wenn er nichts darüber erfährt. Manchmal wird er sogar bewußt irregeführt. Michael Kühnen war beispielsweise an Plänen beteiligt, Bombenanschläge zu verüben, die dann linken Gruppen angelastet werden sollten. Es blieb nicht bei bloßen Gedankenspielen, sondern solche Pläne wurden auch verwirklicht.

Und gelegentlich kam sogar heraus, daß in Geheimaktionen zur Diskreditierung der Linken Mitarbeiter der Verfassungsschutz-Behörden verwickelt waren.

Am 26. September 1980 explodierte am Haupteingang des Münchner Oktoberfestes eine Bombe. 13 Menschen starben, mehr als 200 wurden verletzt, viele von ihnen schwer verkrüppelt. Terror von links – woher sonst? Aber diesmal stellte sich schnell heraus, daß der Bombenleger kein Linker war. Der 21jährige Gundolf Köhler, der selbst bei der Explosion ums Leben kam, hatte in enger Beziehung zur Wehrsportgruppe Hoffmann gestanden. Die bayerischen Behörden hatten das Treiben dieser paramilitärischen Organisation jahrelang geduldet. Eine Trauerfeier für die Opfer des Attentats aber wurde dann in einem Bericht des bayerischen Verfassungsschutzamtes unter der Überschrift »Linksextreme Aktivitäten und Bestrebungen« angeprangert.

Viele Fragen drängten sich damals auf: Warum explodierte die Bombe in einem Moment, in dem der Täter das erste Opfer sein mußte? Wurde sie ferngezündet? Wo befanden sich zur Tatzeit andere Aktivisten der WSG Hoffmann? Wie war das Verbrechen vorbereitet worden? Vor allem: Wieso konnte die in Bayern ansässige Organisation, die Anfang 1980 vom damaligen Bundesinnenminister Gerhart Rudolf Baum (F.D.P) verboten worden war, dennoch weiter bestehen und weiter agieren? Die meisten Fragen blieben unbeantwortet.

Der behördliche Umgang mit der WSG Hoffmann ist bezeichnend für die Umstände, unter denen Neonazi-Gruppen gedeihen können. Darum sei hier an einige Einzelheiten erinnert:

Der Nürnberger Karl-Heinz Hoffmann war schon 1956, als 19jähriger, wegen unerlaubten Waffenbesitzes aufgefallen und hatte eine amtliche »Verwarnung« erhalten. Später war er einmal wegen Waffenschmuggels festgenommnen worden und hatte wiederholt durch neonazistische Auftritte von sich reden gemacht. Seit Gründung der WSG und deren ersten öffentlichen Aktivitäten im Jahre 1974 hatten wachsame Antifaschisten immer häufiger Anlaß gesehen, die demokratische Öffentlichkeit und die Behörden zu warnen.

Es war nicht schwer, Klarheit über Hoffmanns Absichten zu gewinnen. Gegenüber Journalisten zeigte er nie Hemmungen, darüber Auskunft zu geben: »Der ganze uferlose Parlamentarismus muß weg«, »Regieren muß eine Elite«, »Wir üben für den Tag X, bei dem die Polizei nicht mehr allein mit den Linken fertig wird«, »In einer bürgerkriegsähnlichen Situation wären wir die richtigen Leute... Wir haben keine Hemmungen, gegen einen Kommunisten vorzugehen«. So empfahl er sich jahrelang für die Aufgabe, die in lateinamerikanischen Bananenrepubliken den »Todesschwadronen« zugewiesen ist: Oppositionelle physisch zu vernichten und dadurch die gesamte Bevölkerung einzuschüchtern.

Hoffmann brachte auch ein eigenes Blatt heraus, »Kommando - Zeitung der WSG für den europäischen Freiwilligen«, worin er es ebenfalls nicht an Deutlichkeit fehlen ließ: »Natürlich hat der militärisch orientierte junge Mann ein besonderes Interesse, eine Waffe zu besitzen. Sei es nur aus Vorsorge in bezug auf eventuell kommende Konfliktsituationen, oder sei es nur aus einfacher Liebhaberei oder edler Sammelleidenschaft... Grundsätzlich gilt: Der Besitz der Waffe darf nicht illegal sein, oder aber sie darf nicht gefunden werden... Wir wissen nur zu gut, daß unsere Zeit noch nicht gekommen ist. Gleichzeitig aber lebt in uns die Gewißheit des kommenden unaufhaltsamen Triumphes...« (»Kommando« 3/79).

Daß Hoffmann nicht nur Worte machte, belegte Anfang 1977 die den Vereinigungen der Verfolgten des Naziregimes/Bund der Antifaschisten nahestehende Wochenzeitung »Die Tat« mit Fotomaterial: »Wovon SA und SS vor Hitlers Machtergreifung noch nicht einmal träumen konnten: Schweres Gerät im Werte von Hunderttausenden D-Mark steht der paramilitärischen Kampfgruppe ›Wehrsportgruppe Hoffmann‹ zur Verfügung.«

Auch andere Blätter brachten anschauliche Berichte. Sozialdemokratische Abgeordnete griffen die Informationen auf und wiesen die bayerische CSU-Regierung auf die Manöver hin, die Hoffmanns WSG in Bayern abhielt.

Was aber tat die Regierung?

Auf eine Anfrage des Abgeordneten Helmut Geys antwortete im Mai 1977 das bayerische Innenministerium, es gebe »keine Beweise, daß der von Hoffmann betriebene ›Wehrsport‹ eine Übung für den späteren Kampf gegen die bestehende freiheitlich-demokratische Grundordnung darstellt«. Im Dezember 1977 forderte die Abgeordnete Ursula Pausch-Gruber das Verbot der Organisation. Der Innenminister erklärte sich für unzuständig. Im Juli 1978 ermahnte der Abgeordnete Alfred Sommer die Landesregierung, nun endlich energisch gegen die WSG vorzugehen. Minister Tandler sah weiterhin »keine Gefährdung unserer freiheitlich-demokratischen Grundordnung«, und auf einer Pressekonferenz bekräftigte er, man könne gegen den »Wehrsport« nichts unternehmen – »weder aufgrund der Waffengesetze, des Naturschutzgesetzes oder der Straßenverkehrsordnung«. Überhaupt halte er »den Rechtsextremismus für keine echte Bedrohung«. Als der Abgeordnete Heinz Hiersemann im Februar 1979 ein Verbot der Geländeübungen der WSG verlangte und dabei auf die »zynische Verhöhnung des Rechtsstaats« im WSG-Blatt »Kommando« hinwies, bekam er ebenfalls nur desinteressierte Antworten. Ministerpräsident Strauß am 22. März 1979 im Landtag: »Machen Sie sich doch nicht lächerlich, wenn Sie gewisse Gruppierungen – Sie haben heute die Wehrsportgruppe Hoffmann genannt – durch Ihre ständigen, in der Öffentlichkeit vorgetragenen überdimensionierten Darstellungen überhaupt erst der bayerischen Bevölkerung bekanntmachen und ihnen damit eine Bedeutung zumessen, die sie nie hatten, nie haben und in Bayern nie bekommen werden.«

Der Schriftsteller Bernt Engelmann, in seiner Jugend als Helfer von Nazi-Verfolgten ins KZ gesperrt, mahnte in einem Brief an Strauß zur Wachsamkeit. Der Ministerpräsident reagierte erst nach mehrmaliger Erinnerung und wies die Mahnung höhnisch zurück. In einem Bericht der bayerischen Verfassungsschutzbehörde wurde Engelmann dann als »Sicherheitsrisiko« eingestuft, weil er sich an einer »Kampagne gegen den Kanzlerkandidaten Strauß« beteilige. Im selben Bericht im Dezember 1979 wurde die WSG Hoffmann in wenigen Zeilen verharmlost.

Ähnlich verhielt sich der Generalbundesanwalt, bei dem im März 1979 das Präsidium der VVN / Bund der Antifaschisten Anzeige gegen die WSG wegen Bildung einer terroristischen Vereinigung und anderer Straftatbestände erhoben hatte. Er ließ wissen, daß »von der Einleitung eines Ermittlungsverfahrens abgesehen« werde. Die Staatsanwaltschaft Nürnberg erklärte im Dezember 1979 sogar ausdrücklich, es handele sich nicht um eine kriminelle oder terroristische Vereinigung.

Dabei waren Gewalttätigkeiten Hoffmanns und seiner Truppe längst gerichtsnotorisch. Hoffmann selbst war u. a. wegen schweren Landfriedensbruchs, Körperverletzung und versuchten Totschlags vorbestraft. Milde Richter hatten allerdings die Haftstrafen stets zur Bewährung ausgesetzt. Eine Geldstrafe in Höhe von 8000 Mark wegen Verstoßes gegen das Versammlungsgesetz und unerlaubten Uniformtragens hatte er zwar zahlen müssen, aber nicht aus eigener Tasche. Der Herausgeber und Chefredakteur der »Deutschen National-Zeitung«, Gerhard Frey, war in einem »Akt nationaler Solidarität« dafür aufgekommen. Frey gehörte dem »Freundeskreis der Wehrsportgruppe Hoffmann« an.

Als der Bundesinnenminister Ende Januar 1980 – fast zwei Jahre nach einer besorgten Anfrage des SPD-Abgeordneten Rudolf Schöfberger im Bundestag – die WSG verbot, fanden sich bei Durchsuchungen in Bayern, Baden-Württemberg und Hessen 18 Lastwagenladungen voller Bajonette, Pistolen, Munition, Handgranaten, Karabiner, Stahlhelme, Gasmasken, Tarnanzüge, Uniformen, Orden und Rangabzeichen. Beschlagnahmt wurden 25 Last- und Geländefahrzeuge, ein Schützenpanzer, Militärkrafträder, Schlauchboote, eine Fliegerabwehrkanone und vieles mehr. Wieviel aber blieb unentdeckt? Sollte etwa Hoffmann die eigene Empfehlung nicht befolgt haben, Waffen so zu verstecken, daß sie nicht gefunden werden? Überhaupt hatte er in seinem Blatt »Kommando« rechtzeitig die Losung ausgegeben, konspirative Methoden einzuüben: Die WSG müsse »auch als nicht verbotene Organisation Verhaltensformen entwickeln, die in gewisser Weise dem Verhalten einer im Untergrund arbeitenden Vereinigung gleichen«.

Es war also nicht zu erwarten, daß Hoffmann nach einem Verbot der WSG seine Aktivitäten plötzlich einstellen und sich zur Demokratie bekehren würde. Das Präsidium der VVN/Bund der Antifaschisten mahnte: »Die demokratischen Kräfte müssen wachsam bleiben und darauf hinwirken, daß das Verbot in allen Bundesländern strikt durchgeführt wird.« Doch nach wenigen Wochen wagte sich die Hoffmann-Truppe sogar schon wieder an die Öffentlichkeit.

Bekannt wurden auch Hoffmanns Geschäfte mit ausgedientem Bundeswehr-Material im Libanon und Übungen bei den dortigen Falangisten. Aber die bayerische Landesregierung blieb so unbewegt wie eh und je. »Man soll nicht eine Schattengefahr aufbauen«, meinte Tandler im August 1980, wenige Wochen bevor in München die Bombe explodierte.

Aber wie hätte denn der bayerische Regierungschef Strauß in der Hoffmann-Truppe eigentlich eine Gefahr sehen sollen? Von ihm selbst stammte doch die Parole: »Man muß sich der nationalen Kräfte bedienen, auch wenn sie noch so reaktionär sind – mit Hilfstruppen darf man nicht zimperlich sein.« Und: »Was wir in diesem Lande brauchen, ist der mutige Bürger, der die Ratten dorthin jagt, wo sie hingehören – in ihre Löcher.« Und: »Am Ende unserer Generation darf es keine Kommunisten mehr geben.« Nach solchen Aufrufen kam von Hoffmann das Echo: »Legt sie um, die roten Säue, macht sie nieder Mann für Mann, kriechen aus den Löchern neue, keine Angst, auch sie sind dran.« Und: »Je höher das Ziel, um so größer die Opfer.«

Kurz: Die Regierungspolitik der CSU in Bayern schuf die Voraussetzungen, unter denen die WSG Hoffmann gedeihen konnte. Die Nürnberger Behörden hatten dem WSG-Führer Besitzkarten für zahlreiche Schußwaffen ausgestellt. WSG-Hauptquartier war das Schloß Ermreuth, das früher der NSDAP als Gauführerschule gedient hatte. Privat bewohnte er eine Villa in Nürnberg, führte ein aufwendiges Leben und hatte offenbar beste Beziehungen zum Namens- und Geldadel.

Einige Zeit nach dem Oktoberfest-Massaker verdichteten sich die Indizien, daß er gemeinsam mit seiner Freundin in Erlangen den jüdischen Verleger Shlomo Levin und dessen Lebensgefährtin ermordet hatte (eine Tat, die in der Öffentlichkeit eilfertig palästinensischen Freiheitskämpfern angedichtet worden war). Aufgrund ungewöhnlich sorgloser Ermittlungen der Polizei und der Staatsanwaltschaft sah sich das Gericht nicht in der Lage, die Beweiskette zu schließen. Freispruch. Dennoch wurde Hoffmann nunmehr zu einer längeren Freiheitsstrafe verurteilt, denn etliche andere Straftaten waren eindeutig erwiesen.

Lauter Einzeltäter?

Als Hoffmann in der Haft verschwand, kam es auf ihn persönlich nicht mehr an. Inzwischen waren in vielen Teilen des Bundesgebiets andere, vom gleichen neonazistischen Ungeist geprägte paramilitärische Gruppen entstanden:

– Manfred Roeders »Deutsche Bürgerinitiative«; auf ihr Konto gehen unter anderem Sprengstoffanschläge auf Ausländerheime und auf das Landratsamt Esslingen, wo eine Ausstellung über Auschwitz gezeigt wurde,

– Friedhelm Busses »Volkssozialistische Bewegung Deutschlands«; bei einer Beerdigung auf einem Frankfurter Friedhof brüllte Busse: »Es gilt zu rächen, zu brechen die Macht. Wir müssen bereit sein zu sterben, zu retten die Ehr«; die Trauerfeier, die mit dem Ruf »Sieg Heil« endete, galt dem VSBD-Aktivisten Frank Schubert, der, nachdem er von Grenzbeamten beim Waffenschmuggel gestellt worden war, zwei Beamte und gleich darauf sich selbst getötet hatte,

– Michael Kühnens »Aktionsfront Nationaler Sozialisten«; kennzeichnend für diese Organisation ist die Ermordung des ANS-Mitglieds Johannes Bügner durch andere Mitglieder; einer der Tatbeteiligten, der nach vielen Messerstichen in den Leib zuletzt die Kehle durchschnitt, sprach von »Selbstreinigung« und berief sich auf einen Auftrag, gegen »Homosexuelle, Perverse und Verräter« vorzugehen.

Wenn eine Gruppe aufgelöst wurde, entstand sofort mindestens eine neue unter anderem Namen, nach der »Aktionsfront Nationaler Sozialisten« zum Beispiel die »Kampfgemeinschaft Nationaler Sozialisten«. Oft dienen unterschiedliche Namen nur zur Tarnung. Zwischen den im ganzen Bundesgebiet aktiv gewordenen Gruppen bestehen viele enge Verbindungen. Für ihre Belieferung mit Propagandamaterialien (Broschüren, Zeitschriften, Flugblättern, Aufklebern wie »Kauft nicht bei Juden«) sorgt der US-Amerikaner Gary Lauck, der sich selbst als Führer der »NSDAP-Aufbauorganisation« darstellt und unbehelligt vom Ausland aus operiert. Großabnehmer seiner Materialien waren auch Kühnen und Roeder.

Doch die Behörden sprechen, wann immer neonazistische Terrorakte bekanntwerden, von »Einzeltätern«. Schon der Anschlag auf das Oktoberfest wurde nach Darstellung der Bundesanwaltschaft von Gundolf Köhler als Einzeltäter verübt. Ein Einzeltäter war angeblich auch Heinz Lembke, der in 33 Waldverstecken bei Lüneburg 88 schwere Kisten mit Waffen, Munition, Sprengstoff und Gift gelagert hatte; er soll den Behörden Hinweise gegeben und dann in der Untersuchungshaft Selbstmord begangen haben.

Wenn sie wirklich Einzeltäter waren, welchen Anlaß hatten dann die Ermittlungsbehörden, im Zusammenhang mit dem Anschlag auf das Oktoberfest – ein Jahr vor den Waffenfunden in der Lüneburger Heide – Lembkes Haus zu durchsuchen? Und wie ist dann die Erklärung der niedersächsischen Kriminalpolizei zu verstehen, die Kisten seien zu schwer, als daß ein einzelner allein sie hätte verstecken können? Wer hat ihm die Waffen (darunter 156 Kilo Sprengstoff, 230 Sprengkörper, 2005 Sprengkapseln, 50 Panzerfäuste, 258 Granaten, 13 520 Schuß Munition für Handfeuerwaffen, zahlreiche Pistolen und Gewehre) geliefert? Entstanden vielleicht Kosten? Wenn ja, wer zahlte? Weiter: Wieso gilt Lembke immer noch als Einzeltäter, nachdem er 1981 mehrere Monate lang, bis wenige Tage vor seinem Tod, in Beugehaft sitzen mußte, weil er sich geweigert hatte, über seine Verbindungen zu Manfred Roeder, einem seit vielen Jahren führenden hessischen Neonazi, auszusagen? Und wie verträgt sich die Einzeltäter-Theorie mit den Angaben der Staatsanwaltschaft, Lembke habe kurz vor seinem Selbstmord angekündigt, am darauf folgenden Tage werde er die Namen seiner Komplizen nennen?

Viele Zusammenhänge blieben im dunkeln. Eine Gelegenheit, Licht in das Dickicht des Neonazismus zu bringen, hätte der Braunschweiger Prozeß gegen die »Otte-Gruppe« geboten. Die Gruppe, die nur in den Akten der Bundesanwaltschaft diesen Namen trug, war offenbar eine Keimzelle des militanten Neonazismus in Norddeutschland. Aber die Verhandlungen fanden zum großen Teil unter Ausschluß der Öffentlichkeit statt, nachdem sich herausgestellt hatte, daß der Angeklagte Hans-Dieter Lepzien beruflich Agent des niedersächsischen Verfassungsschutzes war. In Lepziens Wohnung war die Gruppe gegründet worden. Er hatte Waffen beschafft, aus der Schweiz Sprengstoff geholt, den Kontakt zu einem Bombenbastler hergestellt. Kurz: Ohne ihn hätte es die Gruppe gar nicht gegeben. Wie bei Lepzien vereinbart, verübte die Gruppe Sprengstoffanschläge in Hannover und Flensburg. Die Täter hinterließen nichts, was sie als Neonazis verraten hätte, so daß sich die Öffentlichkeit prompt über den vermeintlichen Terror von links entsetzte. Im Prozeß zahlte das niedersächsische Innenministerium für Lepzien die Anwaltskosten; später verwandte sich das Ministerium beim Bundespräsidenten dafür, daß Lepzien begnadigt wurde.

Einer der Empfänger von Lepziens Bomben war Michael Kühnen. Hauptaktivist der »Otte-Gruppe« war Volker Heidel, später Anführer der VSBD in Norddeutschland, neuerdings »Gauleiter« der FAP.

Lauter Einzeltäter?

Zwei Jahre nach dem Fall Lembke wurden im Raum östlich von Braunschweig, nahe der Grenze zur DDR, in mehreren Wohnungen und in einem Depot im Wald zentnerweise Munition sowie Sprengmittel, Waffen und Ersatzteile gefunden. Wieder nur Einzeltäter? In Fürstenau wurde 1984 bei einem Gefolgsmann Michael Kühnens ein stattliches Lager von Brandbomben, Sprenggranaten, Panzergranaten entdeckt. Auch er ein Einzeltäter? Und wie erklärt es sich, daß die gefundenen Bundeswehr-Waffen von der Bundeswehr, die angeblich exakt Bestandsbücher führt, nie als vermißt gemeldet worden waren?

Wenn Polizei, Staatsanwaltschaft oder Verfassungsschutzbehörde Auskünfte über Neonazis zu geben haben, versuchen sie das Thema oft auch mit der Behauptung herunterzuspielen, es seien eigentlich keine Neonazis, sondern unpolitische junge Leute. Namentlich die Skinheads, die in vielen Städten Ausländer terrorisieren und Punkern nachstellen, werden so verharmlost. Gerade sie sind aber eng an die FAP angebunden. Skinheads feierten im April 1987 bei einem Treffen in Northeim auf dem Marktplatz Adolf Hitlers Geburtstag und verbreite-

Geheimnisvolle Waffenfunde

In den Niederlanden entdeckten Bürger unweit der Stadt Roermond nahe der Grenze zur Bundesrepublik ein Arsenal mit mehr als 20 Kisten neuer Waffen, darunter etwa 100 Pistolen und Maschinenpistolen. Im Parlament weigerte sich der Verteidigungsminister hartnäckig, Auskünfte zu geben. Nach einem Bericht der »Frankfurter Rundschau« lehnte der Minister es sogar ab, den ständigen Parlamentsausschuß für Sicherheitsfragen zu informieren, und er war nicht einmal bereit, eine Erklärung dafür zu geben, weshalb er die Fragen unbeantwortet ließ. In niederländischen Zeitungsberichten war davon die Rede, daß in einer Anzahl europäischer NATO-*Länder unterirdische Waffendepots angelegt worden seien. Die geheimen Waffenvorräte seien für die Ausrüstung nationaler Sicherheitsdienste und des US-Geheimdienstes* CIA *bestimmt.*

ten FAP-Propagandamaterial. Junge FAP-Mitglieder ehrten in Hameln die dort beerdigten letzten Kommandanten der Konzentrationslager Bergen-Belsen und Neuengamme, sie gröhlten: »Einst kommt der Tag der Rache«, und sie verprügelten einen Funktionär der Grünen, der einen Schädelbruch erlitt. Skinheads mit Mitgliedskarten der FAP brachten in Hannover ein Mitglied ihrer Gruppe um, als sie fürchteten, der Junge würde sie verraten. Obwohl die Liste der Opfer neonazistischen Terrors immer länger wird, kann sich die FAP ungehindert weiter ausbreiten. Wenn es zu Prozessen kommt, können die Neonazis in aller Regel mit Milde rechnen. So kam im Juli 1987 der Bremer FAP-Vorsitzende Markus Privenau, der bei Schießübungen einen Jagdpächter tödlich verletzt hatte, mit einer Haftstrafe von einem halben Jahr davon, die zur Bewährung ausgesetzt wurde.

Behörden und Justiz richten sich eben nach der ungeschriebenen Staatsdoktrin der BRD, wonach alle Gefahr von links ausgeht. Dafür, daß das Feindbild erhalten bleibt, sorgt auf seine Weise das Verfassungsschutzamt. Um die Öffentlichkeit glauben zu machen, linke Terroristen hätten wieder einmal zugeschlagen, durften niedersächsische Verfassungsschutzbeamte sogar persönlich – mit Einverständnis des Ministerpräsidenten Ernst Albrecht – ein Sprengstoffpaket an der Celler Gefängnismauer detonieren lassen.

Gespräch zum Abschluß

Eckart Spoo: Putsch, Militärdiktatur, staatlicher Terror, Folter, Faschismus – viel Unfreiheit in Ländern, die zur Freien Welt gerechnet werden. Was unser Buch berichtet, paßt nicht in ein Weltbild, wie es »Welt« und »Bild« in der Bundesrepublik verbreiten. In Springers Blättern lautet die Alternative ebenso wie auf CDU / CSU-Plakaten: »Freiheit oder Sozialismus!« Wir dagegen sprechen in unserem Buch nicht von Menschenrechtsverletzungen im Osten, sondern im Westen. Bedarf das vielleicht noch einer Erklärung?

Günter Wallraff: Gerade weil sich die Medien täglich mit Menschenrechtsverletzungen im Osten befassen, was nicht viel Mut erfordert, wenn man es vom Westen aus tut, gibt es Grund, daß wir uns einmal im Westen selbst umsehen. Ich meine, man muß mit seiner Kritik und seinem Engagement da ansetzen, wo man lebt und sich auskennt.

E. S.: ... und wo man auch direkte staatsbürgerliche Mitverantwortung hat.

G. W.: Unsere Solidarität wird vordringlich da gebraucht, wo Menschenleben zu Tausenden in Gefahr sind. Diese Sorge scheint aber vielen bundesdeutschen Medien abzugehen, nicht nur den Blättern des Springer-Konzerns. Sie interessieren sich kaum für Folter, Mord, Menschenvernichtung in befreundeten Diktaturen. Sie bagatellisieren, was auf der eigenen Seite geschieht. Sie lassen es möglichst gar nicht erst ins Blickfeld der Öffentlichkeit kommen.

E. S.: Als du noch in Athen im Gefängnis saßest, kam der Gedanke auf, ein Buch zu machen: über deine Aktion, über die faschistischen Zustände im damaligen Griechenland, auf die du aufmerksam machen wolltest, über die Reaktionen in der Bundesrepublik. Das ist inzwischen lange her. Du hast die Schrecknisse der Folter überwunden, hast neue Aktionen geplant, bist neue Risiken eingegangen, zum Beispiel in Portugal, später im Springer-Konzern und bei Thyssen. In Griechenland hat sich seither manches geändert. Die Obristen, die dich damals haben foltern lassen, sitzen nun im Gefängnis. Zwar sind auch in Griechenland noch viele Probleme ungelöst, die Hintermänner und Finanziers der Militärdiktatur sind an der Macht geblieben, der amerikanische Geheimdienst CIA scheint immer noch viele Fäden in der Hand zu haben, aber das sind Zustände, die sich im Prinzip von den hiesigen wenig unterscheiden. Welchen Sinn hat es, heute noch an den griechischen Faschismus zu erinnern? Bei deiner Aktion in Athen ging es dir darum, Solidarität mit den griechischen Demokraten, den Antifaschisten, den Opfern des Faschismus zu mobilisieren. Darum geht es heute zum Glück nicht mehr. Wichtig aber, scheint mir, ist geblieben, wie sich in einem NATO-Land eine faschistische Militärdiktatur hat etablieren können, und vor allem, wie sich die Bundesrepublik gegenüber einem solchen Partner verhalten hat.

G. W.: Ich habe den griechischen Faschismus als Testfall aufgefaßt und fasse ihn auch im Rückblick noch so auf. Angesichts des Terrors der Obristen Papadopoulos, Pattakos, Makaresos und Joannidis hatte die Bundesrepublik zu beweisen, auf welcher Seite wir stehen, auf der Seite des Terrors oder auf der Seite der Opfer, der Verfolgten, der Gefolterten, auf der Seite der Demokratie. Als Bürger dieses Landes habe ich ein Interesse daran, daß öffentlich geklärt wird, wie zum Beispiel die Bundesregierung reagierte. Oder wie sich die Presse verhielt. Die Wahrheit über den griechischen Faschismus wurde vielen Menschen in der Bundesrepublik erst bekannt, nachdem die Obristen hatten abtreten müssen. Vorher hatten die Massenmedien – nicht alle Zeitungen, aber fast alle – entweder schamhaft geschwiegen oder die Verhältnisse in Griechenland schamlos beschönigt. Und das war gewiß keine einmalige, untypische Fehlleistung der bundesdeutschen Presse. Ganz ähnlich ist heute die Berichterstattung über Chile und andere lateinamerikanische Diktaturen, wo der Faschismus noch viel brutaler herrscht als damals in Griechenland. Der Leser einer Springer-Zeitung oder eines durchschnittlichen Provinzblattes erfährt fast nichts darüber.

E. S.: Offenkundig ist der Faschismus keine Randerscheinung unserer Freien Welt, sondern zumindest als Drohung immer präsent. Auch in Griechenland und Portugal, wo es 1974 gelang, die Faschisten zu stürzen, hat sich inzwischen gezeigt, daß die Demokraten weiterhin wachsam bleiben müssen.

G. W.: Freunde aus der jetzigen griechischen Regierung berichten, daß unmittelbar nach dem Wahlsieg der Sozialisten 1981 wieder akute Putschgefahr bestand. CIA- und NATO-Kreise in Brüssel versuchten, die politische Entwicklung zurückdrehen zu lassen. Die Regierung Papandreou erfuhr rechtzeitig davon und konnte Vorsorge treffen. Aber Armee, Polizeiapparat und Geheimdienst sind noch bis in die oberen Ränge mit Anhängern der Junta besetzt.

E. S.: In unserem Land durfte nach 1945 die Organisation Gehlen einfach weiterarbeiten, weil die Amerikaner sie von den Nazis übernahmen. Beim Aufbau des Verfassungsschutzes bediente man sich ebenfalls einschlägig bewährter Kräfte aus der Nazi-Zeit. Auch hohe Gerichte wie zum Beispiel das Bundesverwaltungsgericht bestanden bis in die letzten Jahre zu einem großen Teil aus ehemaligen NSDAP-, SA- und SS-Mitgliedern, die jetzt zwar einer nach dem anderen in den Ruhestand gingen, aber bis dahin Zeit genug hatten, geeigneten Nachwuchs heranzuziehen, damit die Kontinuität gewahrt blieb. Kein einziger Richter des berüchtigten Volksgerichtshofs wurde seit 1945 zur Rechenschaft gezogen.

G. W.: Der »Führer« ging mit seinem Reich unter, aber die Generäle, Beamten, Richter blieben. Und die »Wehrwirtschaftsführer«. Die Rüstungsindustriellen, die einst im Kaiserreich, in der Weimarer Republik und den Nazi-Jahren in Berlin den ihnen genehmen Politikern hilfreich unter die Arme griffen, tun das nun auch in Bonn, wie die Flick-Affäre gezeigt hat.

E. S.: In der langen Nachkriegskonjunktur, als es wirtschaftlich und sozial ständig aufwärts zu gehen schien, glaubten viele Bundesbürger, das Problem der alten Nazis werde sich auf die Dauer von selbst lösen, sie würden umlernen und allmählich an Einfluß verlieren. Aber in der sich verschärfenden Krise kommt nun manches zum Vorschein, wovon man gehofft hatte, es wäre ein für allemal erledigt.

G. W.: Nachdem sie den Krieg verloren hatten, mußten sie eine Zeitlang Kreide fressen. Aber jetzt gehen ihnen die Sprüche aus ihrer Jugend wieder flott über die Zunge. Ungeniert empfehlen sie gewaltsame Lösungen für alle innen- und außenpolitischen Probleme. Sie brüsten sich sogar mit ihrer Nazi-Vergangenheit – z. B. Franz Schönhuber, zeitweilig ein führender Mann des Bayerischen Rundfunks, der dann ein dreistes, Faschismus und Massenmord verherrlichendes Buch mit dem Titel veröffentlichte »Ich war dabei«, bei der Waffen-SS nämlich. Inzwischen ist er Vorsitzender der neuen Rechtspartei »Republikaner«.

E. S.: Und Bundeskanzler Kohl, der sich auf die »Gnade der späten Geburt« beruft, um sich der Verantwortung für die notwendigen Konsequenzen aus der Vergangenheit zu entziehen, sammelt Professoren um sich, die daran arbeiten, die ganze Geschichte der Nazi-Zeit umzuschreiben. Hitler wird zum guten Mann, weil er doch den bösen Kommunismus bekämpft hat.

G. W.: So funktioniert die »geistig-moralische Wende«: Der Verfassungsschutzbericht von Bundesinnenminister Zimmermann nimmt von der HiaG, dem Traditionsverband der Waffen-SS, keine Notiz mehr; derselbe Bericht schmäht die Verfolgtenorganisation VVN/Bund der Antifaschisten. Die Stelle in Stuttgart, die den Verfolgten den Status der Gemeinnützigkeit verweigert, spricht ihn den alten SS-Kameraden zu. Geschichte und Gegenwart werden verdreht, Geist und Moral ins Gegenteil gewendet. Strauß, einst in der Großdeutschen Wehrmacht »Offizier für wehrgeistige Führung«, möchte nun als Mann des Widerstands gelten. Täter stilisieren sich zu Opfern, und sie verleumden die Opfer als Täter. Die Pazifisten seien an Auschwitz schuld gewesen, sagt CDU-Generalsekretär Geißler. KZs gebe es in der DDR, sagt Kohl, und den sowjetischen KP-Generalsekretär Gorbatschow, der die Abschaffung aller Atomwaffen vorschlägt, vergleicht er mit Goebbels, der einst den »totalen Krieg« gegen die Sowjetunion ausgerufen hat.

E. S.: Als in einer CDU-Veranstaltung im Bundestagswahlkampf 1987 Jugendliche den Sprechchor »Frieden schaffen mit weniger Waffen« anstimmten und damit den Parteivorsitzenden auf der Rednertribüne, Helmut Kohl, an ein altes Versprechen erinnerten, antwortete er erregt: »Das ist der neue Faschismus in Deutschland.« Ein Ordnertrupp warf die Jugendlichen aus dem Saal.

G. W.: Das sind alles keine einzelnen Ausrutscher mehr. Das hat Methode. Was früher in der »Deutschen National-Zeitung« zu lesen war, dann in Springers »Welt«, steht heute vornehm in der FAZ. Professor Ernst Nolte nennt dort den Holocaust eine »asiatische Tat« – womit die Deutschen, die ja keine Asiaten sind, die geschichtliche Last loswerden und unbeschwert zu neuen Abenteuern aufbrechen können.

E. S.: Kanzler-Berater Professor Michael Stürmer sagt es deutlich: Die Zeit sei gekommen, die BRD »aus dem Bann der Jahre 1933 bis 1945« zu lösen. Nicht minder deutlich Franz-Josef Strauß, der – unter Mißbrauch eines Wortes von Ernst Bloch – »mehr aufrechten Gang in der Geschichte der Gegenwart und in der Geschichte der Zukunft« fordert. Die Deutschen müßten »endlich heraustreten aus dem Schatten des Dritten Reiches«. In einer Wahlrede im Januar 1987 in Hof warnte er vor einer »Antifa-Mythologie«, die der Jugend die Möglichkeit nehmen würde, »ein echtes Rückgrat wieder innerhalb unseres Volkes und draußen zu erhalten«. Und zwei Tage später sagte er in einem Interview der »Welt«: »Die Deutschen müssen wieder bereit und fähig sein, Aufgaben in der Welt zu übernehmen... Wir sollten uns bei keiner Überlegung, was getan werden kann, von dem Argument leiten lassen, wir müssen ja sagen, weil wir Hitler hatten, oder wir müssen nein sagen, weil die Deutschen einmal ein Drittes Reich hatten.« Mit alledem wollte Strauß, wie er erklärte, einen »Beitrag zur geistigen Führung unserer Nation« leisten.

G. W.: Die Herrenmenschen formieren sich wieder und schreiten hocherhobenen Hauptes.

E. S.: Der Nationalismus nährt sich daran, daß die Bundesrepublik ökonomisch, politisch, militärisch die Führungsrolle in Westeuropa übernommen hat. Das bundesdeutsche Beteiligungsvermögen im Ausland hat sich von Mitte der siebziger bis Mitte der achtziger Jahre verdreifacht. 1976 war noch fünfmal mehr US-amerikanisches Kapital in der BRD angelegt als bundesdeutsches in den USA. Neun Jahre später überstiegen die BRD-Anlagen in den Vereinigten Staaten die US-amerikanischen in der Bundesrepublik um fünf Milliarden Mark. Die Exportziffern der Bundesrepublik übertrumpfen die der USA. Der Dollar wird immer schwächer, die D-Mark immer stärker, und gegenüber den sowjetischen Abrüstungsvorschlägen verhält sich Bonn sogar widerspenstiger als Washington. Es ist die ökonomische Entwicklung, die der Reaktion hierzulande Auftrieb gibt, während die Bevölkerungsmehrheit unter Massenarbeitslosigkeit leidet. Der Staat reduziert Sozialleistungen, schmälert die Rechte der Arbeiter und Angestellten im Betrieb und schwächt die Position der Gewerkschaften. Das Beschäftigungsförderungsgesetz – schon der Name ist zynisch – ermächtigt den Unternehmer zum Heuern und Feuern. Im Zeichen der Massenarbeitslosigkeit kann er aus den Menschen alles herausholen und sie dann durch andere ersetzen. Unsicherheit greift um sich, zehrt an den Nerven. Viele haben Angst, daß es weiter abwärts gehen wird.

G. W.: Es sind die zwei Seiten derselben Medaille. Die Angst der einen ermutigt die andern. Wenn das Volk nicht weiß, wie es weitergeht, wenn es zu verlieren fürchtet, was es sich mühselig erarbeitet hat, wenn es Angst vor der Zukunft hat und in jeder Hinsicht verunsichert ist, dann sind sich Springer, Strauß, Stoltenberg, Albrecht und diejenigen, von denen Springer seine Anzeigen und die CDU/CSU ihre Spenden erhalten, ihrer Sache um so sicherer. Sie spekulieren mit der Angst. Seit Jahren haben sie keine Gelegenheit ausgelassen, um den Menschen Angst einzujagen. Denn Menschen, die Angst haben, fordern nicht mehr ihre Rechte, sondern stecken zurück, verkriechen sich. Angst lähmt die Menschen, löst den Totstellreflex aus.

E. S.: Aus der Angst der kleinen Leute schlagen die großen Herren Kapital. Eingeschüchterte Arbeiter, so kalkulieren sie, finden sich damit ab, daß die Preise und Profite den Löhnen davonlaufen. Die

Menschen sollen anspruchslos werden und alle Hoffnung auf gesellschaftlichen Fortschritt fahren lassen, freiwillig auf jede demokratische Aktivität verzichten und das Politikmachen denen überlassen, die die Macht haben.

G. W.: Ende der sechziger, Anfang der siebziger Jahre trat die Sozialliberale Koalition mit dem Versprechen »Mehr Demokratie wagen« an. Mittlerweile – nicht erst seit Rückkehr der CDU/CSU in die Bundesregierung, sondern schon seit Mitte der siebziger Jahre – erleben wir einen Entdemokratisierungsprozeß, der uns veranlassen muß zu fragen, welche Kräfte und welche Interessen hierfür verantwortlich sind. Der »Industriekurier« formulierte einmal: »Eine Demokratisierung der Wirtschaft ist so unsinnig wie eine Demokratisierung der Schulen, Kasernen und Zuchthäuser.« Das will sagen: Demokratisch ist, was opportun ist. Dort aber, wo Demokratie von unten her wächst, unbequem wird, in Politik sich umsetzt, da wird sie »Demokratisierung« genannt, und das ist ein Schimpfwort. Ein Schimpfwort, das im Klassenkampf von oben immer wieder gebraucht wird, nämlich gegen die, die mehr Demokratie wagen wollen.

E. S.: Diese Gesellschaft ist in wesentlichen Bereichen nicht demokratisch organisiert. Aber ist das schon Faschismus?

G. W.: Nein, das sehe ich nicht. Aber man sollte das Vorfeld nicht aus den Augen verlieren. Es gibt Radikalen-Beschlüsse, die gegen linke Lehrer und Briefträger angewendet werden. Aber man sollte mal überlegen, von woher die Gefahr wirklich droht. In einer immer hochtechnisierter werdenden Bundeswehr würden immer weniger Leute, die sich einig sind, genügen, um eine Demokratie zu beseitigen. Wer überprüft denn diese Offiziere auf ihr Demokratieverständnis hin? Das Militär ist – gerade bei uns – immer ein überdurchschnittlich reaktionär besetzter Hort gewesen. Bei der Bundeswehr waren die alten Nazi-Generäle die Leute der ersten Stunde. Die haben ihren Geist herübergerettet, neu installiert, an junge Nachwuchsoffiziere vererbt. Und ihre Saat ging auf. 1967, zur Hochzeit der NPD, gab es Umfragen, die ergaben, daß beinahe jeder vierte Berufssoldat NPD-Wähler war. Klar, heute brauchen sie nicht mehr NPD zu wählen, um ihre politischen Vorstellungen vertreten zu sehen. Wir sollten auch in dieser Hinsicht vom griechischen Putsch lernen. 150 Offiziere genügten dort. Sie schafften es, den gesamten Staat von heute auf morgen umzukrempeln. Sicher, sie hatten anfangs – zumindest beriefen sie sich darauf – den König, der es absegnete. Bei uns würde ein Bundeskanzler genügen, in dessen Machtbefugnis es liegt zu entscheiden, wann in unserem Land der »Notstand« eintritt, der ihm dann die Möglichkeit gibt, per Dekret die Demokratie zu exekutieren.

E. S.: Diejenigen, die sich jeder Demokratisierung widersetzen, haben es bisher nicht nötig, solche Methoden anzuwenden, um ihre Macht zu sichern. Sie haben andere Methoden: Bespitzelung, Diffamierung, Entzug des Arbeitsplatzes, gelegentliche Knüppelaktionen gegen Demonstranten, Druck auf die Medien... Es wird für sie beruhigend sein zu wissen, daß sie, wenn alle anderen Mittel versagen würden, letztlich immer noch die Möglichkeit eines Militärputsches hätten, aber das ist sicher nicht die unmittelbare Gefahr in unserem Land. Überhaupt wäre es eine falsche Vorstellung vom Faschismus, daß er unvorhersehbar von heute auf morgen über eine Gesellschaft hereinbricht. Und es muß auch nicht immer ein Militärputsch sein, der ein faschistisches Regime an die Macht bringt.

G. W: Aber ein faschistisches Regime ist aufs Militär angewiesen, und darum sollte man nicht aus den Augen lassen, daß sich innerhalb der Bundeswehr Kräfte konzentrieren, die atypisch sind für den Durchschnitt unserer Bevölkerung. Die Bundeswehr ist einer der demokratieärmsten bis -feindlichen Bereiche der gesamten Gesellschaft. So eine Armee, die einerseits immer noch ein Minderwertigkeitsgefühl hat, dann aber andererseits auch einen Dünkel – daß die sich mal durch Absprache mit ganz wenigen Politikern dazu hergeben könnte, klare Verhältnisse zu schaffen, wenn sich etwa bei einer Parlamentswahl ein Linksrutsch abzeichnet, wie es in Griechenland der Fall war, ist doch klar. Dafür gibt es hier genauso NATO-Pläne, wie es sie für Italien gibt, wie es sie für Griechenland gegeben hat. Es war nicht allein die CIA, die das bewerkstelligt hat. Es waren direkte Drähte zum Pentagon, die da kurzgeschlossen wurden.

E. S.: Auch in Chile. Dort war am 11. September 1973 eine US-amerikanische Flotte vor der Küste aufgefahren. Es war ein Tag, an dem Manöver angesetzt waren, und man weiß, daß ein lebhafter Funkverkehr zwischen den US-Kriegsschiffen und den putschenden chilenischen Militärs stattfand.

G. W.: Wir sollten vielleicht doch noch weiter ausholen und die autoritären Strukturen im eigenen Land untersuchen, die irgendwann einmal anfällig werden könnten für einen wie auch immer gearteten Faschismus. Wobei wir uns einig sind, daß das eben nicht von heute auf morgen geschieht, sondern daß das Machtkämpfe betrifft, die voll im Gange sind. Wir werden hier ganz sicher den Faschismus nicht noch einmal in derselben Form erleben wie unter Hitler. Es gibt fast keine Juden mehr, die sind ausgerottet. Aber es gibt andere Minderheiten, die zur Abreaktion herhalten müssen.

E. S.: Faschismus muß nicht immer antisemitisch sein.

G. W.: Eben. Viele Arglose sagen: »Wir haben aus der Vergangenheit gelernt, wir würden so etwas wie den Holocaust nie wiederholen, wir würden nie mehr einem Hitler nachlaufen.« Aber vielleicht lassen sie sich schon im nächsten Moment am Stammtisch oder in einer Versammlung von einem Redner einfangen, der den Ausländern die Schuld an der Arbeitslosigkeit oder anderen gesellschaftlichen Mißständen gibt. Wir dürfen diese Demagogie nicht unterschätzen.

E. S.: In deiner Rolle als Ali hast du erlebt und erlitten und in dem Buch »Ganz unten« geschildert, wie sich Deutsche auch heute als Herrenmenschen aufführen, wie sie Türken als minderwertige Menschen behandeln, als billige Arbeitskräfte für schwerste Schmutzarbeit. Wir sollten sehen, daß die »Deutsche National-Zeitung«, die übrigens unter Adenauer mit Bonner Regierungsgeldern gegründet wurde, systematisch Ausländerfeindlichkeit anstachelt. Ich nenne mal einige Schlagzeilen, mit denen die »Deutsche National-Zeitung« im Jahre 1986 Woche für Woche an den Kiosken hing: »Neue Türkenflut nach Deutschland? Gefahren der Überfremdung«, »Wird Deutschland türkisch?«, »Asylflut: Geht Deutschland unter?«, »Asylantenflut: Wie ist Deutschland zu retten?«, »Asylbetrüger raus! Wie Problem gelöst wird«.

G. W.: Kein Wunder, wenn häufig Asylbewerber überfallen, ihre Unterkünfte in Brand gesteckt werden. Die Zustände aus den siebziger Jahren, die Athanasios Lengas hier in unserem Buch beschreibt, haben sich seitdem nur noch verschlimmert. Türkische Faschisten scheinen unter dem Schutz bundesdeutscher Behörden zu stehen, aber wer sich als Demokrat engagiert, erfährt Willkür, Erniedrigung, Haß. Die Flüchtlinge aus sozialistischen Ländern erhalten regelmäßig Asyl, Flüchtlingen aus faschistischen Ländern wird es fast immer verweigert.

E. S.: Ich sollte noch erwähnen, daß die »Deutsche National-Zeitung« mit ihrer Hetze gegen Asylbewerber nicht allein steht. Das CSU-Organ »Bayernkurier« erschien 1986 mit Schlagzeilen wie »Asylantenzustrom/Grundgesetz ergänzen!«, »Asylproblem und Grundgesetz – Ergänzung unvermeidbar«, »Asylantenflut/Handeln tut not«. Auch bei der Hetze gegen Pazifisten, Umweltschützer, Hausbesetzer, streikende Arbeiter ist das von Franz Josef Strauß herausgegebene Blatt immer vorn. Ähnlich die »Bild«-Zeitung. Gegen demonstrierende Studenten brachte die Springer-Presse schon Parolen wie »Ausmerzen!« unters Volk.

G. W.: Wir kennen das aus der Nazi-Zeit: Die Worte sind die Vorbereiter der Taten. Längst vergleichen Strauß und andere Politiker schon wieder Studenten oder Schriftsteller mit Tieren, mit Ungeziefer, Wanzen, Ratten, Schmeißfliegen. Wir kennen das vom griechischen Putschisten Pattakos, der seine Verbrechen mit dem Satz rechtfertigte: »Wir machen keinen Unterschied zwischen Menschen und Menschen, nur zwischen Menschen und Bestien.« Und Kommunisten waren für Pattakos Bestien, die eben nicht als Menschen zu behandeln waren. Ganz ähnlich erklärte Strauß Anarcho-Studenten zu »Tieren, auf die die Anwendung der für Menschen gemachten Gesetze nicht möglich ist«. Man braucht die Worte nur so zu nehmen, wie sie gesagt worden sind, um die Absichten zu erkennen. Wer so redet, der wird auch irgendwann einmal so handeln wollen oder andere zu solchem Handeln bringen.

E. S.: Schon Reinhold Meier, ein führender FDP-Politiker in den ersten Jahren der Bundesrepublik, hat zu Strauß gesagt: »Wer so redet wie Sie, der schießt auch.«

G. W.: Das durch dauernde Hetze und Angstmache der »Bild«-Zeitung geweckte faschistische Potential macht sich im Ruf nach der Todesstrafe Luft, sobald ein Mann wie Dregger das Stichwort gibt. Aus Meinungsumfragen wissen wir, wie schnell die »Rübe-ab!«-Mentalität dann zunimmt. Seit Jahren ist es diesen Demagogen mit aktiver oder passiver Unterstützung der Medien gelungen, den Begriff »Terror« so zu besetzen, daß die Menschen dabei an die Linke denken, obwohl die politische Gewalttätigkeit wie eh und je von rechts ausgeht. Die Zahl der durch Terror von rechts Getöteten ist viel größer als die Zahl der Opfer der Roten Armee Fraktion oder der Roten Zellen, wobei auch noch zu klären wäre, wie links diese Gruppen eigentlich sind oder waren (mit der Arbeiterbewegung haben sie jedenfalls nichts zu tun), wie stark sie von Polizei und Verfassungsschutz infiltriert wurden und welche ihnen angelastete Verbrechen sie gar nicht begangen haben. Einige Beispiele sind ja bekannt. Diese Verdrehungen bewirken jedenfalls, daß kaum jemand zu widersprechen wagt, wenn zur angeblichen Terror-Abwehr die Staatsgewalt gegen die Linke gehetzt wird. Aber nicht nur innenpolitisch wird man aggressiver, sondern auch außenpolitisch. Das aufgeblähte Militärpotential, das hier unterhalten wird, verführt dazu, wieder über die eigenen Grenzen hinauszuschauen, wo noch etwas zu holen sein könnte.

E. S.: Aber das ist heute nicht mehr so einfach, weil der Osten militärisch viel stärker geworden ist, als er schon in Stalingrad war, woran sich ja noch manche Menschen bei uns erinnern. Ich glaube nicht, daß sich viele dafür begeistern lassen würden, noch einmal gen Osten zu marschieren. Aber es gibt auch lautlose Eroberungszüge, die Tag für Tag unternommen werden, ohne daß die große Mehrheit der Menschen hier daran beteiligt ist oder überhaupt davon erfährt. Ich meine die Aggression des großen Geldes, die Unterwerfung fremder Länder unter die Interessen der Konzerne. Man schickt nicht die Bundeswehr über die Grenze, sondern man verbündet sich mit korrupten Militärs in diesen Ländern selbst, die mit faschistischen Methoden dafür zu sorgen haben, daß sich die Investitionen lohnen. Der Kapitalexport aus der Bundesrepublik nimmt Jahr für Jahr um Milliardenbeträge zu, weil man sich in Niedriglohnländern einen viel höheren Profit ausrechnet als hier. Und dann setzen die Konzerne die hiesigen Arbeiter auch noch unter Druck, indem sie ihnen sagen: »Eure Löhne sind im Vergleich zu den Löhnen im Ausland zu hoch. Die im Inland produzierten Waren sind zu teuer. Ihr müßt Euch mit weniger Lohn zufriedengeben, oder die Produktion im Inland wird ganz aufgegeben.« Auf diese indirekte Weise werden auch die Arbeiter hier zu Opfern des Faschismus in anderen Ländern. Eine demokratische Kontrolle, wo und für welche Zwecke das hier erarbeitete Kapital angelegt wird, findet ja nicht statt, obwohl es sich bei Konzernen wie Hoechst oder Siemens um gewaltige Summen handelt und obwohl von der Entscheidung, wofür diese Summen verwendet werden, politisch viel abhängt.

G. W.: Immer weniger verfügen über immer mehr und bestimmen, wo und wie es langgeht. Gegen öffentliche Kontrolle schotten sie sich immer dichter ab. Unter diesen Umständen kann die Gesellschaft nicht mehr langfristig planen. Sie lebt von der Hand in den Mund, von vordergründigen Profitinteressen bestimmt in den Tag hinein. Oder Politiker rangeln sich von Legislaturperiode zu Legislaturperiode nach dem Motto: »Nach uns die Sintflut!«

E. S.: Den größten Profit verheißen Atom- und Rüstungsprojekte, wofür wir Bundesbürger Milliardenbeträge aufwenden müssen. Der Rüstungsetat ist wie eine Krebsgeschwulst, die immer mehr gesellschaftliche Leistungsfähigkeit aufzehrt. Durch Projekte wie das Kampfflugzeug »Tornado« sind beträchtliche Teile des Bundeshaushalts in den militärisch-industriellen Komplex hineingepumpt worden, dessen politischer Repräsentant Franz Josef Strauß ist, der Aufsichtsratsvorsitzende der Airbus GmbH. Die beteiligten Konzerne verflechten sich, die Kapitalkonzentration schreitet fort, und es entstehen Monopole, die der Gesellschaft ihren Willen aufzwingen können. Um so dringlicher wird eine gesellschaftliche Kontrolle der Konzerne, eine Demokratisierung der Wirtschaft.

G. W.: Es gibt die alte Faschismus-Definition: Wenn sich in einem fortgeschrittenen Industriestaat die Macht des Großkapitals auf legale Weise nicht mehr aufrechterhalten läßt, zuviel Eigengesetzlichkeit, zuviel Selbstbewußtsein, zuviel legitime Forderungen von der Basis entstehen, daß dann, mit Hilfe der Armee, eine gewaltsame Veränderung stattfindet – im Sinne des Großkapitals. Heute beobachten wir etwas anderes: daß auf schleichendem Wege eine Demokratie unterwandert, ausgehöhlt wird, daß den Menschen mehr und mehr Entscheidungsmöglichkeiten genommen werden und daß alle die eliminiert werden, die eine Gesellschaft über den jetzigen Status quo hinaus entwickeln wollen. Diejenigen, die sich am meisten und dröhnendsten auf das Grundgesetz berufen, darauf herumpauken, halten sich in der Regel am allerwenigsten an diese Verfassung, sondern sind eigentlich nur darauf aus, ihre Vormacht, ihre Privilegien zu sichern – ganz im Widerspruch zum Geist des Grundgesetzes.

E. S.: Und auch der Text des Grundgesetzes wurde schon vielen Operationen unterzogen. Es fing mit der Remilitarisierung an, die ein tiefer Eingriff in die Substanz der Verfassung war, später kam die Notstandsgesetzgebung mit vielen Grundgesetzänderungen. Und auch nach der Bildung der sozialliberalen Koalition ging der Prozeß der Einschränkung von Grundrechten weiter. Insbesondere in der Zeit der Baader-Meinhof-Fahndung, in einem hysterisch aufgeladenen Klima, konnten in Bonn im Handumdrehen unter dem Motto »innere Sicherheit« etliche Gesetze erlassen werden, die z. B. dem Verfassungsschutz und dem Bundesgrenzschutz größere Befugnisse geben und die Rechte der Bürger schmälern.

G. W.: Die geschriebene Verfassung und die wahre Verfassung der Bundesrepublik sind sich fremd geblieben. Das Grundgesetz wurde den bestehenden Machtverhältnissen angenähert statt umgekehrt. Natürlich gab es auch zahlreiche gegenläufige Bewegungen. Die Menschen wehrten sich gegen die Tendenz eines ständigen Machtzuwachses an der Spitze und eines gleichzeitigen ständigen Machtverlustes an der Basis. Durch die Studentenbewegung initiiert, wurden verhärtete, autoritäre Strukturen aufgebrochen, in einigen Bereichen entstand mehr Transparenz, mehr Widerstand kleinster Art. Die Friedensbewegung, die Umweltschutzbewegung, die Frauenbewegung verändern mehr, als dem oder der einzelnen Beteiligten bewußt ist. Aber es gibt auch immer wieder neue Verhärtungen, Verkrustungen.

E. S.: Welche Möglichkeit hat der einzelne Leser, an den wir uns wenden? Nicht jeder hat die Möglichkeit zu Aktionen wie denen, auf die du dich in Griechenland und Portugal eingelassen hast.

G. W.: Diese Aktionen waren nur in bestimmten Situationen machbar. Sie lassen sich also nicht beliebig wiederholen, nicht von anderen und auch nicht von mir selber. Ich habe damit anderen keine Handlungsanleitung gegeben. Es gibt aber Formen des politischen Engagements, die ich empfehlen kann, weil sie naheliegen, weil man sie sich leicht zueigen machen kann und weil sich viel damit bewirken läßt. Jeder sollte aus seiner Vereinzelung heraustreten. Er sollte sich organisieren, sollte lernen, sich gemeinsam mit anderen Menschen, die in gleicher Lage sind, undemokratischen und unsozialen Zumutungen zu widersetzen. Und das nicht nur in Debattierclubs, sondern am Arbeitsplatz, innerhalb der Wohngruppen, in Bürgerinitiativen. Ich empfehle die Mitarbeit bei »amnesty international«, in der »Kinderhilfe Lateinamerika«, in den Dritte-Welt-Gruppen. Auch im kirchlichen Bereich gibt es Möglichkeiten für wirkungsvolle, nachhaltige Initiativen.

E. S.: So taten sich vor Jahren einige evangelische Frauen zusammen, um über die Zustände in Südafrika zu informieren und – anfangs von allen Seiten belächelt – den Boykott südafrikanischer Waren zu organisieren. Ihre zähe Kleinarbeit trug wesentlich dazu bei, daß der Deutsche Evangelische Kirchentag 1987 sein Konto bei der Deutschen Bank kündigte. Nun waren Bankiers, Politiker, Komentatoren und Bischöfe voller Empörung. Hier war eine empfindliche Stelle getroffen worden, denn ohne den Rückhalt bei bundesdeutschen Konzernen, besonders bei der Deutschen Bank, könnte sich das Rassisten-Regime nicht mehr lange halten.

G. W.: Jeder sollte da aktiv werden, wo er drinsteckt oder sich zugehörig fühlt. Wertvolle Arbeit leisten z. B. auch die Geschichtswerkstätten, die an vielen Orten entstanden sind. Sie schreiben Orts- oder Regionalgeschichte von unten, indem sie Zeugenaussagen und Dokumente über Verfolgung und Widerstand zusammentragen. Dabei werden sie oft angefeindet von denen, die über die Vergangenheit, etwa über die Ausbeutung ausländischer Sklavenarbeiter in einem nach wie vor ortsansässigen Betrieb, lieber Gras wachsen lassen möchten. Wenn die Forschungsergebnisse publiziert werden sollen, wenn die Aufstellung eines Gedenksteins gefordert wird oder die Benennung einer Straße, legt sich erfahrungsgemäß die CDU im Gemeinderat quer; wenn eines Kommunisten gedacht werden soll, macht manchmal auch die SPD Schwierigkeiten. Aber das sind lohnende Auseinandersetzungen. Die Beteiligten gewinnen viel politische Erfahrung. Und es dient dazu, antifaschistische Traditionen bewußt zu machen, die besten Traditionen, auf die sich Demokraten in unserem Land beziehen können.

E. S.: Wenn wir von Handlungsmöglichkeiten sprechen, sollten wir nicht die Gewerkschaften vergessen, denen eine große Verantwortung zukommt, das durch gemeinsame Arbeit Geschaffene zu verteidigen, neofaschistische Tendenzen abzuwehren, wirtschaftliche Zusammenhänge aufzudecken.

G. W.: Aber wenn man sich organisiert, darf man die eigene Verantwortung nicht an die Organisation abtreten.

E. S.: Man muß darauf achten, daß es in der Organisation demokratisch zugeht.

G. W.: Von Fall zu Fall kann man mit Phantasie und langem Atem auch als einzelner einiges erreichen.

E. S.: Jeder muß lernen, den Mund aufzumachen. Wenn man uns einschüchtern will, müssen wir uns um so solidarischer engagieren und dürfen nicht nachlassen, selbstbewußt für unsere Interessen einzutreten. Die Perspektivelosigkeit, die heute in unserem Lande herrscht, ist schließlich nur die Perspektivelosigkeit der Herrschenden und nicht unser unabänderliches Schicksal. In einem Land mit so großer und weiterhin steigender Produktivität kann es für uns auch gar keinen Grund geben, unsere Zukunftserwartungen und unsere Ansprüche an die Lebensqualität zu reduzieren. Es geht vielmehr darum mitzubestimmen, wofür unser Sozialprodukt verwendet wird und wofür nicht, also das Großkapital unter Kontrolle zu bekommen, insbesondere das Rüstungskapital.

G. W.: Die da oben haben Angst vor der Solidarität im Volk, die sich entwickeln könnte, aber sie haben auch Angst vor dem, was sich international entwickelt, denn sie sehen, daß die Entwicklung nicht in ihrem Sinne verläuft und gar nicht in ihrem Sinne verlaufen kann. Sie werden einerseits aggressiver, aber andererseits werden auch ihre

Machtmöglichkeiten geringer. Es geht also darum, daß die überwiegende Mehrheit der Bevölkerung ihre wirkliche Interessenlage erkennt. Wer sich auf die Seite der Reaktion schlägt, der ergreift die Partei der Verlierer.

Weitere Titel von Günter Wallraff bei k&w

13 unerwünschte Reportagen, 1969. *Neue Reportagen, Untersuchungen und Lehrbeispiele*, 1972. *Ihr da oben – wir da unten* (mit Bernt Engelmann), 1973. *Unser Faschismus nebenan.* Griechenland gestern – ein Lehrstück für morgen, 1975. *Aufdeckung einer Verschwörung.* Die Spinola-Aktion, 1976. *Der Aufmacher.* Der Mann der bei Bild Hans Esser war, 1977, KiWi 2, 1982. *Zeugen der Anklage.* Die »Bild«-Beschreibung wird fortgesetzt, 1979, KiWi 17, 1982. *Befehlsverweigerung.* Die Bundeswehr- und Industriereportagen, KiWi 66, 1982. *Bericht vom Mittelpunkt der Erde.* Die Reportagen, KiWi 67, 1984. *Bild-Störung.* Ein Handbuch, KiWi 77, 1985. *Ganz unten.*, 1985. *Reportagen 1963–1974.* Mit Materialien und einem Nachwort des Autors, KiWi 113, 1987. *Vom Ende der Eiszeit und wie man Feuer macht.* Aufsätze, Kritiken, Reden. Herausgegeben von Dorlies Pollmann. Mit einem Vorwort von Hans Mayer. KiWi 142, 1987.

GÜNTER WALLRAFF
GANZ UNTEN.

Wallraff war wieder da.
Diesmal »ganz unten«. Da, wo es vom Arbeitsmarkt zum Sklavenmarkt nur ein Schritt ist, wo Arbeit tödlich werden kann und der Mensch aufhört, Mitmensch zu sein.
Zwei Jahre lang war Wallraff Ali Levent: u.a. als Hilfskraft bei McDonalds, bekehrungs- und integrationswilliger Moslem bei Pfarrern, Versuchskaninchen beim Medikamentenversuch, Illegaler auf einer Großbaustelle, Arbeiter bei einer Kolonne von Leiharbeitern bei Thyssen. Mit der List seiner Rolle provozierte er die oft makabre und bis ins Absurde gesteigerte Entmenschlichung gegenüber dem, der nicht dazugehört, erfuhr er den Alptraum einer Arbeit, die den Menschen buchstäblich »verheizt« im Dienste des Profits.
Daß sich in den Grauzonen unserer Arbeitswelt ein Rückfall ins frühkapitalistische System vollzieht – seit der »Wende« aggressiver denn je – Wallraff belegt es, durch das radikale Einbringen seiner Person, mit erschütternder Deutlichkeit.

KIEPENHEUER & WITSCH

Günter Wallraff
Vom Ende der Eiszeit und wie man Feuer macht

Aufsätze, Kritiken, Reden
Mit einem Vorwort von Hans Mayer
KiWi 142

Günter Wallraffs publizistische Arbeiten und Reden aus mehr als 20 Jahren spiegeln seine Entwicklung als Schriftsteller, sein zunehmendes Engagement und seine reflektierende Wachsamkeit im Kampf gegen die wechselnden Formen der Inhumanität.

»Wallraffs Bücher sind nicht Erzeugnisse der Einbildungskraft, ersonnen am Schreibtisch. Sie mußten in einer schmerzhaften Wirklichkeit, unter dem Signum des Opfers, erprobt werden. Vielleicht haben sie dadurch gerade so viele Leser erreichen können, die es vorher noch niemals gedrängt hatte, einen Buchladen zu betreten und dort etwas zu kaufen.« *Hans Mayer*

KiWi Paperbackreihe bei Kiepenheuer&Witsch

Günter Wallraff
Befehlsverweigerung

Die Bundeswehr- und Industriereportagen
KiWi 66

Günter Wallraff
Bericht vom Mittelpunkt der Welt

Die Reportagen
KiWi 67

In einer neuen Ausgabe legt der Verlag die Reportagen Günter Wallraffs mit bisher unveröffentlichten Arbeiten vor, die vor seinen BILD-Bänden entstanden sind und seinen Ruf als Autor engagierter Sozialreportagen begründet haben.
Neben den Bundeswehrtagebüchern enthält der erste Band die Sammlungen »Industriereportagen« und »Neue Reportagen«, der zweite die »13 unerwünschten Reportagen«, darüber hinaus eine Reihe bisher überhaupt noch nicht in Buchform veröffentlichter Texte.
Dem ersten Band ist ein neues Vorwort des Autors vorangestellt, in dem sich dieser mit dem letztinstanzlichen Urteil des Bundesverfassungsgerichts über seine Arbeit als Reporter bei der BILD-Zeitung auseinandersetzt.

KiWi Paperbackreihe bei Kiepenheuer&Witsch

Günter Wallraff
Reportagen 1963–1974

Mit Materialien und einem Nachwort des Autors
Herausgegeben von Dorlies Pollmann
KiWi 113

Gerade für den Gebrauch der Reportagen im Bildungsbereich, aber auch zur Rekonstruktion der Wirkungsgeschichte von Günter Wallraffs Texten, die die politische Geschichte der BRD immer wieder direkt beeinflußt haben, legt der Verlag zu einer Auswahl der wichtigsten Reportagen dieser Zeit Begleitmaterial vor: Rezensionen, Kritiken, Zeitungsartikel, Anklage- und Verteidigungsschriften, Selbstaussagen des Autors über seine oft umstrittenen Arbeitsmethoden usw. Ergänzt wird das Buch durch ein Nachwort des Autors, in dem Günter Wallraff die Wirkungen seiner denkwürdigen Reportagen untersucht.

KiWi Paperbackreihe bei Kiepenheuer&Witsch